C. von Massow

Reform oder Revolution!

C. von Massow

Reform oder Revolution!

ISBN/EAN: 9783743323247

Hergestellt in Europa, USA, Kanada, Australien, Japan

Cover: Foto ©ninafisch / pixelio.de

Manufactured and distributed by brebook publishing software
(www.brebook.com)

C. von Massow

Reform oder Revolution!

Reform

oder

Revolution!

✝

Von

C. von Massow,

Geheimer Regierungsrat,

Mitglied der Internationalen Kommission für Schutzpflege, Vorsitzender des Centralvorstandes
deutscher Arbeiterkolonien u. s. w.

Zweite, veränderte Auflage.

5tes bis 7tes Tausend.

Berlin 1895.

Verlag von Otto Liebmann,

Buchhandlung für Rechts- und Staatswissenschaften.

W. Lützowstraße 27.

Vorwort.

Wenn unsere Entwickelung fortschreitet wie bisher, so droht der Zukunft des Vaterlandes die sociale Revolution.

Nach menschlicher Berechnung werden wir, Gewalt gegen Gewalt gesetzt, diese Revolution besiegen.

Es ist aber nicht zu vermeiden, daß der mit den Vernichtungs= mitteln der Neuzeit geführte Kampf der einen Hälfte unseres wehr= pflichtig=waffengeübten Volkes gegen die andere Ströme von Blut zum Opfer fordert, daß Zerstörung und Trümmer ihn begleiten, und es steht zu befürchten, daß, wenn der Sieg erstritten, auch Deutschlands Blüte und Wohlstand vernichtet, seine Widerstandskraft gegen den äußeren Feind gelähmt, vielleicht gebrochen ist.

Nicht durch Einzelmittel, sondern nur durch eine Gesamtreform auf staatlichem und socialem Gebiet, die wir ohne Zaudern in Angriff nehmen und energisch durchführen, können wir der Gefahr begegnen. Der Verfasser hat es gewagt, das System eines solchen reformatorischen Vorgehens und die Art und Weise seiner Durchführung in diesem Buche darzulegen, weil der großen Mehrzahl der dazu gleich und besser Be= fähigten in dem gehasteten Leben der Gegenwart die Zeit fehlt, und in Anbetracht der Gefahr des Vaterlandes keine Rücksicht gelten darf. Wer eine Feuersbrunst ausbrechen sieht, ist verpflichtet, Feuer zu rufen, wenn auch der entstehende Lärm vielen unliebsam ist.

Der Verfasser vertritt keine Partei, er redet nur in seinem eigenen Namen. Eine Arbeitszeit von mehr als 30 Jahren auf den mannig= fachsten Gebieten der Schutzpflege, verbunden mit einer angestrengten amtlichen Thätigkeit, davon 14 Jahre als Landrat sowie 8 Jahre als Dirigent zweier Regierungsabteilungen und Vertreter des Präsidenten, hat ihm nicht nur zu einem Einblick in die mannigfachsten Zweige des öffentlichen und socialen Lebens sondern auch dazu verholfen, die Theorien, denen er anhing, den thatsächlichen Verhältnissen entsprechend zu modifizieren. Dieses Opfer zu bringen, Menschen und Dinge zu

nehmen wie sie wirklich sind, der Zukunft nicht mit den Augen der
eigenen Wünsche und Neigungen, sondern so entgegen zu blicken, wie
sie sich aus den thatsächlichen Verhältnissen der Gegenwart entwickeln
muß, das lernt sich hart und schwer, und da nur wenige sich soweit
hindurchdringen, so konnte der Verfasser erwarten, daß seine Ausführungen
vielfachem Widerspruch begegnen würden.

Das ist nicht in dem Maße geschehen, wie er annahm. Im Gegenteil war das Urteil der Presse ein fast ausnahmslos wohlwollendes, und
zahlreiche Zuschriften aus allen Kreisen der Bevölkerung brachten ihm
warme Worte der Anerkennung. Für die ihm bekundete freundliche
Gesinnung spricht er an dieser Stelle seinen herzlichen Dank aus, da er
auf die Beantwortung im einzelnen ebenso verzichten mußte, wie es ihm
unmöglich ist, auf die in den Rezensionen enthaltenen Ausstellungen
näher einzugehen. Nur den einen Einwand, seine Reformvorschläge
kämen zu spät, kann er nicht unwiderlegt lassen. Um der Socialdemokratie den Zuzug aus der Arbeiterjugend und den Scharen der
verlorenen und verkommenen Existenzen abzuschneiden, um der Lockerung
des festen Kitts unserer Armee durch Vermehrung der Stellen für civilversorgungsberechtigte Unteroffiziere vorzubeugen, um unserer Civilverwaltung neue Impulse zu geben, dazu sind nicht lange Jahre erforderlich, und geht man auf diesen Hauptgebieten energisch vor, so erreicht
man wenigstens so viel, daß die akute Gefahr beseitigt und Zeit für die
übrigen Reformen gewonnen wird.

An dieser Überzeugung hält der Verfasser auch noch heute fest, wo
er, nachdem die erste, im November 1894 erschienene, Auflage vergriffen
ist, eine zweite der Öffentlichkeit übergiebt, und zwar, einem ihm vielfach,
auch von seiten seines Verlegers ausgedrückten Wunsche entsprechend,
in einer Form, die geeignet ist, das Buch auch dem Minderbemittelten zugänglich zu machen und dadurch seinen Inhalt in weitere
Kreise zu tragen. Mußte er, um dieses Ziel zu erreichen, wiewohl schon
bei der ersten Auflage nur eine spärliche Auswahl aus den der Reform
bedürftigen Gebieten durch die Raumverhältnisse verstattet war, in der
zweiten noch manches fortlassen, was er gern wiederholt hätte, so stellt
sich dennoch das Buch trotz seiner äußerlich verminderten Form inhaltlich als das gleiche dar, ja es konnte noch durch ein Kapitel: „Die ökonomische Lage des Beamtenstandes" vermehrt werden.

Darf sich der Verfasser danach mit der Hoffnung tragen, daß
seine Arbeit wiederum eine freundliche Aufnahme finden wird, so gehen
seine Wünsche sehr viel weiter. Nicht um Anerkennung oder Lob war
und ist es ihm zu thun; nein er möchte Alle, in deren Brust ein deutsches Herz noch schlägt, mit der Überzeugung durchdringen, daß wir die
Hände nicht länger in den Schoß legen dürfen, daß es gilt, unsere ganze
Kraft einzusetzen, um die Greuel des socialen Bürgerkrieges von dem

Vaterlande abzuwenden, daß der Kampf aber nur mit den Waffen des Geistes zu führen ist, und daß wir in unserer Zeit nicht von oben allein, weder von dem grünen Tische, an dem die ernannte, noch von dem, den wir als „den Tisch des Hauses" zu bezeichnen pflegen, und an dem die erwählte Bureaukratie arbeitet, die Rettung erwarten dürfen, daß es vielmehr jedes Einzelnen Pflicht ist, den Schäden, die am Mark des Landes fressen, nachzugehen und auf ihre Abhülfe zu sinnen und zu dringen. Zu solcher Arbeit soll dieses Buch Anregung und Anlehnung bieten. Wo die Reformvorschläge, die es enthält, das Richtige treffen, da begnüge man sich nicht damit, ihnen zuzustimmen, sondern man arbeite und schaffe, daß sie verwirklicht werden; weiß man aber Besseres an ihre Stelle zu setzen, so bleibe man der Not des Vaterlandes gegenüber erst recht nicht unthätig.

Wir haben 1870 die Wiedergeburt des Reiches mit Strömen von Blut erkämpft, heute gilt es, durch geistigen Kampf neues Blutvergießen zu hemmen, die Versöhnung der Gegensätze im eigenen Volke herbeizuführen. Nichts, absolut nichts, hindert uns, den Weg der Reform zu beschreiten, als unsere eigene Indolenz. Soll die Geschichte einst dieses Urteil über uns fällen? Soll auf Deutschland der alte Fluch haften bleiben, daß es die eigene Größe nicht zu ertragen vermag, daß es, wenn der Kampf mit dem äußeren Feinde beendet ist, im inneren Streite das eigene Blut vergießend, sich zur Ohnmacht verzehrt? Soll wie auf die Blüte des alten auf eine kurze Herrlichkeit des neuen Reiches eine lange Zeit der Trauer und der Trümmer folgen?

Da sei Gott vor! Noch haben wir, wenn wir sie gebrauchen wollen, die Kraft, der Gefahr zu begegnen. Wir dürfen des Volkes von 1870 nicht vergessen, wir sollen dessen eingedenk sein, daß zu dieses Volkes Söhnen auch diejenigen zählen, die heute auf Irrwegen den Umsturz planen, wir haben, so lange es noch andere als die Mittel und Wege der Gewalt giebt, Frieden zu erstreben im eigenen Volk.

Aber ohne Kampf kein Sieg, ohne Sieg kein Friede. Mehr oder minder sehen wir Alle die Zukunft als eine ernste an. Wollen wir thatenlos abwarten was sie uns bringen wird? Ist das würdig, ist es deutsch, heißt das die Erinnerung hochhalten an des Vaterlandes größte Tage, deren 25jährige Jubelfeier wir jetzt begehen? Nein heraus aus dem behaglichen Genußleben, dem gedankenlosen Erwerbsstreben nach Gütern, welche die Zukunft nur zu bald zertrümmern kann, fort mit der thatenlosen Apathie, der blassen Furcht vor einer „unheilschwangeren" Zukunft, hinein in den Geisteskampf, um unsererseits der Zukunft ihre Bahnen vorzuschreiben: das soll und muß unser aller Losung sein.

Furcht, Apathie, Pessimismus sind, Gott sei Dank, nicht die Gefühle, von denen unsere deutsche Jugend beseelt ist. Ihre Gedanken weilen bereits in ihrem, dem zwanzigsten Jahrhundert, sie will keine dunkele, trübe Zukunft des Vaterlandes vor sich sehen; nicht der Nacht, sondern dem Lichte eilt sie entgegen; der wirtschaftliche Interessenkampf um Mein und Dein widerstrebt ihrem Sinn, der Ideale und höhere Ziele noch nicht aufgegeben hat. Aus der Zeit geboren, steht sie dem socialen Gedanken nahe, aber in ihren Gefühlen für Freiheit und Eigenart ebenso fern den Träumen der Socialdemokratie, welche sich in einer allgemeinen Zwangsanstalt verwirklichen sollen. Die Aufnahme, welche insonderheit die studentische Jugend der ersten Auflage dieses Buches hat zu Teil werden lassen, ist dem Verfasser ein Unterpfand für ihr ernstes und mutiges Streben und damit für die Zukunft des Vaterlandes. Sollte sie seinen Gedanken auch noch fernerhin ihre Aufmerksamkeit schenken, um sie vor allem in eigener Arbeit weiter zu entwickeln, so wäre das der reichste Lohn, der ihm werden könnte.

Nicht aber nur die Jugend allein bewegt der sociale Gedanke, überall in immer weitere Kreise dringt er ein, nur die gesetzgebenden Faktoren stehen ihm, milde ausgedrückt, apathisch gegenüber. Von einer socialpolitischen Action ließ die Regierung in jüngster Vergangenheit kaum etwas verlauten, und der Reichstag glänzte der Regel nach durch Beschlußunfähigkeit, dagegen strömte die Majorität aus allen auch den fernsten Gauen in hellen Haufen herbei, als es galt, im grellsten Widerspruch zu den übereinstimmenden Gefühlen des deutschen Volkes und der Mehrzahl der eigenen Wähler, somit nicht als Vertreter der Nation im wahren Sinne, sondern in autokratischer Selbstüberhebung, dem greisen Begründer des Reiches, dem Schöpfer des deutschen Parlaments, die Ehrung zu versagen. Das war also ein Zweck, für den man Opfer bringen konnte, wie man auch Zeit fand, den Feierlich- und Festlichkeiten zur Eröffnung des Nordostseekanals in einer in den Sitzungen d. h. bei der Arbeit für Vaterland und Volk selten erreichten Zahl beizuwohnen.

Zwar hat der Reichstag sich geweigert, der Regierung auf dem Wege der nackten Repression Gefolgschaft zu leisten; sollte er aber glauben, die sociale Frage durch wirtschaftliche Maßnahmen eliminieren oder gar im Bunde mit der Bureaukratie durch Zuwarten aushungern zu können, so wäre das ein schwerer Irrtum. Denn das eine ist ebenso unmöglich wie das andere. Nicht um die Brotfrage allein sondern um sehr viel mehr handelt es sich, und mag man auch die Lösung immer aufs neue vertagen, einmal muß sie doch erfolgen, und je länger man sie aufschiebt, desto schwieriger wird sie. Eine Zeit, die ihren Aufgaben nicht gerecht wird, fällt in sich selbst zusammen. Gefährlicher als die Gefahr, die von unten droht, ist diejenige, die uns aus der Zersetzung innerhalb der staatserhaltenden Parteien erwächst. Eine jede Gegenwart hat im Schoße ihrer Zukunft Gefahren verborgen, vor der nur Reformen zur rechten Zeit sie zu retten vermögen. Droht uns die sociale Revolution, so können, das ist meine felsenfeste Überzeugung, wir sie noch vereiteln, wenn wir uns zur Reform entschließen. Aber dazu, um diesen Entschluß zu fassen und ihn mit ganzer Kraft zur That werden zu lassen, reicht nüchterne Verstandeserwägung nicht aus. Mit dem Herzen müssen wir an die Reform gehen, mit einem Herzen, das weder an seinem Volk noch an seinem Gott verzweifelt, das im Gegenteil durchglüht von heißer Liebe zu unserem Volk voll mutigen Gottvertrauens sich aufrafft aus der Apathie, sich loslöst aus den Banden des egoistischen Materialismus und thatenfreudig der Zukunft entgegenschlägt in opfermutiger Hingabe für Kaiser und Reich, für Fürst und Vaterland!

Potsdam, im September 1895.

Inhalt.

– –

Erstes Kapitel

Die Gefahren der Zukunft und ihre Bekämpfung.

Dem Geschichtsforscher in späterer Zeit werden, wenn er seine Blicke auf Deutschland lenkt, die letzten drei Jahrzehnte des neunzehnten Jahrhunderts als eine merkwürdige ja fast unerklärliche Periode erscheinen. Im Jahre 1870 erhebt sich Alldeutschland in gewaltiger Kraft, wirft in einem Siegesansturm ohnegleichen den Erbfeind nieder, nimmt den Gallischen Kaiser, welcher achtzehn Jahre lang die Geschicke Europas zu bestimmen wußte, samt seinem Heere gefangen, findet in der Kampfesverbrüderung die verlorene Einheit wieder und erringt gleichzeitig die Vormachtstellung innerhalb der civilisierten Welt. Es folgt eine lange Friedenszeit. Zwar muß nach und nach fast die gesamte waffenfähige Jugend unter großen Opfern von Arbeitskräften und Geld eingestellt werden in das Heer, um den Frieden zu wahren; aber er wird doch erhalten, er bleibt ungestört, und Deutschland gewinnt damit die Zeit, seine wiedererlangte Einheit zu festen und zu vertiefen. Das gelingt in wundersamer Weise. Von der Einheit des Reiches mit seinem erblichen Kaisertum will niemand mehr lassen, und auch die Teilung der Gewalten ist eine glückliche. Das Staatenhaus, der Bundesrat, ist vom Geiste der Einmütigkeit beseelt, die Großmachtsucht der Mittel-, der Eigensinn der Kleinstaaten scheint auf den Schlachtfeldern Frankreichs begraben. Dem Königlichen Feldherrn in dem siegreichen Kriege, der im achten Jahrzehnt seines Lebens den Lorbeerkranz umwandeln durfte in die Kaiserkrone, schenkt Gott noch siebzehn Jahre der Herrschaft. Vor diesem Patriarchen auf dem Throne, der die auf Erfahrung fast eines Jahrhunderts wurzelnde Festigkeit und Besonnenheit mit der Milde des Greises zu paaren weiß, der trotz der Jahre Last eine gebietende Erscheinung bleibt, beugen sich die Fürsten, wie ihm als einem geliebten Vater das Volk zujauchzt, wenn sein Antlitz täglich zur bestimmten Stunde milde und freundlich den Scharen sich zeigt, die seines Anblickes harren. Und als der „alte Kaiser" wie ein echter Held und Herrscher, ein Vater und ein Christ seinen Geist zurückgiebt in Gottes Hand, ruhig und friedlich, ohne Furcht und Grauen, vom Totenbette aus noch dem Enkel für die Zukunft ratend, bis zum letzten Atemzuge keine Zeit findend, müde zu sein in der Sorge für Land und Volk, als ihm dann nach einhundert Tagen der Heldensohn, der Deutschlands Schlachten geschlagen und Deutschlands Herz erobert hatte, nachfolgt in das Grab, da eilen die Fürsten Deutschlands herbei und scharen sich um den jugendlichen Erben, als er zum erstenmale als Kaiser redet von der Höhe des Thrones zu des Volkes Vertretern. Treu stehen die Fürsten zu Kaiser und Reich, und nicht Kaiser und Reich allein, sondern auch das deutsche Volk lohnt solche Treue den Fürsten. Das Verlangen nach Einheit hat sein Genüge gefunden, der Traum von Macht und Herrlichkeit des Reiches seine Er- füllung. Daneben wird auch dem Stammesbewußtsein und Heimatsgefühl sein deutscher Eigenart allezeit teures Recht, und es findet Ausdruck und Verkörperung in der Selbständigkeit des deutschen Staaten- und Fürsten- tums innerhalb des Reiches, ja diese Selbständigkeit dient zur Schutzwehr gegen den revolutionslüsternen Centralismus des Demagogentums, welches sich die Hand reicht über die Grenzen der Nationen hinaus. Auch die Unitarier erkennen das an und stehen davon ab, mehr Einheit zu fordern als wir haben, trotz bayerischer und württembergischer Reservatrechte.

Allgemein ist die Überzeugung zum Durchbruch gekommen, daß für deutsche Verhältnisse die richtige Staatsform in dem gemäßigten Konstitu- tionalismus gefunden ist, demzufolge die Krone nicht nur herrscht, sondern auch verwaltet, aber beschränkt durch die Rechte der Volksvertretung, welche neuen Gesetzen die Zustimmung zu geben hat, bei der Feststellung des Staatshaushaltes entscheidend mitwirkt und befugt ist, über die Ver- waltung Rechenschaft zu fordern und Beschwerden und Wünsche des Landes zur Sprache zu bringen.

Diese Staatsform hat aber auch die ehemaligen Absolutisten sich zu Freunden gewonnen. Sie sind weit davon entfernt, die Rechte, welche die Verfassung gewährt, aufgeben zu wollen. Sie haben einge- sehen, daß unsere Kulturverhältnisse zu vielseitig sind, als daß der Einzel- wille des Monarchen sie durchdringen kann, und daß Absolutismus in unseren Tagen nichts anderes bedeutet als unumschränkte Herrschaft der Bureaukratie. So hat sich der gemäßigte Konstitutionalismus als die ge- eignete Staatsform fest eingelebt im Reich wie in den Einzelstaaten zu beiderseitiger Zufriedenheit der Krone wie des Volkes. Keinem von beiden kommt es, so oft auch Meinungsdifferenzen über einzelne Gesetze oder Maßnahmen erwachsen, in den Sinn, an den verfassungsmäßigen Grund- lagen zu rütteln. Selbst die Socialdemokratie bildet hier keine Ausnahme, da sie zwar den bestehenden Staat negiert, dennoch aber keine Anträge

auf Abänderung der geltenden Verfassungen stellt, vielmehr zunächst abwarten will, daß die bestehenden Ordnungen sich, wie sie glaubt, aus sich
selbst heraus auflösen. Wohin man blickt, herrscht in Deutschland auf
politischem Gebiete ein Friede, wie ihn unser Jahrhundert kaum gekannt
hat, und da uns gegen einen Angriff von außen unser kampfbereites Heer
und die Bündnisse mit Österreich und Italien schützen, so sollte man
glauben, wir verlebten goldene Tage und sonnten uns im Glücke, wir
stellten uns dar als ein Bild der Kraft und Gesundheit.

Und der Geschichtsforscher späterer Tage, der von 1870 an die
letzten Jahrzehnte des Jahrhunderts verfolgt, würde meinen, das alles
sei eine durchaus normale Entwickelung, ein naturgemäßes Produkt der
Vergangenheit. Denn selten hat wohl eine Nation eine solche Fülle von
Kraft und Gesundheit dargethan wie damals die deutsche. Vom greisen
Bundesfeldherrn an bis zum jüngsten Soldaten dasselbe Maß der Leistung
und Pflichterfüllung. Furchtlose Tapferkeit, rascher Entschluß, geniales
Planen und doch kühle Besonnenheit, beharrliches Verfolgen der gesteckten
Ziele, Unterordnung des eigenen Willens unter die oberste Leitung und
wiederum selbständige Ausführung der von dieser erteilten Anweisungen:
darin wetteifern die Heerführer und Generäle, ganz gleich ob fürstlicher,
adliger und bürgerlicher Abkunft. Und das Gleiche gilt von den Unter-
führern; soldatischer Gehorsam und selbständiges, denkendes Handeln be-
zeugen, wie stark der Geist der Ordnung und des Gehorsams und daß
er trotzdem Geist und nicht Mechanismus ist. Das pflanzt sich fort bis
in die Reihen der Mannschaften, welche in der Schlacht den Führern in
den Tod folgen, auf den Märschen mit Aufbietung der äußersten Kraft
das gesteckte Ziel rechtzeitig erreichen, den Patrouillen-, Posten- und Aufklärungsdienst mit Intelligenz versehen und über Mangel und Entbehrungen, Kälte und Nässe keine Klage erheben. Und das alles ein
Volksheer wie keines je zuvor, alle Stände, Bildung und Unbildung,
Reichtum und Armut Schulter an Schulter, jeder den andern stützend,
Kraft und Geist einander fördernd. Daneben was dem Kriege noch
sonst angehört, Krankenpflege, Post, Telegraphie und die weiteren Ver-
waltungszweige vom gleichen Geiste wie das Heer beseelt, unermüdlich
für dasselbe sorgend und schaffend. Auch hier Anspannung der letzten
Kraft, Aufopferung der Gesundheit im Dienste des Vaterlandes, manch
stilles Erlöschen infolge von Überanstrengung, eine Hingabe des Lebens,
die um so größer dasteht, weil sie der Lorbeer nicht krönt. Weiter: das
Volk daheim, mutig und begeistert als die Gefahr droht, überwältigt
von der Freude des Sieges und doch nicht dem Übermut verfallend als
Tag auf Tag die Botschaft bringt von gewonnenen Schlachten, geduldig
im Ausharren, als der Feind neue Heere rüstet und dem Kriege lange
Zeit kein Ende winkt, unermüdlich im Verbinden, Heilen, Lindern der
Wunden, in der Erleichterung der Lasten, welche das Fernsein des

Ernährers den Seinen auferlegt, das gesamte Volk des Heeres würdig, das aus ihm geboren ist. Was Wunder, wenn solche Kraft und Tugend, solche Einmütigkeit in Hingabe und opferfreudiger Pflichterfüllung auch im Frieden, der dem Kriege folgt, nach hergestellter äußerer Einheit, nach Wiederaufrichtung des Reiches herrliche Früchte zeitigt für das innere Leben, für den Wohlstand der Nation!

Ist dem also? Steht es so mit uns? Sind wir gesund, kräftig und zufrieden? Haben wir das Bewußtsein dieser Kraft, erfreuen wir uns einer aus solcher Vergangenheit gesegneten Gegenwart und schauen wir hoffnungsreich der Zukunft entgegen, welche diese Gegenwart gebiert?

Ist dem also? Wer antwortet auf diese Frage mit einem freudigen Ja? Wenn man die Zeitungen unserer Tage, die gesamte Litteratur an Broschüren und Werken überblickt, so muß man im Gegensatz zu den Folgerungen, die wir aus der Vorgeschichte ziehen möchten, konstatieren, wie ganz Deutschland das Gefühl durchzittert, daß es nicht vorwärts mit uns geht, sondern rückwärts, daß wir uns auf absteigender Linie befinden, daß uns in unseren Tagen nicht hell die Sonne scheint und daß die Zukunft uns droht mit bösen, unheilvollen Wettern. Ein allgemeines Unbehagen, ein Mißmut, eine, jedwedes energisches Vorwärtsstreben lähmende, fassungslose Apathie hat Platz gegriffen und eine tiefe, tiefe Unzufriedenheit hat sich aller Schichten der Bevölkerung bemächtigt.

Dabei fehlen alle sichtbaren Gründe für diese Erscheinung. Gewiß, die wirtschaftliche Lage ist nicht günstig, Handel und Gewerbe finden ihre Rechnung schlecht, Landwirtschaft und Handwerk ringen schwer um ihre Existenz, der gesamte Beamtenstand befindet sich in gedrückten Verhältnissen, weil seine Bezüge den Bedürfnissen der Gegenwart nicht mehr entsprechen und die Finanzlage auf weit hinaus keine Hoffnung auf Besserung gestattet. Aber das alles reicht doch nicht aus, um die allgemeine Unzufriedenheit, das Mißbehagen, die Hoffnungslosigkeit, die Bangigkeit, welche unbekannten Gefahren entgegenschaudert, zu begründen. Wir haben doch schon schwerere, viel schwerere Zeiten durchlebt, und unser Mut, das Gefühl der Thatkraft, der feste Entschluß, das Schwere, wie es drohen und kommen möge, zu überwinden, ist nicht gesunken.

Dagegen heute überall Mutlosigkeit, Indolenz, Ausspannen gegenüber höheren Zielen. Wir sind erschlafft, auf unser gesamtes Geistes- und Gemütsleben hat sich ein Mehltau gelegt, von dem wir uns nicht wieder frei machen können. Der Volksgeist als Ganzes strebt nicht mehr vorwärts, und deshalb ist er auch nicht mehr im stande, führende Geister hervorzubringen. Überall unter den Staatsmännern, Parlamentariern, auf dem Gebiete der Wissenschaft und der Kunst, unter den Dichtern und Schriftstellern u. s. w. u. s. w. steht die Gegenwart weit zurück hinter der Vergangenheit. Wir haben keine festen Ziele und keine Männer, die uns solchen Zielen entgegenführen.

Ziellos treiben wir dahin. Wir leben unser nationales Leben von heute auf morgen, wir warten der Zukunft, die da kommen soll, aber wir erwarten nichts von ihr. Wir warten was sie uns bringen wird, aber wir ahnen im voraus, daß es nichts gutes sein wird. Vor allem sind wir weit davon entfernt, unsererseits die Zukunft bestimmen, ihr die Bahnen vorschreiben, Geschichte machen zu wollen. Wir haben die Lehre des Manchestertums von dem laissez faire, laissez aller, von dem freien Spiel der Kräfte auf unser gesamtes nationales, staatliches und öffentliches Leben übertragen. Aber der Zweifel beschleicht uns immer mehr, ob dies Verfahren das richtige ist, ob es für unsere Zeit paßt. Wir müssen uns, wenn wir nachdenken, klar darüber werden, daß es kaum eine Periode gegeben hat, die so tief in alle Lebensverhältnisse eingreifenden Umwälzungen unterworfen war wie die letzte Hälfte des neunzehnten Jahrhunderts, daß nicht die Zeit der Beackerung, der Aussaat und des Heranreisens, sondern diejenige der Ernte die bedeutsame, daß erst am Ende des Jahrhunderts unsere Kulturepoche zur vollen Entfaltung gelangt ist, die Ausdehnung der Verkehrsmittel über die ganze Welt bis in die entferntesten Gegenden hinein erst jetzt die volle, die wirkliche Frucht gebracht hat nicht nur für Handel und Wandel sondern auch für die geistige Entwickelung aller, auch der untersten Volksschichten. Und wenn uns das klar wird, so drängt sich uns gebieterisch die Frage auf, ob es richtig war, wenn gerade in unseren Tagen das nationale Leben der individuellen Einzelthätigkeit überlassen blieb und der führenden Hand entbehrte, wenn der Staat auf den allerwichtigsten Gebieten dem Nichtinterventionsprinzip huldigte.

Dieses Prinzip ist nur da anwendbar, wo aus dem Schoße der Nation heraus bahnbrechende Gedanken emporquellen, wo ihr führende Geister entstehen, die ihrer Zeit den Weg weisen. An solchen Gedanken und Männern fehlt es uns, und die große Masse unter den Gebildeten giebt sich nicht mehr die Mühe, darüber nachzudenken, was werden soll, sie weiß nur das eine, daß wir rückwärts gehen, nicht vorwärts, sie schilt, schimpft, kritisiert und ist unzufrieden in allen ihren Schichten.

Unzufriedenheit und Ratlosigkeit sind, wie die Geschichte aller Zeiten lehrt, sichere Vorboten der Revolution, sie sind die unfehlbaren Symptome einer Krankheit der Volksseele. Mit dieser Krankheit sind wir behaftet, wir sind krank, schwer krank.

Noch aber haben wir gesunde Kraft genug, um die Krankheit zu überwinden, es kommt nur auf den Willen an und vor allem darauf, daß wir unsere Adern und unsere Herzen wieder durchglühen lassen von der warmen und heißen, von der heiligen Liebe zum Vaterlande und — zu unserem deutschen Volke. Das ist eben das Traurige, das Beschämende, der Krebsschaden unserer Zeit, daß die Liebe, die wirkliche heiße Liebe zu unserem Volk erkaltet ist. Die Liebe überwindet alles, auch den Pessimismus, sie ist das Gegenteil von Apathie, denn sie hofft alles.

Wir haben, so schwer die Gefahren sind, die uns drohen, absolut keinen Grund, zu verzweifeln und uns selbst aufzugeben. Aber allerdings müssen wir die Hände rühren und den Kopf anstrengen. Wir müssen den Stolz, das Selbstbewußtsein wiederfinden, das sich nicht von der „Geschichte", der „Zukunft" seine Geschicke diktieren lassen will, sondern durch eigene Thatkraft und mit festem Mut die selbstgezeichneten Bahnen wandelt.

Unser sociales, kommunales, kirchliches, politisches, wirtschaftliches Leben ist unendlich kompliziert, es bildet aber dennoch ein zusammenhängendes Ganzes, einen organischen Körper, von dem dasselbe gilt, was für den menschlichen Körper Gesetz ist, daß mit einem Gliede alle übrigen leiden. Diesen Fundamentalsatz des socialen Lebens, die altpreußische Devise Suum cuique — Jedem das Seine — haben wir außer Acht gelassen. Viel weniger als an den Mitteln fehlt es uns an dem richtigen Verständnis. Wir kleben an der alten Routine oder an Theorieen, die für vergangene Zeiten richtig waren, aber für die Gegenwart schon längst nicht mehr passen. Daß wir sie nicht ändern hat darin seinen Grund, daß uns der Sinn für das Allgemeine, das Verständnis für das Ganze verloren gegangen ist. Unsere Zeit steht unter dem Zeichen des Specialismus. Wir haben eine ungeheure Fertigkeit in dem Studium des Details, aber wir sehen im besten Falle nur seinen Zusammenhang mit dem Ganzen, wir wissen nichts von den anderen Teilen, und inwiefern das Ganze von diesen mit abhängt.

Und doch ist mit Einzelmitteln wenig zu helfen, wir müssen dem Gesamtorganismus zu Leibe gehen, vor allem müssen wir die Verhältnisse nehmen wie sie sind. Das ist leicht gesagt und schwer gethan. Denn ein Hauptgrund unserer Schäden ist die mangelnde Kenntnis der Verhältnisse. Vom grünen Tisch aus lernt man sie weder kennen noch verstehen, und ob der grüne Tisch im Bureau steht, oder im Parlament „der Tisch des Hauses" heißt, das bleibt sich gleich. Wenn der Bureaukrat sich ein unrichtiges Bild über die Verhältnisse aus seinen Akten konstruiert und der Parlamentarier sie durch die Parteibrille anders ansieht, als sie wirklich sind, so ist das Resultat dasselbe. Mag dann die Regierung oder die Parlamentsmajorität ihren Willen durchsetzen: gehen sie beide, trotzdem ihre Ansichten divergieren, von falschen Anschauungen aus, so kommt immer etwas unrichtiges zu stande, denn — diese einfache Wahrheit ist der großen Mehrzahl der Menschen anscheinend ein verschlossenes Siegel —: neben dem einen richtigen Weg, der durch den Wald führt, giebt es viele Holzwege!

Die Diagnose ist die schwerste Aufgabe der ärztlichen Kunst, sie reicht aber nicht aus, wenn ihr nicht die richtige Beurteilung des gesamten Organismus zur Seite steht. Oft ist die Diagnose falsch, oft ist sie zu einseitig. Der Spezialarzt leitet häufig alle Krankheiten von der unrichtigen Behandlung des Gliedes her, dessen Studium er zu seiner Aufgabe gemacht hat, wenn auch das Übel ganz wo anders sitzt. Trifft er aber das Richtige, so vergißt er wieder den übrigen Organismus. Die Operation gelingt — aber leider stirbt der Kranke hinterher an Entkräftung.

Die Ursachen unserer Krankheit zu ergründen, die Schäden, die uns anhaften, bloß zu legen, nach den Mitteln, welche diese Schäden heilen können, zu suchen, und wenn sie gefunden sind, auf ihre Anwendung zu dringen, ist die Aufgabe der Gegenwart. An dieser Aufgabe mitzuarbeiten, ist die Pflicht eines jeden, der sein Vaterland lieb hat.

Aber es genügt eben nicht, Einzelschäden aufzudecken und ebensowenig, Einzelvorschläge zu einer Reform, wie solche zu ihrer Heilung zu machen, sondern solche Vorschläge müssen von einem und demselben Grundgedanken ausgehen und einem und demselben Ziele zustreben.

An einem Buche solchen Inhaltes hat es, soweit dem Verfasser bekannt, bisher gefehlt und deshalb hat er den Versuch gemacht, nicht es zu schreiben, das übersteigt die Kraft eines einzelnen Mannes, wohl aber auf einer Reihe innerlich zusammenhängender Gebiete anzudeuten, wie es wohl geschrieben werden könnte und müßte.

Nicht die Verwirklichung seiner eigenen Vorschläge ist dem Verfasser daher das Ziel, sondern die Anregung dazu, die Gedanken, die er dem Leser bringt, weiter auszudenken und an ihre Stelle Besseres zu setzen. Namentlich der jüngeren Generation möchte er vorstellen, wie viel sie noch zu erringen und zu erkämpfen hat, um das Vaterland vor dem Verfall, ja vielleicht vor dem Untergange zu erretten.

Will man zu einer Reform und zwar zu einer zusammenhängenden Reform auf allen Gebieten des öffentlichen Lebens schreiten, so muß man sich, denn sonst ist die Reform keine solche sondern das Gegenteil, von richtigen Grundsätzen leiten lassen. Zunächst muß man sich klar darüber sein, daß, wenn es sich um eine Gesamtreform auf allen Gebieten und nach einem festen Gesamtplan handelt, kleine Mittel nichts helfen können, sondern daß der Größe der Gefahr entsprechend auch große Mittel zur Anwendung kommen müssen.

Aber wir dürfen nicht rückwärts reformieren wollen. Das wäre gänzlich verfehlt. Wir können zu den früheren Verhältnissen nicht zurückkehren, weil sie sich nicht wiederschaffen lassen. Wollten wir alle neuen Gesetze aufheben und die alten wieder herstellen, so würden wir damit den gewünschten Zweck nicht erreichen, denn wir haben weder die Menschen noch die Verhältnisse der Vergangenheit. Zurückschrauben läßt sich die Welt ebensowenig wie sich ein alter Mensch jung machen läßt. Wenn wir reformieren wollen, so müssen wir nach vorwärts blicken, über die nächste Zukunft hinaus, in die weitere. Dieser weiteren Zukunft müssen wir den Hafen bauen, in dem das Schiff landen kann. Unsere Gegenwart ist schnelllebig, und wir arbeiten mit unserer bureaukratisch-parlamentarischen Gesetzesmaschine ungemein langsam. Haben wir uns durch Enquete, Bericht über dieselbe, Ausarbeitung des Gesetzentwurfs, Durchberatung und Feststellung desselben in den Regierungsinstanzen, Vorlegung an das Parlament, Erste Lesung, Kommissionsberatung, Zweite und Dritte Lesung, Verabschiedung, Publikation, Ausführungsbestimmungen hindurchgearbeitet, so ist darüber der großen Regel nach so viel Zeit verstrichen, daß die Verhältnisse seit dem Zeitpunkt, zu welchem die Enquete begann, sich total verändert haben und das Gesetz nicht mehr für dieselben paßt. Solche Veränderungen muß man voraussehen können. Ein guter Gesetzgeber muß viel, sehr viel vom Propheten an sich haben, aber auch so viel Geist, daß er der Zukunft nicht freie Hand läßt, sondern ihr die Bahnen vorschreibt. Das kann er nicht, wenn er hinter der Gegenwart nachhinkt.

Imgleichen ist es ein Fehler, wenn eine Reform ihre Pläne von vornherein durch die Rücksicht auf die Finanzlage bestimmen läßt. Reformen kosten Geld, aber sie zu unterlassen kostet oft viel mehr Geld. Erst muß ich mich einmal fragen, was ist für Land und Leute notwendig, dazu muß ich Land und Leute studieren. Habe ich das gethan, weiß ich, was notwendig ist, so muß ich mir klar werden über die Art der Ausführung. Dann erst kommt die Geldfrage zur Sprache. Viele Dinge lassen sich ausführen, wenn man sich über die Art der Ausführung klar ist, mit sehr viel geringeren Mitteln als man glaubt, und oft finden sich die Mittel unverhofft. Dann muß der Plan aber fertig sein, sonst verschwinden die Mittel wieder. An die Heilung von Notständen überhaupt nicht heranzutreten, weil man sich von vornherein sagt, die Finanzlage erlaubt es nicht, und sich aus diesem Grunde selbst das ganz unentgeltliche Nachdenken über diese Heilung sparen, ist einer der Hauptfehler unserer Zeit.

Und wie die Rücksicht auf die Finanzlage nicht von vornherein der Hinderungsgrund der Reform, so darf die Verbesserung der ökonomischen Verhältnisse nicht ihr einziges Ziel sein. Man mag es Religion, Ethik, Philosophie oder sonst wie nennen: es muß etwas Höheres geben, dem die Menschheit zustrebt, als die Brotfrage, ja selbst noch etwas Höheres als das, was wir unter dem Begriff Vaterland zusammenfassen. Mögen die einen an einen Gott glauben und an eine Zukunft des Ichs nach dem Tode, die andern Gott und Jenseits negieren, auch diese letzteren werden zugeben, ja nicht bestreiten wollen, daß es ein Etwas giebt, das über der Erde schwebt und sei es auch nur die sich fortpflanzende und von Jahrhundert zu Jahrhundert fortentwickelnde Quintessenz jeder Periode menschlichen Denkens, welche eine Generation der anderen vererbt. Höheren Zielen nachzustreben, die Arbeit der Vergangenheit fortzuführen und der Zukunft vorzuwirken, ist die Aufgabe des jeweiligen Geschlechtes. Und auch hier sollen wir über dem Teile das Ganze nicht vergessen, hier fließen die praktischen Resultate der verschiedensten Theorieen häufig zusammen, auch hier gilt es zumeist nur ernstlich das Werk in Angriff nehmen und die Meinung zur That werden zu lassen, um zu finden, daß mancher Gegner dasselbe will wie ich und daß wir gut und gern an demselben Strange ziehen können.

Es giebt keine absolute Wahrheit auf Erden; auch die göttliche Offenbarung sehen wir, wie St. Paulus sagt, nur durch einen Spiegel in einem dunklen Wort; in alle dem, was wir Wahrheit nennen, auch in der größten Wahrheit, steckt Irrtum. Umgekehrt ist aber in jedem Irrtum auch Wahrheit enthalten, sonst kann er nicht bestehen. Irrtum kann daher nur derjenige erfolgreich bekämpfen, der sich die Wahrheit, die in ihm enthalten ist, zu eigen macht, und Wahrheit nur der verteidigen, der sie nicht für absolut, sondern nur für relativ richtig anerkennt. Nur wer so verfährt, entwindet dem Gegner die Waffen. Den Irrtum mit Gewalt niederschlagen ohne ihm vorher die Wahrheit, die er enthält, zu entnehmen, nützt niemals. Wahrheit ist unsterblich, das Wahre im Irrtum läßt sich nicht töten, und mit der in ihm enthaltenen Wahrheit steht der Irrtum immer wieder auf, auch wenn ihn die Gewalt zehnmal zu Boden geschlagen hat. Er steht aber dann wieder auf um diese Wahrheit, die er mit in sich trug und die man zu Unrecht mit ihm niederschlug, zu rächen.

Dadurch, daß man die in ihm enthaltene Wahrheit anerkennt, kommt man dem Irrtum nicht zu Hilfe; im Gegenteil, man ist sein ärgster Feind, man nimmt ihm das Kleinod aus dem Schilde und macht ihn wehrlos wie Roland den Riesen.

Die Krankheit einer Zeitperiode ist zumeist das Produkt der geschichtlichen Vergangenheit und fällt daher durchaus nicht immer der Generation zur Last, die unter ihr leidet, und zwar weder dieser Generation im ganzen noch ihren einzelnen Schichten, noch ihren Führern. Die großen Umwälzungen, die wir seit 1848 auf politischem Gebiet durchlebt, die Kämpfe, innere und äußere, die unser nationales Leben bestimmten, haben uns allen, den Regierenden wie den Regierten, nicht Zeit gelassen, auf die Schäden zu achten, die sich allmählich an unserem Organismus heranbildeten und neuerdings in erschreckender Weise fühlbar machen. Und wenn es einzelne und ganze Schichten giebt, die aus diesen Zuständen Vorteil gezogen haben, so ist auch ihnen deshalb kein Vorwurf zu machen, sie haben die Konjunkturen benutzt, wie andere Schichten andere Konjunkturen zu anderen Zeiten. Ebenso aber auch: Müssen sie demnächst manche Vorteile aufgeben, so haben sie kein härteres Schicksal als andere Stände und Schichten, welche eine frühere

Zeit bevorzugte, bis die geschichtliche und kulturelle Entwickelung sie ihrer Bevorzugung entkleidete. Darum ist es falsch und unrecht, wenn eine Reform sich leiten läßt von Motiven des Hasses und Neides, ebenso falsch aber ist es, wenn sie da, wo sie durchgreifen muß, zagt und zaudert.

Endlich: Eine Reform braucht nicht notwendigerweise überall das Bestehende zu beseitigen und anderes an seine Stelle zu setzen, sehr oft genügt es vollkommen, die zur Zeit fungierenden Organisationen mit einem anderen Geist zu durchdringen, ihnen eine andere Aktion vorzuschreiben. Unsere Armee ist, abgesehen von ihrer Vermehrung, äußerlich noch ganz so gegliedert, wie vor vierzig Jahren und länger. Armeekorps, Divisionen, Brigaden, Regimenter, Bataillone, Kompagnieen, Korporalschaften mit dem General, Generallieutenant, Generalmajor, Oberst, Major, Hauptmann, Unteroffizier als Befehlshaber bestehen heute wie damals. Und doch welch anderer Dienst, welch anderes Leben wie zur Zeit des Drills und Parademarsches! Wären wir, ohne die Organisation zu ändern, in der Verwaltung, in der Justiz, in Kirche und Schule, auf dem ökonomischen, Erwerbs-, socialen u. s. w. Gebiet ebenso vorgeschritten, wie in der Armee, wie wären nicht so krank wie wir sind, wir brauchten nicht zu reformieren.

Daß wir aber reformieren müssen, ist ein Gebot absoluter Notwendigkeit, der Selbsterhaltung. Denn während wir in den oberen Schichten uns mit platonischer Unzufriedenheit begnügten und dem, was die Zukunft uns bringen soll, mit apathischem Unglauben an eine Besserung unserer Zustände entgegensahen, ist in den unteren Schichten eine Bewegung entstanden, welche entschlossen ist, diese Besserung selbst in die Hand zu nehmen und gegen unseren Willen mit Gewalt durchzuführen. Lassen wir die bestehenden Schäden fortwuchern wie bisher, so ist uns die Revolution sicher und zwar die schrecklichste aller Revolutionen, die sociale, unter Verhältnissen, wie sie keine Periode der Vergangenheit gekannt hat. Bricht der Bürgerkrieg aus unter einem Volke, wie das deutsche, welches in allen seinen Schichten das Waffenhandwerk durch die allgemeine Wehrpflicht berufsmäßig erlernt hat, so heißt das, zumal wenn er, wie in unserer Zeit, mit den modernen Zerstörungsmitteln geführt wird, ein Kampf der Vernichtung bis aufs äußerste.

Auch hier heißt es den Blick richten in die weitere Zukunft. Heute sind wir noch nicht reif für die Revolution, aber mit jedem Jahre der Verzögerung notwendiger Reformen reifen wir ihr immer näher entgegen. Die Socialdemokratie unserer Tage ist noch im Banne der ihr anerzogenen Gesinnungen. Mag sie theoretisch alles und jedes leugnen, was mit der derzeitigen Ordnung im Zusammenhange steht, die Prinzipien dieser Ordnung sind ihren Anhängern eingeimpft durch Kirche,

Schule und Haus, ihre Väter und Mütter glaubten noch an Gott und Vaterland, hatten Ehrfurcht vor Altar und Thron, achteten das Eigentum u. s. w. Von Jahr zu Jahr aber, in immer stärkeren Scharen, tritt in die Reihen der Genossen eine Generation ein, die von Kindesbeinen an großgezogen ist in dem Haß alles Bestehenden, mit der Tendenz, es umzustürzen und die goldene Zeit, die ihr gepredigt ist, aus der Theorie in die Wirklichkeit zu übersetzen, koste es was es wolle, eine Generation, welche vor der Gewalt nicht nur nicht zurückscheut, sondern sie vom Knabenalter an auf ihr Panier geschrieben hat, die im Fürsten, Geistlichen, Edelmann, Offizier, Beamten, Kapitalisten, ja in jedem Besitzenden den Erbfeind sieht. Mit dieser Generation haben wir zu rechnen, der Kampf mit ihr kann uns nicht erspart bleiben. Es fragt sich nur: Soll dieser Kampf auf geistigem Gebiet mit geistigen Waffen oder mit dem Bajonette ausgefochten werden?

Gewiß ein Jeder, an den diese Frage gerichtet wird, wählt ohne Zweifel den geistigen Kampf. Aber wer soll ihn ausfechten? Das Arbeiterhaus, die Arbeiterfamilie, ist zum größten Teil socialdemokratisch. In den Städten bestimmt. Und auf dem Lande? Vielfach haben wir keinen ländlichen Arbeiterstand mehr. Gemietete Russen und Polen, sowie Sachsengänger sind keine Elemente der Ordnung.

Die Schule? Socialdemokratisch ist der Lehrerstand bis heute wohl nur vereinzelt. Aber unzufrieden und gedrückt ist er allgemein. Von dieser schlecht besoldeten, mit ihrer socialen Position und vor allem mit ihrer Unterstellung unter die technisch nicht vorgebildete Geistlichkeit zum großen Teile unzufriedenen Körperschaft zu erwarten, daß sie die Jugend stähle zum Kampfe gegen die Socialdemokratie, dürfte ein Irrtum sein. Und dann, was die Schule gutes gesäet, geht zum großen Teil verloren in der Zeit des selbständigen Erwerbslebens bis zum militärpflichtigen Alter.

Die Kirche? Die niedere katholische Geistlichkeit steht zum großen Teil der Demokratie sehr nahe und damit in der Opposition, und der Einfluß der evangelischen Kirche auf die Massen war niemals geringer als heute.

Der Einfluß der gebildeten oberen Schichten auf die unteren, Belehrung durch gute Bücher, Schriften u. s. w.? Hier müßte man lachen, wenn es nicht zum Weinen wäre. Der geistige Kampf, den das gebildete Deutschland, die Wissenschaft, die Litteratur, die Presse gegen die socialdemokratische Lehre geführt haben, ist ein so gänzlich resultatloser gewesen, daß man gar nicht daran denken kann, er werde in Zukunft auch nur die kleinsten Siege auf dem bisherigen Wege verzeichnen. Um die Socialdemokraten zu überzeugen, fehlt uns das Zeug.

Es ist deshalb wahrhaftig nützlich, daß wir uns einmal die Chancen eines allgemeinen socialdemokratischen Aufstandes vor die Augen stellen, heute, wo wir noch in der Lage sind, die Mittel zu seiner Bekämpfung ruhig zu überlegen. Bebel, Liebknecht, Singer, Auer, Vollmar u. s. w. werden ihn nicht proklamieren, wir müssen aber mit der Zeit rechnen, wo sie beiseite gestoßen werden, wie auch bei anderen Parteien alte Führer, welche der jungen Generation nicht mehr passen. Auch die Socialdemokratie hat ihren Berg. Noch werden die Stürmer heraus= geprügelt auf den Kongressen und Anträge auf einen allgemeinen Arbeits= und Wehrpflichtsausstand bei Ausbruch eines Krieges abgelehnt. Noch haben wir Zeit, unsere und der Gegner Chancen abzuwägen. Wie lange? Wir wissen es nicht. Aber wenn die Generation, von der wir soeben sprachen, herangewachsen ist (und viele sind schon heran= gewachsen, sie sind nur noch in der Minorität), wenn dieser Nachwuchs die Führerschaft gewinnt, dann muß nach menschlichem Ermessen der Würfel fallen. Wie die bürgerliche Demokratie die Vorfrucht der Socialdemokratie, so diese die Vorfrucht für die Demokratie der bewaff= neten Revolution. Das ist die Logik der Thatsachen.

Früher oder später, vielleicht erst in zehn Jahren, aber zum Kampfe muß es, wenn wir nicht reformierend eingreifen, kommen. Wie sind seine Chancen?

Wir verstärken unser Heer, wir verbessern unsere Waffen, wir ver= ändern die Taktik und ihr entsprechend die Ausbildung, alles auf die Chancen eines dereinst möglichen Krieges mit so und so viel Fronten, wir sichern uns Bundesgenossen! Alles Möglichkeitsberechnungen! Ist ein socialdemokratischer Aufstand unmöglich, ist er unwahrscheinlicher als ein auswärtiger Krieg?

Und wenn wir für den auswärtigen Krieg jedwede Vorbereitung bis ins kleinste Detail, bis auf die Minute, für jeden einzelnen Mann treffen und die Aufgabe bestimmen, welche Mann und Minute im ge= gebenen Falle zu lösen haben, sollen wir uns dann nicht auch klar darüber werden, daß Verhältnisse eintreten können, die dahin führen, daß der Mann ausbleibt und Tausende mit ihm, und daß Verzöge= rungen eintreten, die uns nicht um Minuten und Stunden, sondern um Tage und Wochen bringen können? Sind wir der Loyalität unserer Nachbarn in West und Ost so sicher, daß sie solche Verhältnisse nicht ausnützen? Wie, wenn ein allgemeiner Arbeiteraufstand ausbricht, Reservisten und Landwehrleute in ungezählten Massen in den Reihen der Aufrührer stehen, die Schienen an Hunderten von Stellen auf= gerissen, die Telegraphendrähte zerstört sind, in einer Reihe von Distrikten um die Wiederherstellung der Ordnung gekämpft wird, und wo und so lange dies geschieht, die Behörden nicht funktionieren, wie steht es dann um unseren Mobilmachungsplan, um die Ergänzung der Linie auf Kriegsstärke, die Formation der Reserve= und Landwehrtruppen, um den Aufmarsch der Armeen? Wenn unter solchen Umständen

russische und französische Heere der Grenze nahen sollten, könnten wir
dann nicht dadurch, daß alle unsere Vorberechnungen Dunst würden,
von vornherein mehr verlieren als eine verlorene erste Schlacht bedeuten
würde?

Man soll den Teufel nicht an die Wand malen, aber man soll
auch nicht wie der Vogel Strauß den Kopf in den Busch stecken.
Rechnen wir mit allen möglichen Eventualitäten für den Fall eines
Krieges, so wäre es unklug, die übelste und gefährlichste von allen
außer Betracht zu lassen, keine Maßregeln zu treffen, um ihr vorzubeugen.

Ein mutiges Herz verzweifelt auch in der äußersten Gefahr nicht,
und ernster Wille überwindet auch das schwerste Unglück. Vielleicht
werden die Nachbarstaaten im gegebenen Falle mit dem eigenen Dema-
gogentum zu thun haben, vielleicht sind sie, wenn der allgemeine Aufstand in Deutschland ausbricht, anderwärts engagiert. Gott hat Deutschland bisher noch nicht verlassen. Aber „vielleicht" ist nicht Sicherheit,
und das Sprichwort sagt: Gott hilft nur dem, der sich selbst hilft.

Aber auch wenn wir von der Gefahr nach und von außen absehen, so bleibt der Kampf im Innern immer noch schwer genug. So
schwer er aber auch sein wird, mit dem endgiltigen Siege der Socialdemokratie endet er nicht! Mit dem socialdemokratischen Zukunftsstaat
brauchen wir uns nicht zu beschäftigen. Das ist nutzlose Arbeit. Zu
einer Revolution wie die erste französische gehört ein Ludwig der Sech-
zehnte, wenn sie gelingen soll. Nimmt die Ordnung den Kampf mit
dem Aufruhr energisch auf, so ist ihr der schließliche Sieg sicher. Die
Revolution siegt immer nur durch die Schwäche der Gewalten, welche
sie bekämpft; thun diese Gewalten ihre Pflicht, so muß sie scheitern an
der Unordnung und Disziplinlosigkeit in der eigenen Mitte, über die
kein Führer und kein Diktator Herr werden kann, und wenn er das
Feldherrngenie eines Napoleon mit dem Organisationstalent eines Gam-
betta vereinigte.

Gerade der sociale Charakter der Revolution, welche uns droht,
der Vernichtungskampf, den sie führen will gegen alles was Besitz
heißt, gerade dieser Charakter wird alles, was dem Besitz und der
Intelligenz angehört, um die Fahne der Ordnung scharen. Bei den
modernen Waffen entscheidet nicht die rohe Körperkraft und, was das
Wichtigste ist, durch die allgemeine Wehrpflicht sind auch die oberen
Schichten im Waffenhandwerk geübt. Nein, der schließliche Sieg über
die Revolution kann, soweit menschliche Beurteilung reicht, nicht zweifelhaft sein. Aber schwer wird dieser Sieg erfochten werden, Ströme von
Blut wird er kosten, furchtbare, ungezählte Opfer an Menschen, Hab
und Gut wird er fordern, und es wird sich nicht vermeiden lassen,
daß ganze Distrikte zeitweise dem Wüten der Anarchie preisgegeben

werden müssen. In dieser Beziehung darf man sich keinen Illusionen
hingeben. Beschreiten wir nicht den Weg der Reform, so lange es
noch Zeit ist, und es ist die höchste Zeit, weil die Reform Zeit braucht
um zu wirken, lichten wir nicht durch eine solche Reform die Reihen
der Socialdemokratie derart, daß sie zu schwach wird, um den Aufruhr
zu wagen, verlassen wir uns also wie bisher einzig und allein auf die
Bajonette, so müssen wir uns klar werden, daß diesen Bajonetten, selbst
wenn kein einziges sich gegen uns kehrt und jedes einzelne mit vollster Auf=
opferung für uns geführt wird, ein ungemein schwerer Kampf bevorsteht.

Man soll doch nicht glauben, daß die Socialdemokratie, wenn sie
losschlägt, nach Schema F der alten Revolutionen verfahren und erst
Ansammlungen, Unruhen veranlassen, Straßenpflaster aufreißen, die Be=
hörden aufmerksam machen, Konzentrierungen und Konsignierungen der
Truppen herbeiführen, dann die Soldaten, wenn sie anrücken, durch
Steinwürfe und Schimpfworte reizen und zur Wut aufstacheln wird.
So dumm ist sie nicht. Man kann ihr alles vorwerfen, aber eine un=
geschickte Taktik nicht.

Sie wird ganz still und ganz im geheimen ihre Vorbereitungen
treffen und in erster Linie durch Überraschung zu wirken suchen. Mög=
lich, daß die Polizei die Anschläge entdeckt, aber auch möglich, daß
das nicht geschieht, daß der Plan nur wenigen Führern bekannt bleibt.
Soweit innerlich vorbereitet sind die socialdemokratischen Massen schon
heute, daß, wenn es heißt: „Die Stunde hat geschlagen, heute brechen
wir los," es weiter keiner Erklärungen bedarf. Auf die große Stunde,
in der die gesamte Genossenschaft sich erhebt, warten sie alle, und wenn
auch viele von dem Wege der Gewalt heute noch nichts wissen wollen,
weil sie ihn für aussichtslos halten, ebenso viele halten ihn für den
einzig richtigen und sind des Wartens längst überdrüssig. Die Zahl der
letzteren reicht für den ersten Ansturm aus, und erfolgt er, so wird die
Mehrzahl der ersteren die gemeinsame Sache nicht im Stiche lassen.
Fünfzigtausend entschlossene Kämpfer in Berlin unter die Waffen zu
rufen, denen sich weitere fünfzigtausend nach dem ersten Erfolg an=
schließen, ist den socialdemokratischen Führern ohne Schwierigkeit schon
heute möglich, und in zehn Jahren wird es ihnen noch leichter sein,
wenn die Verhältnisse nicht anders werden.

Was haben wir dagegen unsererseits für Kräfte?

Die Infanterie der Berliner Garnison ist in Summa auf 14000 Mann
zu schätzen. Wählt sich die Socialdemokratie den geeigneten Zeitpunkt,
wenn im Herbst die Reserven entlassen, die Rekruten noch nicht einge=
troffen sind, Se. Majestät sich auf Reisen befindet, die meisten höheren
und viele niedere Offiziere sowie auch Mannschaften Berlin mit Urlaub
verlassen haben, so ist bei unserer zweijährigen Dienstzeit höchstens die
Hälfte des Mannschaftsstandes da, also 7000 Mann.

Wie gesagt, der Aufruhr wird zunächst durch Überraschung zu wirken suchen, er wird nicht den Angriff abwarten, sondern seinerseits angreifen. In der Nacht, wenn die Offiziere, mit Ausnahme derjenigen Lieutenants, die in der Kaserne wohnen, in ihren Stadtquartieren sind, wird er plötzlich gegen die Kasernen anstürmen und dabei mit Dynamit arbeiten. Er wird den Truppen gediente Genossen gegenüberstellen in großer Überzahl und, wenn nicht die Überrumpelung gelingt, um jede Kaserne den Kampf so führen, daß wenigstens für die ersten Stunden ein Ausrücken der Truppen verhindert wird. Namentlich wird er durch Brandstiftung in den Schuppen und Ställen der Artillerie und Kavallerie zu verhindern suchen, daß erstere die Kanonen bespannt und letztere aufsitzt. Die Offiziere, welche in die Kasernen eilen, wird man durch aufgestellte Posten rechtzeitig abfangen, sie einzeln mit Übermacht angreifen und töten.

Während die Truppen ihre Kasernen verteidigen müssen und der Polizei nicht zu Hülfe kommen können, führt letztere nur einen kurzen Kampf. Von einem Massenschnellfeuer empfangen, wird sie bald den Platz räumen müssen. Ein gleicher Empfang wird der Feuerwehr bereitet werden, wenn sie herbeieilt, nachdem die Kasernen in Brand gesteckt sind.

Nicht ganz leicht zu erledigen wird die Bewaffnungsfrage sein. Hierin liegt die größte Schwierigkeit für den Aufstand. Aber man sollte meinen, auf dem Wasserwege ließen sich unter falscher Deklaration auf Schleppzügen, die ja ohne Beschwer mit zuverlässigen Genossen bemannt werden könnten, Gewehre und Munition in erforderlicher Menge einschmuggeln. Und wenn die socialdemokratische Bewegung unter der Jugend unserer arbeitenden Klassen so weiter um sich greift wie bisher, wer steht uns dann dafür, daß in 10 Jahren die jungen Soldaten nicht mit den Aufrührern fraternisieren und ihnen die Waffen ausliefern?

Aus dem Gesagten geht hervor, daß es bei einem gut angelegten und durchgeführten Plan der Socialdemokratie nicht schwer würde, sich beim ersten Ansturm der Reichshauptstadt zu bemächtigen. Es mag indessen zugegeben werden, daß die Wahrscheinlichkeit dafür spricht, daß der Plan vorher zur Kenntnis der Polizeibehörden kommt, daß die Truppen daher avisiert und konsigniert und Überrumpelungen vermieden werden. Dann bleibt immer noch das numerische Untergewicht der Garnison bestehen. Die Kasernen müssen eine Besatzung behalten, um das Material an Waffen, Munition und Montierungsstücken zu sichern. Außerdem müssen eine große Zahl öffentlicher Gebäude geschützt werden, z. B. das Schloß, das Generalstabs-, das Centraltelegraphengebäude, die Reichsbank, die öffentlichen Kassen u. s. w. Dadurch wird fast die gesamte Infanterie absorbiert werden, und ob es der Artillerie und Kavallerie allein gelingen würde, den Straßenkampf siegreich durchzuführen, ist mehr als zweifelhaft. Operiert der Aufstand mit Dynamit, richtet er aus den Häusern Schnellfeuer auf die Bedienungsmannschaften und die Pferde der Artillerie, erhält die Kavallerie in gleicher Weise Flankenfeuer, wenn sie auf dem glatten Asphalt entlang sprengt, oder Frontfeuer, wenn sie vor einer Barrikade Halt machen muß, so kann der Straßenkampf sich sehr schwierig gestalten.

Man muß bedenken, daß im Jahre 1848 die damalige Berliner Garnison mit etwa 15 Bataillonen bei einer Bevölkerung von 400000 Seelen relativ stärker war als die heutige mit 28 Bataillonen, bei einer Bevölkerung von 1600000 Seelen, daß das Kampfterrain bedeutend kleiner und konzentrierter war, daß eine Anzahl Linienregimenter und die Potsdamer Garnison herangezogen waren, und daß es dennoch nicht geringe Mühe kostete, den Aufstand zu bewältigen. Gelingt das bei einem zukünftigen Aufstande nicht, wird dieser der Herr von Berlin, so unterbindet er die gesamte Verwaltung, die sich erst ein neues Centrum schaffen muß, und nimmt Besitz von dem reichen Armeematerial, das die Garnison, wenn sie sich zurückziehen muß, nicht mit sich führen kann. Siegt aber die Regierung im Kampfe gegen den Aufstand, so muß sie zu diesem Zwecke und um die Ordnung dauernd aufrecht zu erhalten, größere Truppenmassen in Berlin konzentrieren, und dann kann der Aufstand den Kampf in den Provinzen um so leichter führen.

Was die Provinzen betrifft, so muß man sich klar machen, daß sich unter den 1700000 Socialdemokraten, welche 1893 gewählt haben, nicht nur ungezählte Reservisten und Landwehrleute, sondern auch Eisenbahn und Telegraphenarbeiter in Menge befinden, denen es, da sie mit den bezüglichen Einrichtungen genau vertraut sind, ein leichtes ist, den gesamten Verkehr in wenigen Stunden zu sistieren. Behörden und Truppenbefehlshaber werden daher sofort ohne Verbindung miteinander sein, und jeder wird auf eigne Faust handeln müssen. Da wird es nicht überall leicht sein, das Richtige zu treffen, das System bureaukratischer Centralisation wird sich in der Civilverwaltung bitter rächen. Von der Selbsthilfe der nichtsocialdemokratischen Bevölkerung ist wenig zu erwarten. Wir sind so an die modernen Verkehrsformen und Mittel gewöhnt, daß schon das plötzliche Aufhören von Eisenbahn, Telegraphen und Post, das Ausbleiben der Zeitungen einen lähmenden und die Aktion paralysierenden Einfluß ausüben wird. Wenn man bedenkt, wie schon 1848 bei der verhältnismäßig sehr unblutigen Revolution, die einen rein politischen Charakter hatte und des socialistischen Beigeschmacks gänzlich entbehrte, die meisten Menschen den Kopf verloren, Kalabreser mit großen Kokarden aufsetzten, sich mit Schärpen schmückten, Bürgerwehr spielten und aus purer Angst Reden hielten, deren Inhalt ihrem Herzen wie Verstande gänzlich fern lag, so kann man sich bei einem socialdemokratischen Aufstand, wenn noch dazu mit Dynamit gearbeitet wird, auf das Schlimmste gefaßt machen. Was sollen die Behörden auf dem Lande und in den kleinen Städten, was soll die Bevölkerung denn auch schließlich ausrichten, auch bei dem besten Willen und dem tapfersten Mut, wenn die Arbeiter= massen den Aufruhr proklamieren? Den Behörden fehlt, sobald ihre Autorität nicht mehr respektiert wird, jedwedes Machtmittel. Gesetzt, der Landrat konzentriert noch rechtzeitig seine zehn Gensdarmen, wenn er so viele hat, was will er mit ihnen und was will die städtische Be= hörde mit den vier oder fünf Polizeisergeanten ausrichten? Was sollen die Bürger thun? Die Feuerwehr ist nicht und die Schützengilde zu schlecht bewaffnet. Schon bei gleichen Kräften würde der Kampf gegen die organisierten Arbeitermassen ein schwerer sein, gegen die vier= bis fünffache Übermacht ist er ganz aussichtslos.¹ Noch stehen ja den 1700000 socialdemokratischen Wählern 5600000 nichtsocialdemokratische gegenüber, und es ist nicht zu befürchten, daß, bevor der socialdemokratische Aufstand losbricht, das Zahlenverhältnis sich so verschieben wird, daß die Aufrührer die Majorität haben. Auch ist nicht anzunehmen, daß jeder, der socialdemokratisch wählt, im gegebenen Falle bereit ist, mit der Waffe in der Hand für die Sache der Partei einzutreten. Aber die Socialdemokratie ist organisiert, und wir sind es nicht, die Arbeiter sind in den großen Fabriken versammelt, wir sind in unsere Wohnungen zerstreut und haben nicht einmal einen Sammelplatz. Wenn fünfhun= dert bewaffnete Arbeiter die Revolution in einer kleinen oder Mittel= stadt proklamieren, so sind die Behörden macht= und ist die Bürger= schaft wehrlos.

Und die Waffen? Die Socialdemokratie kann nicht überall heim= lich Waffen hinschaffen und an die Arbeiter verteilen. Aber sind denn die Bürger mit Gewehren bewaffnet und sind denn diese Gewehre im stande? In vielen Städten sind die Arbeiter in so überwiegender Mehrzahl, daß die Axt, ja der Knüppel ausreicht. Jagdgewehre, Re= volver giebt es schließlich in Menge, und ob es nicht den Aufrührern gelingt, sich einiger Waffenvorräte in Fabriken, ja vielleicht einiger Artilleriedepots zu bemächtigen, Waffen vom Auslande hereinzubringen, steht doch dahin. Die übrige Ausrüstung aber ist leicht zu beschaffen. Wir haben allein nach der preußischen Rangliste über fünfzig Städte, in denen sich ein Bezirkskommando, aber keine Garnison befindet. Da ist es doch für den Aufruhr eine Kleinigkeit, die Paar Stammschreiber zu bewältigen und sich der Landwehrkammern zu bemächtigen, in denen die volle Ausrüstung für den Krieg liegt. Zu diesen Orten mit dem Bezirkskommando ohne weitere Garnison gehören volkreiche Städte wie Barmen, Krefeld, Dortmund, Essen u. s. w. An diese Städte schließen sich andere mit einer Garnison von nur einem Bataillon Infanterie oder nur einer Abteilung Artillerie. Wenn die Reserven entlassen und die Rekruten noch nicht da sind; so zählt ein Bataillon zweihundert bis zweihundertfünfzig Mann, was bedeutet das unter einer Fabrikbevölkerung oder in einem Kohlendistrikt? Wird aber ein solches Bataillon überwältigt oder muß es sich fechtend aus der Garnison zurückziehen, so fällt das in der Kaserne aufgespeicherte Material dem Aufstand in die Hände. Wenn dagegen solche kleine Truppenkörper bei Beginn des Aufstandes noch rechtzeitig nach den großen Garnisonorten herangezogen würden, so dürften sie schwerlich in der Lage sein, das Material mit sich zu führen.

Auf dem Lande mag es den Bauern, so lange wir noch welche haben, und ihren Söhnen gelingen, über die Knechte Herr zu bleiben, auf den Gütern besteht, wie bereits bemerkt, abgesehen von einigen alten Krüppeln, die ihren Unterstützungswohnsitz nicht verlieren wollen, die Arbeiterschaft vielfach nur noch aus Eingewanderten, Polen und Russen. Diese werden, wenn sie hören, daß in der Stadt Revolution ausgebrochen ist und die Arbeiter oben auf sind, im besten Falle ihrem Dienstherrn fortlaufen, um an dem neuen Glück in der Stadt teilzunehmen, vielfach aber werden sie versuchen, nunmehr auch ihrerseits den Herrn zu spielen. Daß sie das Gut schützen, wenn die Socialdemokraten aus der Stadt ihm ihren Besuch abstatten, ist nicht zu erwarten.

Natürlicherweise wird der Verlauf nicht überall ein gleicher sein, hier wird der Aufstand sich sofort zum Herrn machen, dort wird sein Anprall abgeschlagen werden, an anderen Stellen wird der Sieg hin und herschwanken. Aus dem Gesagten soll nur das hervorgehen, daß unsere, der Parteien und der Faktoren der staatlichen Ordnung, Situation einem allgemeinen socialdemokratischen Arbeiteraufstand gegenüber durchaus keine von vornherein glänzende ist. Die Optimisten sagen, „wenn nur die Regierung festbleibt und die Armee die Treue hält, so haben wir nichts zu fürchten. Die Regierung wird aber festbleiben: dafür haben wir unseren energischen Kaiser, und die Armee wird die Treue halten, dafür bürgt der Geist der Disciplin, der in ihr herrscht, und dem sich auch der Socialdemokrat, sobald er die Uniform trägt, nicht entziehen kann. Ergo haben wir nichts zu fürchten.“ Und die große Masse der Gebildeten und Besitzenden, die Bureaukratie und die Parlamentarier teilen diese Ansicht und verlassen sich auf die Bajonette. Nein so steht es, so günstig sind unsere Chancen nicht. Siegen werden wir schließlich, aber nach langem, harten Kampf und nach furchtbar schweren Opfern. Wir werden den Krieg im eigenen Lande führen, wir werden große Stücke dieses Landes zuerst verlieren und dann wiedererobern müssen. Bis aber die Wiedereroberung gelingt, werden die Gebiete, in denen der Aufstand sich zum Herrn gemacht hat, die furchtbarsten Qualen auszustehen haben.

Man hat in der großen Menge der „Gebildeten und Besitzenden" keine Ahnung davon, welch furchtbarer Haß in breiten Schichten des Volkes gährt. Man stellt sich die socialdemokratische Partei als politische Partei vor wie die übrigen politischen Parteien und vergißt, daß sie eine sociale Partei ist, daß es sich bei ihrer Aktion nicht um politische Bestrebungen, sondern um das brennende Verlangen der unteren Schichten handelt, an dem Glück und Wohlsein der oberen teilzunehmen, ein Glück und ein Wohlsein, von dem sich die Menschen, die niemals einen Hundert= markschein ihr eigen genannt haben, ein ganz falsches Bild machen.

Man verwechselt daher auch die sociale mit der politischen Revo= lution. Bei der letzteren bleibt der Staat, wenn die Revolution siegt, im wesentlichen derselbe, er bekommt nur andere Regenten. Die sociale Revolution ist der Kampf aller gegen alle, nicht um die Staatsgewalt, nein, um Besitz und Eigentum. Die Nichtbesitzenden kämpfen gegen die Besitzenden. Ist bei der politischen Revolution der König oder der Prä= sident gefangen oder verjagt, sind seine Diener und Anhänger entwaffnet oder entfernt, so ist die Sache zu Ende, der Bürger öffnet das Hausthor, Handel und Wandel nehmen ihren alten Gang wieder auf. Ein Per= sonenwechsel in den Regierungs= und Beamtenstellen, aber das bürger= liche Leben dasselbe wie vordem! Wenn Blut fließt, so nur wenig, und wenn Kämpfe stattfinden, nur zwischen denen, die im öffentlichen Leben stehen. Bei der socialen Revolution der Kampf des Arbeiters gegen den Bürger bis zur Vernichtung.

Von den Wirkungen einer solchen Revolution kann man sich aber, auch wenn man noch so schwarz sieht, keinen richtigen Begriff machen. Wir haben in der alten Geschichte Episoden allgemeiner Metzeleien, wir kennen die Schreckensherrschaft während der ersten französischen Revolution; aber was uns dann bevorsteht, wenn die Arbeiterrevo= lution die Gewalt hat, wird alles dagewesene übersteigen. Der jahr= zehntelang genährte Haß wird seine Opfer fordern und sie ver= nichten mit der ganzen Grausamkeit einer verfeinerten Kultur. Der nihilistische Anarchismus hat furchtbare Fortschritte gemacht und wo der Aufstand siegt, wird er sich der Führerschaft bemächtigen. Dann heißt es nicht strafen, nicht richten, sondern vernichten, ausrotten. Glücklich noch das Los der Männer, welche der Tod so trifft. Wehe aber den Frauen. Hier kann es zur Wahrheit werden, daß die Missethat der Väter gestraft werden soll an den Kindern bis ins dritte und vierte Glied. Wie viele sind es denn aus den oberen Schichten, die sich nicht vergangen haben an den Töchtern des Volkes! Wehe wenn entmenschte und berauschte Scharen an den Frauen und Töchtern der besitzenden Klassen Rache üben, Abrechnung halten!

Schon ein Schlachtfeld im Kriege mit dem auswärtigen Feinde ist furchtbar; welchen Anblick wird das große Schlachtfeld des Bürgerkrieges im großen deutschen Vaterland darbieten? Kann uns der Sieg die gemordeten Väter, Gatten und Brüder zurückgeben, die Schmach, welche Frauen, Töchter und Schwestern erlitten, auslöschen? Wird der Jammer nicht ein unendlicher sein?

Und der Wohlstand Deutschlands? Um die Verbindung der bisherigen Autoritäten miteinander zu unterbrechen, das Gewebe der Administration zu zerreißen, die Konzentration der Truppen zu verhindern, wird der Aufstand Eisenbahnen und Telegraphen zerstören. Und rückt die Armee gegen ihn vor, muß er weichen von Stadt zu Stadt, von Distrikt zu Distrikt, so wird er in den letzten Tagen seiner Herrschaft noch wahnsinniger zerstören wie bisher. „Hat der Bourgeois fliehen können und will er zurückkehren, wenn die alte Ordnung wiederhergestellt ist, so soll er wenigstens sein Heim nicht wiederfinden, der Fabrikant die Fabrik nicht, in der er den Arbeiter geschunden hat, der Pfaffe die Kirche nicht, in der er von dem angeblichen Gott faselte, der Beamte sein Amtshaus nicht. Nein, das wenigstens soll der Erfolg sein, wenn alles verloren geht: die zurückkehrenden Bedrücker sollen nichts finden von dem, was sie verlassen haben, als rauchende Trümmer. Und je mehr zerstört ist, desto besser, denn um so mehr muß aufgebaut und wieder angeschafft, je mehr Waren vernichtet, desto mehr müssen neue fabriziert werden. Sollen wir wieder ins alte Arbeitsjoch zurück, dann wenigstens dafür gesorgt, daß es reichlich und auf lange Zeit Arbeit giebt."

Wie sollen bei der heutigen Finanzlage, die in zehn Jahren voraussichtlich keine wesentlich bessere sein wird, Reich, Staat und Kommune die zur Wiederherstellung des Zerstörten erforderlichen Milliarden aufbringen? Der Staat wird kaum das, was ihm eigen gehört, wiederherstellen können, die Opfer des Aufstandes zu entschädigen, wird er absolut außer stande sein. Bürger und Bauern werden ihr Wohnwesen nicht wieder aufrichten, an den Wiederaufbau vieler Fabriken, an Wiederbeschaffung der zerstörten kostspieligen Maschinen wird man nicht denken können. Das Kapital vieler Aktionäre und Hypothekengläubiger wird unwiederbringlich verloren sein. Während des Kampfes und während des Wiederaufbaues wird das Ausland den deutschen Handel verdrängen, ja es wird uns seine Waren verkaufen, da wir selbst nichts zu produzieren vermögen, und wir werden schließlich ungeheure Anleihen im Auslande aufnehmen und demselben auf ein halbes Jahrhundert tributpflichtig werden müssen!

Somit bringt uns die sociale Revolution die allerschwersten Gefahren, sie legt uns, auch wenn wir sie besiegen, die unerträglichsten und schmerzlichsten Opfer auf. Aber droht sie uns denn in der That, ist sie unvermeidlich? Lagen die Verhältnisse in den allerverschiedensten Perioden der Weltgeschichte nicht ähnlich wie in unseren Tagen?

Nein sie lagen nicht so, in dieser Beziehung ist unsere Zeit mit keiner anderen zu vergleichen. Der Unterschied ist der, daß, so lange die Erde steht, niemals eine derartig vorgebildete unterste Klasse in einer Nation vorhanden gewesen ist, wie in unseren Tagen in Deutschland.

Der allgemeine Schulzwang und die allgemeine Wehrpflicht sind Faktoren, deren Wirkungen so große sind, daß wir sie im wahren Sinne des Wortes einfach nicht zu ermessen vermögen. Unsere gesamte Arbeiterjugend ist eingeschult, der geringe Prozentsatz analphabetischer Kinder kommt nicht mehr in Betracht, und der Schulunterricht ist ein so intensiver, daß er eine vorzügliche und feste Grundlage legt, auf welcher die große Fortbildungsschule, als welche sich die Armee darstellt, weiterbaut, weil sie lehrt und durch die Lehre den Verstand fortbildet, gleichgiltig ob das, was sie lehrt, das Waffenhandwerk ist oder etwas anderes. Ferner ist nicht außer acht zu lassen, daß die Wirkung in der zweiten und dritten Generation erst voll und ganz zu Tage tritt. Der wesentlichste Faktor in der Erziehung ist die Familie, das Haus. Es ist ein großer Unterschied, ob ein Kind von analphabetischen oder von lesenskundigen, ob es von Eltern erzogen wird, welche nie aus ihrem Dorfe herausgekommen sind, oder von solchen, welche die Welt gesehen haben. Drittens ist zu bedenken, welch ganz anderen Charakter der Volksschulunterricht angenommen hat, was wir alles lehren, wie wir den Gesichtskreis erweitern und welchen ganz anderen Inhalt der militärische Dienst trägt, wie an Stelle des automatisch-mechanischen Drills das Ziel getreten ist, den Rekruten zu einem denkenden Menschen heranzubilden, der nicht nur seine Waffen mit Verstand zu handhaben, sondern gegebene Befehle mit eigener Urteilskraft auszuführen vermag. Zur Volks- und militärischen Fortbildungsschule kommt nun aber die Schule des Lebens hinzu. Wir stehen, wie unser Kaiser gesagt hat, im Zeichen des Verkehrs. Zeit und Raum sind im Vergleich zu früheren Perioden ein überwundener Standpunkt, Freizügigkeit und Preßfreiheit, die Verhältnisse des Arbeitsmarktes treten hinzu. Ein gereister Mann ist schon an sich halb gebildet. Endlich die Einwirkung der Presse. Statt Bibel, Gesangbuch und Kalender, welche vor fünfzig Jahren noch die einzige Lektüre waren, jetzt tagtäglich die Zeitung, auf die der socialdemokratische Arbeiter gewissermaßen zwangsweise abonniert ist, und die der nichtsocialdemokratische im Wirtshaus liest. Die unterste Schicht, der Arbeiterstand, ein denkendes, ein lesendes, ein reflektierendes, ein kritisierendes Volk, und zwar nicht einzeln und als Ausnahme, sondern allgemein. Das hat keine Zeit vor uns gekannt, und das kennen auch die anderen Nationen nicht in dem Maße, weil sie keine deutschen Behörden und Lehrer mit deutscher Konsequenz und Gründlichkeit in Durchführung des Volksschulzwanges und Unterrichtes, keine deutschen Offiziere und Unteroffiziere haben, die nicht ruhen und rasten, bis auch der dümmste Rekrut denken und verstehen gelernt hat.

Es kommt hinzu, daß wir Unterricht und Erziehung für die große Masse mit dem vierzehnten Lebensjahre abschließen, denn die Fach- und Fortbildungsschulen werden doch nur von einem geringen Prozentsatz besucht, haben auch zu wenig Unterrichtsstunden. Demgemäß stoßen wir die Kinder des Volkes in das Leben hinein in einem Alter, in welchem sie sich ein selbständiges Urteil noch nicht bilden konnten. Die erziehliche Einwirkung, welche vordem das Leben dem Lehrling und jugendlichen Arbeiter darbot, haben wir teils im Wege der Gesetz- gebung beseitigt, teils ist sie durch die ganze Existenz der Fabrikarbeiter- bevölkerung fortgefallen, die Konsequenz von alledem ist, daß wir durch die Volksschule den Acker pflügen, düngen und eggen und ihn so der Socialdemokratie bereit stellen, auf daß sie ihren Samen hineinstreuen kann.

Und nun leben wir, die Gesamtheit, alle Stände, alle Lehrer, alle Parteien in dem großen Gegensatz zwischen Theorie und Praxis, zwischen der Lehre vom Menschentum und ihrer praktischen Ausführung. Vom Menschentum lehren wir in der Schule, sei es in der Religion, wenn wir den Gott verkünden, vor dem alle gleich sind, der alle mit der- selben Liebe umfaßt, der aus Liebe zur Welt seinen Sohn gesandt hat, damit er als ein armer Pilger auf Erden wandelte und am Kreuz für die Brüder starb, sei es in der Poesie, wenn die Kinder das Lied lernen von dem Sänger, der singt:

Von allem Hohen, was Menschenherz erhebt,
Von allem Süßen, was Menschenbrust durchbebt,

sei es in der Geschichte, wenn wir die Liebe zum Vaterlande einzuflößen suchen in die jungen Herzen, die Liebe, die auch den Tod nicht scheuen soll, wenn es gilt, den Feind abzuwehren von den Grenzen. Zu denken- den, fühlenden Menschen, mit einem Herzen in der Brust, redet der Kaiser, wenn er die Rekruten ermahnt, die ihm soeben den Eid der Treue geleistet haben, Menschen und Männer sollen unsere Krieger sein, und nicht gezwungene Sklaven, freiwillig ihr bestes hingeben an Treue und Kraft und im äußersten Falle Blut und Leben, dahin geht unsere ganze militärische Erziehung.

Unsere Lehre vom Menschentum ist im wesentlichen dieselbe, mag sie aus der christlichen Religion oder aus der französischen Revolution hergeleitet werden. Mensch, Menschheit, Volk. Du bist Mensch, sei Mensch, handle wie ein Mensch, aber auch: Du hast neben den Pflichten die Rechte des Menschen.

Zwischen dieser Lehre und ihrer Anwendung, zwischen Theorie und Praxis der große klaffende Gegensatz. Verfolgen wir einmal den Lebensgang eines Menschen unserer Tage aus dem Arbeiterstande. Im

Keller oder auf dem Bodengelaß herangewachsen, schon früh durch die Schlafstellengäste, welche die Eltern aufnehmen mußten, um die Miete zu erschwingen, in sittlicher Beziehung verdorben, daneben die Schule, welche alles mögliche lehrt und die Verstandskräfte systematisch entwickelt, der es aber, behindert durch die häuslichen Verhältnisse, nicht gelingt, einen festen sittlichen Untergrund zu legen. Vater und Mutter, der socialdemokratischen Lehre angehörend, den Haß gegen Eigentum und Besitz, Thron und Altar, Obrigkeit und Ordnung predigend, das Gemüt schon frühzeitig erhitzt und die Phantasie verdorben durch die Kolportageromane, zuletzt der Massenkonfirmandenunterricht, bei welchem dem Geistlichen eine Einwirkung auf die einzelnen unmöglich wird, die Einsegnung eine reine Formalceremonie. Nun heraus aus dem Vaterhause in eine andere Stadt, dann in die Fabrik, mit vierzehn Jahren ohne jede Aufsicht, ohne jede sittliche Einwirkung, bei kaum erlangter Reife allen sexuellen Gefahren ausgesetzt, bei verhältnismäßig reichlichem Verdienst allen dargebotenen Vergnügungen fröhnend. Dann die Militärzeit, die den Verstand ausbildet, und vielleicht manchen guten Samen ausstreut, daneben aber im Verkehr mit Jugendgenossen zu lustigem Leben reichliche Gelegenheit bietet, namentlich mit dem weiblichen Geschlecht. Nach der Entlassung zurück in das Fabrik- und Arbeiterleben und nach einiger Zeit hinein in die Ehe, die nur auf das Kapital der beiderseitigen jugendlichen Arbeitskraft begründet wird. Ein Kind folgt dem anderen, und die Nahrungssorge macht sich geltend. Um die Familie zu ernähren, muß hart gearbeitet werden, und für das Vergnügen bleibt nichts mehr übrig. Frühmorgens, wenn die Kinder noch schlafen, in die Fabrik, den ganzen Tag hinter der Maschine; zu Mittag bringt die Frau oder ein Kind das Essen, welches an einem Zaun oder in einer Ecke des Saales eingenommen wird. Dann ein kurzer Schlaf, und wieder an die Arbeit bis zum Abend, wo dann bei der Heimkehr die kleinen Kinder schon wieder schlafen, wie sie am Morgen noch schliefen. Er sieht sie nur am Sonntag, der ihm in der engen Wohnung auch nicht zur Freude wird, zumal wenn er sich und den Seinen jedes Vergnügen versagen muß. Die Jugendzeit liegt hinter ihm, und vor ihm ohne Wechsel das gleiche, unentwegte, harte Arbeits- und Sorgenleben, bei dem er es doch zu nichts weiter bringt, als unter den ärmlichsten Verhältnissen das nackte Leben zu fristen. Glücklich, wenn der Verdienst ein regelmäßiger bleibt, keine Stockungen und Krankheiten hinzutreten und die Sorgen zur Not machen. Sind die Kinder herangewachsen, so gehen sie in die Welt, demselben Los entgegen. Fallen die Ausgaben für sie fort, so nimmt dafür bei geschwächter Arbeits- und Lebenskraft der Verdienst ab. Von geistiger Nahrung, von Befriedigung irgend welcher Ansprüche der Seele und des Gemütes ist keine Rede, Arbeit und nichts als Arbeit, ohne Ruh und Rast! Keine

Fühlung, kein Verkehr irgend welcher Art mit denen, die ein besseres Los gezogen haben, kein Trost, kein Zuspruch, keine Teilnahme! Der Mann hat denken gelernt, er denkt nach über das Leben, über Vergangenheit, Gegenwart und Zukunft, er fühlt den Druck, der auf ihm lastet, er fragt sich: ist eine solche Existenz eine menschliche? Und nun kommt die Socialdemokratie und stellt ihm seine Lage, die Zukunft seiner Kinder vor, die zu gleichem Schicksal verurteilt sind, wie er, verspricht ihm, wenn er sich ihr anschließen will, ein besseres Los. Täglich redet sie zu ihm und zwar in seiner Sprache, die er versteht, in Versammlungen wie im Zwiegespräch, auf dem Arbeitssaal, auf dem Wege nach der Arbeit und zurück und abends im Wirtshause:

„Warum müssen die reichen Leute zwölf Zimmer haben und du hast ein Loch, warum geht die Frau aus dem Vorderhause von einem Vergnügen zum anderen und du kannst deinem Weibe, das sich vom Morgen bis zum Abend quält, niemals ein Vergnügen bereiten! Warum essen die reichen Leute zehn Gänge, wenn sie sich einladen, und du mußt froh sein, wenn du Brot und Kartoffeln für die Deinen hast und kannst für dein krankes Kind nicht eine einzige Flasche Wein kaufen? Warum? Bist du nicht auch Mensch? Ist das eine gerechte Weltordnung? Der Staat verlangt von uns, daß wir unsere Knochen für ihn zu Markte tragen, aber er giebt dir nicht einmal Arbeit, wenn dich der Fabrikbesitzer entläßt. Das willst du dulden, für dieses Elend willst du deine Kinder großziehen?

„Hoffst du etwa Besserung? Von wem denn? Von den Fürsten? Sie sonnen sich im Glanz der Krone. Von dem Adel, den Beamten? Sie denken nur an sich. Von den Fabrikanten? Wenn wir sie nicht zwingen, denken sie nur daran, uns möglichst wenig Lohn zu geben und uns möglichst viel arbeiten zu lassen. Von den Pfaffen? Sie predigen wunderschön von ihrem Christus, von dem schmalen Weg und der engen Pforte, von dem Kreuznachtragen und der Nächstenliebe. Aber wie viele machen denn Ernst, wie viele versuchen, es uns vorzumachen?“

„Sollen dir etwa die Abgeordneten ein besseres Los verschaffen? Wie viele sind denn im Reichstag oder im Abgeordnetenhaus auf ihrem Platz? Und sieh dir nur einmal die wenigen Herren im Sitzungssaal an, wie sie sich auf ihren Sesseln räkeln, wie sie umherstehen, scherzen und lachen, und frage dich dann: Sind das die Männer, die ein brennendes Herz haben für die brennende Not des Volkes?“

„Nein, sei ein Mann, komm zu uns. Wir wollen diese ganze faule Gesellschaft umstürzen. Wenn wir alle zusammenhalten, so haben wir die Macht und mit der Macht schaffen wir ein neues Recht. Von Menschenrechten, vom Volke, von Freiheit, Gleichheit, Brüderlichkeit hat man uns lange genug vorgeschwatzt, wir glaubens nicht mehr, selbst wollen wir uns jetzt helfen . . .“

Und dem soll der Arbeiter widerstehen? Vor ihm liegt das eintönige harte Arbeitsleben, vor ihm liegt dieselbe Zukunft für seine Kinder. Da soll der Gedanke, es könnte anders werden, wenn die Arbeiter zusammenhalten und ihre Macht brauchen, wenn sie fordern, was man ihnen auf ihre Bitten nicht giebt, da soll dieser Gedanke nicht zur Macht werden? Was kann solch ein Arbeiter verlieren? Schlimmer kanns nicht werden wie es ist. Gelingt den Führern der Socialdemokratie ihr Plan nicht, nun so bleibt es eben wie es ist. Arbeiter braucht man immer, und wenn recht viel zerstört wird bei einem Aufstande, so muß auch recht viel aufgebaut und wieder angeschafft werden; wenn auch viele Arbeiter fallen unter den Kugeln der Soldaten, dann ist die Konkurrenz nicht so groß: also was ist da zu wagen? Setzt aber die Socialdemokratie ihre Sache durch, braucht man sich nicht mehr so zu quälen, hat man mehr freie Zeit und höheren Lohn oder bekommt man Brot und Wohnung aus der großen Staatskasse, nun um so schöner. Also eingetreten unter die Genossen!

Das ist ein so natürlicher Weg, daß er für den, der das Volk kennt, ein sich von selbst ergebender ist. Eben weil das Volk denken gelernt hat, aber doch nicht genug um einzusehen, daß das Wirtschaftssystem der Socialdemokratie undurchführbar ist und die allgemeine Verarmung zur Folge haben müßte, eben weil die Gesellschaft den vierzehnjährigen Jungen heranwachsen läßt zum Mann ohne Fortbildung, Erziehung und Gemütspflege, eben deshalb hat die Socialdemokratie die Macht über die Gemüter erlangt. Politische Rechte haben wir dem Arbeiter durch das allgemeine Wahlrecht zum Reichstage gegeben, aber wirtschaftlich ist seine Lage dieselbe geblieben. Soll er sich mit dem politischen Wahlrecht trösten? Würden wir das thun? Nein, es ist ihm damit nur das Anerkenntnis seines Menschenrechtes gegeben, das Zeugnis, daß auch der Staat es ihm zugesteht. Unter Menschenrecht versteht er aber eine menschenwürdige Existenz. Anerkannt hat man dieses Recht, seinen Anspruch auf dasselbe, aber man verweigert ihm die Zahlung seiner Forderung. So denkt er, zum Menschen ist er erzogen, Mensch will er sein, die politische Staatsform ist ihm gleichgiltig, ob Monarchie oder Republik, daran liegt ihm wenig. Daß nicht alles geteilt und wieder geteilt werden, daß nicht aller Besitz aufgehoben werden kann, daß eine Überspannung der Lohnforderung die Fabrikation unrentabel machen und zu einem Stillstande der Arbeit führen würde, sieht er, wenn er vernünftig ist, ein. Aber daß der Arbeiter in den Kellern, auf den Böden, in den Hinterhäusern hausen muß, daß er knapp das Essen hat, daß er kein Familienleben haben soll wie alle anderen Stände, keine Erholungsstunden und daß er sich zu alledem mehr quälen soll wie diese, das sieht er nicht ein. Je mehr Bildung er empfangen hat und empfängt, je mehr er sich dadurch seiner Lage bewußt ist, desto stärker wird sein Verlangen, aus derselben befreit zu werden, und je länger es dauert, daß sein Verlangen Erfüllung findet, desto tiefer frißt sich der Haß gegen die bestehende Ordnung, gegen die oberen Schichten bei ihm ein, desto empfänglicher wird er für die Lehren der Socialdemokratie.

Von 124700 im Jahre 1871 ist die Socialdemokratie bei den Wahlen auf 1750000 im Jahre 1893 gewachsen, und aller Wahrscheinlichkeit nach befinden sich in der letzteren Zahl eine Million gedienter Leute. Dazu kommen, was ich für sehr bedenklich halte, die Antisemiten, die von 11600 im Jahre 1887 und 47500 im Jahre 1890 auf 400000 im Jahre 1893 gewachsen sind. Ich halte das für sehr bedenklich, weil für den Fall des Ausbruchs einer socialen Revolution die Judenfrage bei den radikalen Antisemiten eine ganz unwesentliche Rolle spielen wird. Der Judenhaß ist nur das geeignete Stichwort für den Radikalismus auf dem Lande, nach welchem die Socialdemokratie bisher vergeblich gesucht hat. Schreitet der radikale Antisemitismus so weiter fort wie bisher, so werden sich seine Anhänger bald wenig von den Socialdemokraten unterscheiden und, wenn die Bande der Ordnung gelöst sind, mit ihnen gemeinsame Sache machen. Das liegt sicherlich nicht in der Absicht der derzeitigen antisemitischen Führer, diese werden aber ebenso beseitigt werden, wie die derzeitigen Führer der Socialdemokraten. Die Socialdemokraten haben sechs Jahre gebraucht, um auf 400000 Stimmen zu kommen, nachher lähmte das Socialistengesetz ihre Aktion, nach dessen Aufhebung wuchsen sie schnell auf eine Million. Es ist durchaus nicht unmöglich, ja bei unseren derzeitigen wirtschaftlichen Verhältnissen nicht einmal unwahrscheinlich, daß die Antisemiten, nachdem sie auf 400000 gekommen sind, sich in annähernd gleicher Weise vermehren. Antisemiten und Socialdemokraten zählen schon jetzt 2150000 Wähler. Dazu kommen alle diejenigen, die noch nicht im wahlberechtigten Alter stehen und die rohesten Elemente innerhalb der Socialdemokratie sind, und endlich ist dazuzurechnen das beutegierige Proletariat, Landstreicher- und Verbrechertum in ungezählten Scharen. Stellt man alledem gegenüber den geringen Präsenzstand der Armee in Friedenszeiten überhaupt und speciell nach der Entlassung der Reserven in jedem Herbst, die gänzliche Unzulänglichkeit der Polizeimacht in den kleineren Städten und auf dem Lande, bedenkt man, daß der sich immer weiter verzweigende Anarchismus doch eigentlich nichts anderes ist als eine aus der Socialdemokratie herauswachsende Aktionspartei, so wird man nicht leugnen können, daß schon unsere derzeitige Lage nicht gefahrlos ist und sich von Jahr zu Jahr immer gefahrbringender gestalten muß.

Und nun was sollen wir thun? Unsere Schulen können wir nicht zurückschrauben auf das Niveau vor sechzig Jahren, den Schulzwang nicht aufheben, unser Volksheer nicht in ein Söldnerheer umwandeln,

Eisenbahn und Telegraphen nicht beseitigen, die Preßfreiheit nicht zurück-
nehmen, das wird selbst der bitterste Feind moderner Aufklärung nicht
wollen, jedenfalls nicht vorschlagen, weil es schlechterdings nicht möglich
ist. Wenn aber das Herz für Volk und Menschheit, für Christentum
und Liebe zu Gott und dem Nächsten nicht gänzlich erkaltet und in der
Furcht, abgeben zu müssen an diejenigen, die weniger haben als er,
erstarrt ist, der wird sich sagen, daß es doch etwas großes und hohes
ist, wenn Bildung und Denken durch unabläffigen Fleiß der Jahrhunderte
nunmehr hineingesenkt sind bis in die Hütten und Kellerräume, und
daß es die höchste Aufgabe der Zukunft ist, diesem Denken und dieser
Bildung die rechte Bahn zu weisen. Sollen, weil der Arbeiter denken
gelernt hat, weil er Mensch geworden ist und nunmehr eine menschenwürdige Existenz verlangt, die, welche es ihm gelehrt haben, erschreckt
vor ihrem eigenen Werke stehen, an ihre Brust schlagen und Wehe
ausrufen? Sollen sie mit Schiller sagen:

> Weh denen, die dem ewig Blinden,
> Des Lichtes Himmelsfackel leih'n,
> Sie strahlt ihm nicht, sie kann nur zünden
> Und äschert Städt' und Länder ein.

Wer sind sie denn, die dem Volke des Lichtes Himmelsfackel geliehen
haben? Es sind die Lehrer, die Lokal- und Kreisschulinspektoren, die
Schulräte, die Regierungen, die Minister, die Unter- und Oberoffiziere,
und in erster Linie die Hohenzollern und die übrigen Fürsten selbst!
An der Denkbildung des Volkes haben sie unablässig gearbeitet in
Schule und Heer, und nun, wo das Volk denkt, sollen sie ihre und
ihrer Vorfahren Arbeit bereuen? Wäre dem so, dann müßte der
Genius Deutschlands und Preußens die Fackel löschen!

Wer trägt denn größere Schuld an den gegenwärtigen Verhältnissen, das Volk oder wir? Wenn ich ein Kind ärmster Eltern auf
meine Kosten unterrichten, ihm jedwede Bildung zu teil werden lasse,
und wenn es ausgebildet ist, wenn es fühlen und denken gelernt hat
mit den Besten seines Volkes, meine Hand von ihm abziehe und es
zurücksinken lasse in die ärmliche Lage von vordem, in der es, jedweder
geistigen Nahrung entbehrend, mit mechanischer Handarbeit sein Leben
fristen muß: wird es mir danken? Wird es nicht sagen: Hättest du
mich nie das Licht schauen lassen, so würde ich die Sehnsucht nach ihm
nicht so schmerzlich empfinden, so würde das Dunkel für mich nicht so
schwarz sein. Und wenn es mir so klagt, während ich taub gegen
seine Klagen bin, und es wird bitter und die Bitterkeit wandelt sich in
Haß und Wut, trägt es die Schuld? Sind wir es nicht, die in der
Entwickelung innegehalten haben? Sind wir eingedenk gewesen der
notwendigen Folge unseres Thuns, daß das Volk, dem wir eine
höhere, immer wachsende Bildung gegeben haben, aus dieser seiner

Bildung heraus andere und höhere Ansprüche machen mußte an das Leben? Etwas haben wir durch Kranken-, Unfall- und Altersversicherung gesorgt. Aber für den, der nicht erkrankt, nicht verunglückt ist, dem das Alter noch fern liegt, was haben wir für ihn gethan?

Und wenn das Volk nun unzufrieden ist mit uns, und wir nicht darauf achten, wenn die Unzufriedenheit wächst, sich fortpflanzt von Generation zu Generation, wenn die Saat immer üppiger und drohender aufschießt und wir wieder nichts thun, wenn das Volk zuletzt zur Gewalt greift und erzwingen will, was wir ihm verweigern, sich bethören und verführen läßt: ist das Maß seiner oder unserer Schuld das größere? Und wenn wir Gewalt gegen Gewalt setzen und auf das drohende Verlangen mit Kugeln und Kartätschen antworten, wenn wir das Blut derer vergießen, welche heranzubilden und zum Lichte zu führen wir mit dem Einsatz unserer besten Kraft erstrebt haben, ist neben dem legalen auch das ethische Recht auf unserer Seite, können wir, wenn wir uns prüfen, vor unserem Gewissen, vor Gott bestehen? Wäre es nicht edler und schöner, auch gerechter, den Weg der Versöhnung, der Reform zu suchen? Alle Siege der Gewalt sind und bleiben nur Scheinsiege, und das Blut, das vergossen werden mußte, um sie zu erkämpfen, ist eine böse Drachen-, keine Friedenssaat. Wollen wir wirklichen, dauernden Frieden wiedererlangen im eigenen Lande mit unserem eigenen Volk, so müssen wir die Waffen des Geistes brauchen. Aber ihre Anwendung darf nicht oder nicht allein darin bestehen, daß wir durch Wort und Schrift belehrend einwirken, daß wir Theorie gegen Theorie setzen. Dafür ist das Volk nicht empfänglich, und vor allem haben unsere Thaten zu lange Zeit im Gegensatz gestanden zu unseren Worten, als daß uns das Volk noch Glauben schenken könnte. Nein, wenn wir die Waffen des Geistes mit Erfolg gebrauchen wollen, so kann das nur dadurch geschehen, daß wir zu einer Gesamtreform schreiten, an unsere bisherigen Institutionen die bessernde Hand legen, ihnen neue, den Anforderungen der Gegenwart entsprechende hinzufügen, so viel als möglich unsere Praxis mit der Theorie in Einklang bringen, dem Volke thatsächlich zeigen, daß wir seine wärmsten, seine besten Freunde, daß wir bestrebt sind, die Gegensätze, welche das Leben schafft, so weit als dies im Bereiche der Möglichkeit liegt, zu beseitigen oder doch zu mildern, daß wir vor allem in jedem, auch in dem geringsten unserer Volksgenossen den Menschen sehen, dem wir nicht nur politische Rechte, sondern auch den Anspruch zuerkennen, ein menschenwürdiges, dem geistigen Odem, der ihn beseelt, entsprechendes Dasein zu führen.

Gehen wir so vor, stellen wir, was wir besitzen an Verstand, Erkenntnis, Machtmitteln und Thatkraft in diese Arbeit ein, durchglüht von heiliger Liebe zu unserem Volke, zu unserem Vaterlande, sagen wir dem Manchestertume Valet, entsagen wir der thatenlosen Zuschauerrolle,

nehmen wir unser Geschick wieder in die eigene Hand, entschließen wir
uns, unsere Zukunft selbst zu bestimmen, zeichnen wir uns den Weg
vor, den wir gehen wollen ohne vor den Opfern zu scheuen, die wir
bringen müssen, machen wir weder dem Egoismus, welcher diesen
Opfern widerstrebt, Konzessionen, noch den Volksverführern, welche,
um nicht die bereits gewonnene und die noch erhoffte Beute zu verlieren, unseren Reformen, wo sie nur können, den heftigsten Widerstand
entgegensetzen werden, so werden wir der socialen Revolution mit allen
ihren Schrecken, mit ungezählten Opfern an Eigentum, Ehre und Leben
noch rechtzeitig entgegenarbeiten, ihren Ausbruch verhindern, den Frieden
im eigenen Volke wieder herstellen.

Allerdings werden wir Opfer bringen müssen, aber sie werden, wenn
auch noch so groß, geringe sein, gegen diejenigen, welche die Besiegung
der socialen Revolution durch Waffengewalt von uns fordern würde.

Der Preis aber solcher Opfer, der dauernde Frieden, den wir
wieder herstellen, ist höher und schöner als der Lorbeer für den Sieg,
errungen am Leibe des eigenen Volkes, desselben Volkes, welches 1870
durch so herrliche Thaten des Reiches Einheit wieder hergestellt hat,
und dessen Schuld es nicht oder doch sicher nicht allein ist, wenn wir
jetzt vor der Gefahr des Bürgerkrieges stehen.

Reform oder Revolution, noch haben wir die Wahl!

Zweites Kapitel

Neue Männer für das neue Jahrhundert.

Wollen wir den Kampf gegen die Mächte des Umsturzes, welche uns bedrohen, mit Erfolg führen, so müssen, wie oben gesagt ist, wir ihn kämpfen mit den Waffen des Geistes, die uns allein den Sieg erringen können, der uns den Frieden verbürgt. Darum müssen wir, wenn wir reformierend vorgehen wollen, zu allererst die den oberen Schichten unserer Nation entsprossene und entsprießende Jugend ausrüsten mit den echten und rechten Waffen. Findet eine Zeit nicht die für sie passende Generation vor, so nützen ihr auch die besten Institutionen und die günstigsten Umstände nichts. Hat sie die richtigen Männer, so macht sich in einem gewissen Sinne alles übrige von selbst. Nun steht es ja außer Zweifel, daß man große und bedeutende Männer nicht wie Fische künstlich züchten kann. Genie und Talent sind Gaben Gottes, und Charaktergröße ist nicht minder sein Geschenk, als es Produkt der Erziehung und Selbstbezwingung ist. Aber gewisser Voraussetzungen bedarf auch der größte Mann, vielleicht nicht so sehr, um groß zu sein, als um seine Größe erkennbar zu machen. Weder Bismarck als Minister, noch Moltke als Generalissimus eines Duodezfürsten wäre es beschieden gewesen, Weltruhm zu erwerben, ebenso wie Moltke auch in Preußen nicht der große Stratege werden konnte, ohne Soldat, und Bismarck nicht der große Kanzler, ohne Diplomat gewesen zu sein. Sodann müssen die leitenden Männer ihre Gehilfen und diese ihre Untergehilfen haben. Schließlich aber helfen auch diese nicht allein aus, es bedarf, wie im Heere der Tüchtigkeit und Schulung der gesamten Mannschaft, so auch im Kampfe zwischen Bildung und roher Kraft der rechten Schulung aller derer, welche, aus den gebildeten Ständen hervorgegangen, für die Herrschaft des Geistes eintreten sollen und müssen.

Wir, die wir im vierten und fünften Jahrzehnt des neunzehnten Jahrhunderts geboren sind, waren nicht die richtigen Männer für unsere Zeit. Nicht an dieser, sondern an uns hat es gelegen, wenn wir nicht vorwärts sondern rückwärts geschritten sind. Ziehen wir den Vergleich zwischen den Männern der Gegenwart und denen der Vergangenheit, so müssen wir konstatieren, daß wir uns auf absteigender Bahn befinden und zwar auf jedem Gebiet. Soweit wir unter den Mitlebenden noch wirklich bedeutende Männer haben, sind es Greise, Überlebende aus der Vorperiode; an Männern in der Fülle des Lebens stehend, von denen die Nation erwarten darf, höheren Zielen und besseren Tagen entgegengeführt zu werden, an Männern, welche der Zeit ihren Stempel aufdrücken, fehlt es gänzlich.

Was ist der Grund? Fehlt es dem heutigen Geschlecht an Gaben, fehlt ihm der Fleiß, fehlt ihm das warme Herz, die Begeisterung für die höchsten Ziele? Oder ist es krank, befindet es sich im Zustande geistiger Degeneration und Depression? Gewiß, es giebt viele geistig Kranke und Degenerierte, Charakterschwache und Willenlose in unserer Mitte. Aber was ist der Grund dafür und warum können die doch noch zahllosen Gesunden unter uns ihre Kräfte nicht recht entwickeln?

Man hat in unseren Tagen für alle Schäden, die uns anhaften, das richtige Gefühl. Aber weil man theoretisiert, und noch dazu vom Spezialstandpunkte aus sich über Teile streitet, statt das Ganze ins Auge zu fassen, tappt man umher und findet den Ausgang nicht. So hat man auch längst eingesehen, daß unsere Jugend nicht richtig vorgebildet wird, und ist reformierend vorgegangen, man hat Berge von Büchern über diesen Gegenstand geschrieben, und der Streit hat noch kein Ende. Aber das, worauf es zunächst ankommt, hat man noch nicht einmal gestreift.

Mit der Reform der Gymnasien und ähnlicher Schulanstalten, sowie der Universitäten allein ist es nicht gethan; nein, die Reform muß, man mag sie anfangen und durchführen wie man will, eine einseitige und verkehrte sein und bleiben, wenn man sie außer Zusammenhang läßt mit der Gesamtvorbildung, an welcher die Schule und die Universität nur ihren Anteil haben, die sie aber nicht allein bestimmen.

Das Menschenleben zerfällt in zwei Perioden. In der ersten lernt der Mensch, in der zweiten wendet er das Gelernte an. Auch in der zweiten lernt er sicherlich noch weiter, wir lernen eben nie aus bis zum Grabe, aber die erste Periode ist speziell dem Lernen gewidmet, die zweite Periode hat nicht mehr den Zweck zu lernen, sondern zu leisten, und je mehr der Mensch in der zweiten Periode leistet, desto mehr hat er zwar Gelegenheit, auf seinem Leistungsgebiet fortzulernen, desto weniger Zeit aber auch, auf anderen Gebieten Studien zu machen.

Bei den höheren Berufen pflegt in der ersten Hälfte des vierten Jahrzehntes die Scheidung zwischen Lern- und Leistungsperiode einzutreten, dann beginnt die selbständige Wirksamkeit unter eigener Verantwortung.

Bis dahin muß ein gewisses Maß von Kenntnissen erworben sein, einmal für den Beruf selbst, sodann auf Gebieten, die mit diesem Beruf im engeren und weiteren Zusammenhange stehen, je nach dem Grade dieses Zusammenhanges, ferner auf dem Gebiet der allgemeinen Bildung und zuletzt und vor allem auch in Bezug auf alles das, was zur vollen Erfüllung der Pflichten gegen die Familie, die Gemeinde, die Kirche, den Staat erforderlich ist.

Bei dem Abschluß der ersten Periode muß also ein gewisser Vorrat von Kenntnissen vorhanden sein, und dieser Vorrat muß in dieser Periode gesammelt werden. Davon, daß er nicht aus einer ungeordneten Zahl von Einzelkenntnissen bestehen darf, sondern systematisch zu einem einheitlichen Ganzen gegliedert sein muß, wie die Einzelteile eines großen Wandgemäldes, die Einzelsteine eines Baues dem Plan des Künstlers entsprechend und dem Gesamtwerke dienend ihre bestimmte Stelle finden müssen, davon wollen wir zunächst gar nicht reden, sondern nur vom Sammeln des Vorrats.

Wenn mir die Aufgabe zufällt, zu sammeln, so muß ich zunächst wissen, was ich sammeln soll. Wer in der Leistungsperiode steht, mag wissen, was er in der Ausbildungsperiode brauchte, um seine Lernaufgabe zu erfüllen, von dem, der noch lernt und noch nicht leistet zu verlangen, daß er das wisse, heißt eine unmögliche Forderung stellen. Und doch stellen wir diese Forderung seit Jahrzehnten an unsere Jugend. Allerdings verlangen wir die Ableistung von Prüfungen aller Art und in diesen Prüfungen den Nachweis bestimmter Berufskenntnisse, alles übrige aber, d. h. den Erwerb der Kenntnisse, die neben denen für den eigentlichen Beruf erforderlich sind, überlassen wir dem Spiel des Zufalls.

Nun ist aber das Maß dieser Kenntnisse in unseren Tagen ein ungemein großes und vielseitiges, der Lernstoff überhaupt kaum zu bewältigen. Nicht auf die Menge dessen, was gelernt wird, kommt es dabei an, sondern darauf, daß die richtige Auswahl getroffen wird, daß unnützes fort- und notwendiges nicht ausgelassen wird.

Drei Faktoren unserer Vorbildung haben wir: den Unterricht, das Selbststudium und das Leben.

In dem Begriff Unterricht fasse ich alles zusammen, was wir durch direkte Anweisung und Lehre von anderen Menschen lernen in der Schule, auf der Universität oder einer adäquaten Anstalt und in dem Vorbildungsstadium des eigentlichen Berufes (z. B. Referendariat), zuzüglich der häuslichen Arbeiten, welche uns der Unterricht in diesen verschiedenen Perioden unmittelbar aufgibt.

Unter Selbststudium verstehe ich alles, was wir aus Büchern ohne direkten Unterricht freiwillig lernen auf Gebieten, die der Unterricht nicht unmittelbar tangiert.

Durch das Leben lernen wir tagtäglich eine Menge von Dingen, durch Anschauung, durch Gespräche, durch Miterleben von Ereignissen und Vorgängen aller Art, ohne daß wir direkt unterrichtet werden oder die betreffende Materie zum Gegenstand eines Studiums machen.

Was wir durch das Leben lernen, hängt nicht nur von der Zeitperiode, innerhalb deren wir groß werden, sondern auch von den Verhältnissen ab, unter denen wir uns bewegen; es ist deshalb nicht immer dasselbe.

Noch mehr macht sich die Verschiedenheit geltend beim Selbststudium. Einmal müssen wir durch dasselbe den Unterricht ergänzen und, je nach dem Berufe, den wir erwählt haben, manche Materie mehr oder weniger intensiv bearbeiten, sodann aber bringt uns die Berufsvorbereitung und das Berufsstudium ganze Zweige der Wissenschaft so nahe, daß sie für den Erwerb allgemeiner Bildung als Nebenaufgaben fortfallen, während wiederum andere Gebiete, von denen Kenntnis und für welche Verständnis zu haben, in einem gewissen Maße für jeden gebildeten Mann unentbehrlich ist, so weit ab von unserem Berufswege liegen, daß wir uns ihnen ganz speciell widmen und für sie Zeit erübrigen müssen.

Der Unterricht endlich ist, wie unsere Verhältnisse derzeit liegen, für die verschiedensten Berufe im Anfange derselbe, nachher aber (auf der Universität und in der praktischen Berufsvorbildung) scharf geschieden; was er in der späteren Periode dem Einen lehrt, verschweigt er dem Anderen gänzlich.

Nun stelle man einmal an die Koryphäen unter den Berufsmännern unserer Zeit folgende Frage:

Denke dir einen jungen Mann deines Berufes, der ins selbständige Amt tritt, wenn du Professor der Theologie oder Generalsuperintendent bist, einen Kandidaten oder Hilfsprediger, der seine erste Pfarre erhält, wenn du zu den Größen unter den Medizinern gehörst, einen jungen Arzt, der sein Studium vollendet, seine Prüfungen absolviert, eine Zeitlang als Assistenzarzt fungiert hat und sich nunmehr als praktischer Arzt niederläßt, wenn du Oberlandesgerichtspräsident bist, einen Assessor, der zum Amtsrichter ernannt ist, u. s. w., und sage uns einmal, welche Kenntnisse muß der junge Mann haben, um seine Stelle im Leben voll und ganz auszufüllen. Wir schreiben 1895. Er ist vielleicht zweiunddreißig Jahre alt, also 1863 geboren. Was soll er gelernt, gelesen, studiert haben, nicht nur in seinen Berufs-, sondern auch aus verwandten Wissenschaften und aus den Gebieten, welche diesen Berufs- und diesen verwandten Wissenschaften fern liegen, die er aber doch in einem von dir gütigst zu bestimmenden Maße kennen muß, schon um für seinen Beruf kein einseitiges, sondern das richtige Verständnis zu haben. Und dann sage uns weiter: Wie mußte und konnte er diese Kenntnisse erlangen, was wurde ihm direkt gelehrt durch Unterricht und Anweisung, was konnte und mußte er lernen durch eigenes Studium aus Büchern und aus welchen, endlich, was lehrte ihm ohne direkten Unterricht und ohne eigentliches Studium das Leben?

Diese Frage kann aus dem Stegreif, das behaupte ich kühn, kein einziger Mensch in Deutschland erschöpfend beantworten. Zu dieser Beantwortung gehört eine mühsame und zeitfordernde Vertiefung in den Gegenstand, und selbst wo alle sonstigen Vorbedingungen vorhanden wären, würde der einzelne bald zu dem Bekenntnis gelangen müssen: „Hier versagen meine Kräfte und Kenntnisse. Ich weiß wohl was ich gelernt habe und aus meinem Vorbildungsgange, daß ich weit mehr und ganz anders hätte lernen müssen, also wie ich es nicht hätte machen sollen; wie aber die heutige Jugend ihren Bildungsgang richtig nehmen soll, vermag ich nicht zu bestimmen, schon deshalb nicht, weil die Verhältnisse auf der Schule, auf der Universität, im praktischen Vorbildungsgange sich vielfach geändert haben seit der Zeit, als ich in der Lernperiode stand, weil inzwischen eine andere, neue Litteratur erstanden ist, weil das Leben der heutigen Generation ganz andere Dinge lehrt, als es mir in der Vorbildungsperiode gelehrt hat."

Wer mir nicht glauben will, daß er das bekennen muß, der mache sich einmal an die praktische Arbeit und stelle ein Verzeichnis auf nur von denjenigen Büchern, die ein junger Mann seines Berufes gelesen haben muß aus dem Gebiet der allgemeinen Litteratur unter Berechnung der dazu erforderlichen und zur Disposition stehenden Zeit, und er wird mir bald genug recht geben.

Ist das richtig, so liegt es doch sonnenklar vor Augen, daß, wenn die erfahrensten Männer, die Weisesten ihres Berufes, den Weg nicht zeigen können, ihn die Jugend unmöglich allein finden kann! Wir lassen sie umhertappen und irren, und das ist die Schuld, die wir auf uns geladen haben und die Quelle vieler Schäden unserer Zeit.

Dem müssen wir abhelfen, die Frage der richtigen Vorbildung müssen wir lösen, und da der einzelne sie nicht beantworten kann, so bleibt nichts übrig als gemeinsame Arbeit, d. h. Kommissionen zu bilden, für jeden Berufszweig eine. Man denke sich diese Kommissionen zusammengesetzt aus hervorragenden Männern des betreffenden Berufes selbst und aus einer Reihe von anderen Sachverständigen, z. B. Ärzten, Gymnasialdirektoren, Universitätslehrern, Schriftstellern, Vertretern der Presse, Buchhändlern u. s. w. Aufgabe der Kommission: festzustellen, welche Kenntnisse (berufsmäßige und allgemeine) soll derjenige, der in das selbständige Amt des betreffenden Berufes tritt, bis dahin daß das geschieht, erworben haben, von dem Beginn der Schulzeit an, unter genauer Bemessung der Zeit für Unterricht, häusliche Arbeit, Selbststudium, Erholung, Schlaf. Zwischen dem Beginn und dem Abschluß der Lernperiode liegt ein bestimmtes abgegrenztes Zeitquantum; mit diesem muß gerechnet werden. Nach Abzug derjenigen Stunden, welche für die menschlichen Bedürfnisse des Körpers, für seine Ausbildung und für die Erholung bestimmt werden müssen, bleiben so und so viele Stunden in jeder Phase der Vorbildungsperiode für die geistige Arbeit übrig. Ein Teil der letzteren wird von dem Unterricht und von den sich an denselben anschließenden häuslichen Arbeiten in Anspruch genommen, auf den verbleibenden Rest muß das Selbststudium verteilt werden.

Bei dieser Arbeit der Kommission soll es sich zunächst nicht um Theorie, sondern um reine Praxis handeln. Nicht darum, wie sollen unsere Gymnasien, unsere Universitäten gestaltet werden, welchen Gang soll die praktische Berufsvorbildung nehmen, darüber soll später beraten werden, sondern darum handelt es sich: wie war der gesamte Vorbildungsgang in der Lernperiode, was konnte der 1865 geborene Sohn unserer Zeit durch Unterricht (Schule, Universität, Berufsvorbildung), durch Selbststudium, durch das Leben lernen, welches Gesamtmaß von Kenntnissen erwerben, wenn er seine Zeit richtig einteilte?

Geht eine Kommission, wie sie oben gedacht ist, derart vor, so wird sie, das ist unzweifelhaft, zu dem Endresultat gelangen, daß, mag man die Anforderungen noch so niedrig schrauben, die Zeit für das Selbststudium auf das äußerste beschränkt und der Erwerb einer auch nur einigermaßen ausreichenden allgemeinen Bildung neben dem Zeitaufwand, welchen die Berufsvorbereitung verlangt, unmöglich ist.

Stellt sich dies Resultat heraus, so könnte man zunächst auf den Gedanken kommen, die Vorbildungszeit zu verlängern. Das wäre möglich in Bezug auf die einzelnen Stufen: Gymnasialzeit, Universitätsstudium, praktische Berufsvorbereitung, man könnte die Zeit für die eine Stufe verkürzen und für die andere entsprechend verlängern, aber eine Verlängerung der Gesamtvorbildungsperiode, deren Abschluß wir im vorliegenden Falle mit dem zweiunddreißigsten Lebensjahre angenommen haben, ist nicht möglich. Bis zum fünfundsechzigsten Lebensjahre höchstens ist der geistig arbeitende Mann im Besitz der vollen Arbeitskraft, frühestens vom vollendeten sechsten Lebensjahre an kann das Lernen beginnen. Die Gesamtarbeitszeit beträgt somit neunundfünfzig Jahre. Wenn davon siebenundzwanzig zum Lernen und zweiunddreißig zur Anwendung des Gelernten bestimmt werden, so ist ersteres eher zu viel als zu wenig.

Ist daher der Erwerb einer ausreichenden allgemeinen Bildung auf dem bisherigen Wege innerhalb der zur Disposition stehenden Zeit nicht möglich und läßt sich diese Zeit nicht verlängern, so wird man zu einer Reform schreiten und bei dem Selbststudium einsetzen müssen. Macht man sich erst einmal klar, welche Summen von Kenntnissen durch

3*

Selbststudium erworben werden sollen, d. h. was alles von dem, was man wissen soll, Schule, Universität, Berufsvorbildung und Leben nicht lehren, so wird man sich auch der Überzeugung nicht verschließen können, daß die zum Selbststudium vorhandenen Mittel ganz unvollkommen sind.

Zunächst haben wir nur sehr wenige Bücher, welche sich zum Selbststudium für denjenigen eignen, der die betreffende Materie nicht zum Fachstudium machen will. Wir haben entweder weitschweifige Fachlehrbücher, welche für den Zweck des nichtberufsmäßigen Selbststudiums viel zu viel Zeit erfordern, oder Kompendien, welche dem Laien nicht verständlich sind, weil sie Fachkenntnisse voraussetzen, die er nicht besitzt, oder, wenn sie überhaupt vorhanden, „volkstümliche", d. h. für den Gebildeten trivial und unwissenschaftlich gehaltene Wegweiser, die ihm Begriffe erklären wollen, welche ihm längst bekannt sind.

Was aber unsere nationale klassische Litteratur betrifft, so ist sie unserer Gegenwart schon längst nicht mehr verständlich, weil ihr die Zeit, in welcher und für welche die Klassiker schrieben, ein verschlossenes Buch ist. Sie weiß im Durchschnitt von den Klassikern wenig, und es kann sich ereignen, daß nicht Goethe sondern Schiller die Autorschaft von Werthers Leiden zugeschrieben wird.

Darüber kann doch wohl kein Streit bestehen, daß es unsere Aufgabe ist, Männer für das zwanzigste Jahrhundert heranzubilden und daß diese Vorbildung im wesentlichen darin gipfeln muß, den Heranzubildenden Kenntnis von der Geschichte des neunzehnten Jahrhunderts zu geben und Verständnis für dieselbe anzueignen, unter Geschichte nicht die politische allein, sondern den Inbegriff der Vorgänge und Entwickelungen auf allen Kulturgebieten verstanden.

Ein Mann, der in der Lebensarbeit steht, der die Lernperiode abgeschlossen hat, muß Verständnis für seine Zeit, sein Volk, seinen Staat, das Vaterland haben, und dies Verständnis darf nicht basieren auf einem Sammelsurium dessen, was er zufällig aufgeschnappt hat, sondern es muß durch systematisches Lernen erworben sein. Gewiß lernen wir viel durch das Leben, aber doch nur aus der Periode, in der sich unser Leben abspielt.

Nehmen wir weiter an, die Kommission, die wir uns gedacht haben, geht an den zweiten Teil ihrer Aufgabe, sie berät die Reform. Dazu stellt sie zunächst fest: Welche Kenntnisse muß (nicht wie bisher kann) ein Mann haben, der 1865 geboren, nach Abschluß seiner Gesamtvorbildungsperiode am 1. April 1895 in den selbständigen Lebensberuf eingetreten ist?

Die Kommission fragt also diesmal nicht danach, wie die Kenntnisse erworben werden können und wieviel Zeit dazu gehört. Sie stellt theoretisch fest, was muß der Mann wissen, um in seinem Beruf, als Mensch, als Bürger, als Gatte, Vater, Mitglied einer Religionsgemeinschaft, als Staats- und Reichsangehöriger, als gebildeter Deutscher, seiner Lebensaufgabe gerecht werden zu können?

Jedem Berufsstudium und jeder Berufsvorbereitung bleiben Einzelgebiete fern, welche zum allgemeinen Bildungsgebiete gehören. Den Erwerb der auf diesen Gebieten erforderlichen Kenntnisse muß die Kommission, sei es dem Selbststudium, sei es dem Schulunterricht überweisen oder auf beide verteilen. Nimmt sie aber an, ihr Substrat erwirbt einen Teil dieser Kenntnisse ohne Unterricht und ohne Selbststudium durch das Leben, nun so muß sie diesen Teil bezeichnen und damit aus dem Lernpensum ausscheiden. Nicht alles lernt man durch das Leben, sonst brauchte man ja keinen Unterricht, und daß man alles, was das Leben nicht lehrt, durch den Unterricht lernt, wird man ebensowenig behaupten können. Es muß also eine Ergänzung durch das Selbststudium eintreten. Unterricht (Schule, Berufsstudium, Berufsvorbereitung) und Selbststudium ergeben die Gesamtsumme des Lernpensums. Dieses Pensum stellt die Kommission fest und nimmt nunmehr den Gang rückwärts. Sie beginnt mit dem Jahre 1895 und geht rückwärts bis 1868 (Beginn der Gymnasial-Schulzeit), indem sie für jedes Jahr den Lernstoff und gleichzeitig festsetzt, durch welche Mittel das Substrat ihn sich aneignen soll.

Nur wenn sie diesen doppelten Weg von 1868 bis 1895 und von 1895 wieder zurück in der bezeichneten Weise gegangen ist, kann sie, wenn sie auf dem Rückwege bis zum Abiturientenexamen gelangt ist, über Schulreform ein wirkliches Urteil gewinnen. Der Weg aufwärts liefert den Beweis, daß es so nicht weiter geht, daß die Gesamtvorbildung eine zu unvollkommene bleibt, und der Weg vom Abschluß der Lernperiode rückwärts bis zum Abiturientenexamen stellt fest, welcher Lernstoff in der Gesamtperiode absolviert und bewältigt werden kann, was also von dem Gesamtlernstoff der Schule verbleibt, d. h. ihr auferlegt werden muß.

Erst das Pensum, was die Schule bewältigen muß, aus dem Gesamtpensum der Gesamtvorbildungsperiode heraus feststellen, und dann überlegen, wie die Schule ihrer Aufgabe gerecht werden kann, das ist Vorbedingung für jedwede Schulreform, und diese Vorbedingung ist bisher nicht erfüllt worden. Oder sagen wir besser Schulzeit statt Schule. Denn die Schule kann nicht alles lehren, was der Schulzeit zufällt, sondern sie muß es verteilen auf Unterricht, auf die unmittelbar mit dem Unterricht verbundene häusliche Arbeit und auf das Selbststudium des Schülers.

Nun steht ja außer Frage, daß die Schule nicht allein einen bestimmten Lernstoff dem Schüler zu eigen zu machen, sondern daß sie in erster Linie seine Lern- und Arbeitsfähigkeit zu entwickeln und zu befestigen hat. Aber, wie unsere Verhältnisse liegen, ist es ganz unmög-

lich, den, sagen wir, praktischen Lernstoff, d. h. das was der Schüler
für das Leben braucht, die Schulzeit hindurch unberücksichtigt zu lassen;
die Schule muß einen Teil desselben übernehmen, es geht, weil die
überbleibende Zeit zu kurz ist, nicht anders, und die wichtige Frage wird
sein, ob die Bewältigung dieses Teiles nicht einen so großen Zeitaufwand erfordert, daß die bisherige Methode, die Lern- und Arbeitsfähigkeit hauptsächlich auf grammatischem Wege zu entwickeln, aufgegeben oder
reduziert werden muß.

Diese Frage ist schon oft behandelt worden, aber nur so, daß man
die Vorzüge und Nachteile der verschiedenen Methoden gegeneinander
abwog, nicht so, daß man sich vor die wirklich zwingende Notwendigkeit stellte.

Unsere heutige Wissenschaft steht unter dem Zeichen des Specialismus, jeder ihrer Hauptteile hat seine Abteile, jeder Abteil ungezählte
Unterteile, in kurzer Zeit wird der Unterteil zum Abteil, der Abteil zum
Hauptteil und der Zusammenhang geht häufig verloren. Dieser Zusammenhang ist aber thatsächlich doch da, auch wenn er nicht mehr erkannt wird, ja gerade wenn und weil er nicht erkannt und festgehalten
wird, macht er sich oft in seinen Wirkungen auf das Ganze um so
fühlbarer geltend.

Hierin, in der Einwirkung auch des kleinsten Teiles der geistigen
Arbeit auf den Weltkörper und in der Schwierigkeit, diese Einwirkung
zu erfassen und zu verstehen, liegt der Notstand. Verstehen muß der gebildete Mann des zwanzigsten Jahrhunderts seine Zeit, und zwar als
gebildeter Mann und nicht als Dilettant, und diesem Verständnis türmen
sich Berge von Schwierigkeiten entgegen.

Jeder dieser Unterteile der Wissenschaft hat eine Fülle von litterarischen
Erzeugnissen hervorgebracht, deren Durcharbeitung zum Verständnis un-
umgänglich notwendig ist. Diese Durcharbeitung erfordert ein so großes
Quantum an Zeit, daß die Berufsvorbereitung, wenn sie eine, auch
nur einigermaßen wissenschaftliche und gründliche sein und zum praktischen
Ziele führen soll, fast die ganze Kraft des Lernenden in Anspruch nimmt
und absorbiert. Große Männer waren aber immer nur solche, welche
das Ganze ihrer Zeit und ihre Zeit als Ganzes erfaßten. Die militärischen Siege Friedrichs des Zweiten und Napoleons des Ersten sind
durch andere Weltereignisse verdrängt, aber nicht nur stehen das allgemeine Landrecht und der Code Napoléon noch in Kraft, nein, Preußens
wie Frankreichs inneres Gesamtgefüge beruhen noch heute auf den Einrichtungen, welche die Regierungsthätigkeit dieser beiden Herrscher geschaffen hat.

Aber auch die größten Regenten können nichts schaffen ohne Gehilfen
ihrer Arbeit, und diese Gehilfen müssen wieder Untergehilfen haben.
Gilt das schon vom absoluten, wie viel mehr vom konstitutionellen Staat!

Geht das Verständnis für das Ganze in den oberen Schichten des Volkes verloren, so zersplittert und zerklüftet sich die Nation in Partikel, wie unsere parlamentarische Fraktionszersplitterung beweist.

Ich lege den Schwerpunkt auf eine Reform des Selbststudiums, oder vielmehr, da bisher überhaupt nichts für dasselbe geschehen ist, auf seine Organisation. Zu jedem Selbststudium gehören Bücher und Zeit. Bücher sind unnütz, wenn die Zeit nicht da ist, sich ihren Inhalt anzueignen, und die Zeit kann nicht geschaffen werden, wenn die Bücher zu umfangreich sind. Es genügt daher nicht, wenn der Staat Schulanstalten und Universitäten errichtet und unterhält, und auch das genügt nicht, wenn er den Schul- und Universitätsunterricht so gestaltet, daß Zeit zum Selbststudium auf anderem als dem eigentlichen Berufsgebiet übrig bleibt, er muß auch dafür sorgen, daß Bücher vorhanden sind, welche dieses Studium ermöglichen.

Es liegt mir der Gedanke sehr fern, die freie geistige Selbstthätigkeit unserer Jugend schablonisieren und reglementieren zu wollen. Die Jugend muß unter allen Umständen freie Wahl behalten für ihr Selbststudium, aber dieses Selbststudium muß ihr möglich gemacht, sie muß nicht gezwungen werden oder vielmehr gezwungen bleiben, wenn sie ein Feld bearbeitet, alle übrigen liegen zu lassen.

Ich sage also: Der Staat muß, und zwar für jeden Beruf, feststellen, welche Kenntnisse allgemeinen Inhalts durch Selbststudium erworben werden müssen, und wie viel Zeit neben dem Berufsstudium für dieses Selbststudium zur Disposition zu stellen ist. Diese Zeit ist knapp, sehr knapp, und damit innerhalb ihres Maßes erreicht werden kann was erreicht werden muß, müssen die Bücher, welche diesem Selbststudium dienen sollen, auf das Zeitmaß Rücksicht nehmen. Über jede einzelne wissenschaftliche Tagesfrage entsteht sofort eine Schriftenmenge, aber eine Gesamtbearbeitung derselben fehlt zumeist, und wenn sie erfolgt, wird sie nur dem Fachmann bekannt. Daß ein Buch einen durchschlagenden Erfolg hat, ist selten und noch seltener, daß man etwas davon erfährt, wenn man nicht Fachgelehrter ist.

Die Hauptschwierigkeit bei der Lösung des ganzen Vorbildungsproblems ist die Zeitfrage. Weil diese Zeit eine begrenzte ist, muß sie eingeteilt werden mit strengster Ökonomie, und wiederum, weil das notwendig ist, bedarf die Vorbereitung für jeden Beruf vom ersten Lernjahre an bis zum letzten Abschlusse, d. h. bis zum Beginn der Leistungsperiode eines Gesamtplanes. Diesem Plane müssen Schule, Universität und praktische Berufsvorbildung genau Rechnung tragen, einmal in Bezug auf das was sie lehren und ebenso in Bezug auf das was sie nicht lehren. Sie müssen, die eine von der anderen, wissen, was sie lehren und alle voneinander, was sie samt und sonders dem, der sich einem Berufe widmet, nicht lehren, sie müssen sich klar machen, daß von dem, was sie nicht lehren, sehr vieles unbedingt gelernt werden muß und dafür, daß es gelernt wird, nicht nur Raum geben, sondern auch Sorge tragen. Ebenso wichtig wie der Unterricht muß beispielsweise für den Gymnasialdirektor und den Ordinarius die Beratung des Schülers für dessen Privatlektüre sein, nach Charakter, Anlage und Talent, vor allem auch nach den häuslichen Verhältnissen. Denn dem einen giebt das Vaterhaus von selbst mit, was der andere aus den Büchern lernen muß. Auch auf den zukünftigen Beruf muß die Privatlektüre Rücksicht nehmen, sei es als Vorbereitung für denselben, sei es im Gegenteil gerade deshalb, weil der zukünftige Berufsbildungsgang Gebiete, von denen Kenntnis zu nehmen für den Menschen, den Deutschen, den Christen, den Staatsbürger unabweisbar ist, ganz frei liegen läßt.

Diese Aufgabe zu lösen ist dem Gymnasiallehrer vielfach deshalb unmöglich, weil er von dem Bildungsgang der einzelnen Berufsarten nicht ausreichende Kenntnis hat, darum muß ein Organ vorhanden sein, welches den Gesamtbildungsgang überwacht und zwar für jeden Beruf. Haben wir dieses Organ? In den Unterrichtsministern und ihren Räten in jedem deutschen Lande? Wollte der preußische als der Minister des größten deutschen Staates sich der Sache annehmen, so würde das sicher fördernd wirken auf die übrigen Staaten.

Aber der Unterrichtsminister, ganz abgesehen davon, daß er in Preußen noch Kultus- und Medizinalminister ist, kann das nicht allein. Das übersteigt die Kräfte des einzelnen, und außerdem bedarf die Arbeit der Kontinuität. Auch seine Räte vermögen sie nicht zu leisten, weil die Arbeit ein Zusammenwirken der verschiedensten Berufszweige erfordert. Es wird deshalb, wie schon erwähnt, der Weg gewählt werden müssen, Kommissionen zu bilden, aber Kommissionen für jeden studierten Beruf, und mit dem Auftrage, die gesamte Vorbildungsperiode des zukünftigen Berufsmannes von der ersten Lesestunde an bis zum Eintritt in das selbständige Amt zum Gegenstande ihrer Arbeit zu machen.

Diese Arbeit hat große Eile. Einen bedeutenden Teil der geistigen Herrschaft über die Massen haben wir verloren, und jeden Tag verlieren wir mehr davon. Der Unterschied zwischen geistiger und mechanischer Arbeit liegt nicht darin, daß jene mit dem Gehirn und diese mit der Hand geschieht, das ist an und für sich Unsinn, denn schreiben, was die geistige Arbeit vermittelt, geschieht auch mit der Hand. Nein, der Unterschied liegt darin, daß die Gehirnarbeit nicht zur Mechanik wird und sich nicht auf einen einzelnen Gegenstand beschränken darf, wenn sie Geistesarbeit bleiben soll. Etwas denken muß auch derjenige, der die einfachste und gleichmäßigste manuelle Arbeit verrichtet, sonst würde man nur Maschinen brauchen und Automaten statt Menschen. Aber jedwedes Denken wird zur Mechanik, wenn es sich alle Tage in

derselben Weise wiederholt. Zwischen dem Specialisten auf dem Ge
hirn- und demjenigen auf dem manuellen Gebiet ist der Unterschied kein
großer. Nur dadurch, daß für den geistigen Arbeiter der Beruf zwar
den Hauptteil seiner Denkthätigkeit darstellt, aber nicht das Ganze der
selben, daß er geistig in einem Kreise vielseitiger Interessen lebt, daß
er diese Interessen mit dem Berufe zusammenfaßt zu einem harmonischen
Ganzen, was dem mechanischen Handarbeiter versagt ist, nur dadurch
gewinnt er über diesen das geistige Übergewicht. Wir beherrschen die
Massen nicht mehr geistig, weil unsere Geistesarbeit zur einseitigen Berufs
arbeit und dadurch zur Mechanik geworden ist. Gebt dem zwanzigsten
Jahrhundert geistig bedeutende Männer und diesen bedeutenden Männern
geistig befähigte, denkende, universell gebildete Mitarbeiter und Gehilfen,
so braucht es die sociale Revolution nicht zu fürchten!

Ich bin ein warmer Freund klassischer Bildung, und noch heute
reißt mich die Schönheit der griechischen Sprache zur Bewunderung
hin. Aber ich sage mir doch, daß Sokrates und Plato voraussichtlich
keine fremde Sprache, auch nicht lateinisch, gelernt haben, und es steht,
glaube ich, nicht fest, daß Cicero und Horaz einen Kursus im Griechischen
durchgemacht haben. Gewiß gewinnen die alten Klassiker dadurch, daß
man sie in der Ursprache liest, aber den Inhalt ihrer Werke kann
man doch auch aus Übersetzungen kennen lernen. Ist Shakespeare
nicht zum Gemeingut der deutschen Nation geworden, und wie wenige
Deutsche vermögen ihn in der Ursprache zu lesen? Stehe ich vor der
Wahl zwischen Homer, Sophokles und Shakespeare, d. h. frage ich mich,
ob ich die beiden ersteren oder den letzteren in der Ursprache kennen
lernen soll und ich erwäge dabei, daß Shakespeares Sprache eine
lebende, die weitverbreitetste auf der Welt ist, daß sie mir nicht nur
England, sondern auch Amerika mit ihrer gesamten Litteratur der Ver
gangenheit und Gegenwart erschließt, so ist für mich die Entscheidung
nicht zweifelhaft.

Glaubt man aber die lateinische und griechische Sprache nicht ent
behren zu können, um auf grammatischem Wege die Denk- und Arbeits
fähigkeit zu entwickeln, so bin ich der Meinung, daß dazu die sechs
Jahre von Serta bis Untersekunda einschließlich genügen und daß hier
für alle diejenigen, welche nicht Theologie und Altphilologie studieren
wollen, der Unterricht in den toten Sprachen seinen Abschluß finden muß.
Was in den drei letzten Jahren gelehrt wird, muß sich auf die Gegen
wart beziehen und zwar speciell auf diejenigen Gebiete, welche das
demnächstige Berufsstudium beiseite liegen läßt. Sechs Semester zum
wirklichen Erwerb allgemeiner Bildung für das praktische Leben und
daran anschließend das Berufsstudium, das scheint mir das für die
Gegenwart und Zukunft Gebotene.

Auf das was die Kinder in den unteren Klassen de facto lernen,

gebe ich nicht viel; es wird zu viel davon vergessen. Ein großer Irrtum der heutigen Schule liegt darin, daß sie annimmt, alles was sie
in den neun Jahren gelehrt habe, sei auch Eigentum der Schüler,
wenn sie die Schule verlassen. Das läßt sich nur durch beständige
Repetition erzielen; soll aber der Primaner repetieren, was er in Quinta
und für seinen damaligen kindlichen Standpunkt passend gelernt hat, so
führt das zu inneren Widersprüchen.

Man möge deshalb durch lateinische und griechische Grammatik
die Denk- und Arbeitskraft entwickeln und befestigen bis zur Untersekunda, wenn man es auf anderem Wege nicht oder nicht so gut
kann, aber man lehre daneben, und zwar bereits im kindlichen Alter,
die neueren Sprachen, Französisch und Englisch, nicht grammatisch, sondern dem Nachahmungsvermögen der Kinder angepaßt, so, daß sie die
fremde Sprache wirklich sprechen und ihre Gedanken in derselben auszudrücken lernen. Die neuere (Bonnen-) Methode in den höheren
Töchterschulen erzielt ganz bedeutende Resultate, und wenn man sich
daran erinnert, daß der überwiegende Teil unserer Offiziere, Linie,
Reserve und Landwehr, ganz gleich ob aus dem Kadettenkorps oder
den Gymnasien hervorgegangen, 1870 bei dem Einmarsch in Frankreich
auch nicht das allernotwendigste zu radebrechen vermochte, während
1871 bei dem Rückmarsch ein viel größerer Prozentsatz unserer Gemeinen sich mit den Landbewohnern vortrefflich verständigte, so darf
man nicht daran zweifeln, daß diese Methode die richtige ist. Die Fähigkeit, einen und denselben Gedanken in zwei oder drei Sprachen auszudrücken, die Bezeichnungen für denselben Gegenstand in den verschiedenen Sprachen miteinander zu vergleichen, trägt bedeutende Momente
für die geistige Entwickelung in sich, sie ist grundverschieden von der anderen,
einen Satz Wort für Wort grammatisch zu analysieren. Die Bedeutung
der letzteren für die Entwickelung der Denkkraft ist eine sehr große,
und man soll sie gewiß nicht vernachlässigen, dasselbe gilt aber auch
von der ersteren, und parallel angewandt fördern und ergänzen sich
beide Methoden. Allerdings gehören zur Anwendung der ersteren
Lehrer, welche die fremde Sprache voll und ganz beherrschen, und
solche Lehrer sind überhaupt und speciell in den unteren Klassen bei
uns sehr selten. Der altphilologisch geschulte Grammatiker fällt, er
mag wollen oder nicht, immer wieder in seine Methode zurück und
er kommt, weil ihn die grammatische Schulung daran hindert, überhaupt selten dahin, sich zum Herrn einer fremden lebenden Sprache
zu machen. Ihm ist die Sprache nicht Musik, sondern philologisches
Substrat, er sucht im Worte nicht den verkörperten Gedanken, sondern
den grammatischen Bacillus, nicht das Ganze des Satzes und der in
diesem enthaltene Ausdruck des Gedankens durch die Sprache, sondern
die syntaktische Konstruktion, aus der er den Satz rückwärts in die ein-

zelnen Teile auflösen läßt, ist ihm die Hauptsache; und darum wird es ihm selten gelingen, dem Schüler die Sprache als solche zu eigen zu machen. So lange unsere Wissenschaft ihre specialisierenden Wege wandeln wird, ist die grammatisch analysierende Methode vielleicht unentbehrlich, aber gerade weil die Wissenschaft unserer Tage sich zu sehr ins Einzelne verliert, liegt in der einseitigen und ausschließlichen Anwendung dieser Methode die Gefahr für das heranwachsende Geschlecht. Unsere alten, jetzt fast ausgestorbenen Gymnasialphilologen waren auch Grammatiker durch und durch, aber sie lebten außerdem voll und ganz in der klassischen Welt, deren geistige Wiederbelebung ihrer Zeit den Stempel aufgedrückt hatte. Diese Zeit ist vorüber, die unsrige eine ganz andere und die Menschheit, die in ihr lebt, realistisch bis auf die Knochen. Wir begeistern uns vielleicht noch an dem wirklich Schönen, was klassische Kunst und Litteratur uns hinterlassen haben, weil das wirklich Schöne ewig schön bleibt, die klassische Welt im allgemeinen aber, in der unsere Großväter lebten, ist uns fremd geworden; es fällt uns nicht mehr ein, wie jene thaten, unsere Vorhöfe und Gärten mit Statuen zu schmücken, die nicht an sich schön sind, sondern nur Gebilde jener Welt reproduzieren, unsere Künstler malen nicht mehr Szenen aus Homer und Virgil, unsere Dichter reden eine andere, unseren Voreltern fremde Sprache. An den Statuen im Park von Sanssouci geht auch das gebildete Publikum fremd vorüber. Dem hat sich auch die Altphilologie nicht entziehen können, sie ist praktisch, realistisch geworden, es fehlt ihr die im edlen Sinne sentimentale Begeisterung für die klassische Welt. Die alten Schulmonarchen waren, wenn wir auf unsere Jugendzeit zurückblicken, ebenso undenkbar in Landwehroffizier-Uniform wie wir es für unmöglich halten, daß der Verfasser der Quitzows uns mit einer Dichtung wie Goethes Iphigenie erfreut. So ist uns als residuum des klassischen Unterrichts im Lateinischen und Griechischen die Grammatik verblieben, und das Schönste, was dieser Unterricht einst schuf, die Begeisterung für das klassische Altertum, vermögen die derzeitigen Lehrer in der derzeitigen Jugend nicht mehr zu wecken, weil sie eben in der Gegenwart und nicht mehr außerhalb derselben auf dem Olymp leben. Nun ist es verhältnismäßig gleichgiltig, wofür sich die Jugend begeistert, vorausgesetzt, daß der Gegenstand der Begeisterung ein würdiger ist; wenn sie nur zur Begeisterung entflammt wird, so entflammt, daß auch in der Ernüchterung des praktischen Lebens der Funke weiter glimmt, und in schönen Stunden und großen Tagen wieder zur Flamme angefacht werden kann. Das zu wirken ist aber die Grammatik nicht im stande, und so stellt die Gegenwart eine Generation dar, welche bereits mit der Tendenz, zu analysieren und zu kritisieren in das Leben eintritt, aber nicht höheren Zielen zustrebt und somit aufzulösen aber nicht aufzubauen vermag. Ist doch in unseren Tagen sogar die Kunst realistisch geworden im Widerspruch mit sich selbst. Man könnte sich einen Realismus in der Kunst denken, der dem Materialismus Buße predigen wollte, wie sie die Kunst einst auch gepredigt hat und ergreifend gepredigt. Davon ist aber die moderne Kunst weit entfernt. In Übereinstimmung mit der herrschenden materiellen Weltanschauung verwirklicht sie die Materie im Bilde statt sie zu idealisieren. Sie will nicht mehr erziehend und veredelnd wirken. Der Porträtmaler, der den Menschen mit der Alltagsphysiognomie dar= stellt, ist kein Künstler im edlen Sinn seines Berufes, er soll ihm den Ausdruck ablauschen, den sein Antlitz hat, wenn es nicht Fratze, sondern Antlitz ist, wenn aus seinen Augen ein Strahl des ewigen Lichtes widerleuchtet. Muß er aber einen Menschen malen, der keinen solchen Zug zeigt, so soll er diesen Zug in sein Bild hineinlegen, er soll ihm damit nicht schmeicheln, sondern predigen, er soll ihm sagen, so könntest, so müßtest du aussehen, wenn du ein Mensch im edlen Sinne wärest, und er soll ihn durch das Anschauen seines eigenen Bildes antreiben, Mensch zu werden und nicht Dinerbestie zu bleiben.

Ähnlich steht es mit der Schule. Die alte Philologie wußte dem Körper der toten Sprache Leben einzuhauchen und aus ihr eine ideale Welt zu schaffen, die heutige vermag nur noch die Leiche zu secieren. Es ist ihr kein Vorwurf daraus zu machen, denn sie ist ein Kind ihrer Zeit, und diese Zeit steht nicht unter dem Geisteswehen eines Goethe, Schiller, Klopstock, Herder u. s. w. Aber man soll nicht fingieren was nicht da ist. Wir können die alten Schulphilologen nicht reproduzieren aus unserem Geschlecht heraus, deshalb dürfen wir nicht so thun, als wären sie noch da und lehrten die Jugend. Wir dürfen nicht Früchte fingieren, die die Jugend vom Schulbaum pflücken soll, die aber nicht mehr an ihm hängen.

Grammatik an den toten Sprachen gelehrt, aber die lebenden Sprachen ungrammatisch, die eine Methode die andere ergänzend und im Deutschen die Sprache als solche, als Ganzes der Lehrgegenstand, als Ausdruck des Gedankens und als grammatisches Gefüge, so die beiden Methoden kumuliert, was um so leichter ist, weil das Kind mit der Muttersprache die Fertigkeit, seine Gedanken in derselben auszudrücken, in die Schule mitbringt, und ihm nur klar gemacht zu werden braucht, daß und wie es diese Kunst ausübt.

Systematische Entwickelung der Denk= und Arbeitsthätigkeit an der Hand dieser Sprachlehre und im übrigen Vorbereitung auf den eigent= lichen Unterricht. Überwindung der mechanischen Schwierigkeiten im Lesen und Schreiben, im mündlichen und schriftlichen Gebrauch des Wortes, Ordnen der Gedanken und Wiedergabe derselben in guter Sprache, zunächst und vor allem in der Muttersprache, unter strengem Ausschluß der Phrase. Von hundert gebildeten Deutschen können achtzig

überhaupt nicht vorlesen; wenn von dem Rest die Hälfte auch die
mechanische Fertigkeit soweit erlangt hat, daß sie nicht anstößt, so liefe
man, was den Ausdruck betrifft, am liebsten während ihres Vortrags
aus dem Zimmer, von den letzten zehn lesen vielleicht fünf nicht gerade
unangenehm vor, höchstens aber die letzten fünf so, daß man ihnen
gern zuhört. Daran trägt die Schule die Schuld. Lieber weniger
lehren, aber das was gelehrt wird, ordentlich.

Und wie viel gebildete Menschen bringen es denn dahin, daß sie
ihren Namen deutlich schreiben können ohne zu künsteln? Man sollte
auf der Schule jede Arbeit von dem, der sie anfertigt, unterschreiben
lassen und eine mangelhafte Unterschrift als Fehler rechnen von Sexta
bis Prima.

In der Geschichte einen Überblick über die hauptsächlichsten Ereignisse von der Gegenwart aus rückwärts so weit man kommt. In Sexta
kann das laufende Jahrzehnt von jedem Lehrer unpolitisch vorgetragen
werden. Vor allem Anschauung, Erklärung der umgebenden Welt,
angefangen mit der Ausstattung des Klassenzimmers u. s. w. u. s. w.

Für die oberen Klassen denke ich mir in den letzten sechs Semestern
als Unterrichtsgegenstand die Vorbereitung für das Leben, unabhängig
vom Berufsstandpunkt. Es ist wahrhaft unglaublich, welche grenzen-
lose Unwissenheit in allen unseren gebildeten Schichten über die einfachsten Dinge des staatlichen und Verwaltungsorganismus herrscht,
wie wenige, ganz wenige Menschen trotz aller Aufklärung durch die
Presse, durch die parlamentarischen Verhandlungen, in unserer politischen Zeit auch nur einen Überblick und Einblick besitzen über und
in die wichtigsten Institutionen des öffentlichen Lebens, wie verhältnismäßig wenige im stande sind, ohne Beirat die allereinfachste Eingabe
an eine Behörde richtig zu konzipieren. Wer aber darüber nachdenken
will, dem muß klar werden, warum es so ist. Einfach darum, weil
uns diese Dinge, obwohl sie in unser ganzes demnächstiges Leben fort-
dauernd eingreifen, niemals und in keinem Stadium der Vorbildungsperiode gelehrt und bekannt werden, es sei denn, wir werden Verwaltungsbeamte oder Organe der Selbstverwaltung. Selbst Richter
besitzen häufig nicht die allernotwendigsten Kenntnisse auf denjenigen
Gebieten des öffentlichen Lebens, die nicht ihrer Rechtsprechung unterliegen. Das geht so nicht weiter. Die Socialdemokratie will die
Institutionen, um die es sich handelt, vernichten, die geistigen Kämpfer
aus den oberen Schichten sollen sie verteidigen. Wie sollen sie dazu
im stande sein, wenn sie keine Kenntnis von ihrem Inhalt haben.
Darum muß die Kenntnis der Gegenwart, des Vaterlandes und seiner
Institutionen Lehrgegenstand werden und zwar in den letzten drei
Jahren, ehe der Jüngling in das Leben eintritt. Nicht jeder, der das
Abiturientenexamen macht, studiert, wir dürfen aber auf diejenigen,

welche andere als die sogenannten studierten Berufe ergreifen, als Mit
kämpfer nicht verzichten.

Also Lehrgegenstand für die letzten sechs Gymnasialsemester: die
vaterländische Gegenwart wie sie thatsächlich ist. Dabei giebt es genug
zu denken und um die Fortbildung braucht man nicht bange zu sein.
Gott sei Dank liegt doch allen unseren Gesetzen und Institutionen ein
höherer Gedanke zu Grunde, verfolgen sie einen ethischen Zweck. Und
gerade das ist das Wesentliche, der Jugend den ethischen Gedanken in
allen unseren Einrichtungen klar zu legen und sie dafür zu begeistern,
ihn da, wo er vorhanden ist, weiterzuentwickeln, wo er erstorben, neu zu
beleben, wo er kräftig pulsiert, zu unterhalten. Das Schöne und Edle
aus dem, was die Welt uns zeigt, herausheben, für dasselbe begeistern,
muß der Jugendunterricht, und das ist doch hoffentlich auch an den
Institutionen des Vaterlandes möglich.

Dieser Unterricht setzt allerdings eine andere Methode voraus als
die bisherige und muß sich wesentlich von derjenigen für die unteren
Klassen unterscheiden. So lange Körper und Geist in der ständigen
Entwickelung begriffen sind, muß man den Lehrstoff dem jedesmaligen
Stadium anpassen. Das nötigt dazu, alle Unterrichtsgegenstände parallel
zu betreiben. Diese Rücksicht fällt für das Jünglingsalter fort und
damit die Notwendigkeit des schleppenden Lehrganges. Bei zwei Stun
den in der Woche kommt der Lehrer nicht von der Stelle, und das
Interesse des Schülers wird zu langsam wach oder es schläft in der
großen Zwischenpause wieder ein. Ist das Ende erreicht, so ist der An
fang längst vergessen und der Überblick über den systematischen Aufbau
des Ganzen, auf den es doch viel mehr ankommt, wie auf die einzelnen
Details, bleibt ein verschlossenes Buch. Viel erfolgreicher gestaltet sich
der Unterricht, wenn er den Gegenstand fortlaufend, von einem Tage
zum andern, entwickeln kann. Hoffentlich schafft man den Nachmittags
unterricht bald allgemein ab und führt den fünfstündigen Vormittags
unterricht ein. Dann sollte man sich auf (ich rede immer nur von
den letzten sechs Semestern) vier Lehrgegenstände beschränken, diese aber
täglich weiterführen und die letzte Stunde zu Repetitionen bezw. zum
Festhalten des früher Gelernten verwenden. Es ist ja nicht notwendig,
daß ein Lehrgegenstand das ganze Semester hindurch traktiert wird.
Häufig werden sechs oder acht Wochen genügen, dann löst ihn ein
anderer ab. Es kann dann jedesmal ununterbrochen ein System im
Zusammenhange behandelt werden, ohne daß der Schüler über das
Ende den Anfang vergißt.

Ich meine z. B. nicht, daß man Kollegia über Staatsrecht lesen,
nein, man soll, ohne dabei irgendwie Politik zu treiben, und das kann
man, wenn man sich darauf beschränkt, Positives zu geben, dem Schüler
klar zu machen, was der Staat, in dem er lebt, bedeutet, wie seine Ver

fassung ist, welche Behörden ihn verwalten, welchen Geschäftskreis jede dieser Behörden hat, welche Pflichten er von seinen Bürgern fordert. Von dem allen muß ein klares, prägnantes Bild gegeben werden.

Gewiß, wir lernen viel durch das Leben. Aber wir müssen berücksichtigen, daß der Bildungstrieb alljährlich Hunderte aus den unteren Schichten den oberen zuführt, daß diese Hunderte im väterlichen Hause und auch nachher auf der Hochschule, weil sie keinen Zugang zu gebildeten Familien haben, weil sie vor allem nie die geistige Luft atmen, welche von hochgebildeten Frauen ausgeht, weil sie in ihren Geldmitteln beschränkt und oft benötigt durch Stundengeben und Korrekturen ihr Leben zu fristen, mit der Zeit auf das Äußerste geizen müssen, wir müssen bedenken, sage ich, daß viele aus diesen Hunderten von den Dingen, die dem Sohne gebildeter und wohlhabender Eltern das Leben lehrt, nur das lernen, was sie im Wirtshaus aus der Zeitung entnehmen. Gewiß, das Talent bricht sich Bahn, aber in unseren Tagen studiert eben nicht nur das Talent. Man spricht viel von dem studierten Proletariat. Nicht das ist das Schlimmste, daß es der materiellen Mittel entbehrt, sondern daß es vielfach ein geistiges Proletariat ist, daß es nichts weiß, als was ihm das Spezial-Berufsstudium gelehrt hat und somit seine Zeit und die Welt, die es umgiebt, nicht versteht. Auch wenn der Einzelne sich emporgearbeitet, hängt ihm der Mangel dieser Bildung noch lange an, oft ergänzt er ihn niemals. —

Die große Schwierigkeit, den Unterricht in den oberen Klassen wie vorgeschlagen zu reformieren, liegt darin, daß der überwiegende Teil der vorhandenen Lehrerschaft selbst umlernen müßte, weil der Lehrstoff ein ganz anderer würde, daß somit die Vor- und Ausbildung derer, die sich dem Lehrfach widmen, in Zukunft eine gänzliche Umgestaltung zu erfahren hätte. Diese Schwierigkeit dürfte sich bei gutem Willen überwinden lassen. Die Hauptsache für den Lehrer ist, daß er lehren und erziehen kann; kann er das, so wird er sich auch in jeden Lehrstoff hineinarbeiten. Der Jurist muß Gesetze auslegen und prozessualische Formen anwenden können. Oft gilt von den Gesetzen und Formen, die er zum Examen gelernt hat, nichts mehr, und er füllt doch seinen Beruf aus. Wäre das nicht der Fall, so könnten wir z. B. ein neues deutsches bürgerliches Gesetzbuch überhaupt nicht einführen, und ebenso wäre die Einführung der einheitlichen deutschen Civil- und Strafprozeßordnungen unmöglich gewesen.

Auch der Arzt muß, wenn die medizinische Wissenschaft zu neuen Resultaten kommt, neue Methoden aufstellt, bisher unbekannte Heilmittel anwendet, neue Wege gehen.

Der Offizier wird Diplomat, Botschafter, ja Reichskanzler. Ebenso haben wir in Preußen einen Theologen gehabt, der Minister der auswärtigen Angelegenheiten wurde.

Ich bin der Meinung, wenn man der Lehrerschaft an unseren deutschen höheren Unterrichtsanstalten die Aufgabe stellt, ihre Schüler in den letzten sechs Schulsemestern auf das wirkliche Leben vorzube= reiten, so wird sie dieselbe nicht nur lösen, sondern in ihr eine weitaus größere Befriedigung finden als bisher. Denn diese Aufgabe ist nicht nur die schwierigste, sondern auch die interessanteste, die es geben kann, die edelste und schönste, die wichtigste und größte für das Vaterland, eine noch größere, als Homer, Horaz und Tacitus zu traktieren, und eine weit schönere, als Extemporalien zu korrigieren.

Über eine Universitätsreform ließe sich vom Standpunkt dieser Schrift aus ein sehr dickes Buch schreiben. Da das nicht angänglich ist, so folgen hier nur einige kurze Bemerkungen.

Zunächst erscheint es von Wichtigkeit, daß sich diese Bildungsan= stalten wieder auf ihren Namen besinnen, sie heißen Universitäten, nicht weil sie alles lehren, sondern weil sie ihren Kommilitonen zu einer uni= versellen Bildung verhelfen sollen. Davon ist schon längst keine Rede mehr. Innerhalb jeder Fakultät arbeitet jeder Docent für sich, und an einen Zusammenhang der Fakultäten untereinander ist gar nicht zu denken.

Je specialistischer die Wissenschaft geworden ist, desto größer die Zahl der Einzelkollegien, desto specialistischer jedes Einzelkolleg in sich, somit auch desto unfruchtbarer der Besuch eines solchen Kollegs für den= jenigen, der die betreffende Wissenschaft nicht als Fach= und Brotstudium betreibt. Die Kollegia, die er in seiner Wissenschaft hören und durch= arbeiten muß, wirklich alle zu hören und durchzuarbeiten, wird dem Studenten immer schwerer, Kollegia aus verwandter Wissenschaft oder gar solche, die dem allgemeinen Bildungsgebiet angehören, zu besuchen, fast zur Unmöglichkeit gemacht. Weiß er aber wirklich sich die Zeit zu erübrigen, so hat er kaum Nutzen davon, weil eben der Inhalt zu fach= mäßig und specialistisch ist. Die Folge davon ist, daß jeder nur sein Fach studiert und von allem Übrigen nur das erfährt, was die Zeitungen oder eine sonstige gelegentliche Lektüre ihm bringen. Die Ferien würden wohl Zeit gewähren zum Selbststudium; aber da fehlen eben die An= leitung, der Plan, die Bücher. Es wird nach der Manchesterpolitik des Gehenlassens, welche die Welt beherrscht, alles dem Individualismus anheimgestellt. Dieser aber weiß sich in nur zu vielen Fällen nicht zu helfen, geht falsche Bahnen oder verbummelt.

Denken wir uns die in diesem Kapitel vorgetragenen Gedanken verwirklicht. Der Gesamtplan für die Lernperiode ist aufgestellt, und demselben entsprechend sowohl für die Berufswissenschaft, wie für die auf dem Gebiete anderer Wissenschaften und der allgemeinen Bildung durch Selbststudium zu erwerbenden Kenntnisse der Universitätszeit ihr Pensum zugewiesen. Und nun wird der Universität, d. h. der gesamten Docentenschaft, die Aufgabe gestellt: Hier ist das Pensum für jeden

Beruf, hier sind die drei oder vier Jahre Universitätszeit. Nach dem Gesamtplan steht fest, welche Kenntnisse durch Unterricht auf der Schule erworben werden konnten und sollten und welche nach dem Verlassen der Universität bis zum Abschluß der Lernperiode noch erworben werden können und sollen. Die Universitätszeit bildet in dieser Generalverteilung das Mittelglied: jetzt kommt es darauf an, die Unterverteilung vorzunehmen. Danach ist ein Studienplan auszuarbeiten, der die Privatlektüre mitumfaßt, die Ferien mit ausnützt, von jeder Fakultät besonders und demnächst von dem Gesamtlehrkörper im ganzen, damit auch die universelle Bildung zu ihrem Recht kommt. Dieser Studienplan muß veröffentlicht und dem Abiturienten, bevor er die Schule verläßt, zugänglich gemacht werden. Hat die Schule ihre Arbeit richtig gethan, so tritt der Abiturient für alles Edle begeistert und mit dem Wunsche, dem Nächsten, dem Vaterlande und der Menschheit zu dienen in das Leben. Ihm schlägt ein jugendliches, noch unverdorbenes Herz in der Brust, er glüht noch für die Ideale des Lebens. Dieser Zeitpunkt muß ausgenutzt werden, um ihm den Weg zu weisen, den er gehen soll, die Schwierigkeiten, die er zu überwinden hat, klar zu legen, aber auch die höchsten Ziele des Lebens und seines zukünftigen Berufes vor Augen zu stellen, vor allem aber ihn mit der Überzeugung zu durchdringen, daß er nicht planlos an das Studium herantreten darf, sondern systematisch verfahren und mit der Zeit, die ihm gegeben ist, von vornherein haushalten muß.

Es ist ganz etwas anderes, ob der Abiturient einen solchen Studienplan vor Augen hat, während er facto examine noch im Vaterhause verweilt, oder ob er ihm erst vorgelegt wird, wenn er in der Universitätsstadt eingetroffen ist, wenn ihn die neuen Eindrücke gefangen nehmen, wenn er die Freiheit des Studentenlebens mit vollen Zügen genießt. Keine Situation ist ungeeigneter, um sich einen Lehr- und Lebensstudienplan zu machen, als diese.

Die Notwendigkeit, einen solchen Gesamtplan aufzustellen, würde auch im höchsten Grade vorteilhaft auf den Lehrkörper der Universität wirken, er würde sich mehr als bisher dieser seiner Eigenschaft bewußt werden. Die ungemein große Verschiedenheit der Meinungen, die Schwierigkeit sie zu vereinigen, würde klärend und reinigend wirken. Man gebe jedem Professor die Freiheit, sein Specialvotum abzugeben und zu veröffentlichen, aber man verlange von ihm, daß er, wenn der Gesamtplan aufgestellt ist, auf ihn Rücksicht nimmt, daß er neben dem Zeitpensum, welches er seinem Kolleg und der häuslichen Arbeit für dasselbe zumißt, auch die übrigen Kollegia, die verwandten und die allgemeinen Wissenschaften, die Privatlektüre berücksichtigt, daß er sich vor Augen hält, daß unsere Universitäten nicht Docenten, sondern Geistliche, Richter und Verwaltungsbeamte, Ärzte, Lehrer u. s. w. u. s. w.,

die im praktischen Leben zu wirken und zu schaffen und vor allem
deutsche Männer, welche der Nation als Leiter und Führer zu dienen
haben, ausbilden sollen, daß sie gleichzeitig aber auch deutsche Universi=
täten sind und nicht nur Berufsvorbereitungsanstalten, daß es nicht so
sehr auf die Special= und Detailkenntnisse, auf die Entwickelung und
Erörterung von Kontroversen, welche Wissenschaft und Praxis, wenn
die Zuhörer ins Leben treten, längst überwunden haben werden, sondern
darauf ankommt, den in der Vorlesung zu traktierenden Teil der Wissen=
schaft in seinem Zusammenhange mit der Gesamtwissenschaft und dabei
doch in sich als ein organisch=systematisches Ganzes klarzulegen, und daß
zu alledem eine strenge Ökonomie in der Anordnung des vorzutragenden
Stoffes notwendig ist, daß der Anfang nicht zu breit und das Ende
nicht zu kurz sein, vor allem aber, daß am Schluß ein rekapitulierender
Überblick nicht fehlen darf, der dem Zuhörer, der nunmehr erst in das
volle Verständnis eingedrungen ist, den Zusammenhang des Ganzen
klar legt.

Gewiß, das Traktieren von Detail= und Specialfragen bis in die
kleinsten Falten und Fasern hinein, die Erörterung von haarspaltenden
Kontroversen ist unbedingt notwendig, um dem Zuhörer die Beschaffen=
heit und Art wissenschaftlicher Fragen und Erörterungen klar zu legen,
die Denkkraft zu üben und zu stählen und namentlich um das, jeder
Berufswissenschaft in sich eigenartige Denken, die Denkmethode zu ent=
wickeln, und nicht minder unentbehrlich ist die historische Darstellung,
der Nachweis, wie sich das Denken der Gegenwart aus demjenigen
der Vergangenheit herausgebildet hat und bereits die Keime für die
Gedanken der Zukunft trägt. Aber die Zeit reicht nicht aus, um diese
Methode bei a l l e n Kapiteln des Lehrgegenstandes zur Anwendung zu
bringen, der Docent muß sich bescheiden, wenn das Resultat erreicht
ist, den Zuhörer in sie eingeführt, ihn befähigt zu haben, sie anzu=
wenden. Ist ihm das bei einzelnen Abschnitten gelungen, so muß er
im übrigen es als seine Aufgabe ansehen, den Gesamtstoff in allen
seinen Teilen vollständig und erschöpfend zum Vortrage zu bringen und
dem Zuhörer verständlich zu machen, und sich, wenn die Zeit nicht aus=
reicht, darauf beschränken, den Begriff logisch zu entwickeln, das Facit für
die praktische Gegenwart zu fixieren und die Konsequenzen klarzulegen.

Wenn unsere Zeit keine führenden Geister hervorbringt, so ist es,
wie die deutschen Vorbildungsverhältnisse liegen, ganz unmöglich, daß
unseren Universitäten nicht ein Teil der Schuld zufällt, und wenn der
Krebsschaden vielfach in dem Überwuchern des Specialismus gesucht
wird, so sollten sie doppelt und dreifach ihres alten und schönen Ehren=
namens Universitas literarum eingedenk sein und wieder werden wie sie
heißen. Neue Zeiten erfordern neue Wege und neue Mittel. Wie
wäre es, wenn jedem Dekan aufgegeben würde, ein Publikum für Nicht=

kommilitonen seiner Fakultät aber Kommilitonen der anderen Fakultäten
zu lesen, in dem er die Wissenschaft seiner Fakultät in kurzen Zügen
den Zuhörern vorzutragen, ihren Zusammenhang mit der Gesamtwissenschaft einerseits und ihre Verzweigung in die Special- und Unterteile
andererseits, sowie die Bedeutung jedes Teiles wie des Ganzen für das
Leben der Gegenwart, die großen Streitfragen, welche die Wissenschaft
bewegen, die Ziele die sie verfolgt u. s. w. darzulegen hätte. Da die
philosophische Fakultät alles umfaßt, was den drei anderen nicht zuge-
hört, so würden mehrere solcher Vorlesungen für dieselbe gehalten
werden müssen. Durch eine solche Einrichtung würde jeder Student in
die Lage versetzt werden, in jedem Semester eine solche „Fakultätsvor-
lesung" zu hören, und er bekäme auf diese Weise einen Überblick über
die gesamte Wissenschaft, er hätte faktisch die „Universität" besucht.

Es ließen sich noch viele derartige Vorschläge machen und ihre
Verwirklichung wäre gar nicht so schwer, wie dieses Beispiel zeigt, wenn
man sich nur in den maßgebenden Kreisen herbeilassen wollte, darüber
nachzudenken, wenn man sich nur die einfache sonnenklare Thatsache vor
Augen hielte, daß mit Specialreformen die Sache nicht gethan werden
kann, daß die Lernperiode eine einheitliche, an eine bestimmte Zeit und
Menschenkraft gebundene ist, daß es nicht genügt, für Schule, Universitäts-
und praktische Berufsvorbildung im einzelnen Sorge zu tragen, sondern
daß eine Gesamtreform feststellen muß, was Schule und Universität
und praktische Berufsvorbildung und das Leben zu lehren haben und
lehren, was sie alle zusammen nicht lehren und danach dem Selbststudium verbleibt und wie diesem Selbststudium die Zeit zuzumessen, die
Bahnen zu weisen, die Mittel zu beschaffen sind. Steckt man sich dieses
Gesamtziel, so wird man ganz von selbst zu den richtigen Specialreformen gelangen, auch für die Universitäten.

Ich habe zu meinem lebhaften Bedauern die Vorbildung der
Frauen außer Betracht lassen müssen. So wichtig sie ist, der Raum
reicht nicht aus. Aber nur eine einzige Bemerkung: gegenwärtig
steht die Reform des höheren Mädchenschulwesens auf der Tagesordnung. Ich frage: wenn das junge Mädchen die Schule verlassen
hat, was dann? Ist sie fertig, wissenschaftlich fertig? Gott sei
Dank, werden doch nicht alle unsere lieben Backfische Gouvernanten.
Und wenn sie nicht Gouvernanten werden und wissenschaftlich noch nicht
fertig sind, so müssen sie sich doch fortbilden! Wer zeigt ihnen den
Weg? Auch gebildete Eltern sind dazu selten im stande, und wie viele
Eltern aus den halb- und nichtgebildeten Schichten schicken heutzutage
ihre Kinder auf die höhere Töchterschule! Wäre es nicht dankenswert,
wenn bei der Entlassung der Direktor den jungen Mädchen, ihren Interessen, ihrer Eigenart, ihren Verhältnissen entsprechend, anknüpfend an
das, was die Schule gelehrt, in Ergänzung dessen, was sie nicht gelehrt

hat, einen Leseplan in die Hand drückte, für die nächsten fünf, zehn Jahre systematisch aufsteigend geordnet? Würde die Aufstellung eines solchen Planes nicht des Schweißes der Edelsten wert, seine Durchberatung nicht die würdigste Aufgabe für die Versammlungen der Direktoren höherer Töchterschulen sein?

Doch ich darf mich, wie gesagt, zu meinem lebhaften Bedauern mit den jungen Damen nicht länger beschäftigen und muß zu meinem Thema zurückkehren. An das Universitätsstudium schließt sich die praktische Berufsvorbildung. Auch sie bedarf der Reform, sie beschränkt sich meist viel zu einseitig auf das Speciale des Berufes und führt nicht in das Leben ein, in den Zusammenhang des Teiles, den der Beruf darstellt mit dem Ganzen. Zumeist läßt sie auch nicht die erforderliche Zeit für die Vorbildung auf anderen Gebieten. Sie vergißt, daß der Jünger des Berufes im letzten Abschnitt der Lernperiode steht, bald in die Leistungsperiode eintreten soll, und daß er in dieser nicht mehr nachzuholen vermag, was er in jener versäumt hat. Zu solchem Nachholen ist unser modernes Berufsleben viel zu kompliziert, abgehetzt und überbürdet. Glücklich, wer neben der Berufsarbeit noch den Ereignissen, welche seine Zeit bringt, den Gedanken, welche sie bewegen, den Fortschritten der Wissenschaft verständnisvoll folgen kann. Man frage den beschäftigten Arzt, den Staatsmann, den Politiker, den Geistlichen einer großen Stadtgemeinde, den Gelehrten, der in seiner Wissenschaft rastlos weiter arbeitet, und alle übrigen, wie viel Zeit ihnen neben der Berufsarbeit, neben den staatsbürgerlichen, kommunalen, Vereins-, geselligen Pflichten und der täglichen Zeitungslektüre bleibt, um ein Buch zu lesen oder einen Brief zu schreiben?

Einen Brief zu schreiben! Wer schreibt heute noch andere als Geschäftsbriefe oder bei Trennung von den Seinen kurze Berichte über Wohlergehen oder dergleichen? Wer schreibt noch einem Freunde seine Gedanken? Wenn man dereinst die Biographieen bedeutender Männer, die nach 1850 geboren sind, wird schreiben wollen: aus ihren Briefen wird man sehr wenig entnehmen können, was auf ihr inneres Leben und ihre Geistesarbeit Bezug hat. Wer heutzutage etwas niederschreibt von seinem Gedankeninhalte, der schreibt für den Druck, aber nicht an einen Freund. Überhaupt ist die wirkliche Freundschaft zu einer seltenen Pflanze im deutschen Garten geworden, sie, die einst mit solcher Liebe gepflegt und gehegt wurde als das köstlichste Erzeugnis deutschen geistigen Bodens, und so herrliche Früchte brachte. Lebt man mit dem Freunde an einem Orte, so hat man beiderseitig selten ruhige Zeit zur Aussprache wirklich geistigen Inhalts; ist man getrennt, noch weniger zum Schreiben. Ein Fremdling im großen Getriebe, geht der denkende Mann durch das Leben. Reden und Vorträge kann er hören, mitunter sind sie geistvoll, oft auch nicht. Vor allem tragen sie immer einen öffentlichen Charakter, werden von der Bühne aus gehalten, das „Publikum" ist immer dabei. Die vertrauliche Zwiesprache, die zum Gedankenaustausch führt, geschehe sie mündlich oder auf dem Wege der Korrespondenz, ist etwas ganz anderes. Aber, wie gesagt, in unserem viel beschäftigten und abgehetzten Leben kommen wir selten dazu, und zuletzt verlieren wir die Fähigkeit, sie zu üben. Es geht mit ihr wie mit der fremden Sprache, man verlernt sie, wird ungewandt durch Nichtgebrauch. Und weil Gedankenaustausch Geben und Nehmen ist, so empfangen wir nichts, können immer weniger geben und vertrocknen immer mehr. Wie verhältnismäßig selten findet man in unseren höher gebildeten deutschen Kreisen noch einen Mann, mit dem man ein tiefer gehendes Gespräch anzuknüpfen vermag, welches über Tagesfragen hinausgeht. Entweder er kann oder, wenn er die Fähigkeit hat, er will nicht. Wie selten vermag man aus geselligen Begegnungen einen geistigen Gedanken mit nach Hause zu tragen, der die Diner- oder Souperanstrengung wert war. Wir sind geistig arm, unendlich arm geworden.

Zum Lesen guter Bücher läßt das Tagesleben wenig Zeit, kaum daß man die Fachlitteratur durchfliegen kann; einen Roman oder ein sonstiges belletristisches Erzeugnis liest man nur, wenn es Sensation macht, wenn man nicht anders kann und zumeist in der Sommerfrische. Zu ernster Lektüre kommt es auch dort nicht, denn der Geist ist zu abgespannt, die Nerven bedürfen der Ruhe. Wer in der Leistungsperiode voll und ganz in der Arbeit steht, wird in den allerseltensten Fällen auf Gebieten, die nicht sein eigentliches Fach betreffen, nachholen können, was er in der Vorbildungsperiode versäumt hat.

Darum ist die richtige Ausnutzung der letzteren in unseren Tagen von so ungemeiner Wichtigkeit. Aber die Jugend hat dabei einen schweren Stand. Soll das Berufsziel richtig und rechtzeitig erreicht werden, so ist der Weg zu demselben schon schwierig genug. Zeit zu erübrigen für andere Bildungsfächer gelingt den Wenigsten, und der furchtbar schweren Aufgabe, diesen Zeitrest wirklich richtig auszunutzen, kann kein Jüngling genügen.

Ich weiß sehr wohl, daß man mir erwidern wird: „Du übertreibst. Sieh dir doch unsere jungen Leute an. Sie sind verständig, haben vielseitige Interessen, sind der Rede und der Feder mächtig und klagen durchaus nicht über Zeitmangel oder über Mangel an Bildungsmitteln." Das gebe ich gern zu, ja, ich verkenne nicht, daß die heutige Jugend derjenigen aus meiner Zeit vielfach überlegen ist. Aber ein gewisser Schliff, die Fertigkeit zu reden und zu schreiben, vor allem zu kritisieren, ist noch nicht Bildung. Grattez le Russe et vous trouverez le barbare sagt das Sprichwort. Hinter dem Firnis, welcher durch die Lektüre so und so vieler Zeitungsartikel gewonnen ist, steckt die Ignoranz. Die spezialistische Methode des Berufsstudiums führt ja zum Erwerb nicht unbedeutender fachkenntniss und durch die fülle des Specialmaterials auch zu einer gewissen Gründlichkeit in Berufssachen, es wird mit dem Mikroskop gearbeitet und das Auge für das Detail geschärft. Aber schon der Zusammenhang des faches mit der Gesamtwissenschaft ist den wenigsten klar geworden, die universelle Betrachtungsweise den meisten fremd, und auf dem Gebiete allgemeiner Bildung ist, abgesehen von dem, was das Leben der Gegenwart gelehrt hat, also von den „Tages=fragen", oft ein schreckliches Vakuum oder ein Sammelsurium von Kenntnissen vorhanden, die zufällig und ohne System hier und da am Wege aufgelesen sind. Ich mache der Jugend absolut keinen Vorwurf, es fehlen ihr Zeit, Anleitung und Hilfsmittel. An den Berg von Büchern und Schriften, selbst wenn sie ihr zur Hand waren, wagte sie sich gar nicht erst heran, und studierte sie eine frage, die abseits ihrer Berufsarbeit lag, so erforderte dieses Studium in ungebührlicher Weise Zeit und Kraft, und das hatte zur Konsequenz, daß auf anderen Gebieten um so größere Lücken entstanden.

Man wird im weiteren einwenden: Auf das positive Wissen komme es überhaupt nicht an, auch nicht darauf, ob ein Mensch dies oder jenes Buch gelesen, wenn er nur die richtige Herzensbildung habe, wenn er nur begeistert für alles Schöne, Große, Edle, Wahre, wenn ihm nur gelehrt sei, daß seine Kraft nicht ihm gehöre, sondern der Menschheit und ihrem Wohle. Habe er die echte und rechte Gesinnung, so finde er auch den richtigen Weg. Gewiß, alles Wissen und Können kommt echter und rechter Begeisterung nicht gleich: aber ist Wissen und Können darum gering zu achten? Und dann: Aus der Erkenntnis des Wahren und Schönen im Zusammenhange der Dinge flammt doch erst echte Begeisterung auf, die unentwegt festhält am Ideal und nicht erlischt, weder unter Stürmen und Widerwärtigkeiten, noch in dem Einer=lei des Tageslebens.

Aber ganz abgesehen hiervon, haben wir denn die Wahl, kann und darf es so bleiben wie bisher? Auch diejenigen, welche mit dem bisherigen Bildungsgange der Jugend zufrieden sind und den Aus=führungen dieses Kapitels widersprechen, werden zugeben müssen, daß wir den größten Teil der geistigen Herrschaft über die Massen verloren haben. Was thut denn die Socialdemokratie? Macht sie Revolution, lehnt sie sich mit Gewalt auf gegen die staatlichen Ordnungen? Nein, sie kämpft bisher gegen dieselben einzig und allein mit geistigen Waffen, durch Vereine, Versammlungen, die Presse, private Einwirkung. Hat sie der breiten Masse ihrer Anhänger bisher materielle Vorteile ver=schafft? Im Gegenteil, sie hat ihnen kolossale Opfer auferlegt. Haben wir hiergegen irgend etwas erreicht? Ist das Verhältnis nicht so, daß thatsächlich nur die materielle Macht der Staatsgewalt die Massen noch im Zaume hält? Müssen wir deshalb auf geistigem Gebiete nicht

mehr leisten als bisher? Liegt der tiefere Grund zu alledem nicht
darin, daß der geistige Niveauunterschied zwischen den Massen und uns
nicht mehr groß genug ist, um ihnen zu imponieren, um sie unserer
Leitung gefügig zu machen? Geistig herabdrücken können wir sie nicht.
Das ist unmöglich, ganz abgesehen davon, daß es unwürdig wäre. So
bleibt nichts anderes übrig, als daß wir unsererseits emporstreben zu
einem höheren Standpunkte und damit das Recht und die Fähigkeit zur
Beherrschung der Massen wieder gewinnen. Dazu müssen wir die ausgefahrenen Geleise, in denen wir uns bisher bewegt haben, verlassen, mit
dem Prinzip des laissez faire, laissez aller brechen und dem zwanzigsten
Jahrhundert Männer geben, die gelernt haben, das neunzehnte zu verstehen.

Zeigen wir der Jugend den Weg, so müssen wir Propheten sein,
wir müssen bedenken, daß der Knabe, der heute die Gesamtvorbildungsperiode beginnt, wenn diese für ihn abgeschlossen sein wird, in einer
Zeit wirken und schaffen soll, die wir nur vorahnen können, ja daß
die Fragen, die sein Leben zu lösen bestimmt ist, vor unsern Augen
noch nicht einmal aufgerollt sind. Mit jedem Jahre, mit dem Fortschreiten der Wissenschaft, des Lebens, des Verkehrs, der Geschichte
wird die Gestaltung eine andere. Treffen wir nicht Vorsorge, daß
dieser Änderung Rechnung getragen wird, so ist unser Werk nur ein
unvollkommenes, so fallen wir in den Fehler der Versäumnis, welchen
wir korrigieren wollen, von neuem zurück.

Beispielsweise und wie schon erwähnt, systematisch geordnete Parallel-
verzeichnisse von Büchern, abgemessen nach der für die Lektüre zur Disposition stehenden und benötigten Zeit, bestimmt zum Erwerben allgemeiner Bildung durch Selbststudium, können kaum ein Jahr unverändert
dieselben bleiben. Neue Bücher erscheinen, deren Bedeutung ihre Aufnahme in dieses oder jenes Verzeichnis erforderlich macht, ja es kann
der Fall sein, daß eine Strömung einen Dichter oder Schriftsteller der
Vergangenheit auf den Schild hebt, der entweder in seiner Gegenwart
unbeachtet blieb oder Jahrzehnte hindurch der Vergessenheit anheim
gefallen war, dessen Schriften somit nicht auf dem Verzeichnis standen,
jetzt aber in dasselbe eingereiht werden müssen. Da nun das unerbitt-
liche Gesetz der Zeit, welche für die Lektüre der im Verzeichnis enthaltenen Bücher bemessen ist, dazu zwingt, einen bestimmten Raum
einzuhalten, so muß die Einstellung neuer Bücher oder älterer, die man
früher ausgelassen hatte, zur Konsequenz haben, daß andere gestrichen
werden. Wir müssen deshalb ein Organ haben, welches sich dieser
Arbeit perpetuierlich unterzieht.

Vielleicht könnte diese Aufgabe der zu diesem Zwecke zu reformieren-
den Akademie der Wissenschaften und Künste zugewiesen werden, mit
einem Senat für jeden Beruf und außerdem einem solchen für die allgemeine Litteratur.

Wir müſſen die Litteratur der Gegenwart bearbeiten; das iſt viel wichtiger als die Bearbeitung der Litteratur der Vorzeit, wir müſſen das, was der Einzelne der Gegenwart bringt, verallgemeinern in der Weiſe, daß wir die einzelnen Gedanken zuſammenfaſſen zu einem Ganzen. Die ſo reformierte Akademie müßte am Schluſſe eines jeden Jahres Rechenſchaft über die Litteratur desſelben geben, einmal, indem ſie einen Index librorum legendorum aufſtellte, ſodann aber, indem ſie ähnlich wie ein Kommiſſionsbericht im Parlament, die Hauptanſichten und Gedanken, die zu Tage getreten ſind, klar legte. Dieſe Arbeit müßte ſie am Ende jedes Luſtrums, Decenniums, Vierteljahrhunderts zuſammen- faſſend wiederholen. Das wäre ein Mittel für diejenigen, die in der Leiſtungsperiode ſtehen, an ihrer Bildung fortzuarbeiten. Dieſe Berichte der einzelnen Senate müßten die vom Plenum beſtellten General- Referenten zuſammenfaſſen zu einem Ganzen, als den Geſamtbericht der Wiſſenſchaft. Außerdem aber müßte jeder Senat für diejenigen, welche die Vorbildungsperiode zu abſolvieren haben, die Arbeit der Kommiſſion, die ich oben geſchildert habe, fortſetzen und den Plan, den ſie aufgeſtellt hat, immer wieder den Zeitverhältniſſen entſprechend aptieren. Man hat berechnet, daß in einem Jahr 25 000 Bücher erſcheinen, das macht vom 5. bis 65. Lebensjahre eines Menſchen 1 500 000 bei ſeinen Lebzeiten, und dazu kommen alle die vor ſeiner Geburt erſchienenen. Wie ſoll es ihm möglich werden, einen Überblick über das Geiſtesleben ſeiner Zeit zu gewinnen!

Nichts muß dem, dem die Zukunft des Vaterlandes am Herzen liegt, ſo wichtig ſein, als die Vorſorge für die Heranbildung des kommen- den Geſchlechtes, und ich hoffe, daß ich dem Leſer, der mir bis hierher gefolgt iſt, den Nachweis geführt habe, wie viel auf dieſem, dem wichtigſten Gebiete verſäumt iſt. Hier handelt es ſich nicht um Fragen der Politik, hier kann jeder ſein Syſtem zur Anwendung bringen, den Vorbildungsgang empfehlen, den er für richtig, die Bücher, die er für leſenswert hält. Aber Syſtem muß ſein, Syſtem und Ökonomie, ange- paßt den Verhältniſſen, wie ſie wirklich liegen. Schule, Univerſität, Berufsvorbildung ſtellen immer höhere Anforderungen; die Wiſſenſchaft ſpecialiſiert, das Leben kompliziert ſich immer mehr; den richtigen Weg für die richtige Geſamtvorbildung zu finden, iſt der Jugend aus den oberen Schichten geradezu unmöglich. Das geht von Jahrzehnt zu Jahrzehnt progreſſiv ſo weiter. Inzwiſchen aber wächſt in den unteren Schichten ein Geſchlecht heran, das ſich unabläſſig geiſtig emporarbeitet, unſre Oberherrſchaft nicht mehr anerkennt, ſie nicht ertragen und nicht mehr warten will. Wir, die wir um die Mitte des Jahrhunderts herum geboren ſind, haben unter des alten Kaiſers, des alten Bismarck, des alten Moltke Führung unſre Schuldigkeit gethan für die politiſche Wiedergeburt, für den Wiederaufbau des Reiches, d. h., wir haben uns führen lassen von Männern aus der Generation, die uns voranging, aber wir selbst haben aus unserer eigenen Mitte der Nation keine führenden Geister geliefert und was das Schlimmste ist, wir hinterlassen dem uns folgenden Geschlecht solche Geister nicht. Überall Feldwebel und Zahlmeister aber keine Kapitäne, Deckoffiziere aber keine Kommandanten, Bureaukratie aber kein Genie. Sind wir daran Schuld? Den guten Willen haben wir gehabt, aber unsere Vorbildung war eine zu mangelhafte, specialisierende. Über dem Einzelnen vermochten wir das Ganze nicht zu erfassen. Die neue Zeit kam über uns mit einer Fülle von Bildungsmomenten, die wir nicht zu bewältigen wußten. Wir haben unsere Zeit durchlebt, aber sie nicht zu verstehen und vor allem nicht zu beherrschen vermocht. Soll es so weiter gehen und progressiv weiter?

Die Notwendigkeit der Reform liegt klar vor Augen; das wichtigste und notwendigste Stück der gesamten Reform ist die Heranbildung der Jugend.

Für das neue Jahrhundert ein neues Geschlecht auf neuen Wegen!

Drittes Kapitel

Die Erziehung der erwerbsarbeitenden Jugend.

Wir haben, so ist im zweiten Kapitel auszuführen versucht worden, in den oberen Schichten die systematisch-universelle Ausbildung der Jugend vernachlässigt und dadurch, daß wir nur Specialisten producierten, das geistige Übergewicht über die Massen verloren. Unsere Herrschaft über dieselben ist nur noch diejenige der Gewalt und Macht. Sie wird, weil die Massen unzufrieden sind, nur widerwillig ertragen. Noch halten die Führer eine offene Auflehnung und einen bewaffneten Widerstand für aussichtslos: aber es wächst innerhalb der Massen, von Jahr zu Jahr sich verstärkend, eine Generation heran, von social-demokratischen Eltern erzogen, ungeduldig dem verheißenen Zukunfts-staat, welcher der kapitalistischen Herrschaft und damit dem materiellen Elend ein Ende machen soll, entgegenschauend und nicht gewillt, Jahr-zehnte zu warten, bis die Erlösung kommt.

Ist es wirklich nicht möglich, diese Ausbreitung zu hindern, zu hemmen oder doch zu erschweren? Sollten wir wirklich nicht mehr in der Lage sein, die Jugend unseres Volkes in der Furcht Gottes, in der Liebe zum Vaterlande, in der Ehrfurcht vor der Obrigkeit, im Gehor-sam gegen Gesetz und Ordnung groß zu ziehen, ihr klar zu machen, daß die socialdemokratische Lehre eine Irrlehre ist, daß der Versuch, den verheißenen Zukunftsstaat zu verwirklichen, nur namenloses Elend über das Vaterland und auch über den Arbeiterstand bringen würde? Ist jede dahinzielende Arbeit wirklich von vornherein so aussichtslos, daß es nicht einmal lohnt, über sie nachzudenken, geschweige denn den Versuch zu machen, sie in Angriff zu nehmen?

Wir, die oberen Schichten, haben die Klinke der Gesetzgebung, wie Bismarck zu sagen pflegte, in der Hand, wir können der Jugend-erziehung die Wege vorschreiben, die wir für gut halten. Wir erleben es alle Tage, daß gerade die fanatischsten Anhänger der socialdemo-

kratischen Lehre unmittelbar aus der heranreifenden Jugend hervorgehen, welche zu den Versammlungen ein bedeutendes Kontingent stellt
und, obwohl selbst noch nicht stimmberechtigt, bei den Wahlen Schlepper-
dienste leistet. Wir erleben das, wir sehen das mit unseren Augen, und
thun nichts dagegen! Wir ziehen diese Jugend groß, sie wird so, wie
sie wird, und wir ändern nichts, wir bleiben in den alten Wegen und
ausgefahrenen Geleisen, obgleich viele von uns der Meinung sind, daß
diese Wege und Geleise uns direkt in den Abgrund führen. Ist ein
solches thatenloses Zuschauen eines großen Volkes würdig? Soll das
die Geschichte sein, die wir machen? Haben wir kein Gefühl der Verantwortung gegenüber dem nach uns kommenden Geschlecht?

Wo liegt der Schaden in der Heranbildung unserer erwerbsarbeitenden Jugend? Die Volksschule, wenngleich sie in vielen Stücken der
Reform bedarf, thut ihre Schuldigkeit; aber sie arbeitet im wesentlichen
pro nihilo. Warum? weil sie nur bis zum vollendeten vierzehnten
Lebensjahr auf die Jugend einzuwirken vermag!

Man ziehe doch einmal den Vergleich mit der höheren Jugend,
stelle sich Unterricht und Erziehung als mit der Quarta oder Untertertia
abschließend vor und daran unmittelbar sich anschließend den Eintritt in
das bürgerliche Leben. Wie würde sich damit die Einwirkung des Gym-
nasiums gestalten?

„Aber," sagt man, „das ist doch immer so gewesen und hat nichts
geschadet, warum denn jetzt mit einemmale?"

Nicht mit einemmale, nein, schon seit Jahrzehnten, nur daß sich der
Schade erst jetzt fühlbar macht. Er war längst da, aber er hat sich
wie die Frucht aus dem Samen langsam entwickelt durch eine Umgestaltung unserer gesamten Kulturverhältnisse, der wir nicht oder doch
nicht genügend Rechnung getragen haben.

Früher reichte die Einwirkung der Volksschule, auch wenn sie mit
dem vierzehnten Lebensjahre abschloß, aus, weil sich an sie anschloß die
Erziehung und Pflege im Beruf und im Leben. War diese Erziehung
auch oft eine sehr mangelhafte, nicht minder oft eine harte, sie bestand
doch, und es konnte sich ihr niemand entziehen, der Handwerker oder
Arbeiter mußte in den Anfangsjahren nicht nur eine Lehrzeit durchmachen, sondern er trat auch in ein festes Verhältnis zu seinem Lehrherrn, meist in dasjenige des Hausgenossen. Das hatte schon darin
seinen Grund, daß in den allermeisten Fällen der Lehrherr dem Lehrling Wohnung und Beköstigung zu geben hatte und ebenso der Dienst-
herr dem jugendlichen Dienstknecht und Dienstboten, daß Wohnung und
Beköstigung den größten Teil des Lohnes repräsentierten, ja, daß im
Handwerk sogar ein Lehrgeld an den Lehrherrn gezahlt wurde. Bares
Geld bekam der Lehrling niemals zu sehen, abgesehen von den paar
Groschen Trinkgeld, die ihm mitunter ein Kunde gab, dem er Waren

ablieferte. Die paar Thaler Lohn, welche der jugendliche Dienstbote erhielt, mußten für Kleidung und Schuhwerk verwandt werden. Von einer selbständigen wirtschaftlichen Existenz des jugendlichen Arbeiters konnte man daher überhaupt nicht reden. Das hat sich wesentlich geändert in unseren Tagen. Gewiß, es giebt noch solche Lehrlinge und solche jugendliche Dienstboten; aber daneben giebt es jugendliche Fabrikarbeiter, welche zwei Mark, zwei Mark fünfzig Pfennige und darüber pro Tag verdienen. Außerdem lebt aber der Lehrling wie der jugendliche Dienstknecht vielfach nicht mehr in der Hausgemeinschaft mit dem Lehrherrn und Arbeitgeber, er nächtigt meist in der Schlafstelle, muß sich selbst beköstigen und ist in den arbeitsfreien Stunden sich selbst überlassen, namentlich auch an den Sonntagen.

Ich bitte hier wieder den Vergleich mit der Jugend der höheren Stände ziehen zu dürfen. Gewiß, es kommt vor, daß auch Gymnasiasten in Kost und Logis wohnen ohne eigentliche Aufsicht. Aber die Regel bildet es nicht. Die Mehrzahl der Schüler besteht aus Einheimischen, welche bei den Eltern wohnen, die meisten Auswärtigen befinden sich in Pensionen, in denen sie überwacht werden, und für den Rest ist die Gefahr deshalb nicht so groß, weil es die Ärmeren sind, die so unter- gebracht werden, und der Geldmangel das beste Mittel gegen ein un- ordentliches Leben ist. Außerdem pflegt aber die Schule gerade über diesen Rest besonders zu wachen, indem sie die Familien, welche Gym- nasiasten in Kost und Logis erhalten, auswählt und Vorkehrungen trifft, damit die Schüler, welche derart untergebracht werden, genötigt sind, eine bestimmte Hausordnung innezuhalten. Dazu kommen für Alle die Schulgesetze, welche den Besuch öffentlicher Lokale verbieten u. s. w.

Warum haben wir denn solche Einrichtungen? Doch weil wir unsere Söhne nicht sich selbst überlassen, weil wir sie vor sittlichen Ge- fahren, vor einem ausschweifenden Leben bewahren, mit einem Wort, weil wir sie erziehen wollen.

Und das vierzehn-, fünfzehn-, sechzehnjährige Kind des Volkes be- darf der Erziehung nicht? Wer wagt es, auf diese Frage mit Nein zu antworten? Aber laissez faire, laissez aller. Manchesterpolitik! Es geht uns nichts an, wir kümmern uns nicht darum.

Gewiß, es giebt Leute, die sich darum kümmern, z. B. für Lehr- linge und jugendliche Arbeiter Logierhäuser einrichten. Die katholische Kirche hat Vereine, welche die jugendlichen Arbeiter sammeln, die evan- gelische innere Mission treibt das Werk der Jünglingsvereine. Aber was will das sagen? Es beweist weiter nichts, als daß die Not da ist und daß der Staat nicht eingreift sondern in beliebter Weise alles der privaten Vereinsthätigkeit überläßt! Denn diese Bestrebungen sind nichts als ein Tropfen auf einen heißen Stein. In zehn von hundert junger Leute kommt man vielleicht überhaupt heran, und an diese zehn doch nicht recht. Zwei bis drei, ausnahmsweise auch einmal vier oder fünf Stunden am Sonntag Abend erfahren sie eine gute Einwirkung, und die ganze Woche hindurch sind sie den allerschädlichsten Einflüssen ausgesetzt. Die übrigen aber entbehren jeder Pflege, jeder Aufsicht, jedes Haltes.

Man gebe unseren Gymnasiasten zwei Mark fünfzig Pfennig per Tag in die Hand und gestatte ihnen, zu wohnen und zu leben wo und wie, jedes Lokal zu besuchen, welches sie wollen, mit dem weiblichen Geschlecht ungehindert zu verkehren, und man warte einmal ab, was herauskommt, trotzdem die Schüler den Unterricht täglich genießen und der erziehlichen Einwirkung der Lehrer bis zum neunzehnten, zwanzigsten Lebensjahr und darüber unterworfen sind.

Und die Söhne des Volkes, welche keinen Unterricht mehr haben, auf welche keine Erziehung mehr einwirkt, sollen nicht auf Abwege geraten?

Zunächst sehe ich die Abhilfe darin, daß man Minderjährige als Minderjährige behandelt und nicht als selbständige Menschen. Stehen sie unter väterlicher Gewalt oder haben sie einen Vormund, wohnen sie mit Vater und Vormund an einem Orte, üben Vater und Vormund ihr Aufsichtsrecht gewissenhaft aus, so ist es gut. Aber wenn der jugendliche Lehrling oder Arbeiter nicht beim Vater oder nicht an einem Ort mit dem Vormund wohnt, oder wenn Vater und Vormund sich nicht um ihn kümmern, so bestelle man ihm einen Pfleger, der eine genaue Aufsicht über ihn führt, der dafür sorgt, daß er angemessen wohnt und speist und im täglichen Leben vor schädlichen Einflüssen bewahrt bleibt, daß er etwas Ordentliches lernt, bei der Arbeit nicht überanstrengt wird und über seinen Verdienst richtig disponiert. Aber man lasse diese Pflegschaft nicht, wie so oft die Vormundschaft, auf dem geduldigen Papiere stehen, sondern man nehme sie von vornherein ernst und streng, man scheue sich auch nicht, den Pfleger zu bezahlen, aber man nehme die Bezahlung nicht aus dem Vermögen oder dem Lohn der Pflegebefohlenen, man laste sie auch nicht den Gemeinden auf, sondern man bestreite sie aus der Staatskasse. Es ist das keine Ausgabe, denn die Gesellschaft spart das, was sie hierauf verwendet, reichlich wieder an den Aufwendungen für die Kriminaljustiz, an Gehältern für Richter, Staatsanwälte, an Polizei, an Bureaubeamten, an Zeugengebühren, an Korrektionshäusern, Gefängnissen, Zuchthäusern, an Arbeiterkolonieen, Verpflegungsstationen, an Armenkosten, an Vereinsbeiträgen aller Art u. s. w. u. s. w. Man halfe auch nicht den Gerichts- und Verwaltungsbehörden, die in der Tinte ertrinken und denen der Aktenstaub über dem Kopf zusammenschlägt, auch nicht den Gemeinden, die wenn sie klein sind, meist nicht die erforderlichen Organe haben und, wenn sie groß sind, unter der Fülle bureaukratischer und socialer Aufgaben erliegen, die Instituierung und Beaufsichtigung der Pflegschaft auf, sondern man richte besondere Pflegämter ein mit möglichst wenig Zwischeninstanzen und einer guten und energischen Centralleitung.

Es ist durchaus nicht nötig, daß jeder Pflegling seinen eigenen Pfleger oder besser umgekehrt, daß jeder Pfleger nur einen Pflegling hat. Man wähle Männer aus, die für die arbeitende Jugend ein Herz und für ihre Verhältnisse Verständnis haben: Lehrer, Geistliche, Handwerker, pensionierte Offiziere und Beamte, Rentiers, welche sich an Vereinsbestrebungen beteiligen. Einem solchen Pfleger überweise man zehn, zwanzig, fünfzig Pfleglinge und gebe ihm dem Pflegling gegenüber die volle väterliche, den Behörden und dem Publikum gegenüber die autoritative Beamtenqualität.

Es handelt sich hierbei nicht um Armenpflege sondern um Fürsorge für den, welcher Obdach, Nahrung, Kleidung und vielfach auch einen baren Arbeitsdienst hat. Es ist durchaus verkehrt, wenn die bürgerliche Gesellschaft dem Minderjährigen gestattet, sich die Arbeit zu suchen wo er will, die angebotene anzunehmen oder abzulehnen, die angenommene wieder zu verlassen, den Arbeitsverdienst nach Belieben zu verwenden. Über den wohlhabenden und reichen vaterlosen Knaben und Jüngling führt sie eine scharfe Kontrolle, seine Erziehung wird fürsorglich geleitet, sein Eigentum verwaltet, er darf keine Rechtshandlung vornehmen, er darf sich nicht einmal das Gymnasium, welches er besuchen will, auswählen und auf dem für ihn bestimmten nicht machen was er will. Der Regel nach berichtigt der Vormund Kost und Logis, der Pensionshalter regelt die Ausgaben für Kleidung u. s. w. und stellt sie dem Vormund in Rechnung; dem Schüler wird nur ein geringes Taschengeld zur selbständigen Disposition gestellt. Hat das Kind des Volkes nicht denselben Anspruch auf Fürsorge? Weshalb sorgen wir, der Staat, die Gesellschaft, besser und von Amts wegen für den wohlhabenden Minorennen? Weil er Geld hat und das Kind des Volkes kein Geld? Man setze für jeden Stadt- und für jeden Landkreis einen Pflegschaftsrat ein, den die Pfleger aus ihrer Mitte wählen mit einem Beamten an der Spitze. Jedes Kind, welches die Schule verläßt und außerhalb des Vaterhauses in Arbeit treten soll, muß bei dem Pflegschaftsrate, zu dessen Bezirk der Arbeitsort gehört, angemeldet werden und erhält einen Pfleger. Derselbe prüft zunächst den Vertrag, welchen Vater oder Vormund mit dem Arbeitgeber abgeschlossen haben, und der seiner, des Pflegers, Bestätigung ebenso bedarf wie jedwede Abänderung oder die Aufhebung von seiten des Pfleglings.

Gewährt der Arbeitgeber dem Pflegling Wohnung und Kost, so hat der Pfleger darüber zu wachen, daß das Gewährte angemessen ist, insonderheit darüber, daß der Pflegling in sittlicher Beziehung vor schädlichen Einflüssen möglichst bewahrt bleibt. Gewährt der Arbeit- geber Wohnung und Kost nicht, so hat der Pfleger den Pflegling einzumieten in einer ordentlichen Familie oder in einem ordentlichen Logierhause. Der bare Lohn ist an den Pfleger zu zahlen, der aus demselben die Ausgaben für Wohnung, Kost, Kleidung, Wäsche u. s. w. bestreitet, dem Pflegling ein angemessenes Taschengeld giebt und den Rest auf der Sparkasse zinslich anlegt. Der Pflegschaftsrat führt die Aufsicht über die Pfleger und entscheidet über Beschwerden, welche von dem Arbeitgeber oder dem Pflegling gegen sie vorgebracht werden.

Ich wiederhole noch einmal, ein Gesetz, welches derartige Anord- nungen träfe, thäte nichts anderes, als den Kindern des Volkes dieselbe Fürsorge angedeihen zu lassen, wie den Kindern der Wohlhabenden. Hier handelt es sich einmal wirklich und nicht fiktiv um Gleichheit und Brüderlichkeit ganz ebenso wie um christliche Liebe, und hier ist ein Mittel gegeben, um der Socialdemokratie entgegen zu wirken!

Wie steht es denn jetzt? Wenn das Arbeiterkind vierzehn Jahre alt ist, wandert es in die Fabrikdistrikte, und dort ist es ganz ohne Aufsicht und Pflege. Es wohnt in der Schlafstelle, wo es zumeist in sittlicher Beziehung vollständig verdorben wird, es findet seine Kost in der Schnapskneipe, wo es verroht. Der Verdienst ist oft reichlich, er wird verzecht und schon im frühesten Alter mit schlechten Weibern ver- jubelt, meist mit älteren, raffinierten, ganz verdorbenen, deren Reize verblüht sind, die von den erwachsenen Arbeitern bereits verschmäht werden und, um ihren Unterhalt zu fristen, die unreifen Jungen an- locken und ausbeuten. Geschlechtliche Krankheiten sind häufig genug die Folgen dieses Umganges, sie nötigen zu längerem Aufenthalt im Krankenhause und führen den Verlust der Arbeitsstelle herbei. Letztere wird auch sonst aus geringfügigen Ursachen leichtsinnig aufgegeben. Der jeder Zucht entwachsene junge Bursche will sich der Autorität des Arbeitgebers nicht fügen. Eine Ermahnung, vielleicht wenn an einem Montage nach durchschwärmter Sonntagsnacht schlecht und unlustig gearbeitet wird, ein Scheltwort, wenn auch noch so verdient, genügt. Der Bursche wird „fremd" und ergreift den Wanderstab. Gespart hat er nichts, er geht auf die Landstraße fechten. Abgefaßt wandert er ins Gefängnis, mehrfach wegen Bettelns verurteilt, ins Korrektionshaus, oder er bevölkert die Arbeiterkolonieen und Verpflegungsstationen. Dann sollen derartige Veranstaltungen helfen, in unglaublich kurzer Frist aus dem verwahrlosten und verderbten wieder einen ordentlichen Menschen zu machen. Das ist schlechterdings unmöglich. Aber diese Unmöglichkeit sieht man nicht ein, vielmehr schilt man über die geringen Resultate, welche die in Frage kommenden Vereine und Veranstaltungen erzielen.

Das leichtsinnige Verlassen der guten Arbeitsstelle in jungen Jahren, die unheilsvollen Folgen vorübergehender Arbeitslosigkeit sind eine der Hauptquellen des Elends. Und wer trägt daran die Schuld, der jugendliche, heißblütige Mensch, der noch keine Überlegung hat oder die Gesellschaft, die ihm das Recht einräumt, Arbeitsverträge zu lösen, wiewohl er minderjährig ist?

Aber auch wenn der junge Arbeiter in fester Arbeit bleibt, so wirkt dennoch die zuchtlose Jugendzeit nachteilig ein auf sein ganzes Leben. Die Ausschweifungen ruinieren die Gesundheit, der reichliche Lohn, ohne irgendwelche Sorge für den Unterhalt der Familie gewöhnt an Bedürfnisse, die späterhin im Ehestande nicht zu befriedigen sind; denn gespart für die Zukunft wird in den seltensten Fällen. Der Charakter verwildert; was die Schule gesät hat in ethischer Beziehung verunkrautet und verdorrt. Ein Stachel aber bleibt zurück, der Gegensatz zwischen einst und jetzt, zwischen dem Knaben, den einst der Trieb für alles Gute beseelte und dem Jüngling und jungen Mann, der mit Gott und sich selbst zerfallen ist. Und da kommt dann die Socialdemokratie mit ihrer Lehre: „Nicht du trägst die Schuld, nein, du bist das Opfer der kapitalistischen Weltordnung. Hilf sie uns zerstören, hilf dem Armen und Elenden zu seinem Rechte gegenüber den faulen Prassern, und du hilfst dir selber." Ist's nun nicht menschlich, ist's nicht natürlich, daß diese Lehre auf fruchtbaren Boden fällt? Wo ist denn die Gegenwirkung? Wo ist der, der dem Jüngling sagt: „Du bist selbst schuld daran, daß dir's nicht besser geht. Du hättest von Anfang an gut und gerne die Hälfte oder doch ein Drittel deines Verdienstes auf die Sparkasse legen können und jetzt einen Notgroschen, du hättest auf der guten Arbeitsstelle bleiben, dich fortbilden und in eine höhere Lohnklasse einrücken können. Es könnte dir jetzt gut gehen statt schlecht. Du trägst die Schuld." Und wenn's ihm einer sagte, würde es viel helfen? Er antwortet: „Jetzt ist's zu spät, jetzt bin ich im Elend, kann mich nicht herausreißen und niemand hilft mir. Das hätte man mir früher sagen, mich warnen, mich vor Verführung bewahren sollen. Jetzt ist's zu spät!"

Haben wir nicht täglich das Beispiel vor uns an den verkommenen und verlodderten Existenzen aus den oberen Schichten, daß sie der Weltordnung die Schuld geben und nicht sich selbst, obwohl ihnen einst Berater zur Seite standen, obwohl sie sich, dank der Erziehung und Bildung, die sie genossen haben und besitzen, selbst sagen könnten und müßten, daß ihr Leichtsinn allein die Schuld trägt. Und von den armen und halbgebildeten Söhnen des Volkes soll man andere Früchte verlangen?

Ach, wer nur die Augen aufthun und hineinschauen in das Elend des Volkes, wer es nur mit ansehen will, wie unsere prächtigen Jungen mit den ehrlichen, treuen Augen, mit dem warmen, wackeren Herzen verkommen, verbittern, verderben, wie sie nach wenigen Jahren unzufrieden mit sich und der ganzen Welt nur den Haß kennen, der ihr Elend noch größer macht, den muß es ja jammern, wenn er noch ein Herz in der Brust hat, wenn er als Mensch mit der Menschheit fühlt, vom Christentum gar nicht zu reden, den muß ein tiefes Mitleid erfüllen, der muß den brennenden Wunsch hegen, daß hier Abhilfe geschafft werde, den muß aber auch, wenn er nur etwas das Volk kennt und kennen lernen will, die Überzeugung durchdringen, daß das Herz des Volkes gut ist, daß sich Abhilfe schaffen läßt, wenn man nur helfen will.

Merkwürdig, daß man es nicht will, daß man von dem Prinzip des laissez faire, laissez aller nicht lassen kann. Merkwürdig, weil man Millionen und Abermillionen, weil man so unendlich viele Mühe und Arbeit auf die Volksschule verwendet. Wozu? Um die so mühsam großgezogenen, gehegten und gepflegten Pflanzen gänzlich schutzlos dem Sturme des Lebens auszusetzen! Darin liegt eine grauenhafte Inkonsequenz. Wie ich im ersten Kapitel sagte: Man pflügt, dünkt, eggt den Acker, damit die Socialdemokratie den Samen einstreuen kann. Förderte die Schule ihre Kinder nicht so weit, entwickelte sie ihr Denkvermögen nicht so, wie sie es thut, die socialdemokratische Lehre bliebe doch den meisten unverständlich. So verstehen sie genug davon, um Socialdemokraten zu werden, es fehlen ihnen aber die Elemente des Widerstandes. Wie ist man dazu gekommen so zu handeln? War es immer so? Nein, wie gesagt, früher lagen die Verhältnisse anders. Aber Freizügigkeit, Gewerbefreiheit, Aufhebung des Paßzwanges, Vermehrung der Fabriken, Kommunikationsmittel haben sie umgestaltet, und wir sind in betreff der Fürsorge für die Jugend nicht fortgeschritten mit der Zeit. Freizügigkeit und Gewerbefreiheit ließen sich nicht vermeiden, mußten eingeführt werden, lassen sich nicht wieder aufheben, sind an und für sich keine schlechten Einrichtungen: aber daß wir die übrigen Verhältnisse diesen Einrichtungen nicht angepaßt, daß wir uns nicht gefragt haben: wenn wir diese Einrichtungen treffen, was muß dann geschehen? Darin liegt der Fehler.

Jahrzehnte der Versäumnis liegen hinter uns: und das Versäumte läßt sich nicht nachholen, zu Socialdemokraten Gewordene zu bekehren, wird uns nicht gelingen. Aber auf die Jugend, welche erst in das Leben hineinwächst, können wir Einfluß gewinnen, wenn wir wollen, und damit den Socialdemokraten den Zufluß abschneiden.

Wollen wir dieses Ziel erreichen, so müssen wir neue Wege gehen. Mit Verbesserung der Lehrlingsverhältnisse durch Wiederbelebung der Innungen, oder Creierung neuer Institute, die letztere ersetzen sollen, ist der Sache nicht geholfen. Allerdings gebe ich gern zu, daß das Lehrlingswesen der Reform bedarf. Die Pflegschaft kann es nicht

allein machen. Zur Erziehung im Hause muß auch die der Schule
kommen, und die Schule ist für den Lehrling und jugendlichen Arbeiter
die Arbeitsstelle. Diese ist aber als Schule um so wichtiger, weil sie
fast die gesamte Zeit des Schülers beansprucht, nicht, wie die eigentliche Knabenschule, nur zwanzig Stunden in der Woche.
Lehrer sein, d. h. unterrichten kann nur der, welcher etwas gelernt
hat. Ich nehme gegenüber den Anforderungen des Handwerkerstandes
und der absolut abweisenden Haltung der Regierungen eine Mittel-
stellung ein in Bezug auf den Befähigungsnachweis, ich stimme den Forderungen des ersteren zu in Bezug auf die Ermächtigung, Lehrlinge zu
halten, aber ich verlange ihn nur für ein Handwerk überhaupt, und
knüpfe, wenn er erbracht ist, an ihn die Berechtigung, auch ein anderes
Handwerk zu treiben und Lehrlinge zu halten, auch dann, wenn dieses
Handwerk mit demjenigen, für welches der Nachweis der Befähigung
erbracht ist, nicht verwandt ist. Mag es jedermann gestattet sein, ein
Handwerk auszuüben, welches er wolle; wenn er aber Lehrherr sein
und Lehrlinge halten will, so muß er Meister geworden sein, in einem
Handwerk sich den Meistertitel erworben haben. Zum Erwerb des
Meisterschaftstitels muß gehören eine bestimmte Lehrlingszeit und die
Ablegung der Gesellen-, eine bestimmte Gesellenzeit und die Ablegung
der Meisterprüfung, daneben aber auch Unbescholtenheit. Dauernd
schlechte Zeugnisse über Fleiß und Führung, kriminelle Bestrafung wegen
bestimmter Vergehen und Verbrechen müssen den Erwerb des Meistertitels verzögern und erschweren, eventuell gänzlich verhindern. Ebenso
muß derjenige, der gegen die Bedingungen, welche zum Erwerbe des
Titels notwendig waren, nachträglich verstößt, ihn wieder verlieren
können. Wer ein Geschäft betreibt, ohne Meister zu sein, und sich
Lehrlinge halten will, muß zur Anlernung derselben einen Meister
engagieren.

Für derartige Bestimmungen ist nicht das Interesse des Handwerker-
und Gewerbestandes, sondern dasjenige der Nation an der richtigen
Erziehung der Jugend unsres arbeitenden Volkes geltend zu machen.
Die Nation hat das lebendigste Interesse daran, daß diese Erziehung
eine richtige ist. Nicht das sachliche sondern das moralische Moment
muß dabei in den Vordergrund treten. Wer einen jugendlichen Arbeiter
beschäftigt, soll nicht nur Lehrer sondern auch Erzieher sein, er soll in
erster Linie aus dem Lehrling einen ordentlichen und tüchtigen
Mann machen, das ist viel wichtiger, als daß er ihm Kenntnisse und
Fertigkeiten beibringt, so wichtig das Letztere auch ist. Um die Meister
zu überwachen, brauchen wir Innungen, Fachgenossenschaften und dergl.
Dagegen genügen um die Bestimmung zu erlassen, daß nur ein Meister
Lehrlinge beschäftigen darf, Vorschriften über den Erwerb der Gesellen-
eigenschaft und des Meistertitels und die Einführung von Prüfungen,

die von Staatskommissionen unter Zuziehung von Sachverständigen ab-
gehalten werden können.

Man braucht, um die Pflegschaft und den Befähigungsnachweis
einzuführen, nicht gewaltsam vorzugehen und bestehende Rechte nicht zu
verletzen. Man kann bestimmen, daß nur diejenigen Pfleger erhalten,
welche nach dem Inkrafttreten des Gesetzes das vierzehnte Lebensjahr
erreicht haben, und daß derjenige, welcher vor diesem Inkrafttreten
Lehrlinge halten und jugendliche Arbeiter in seinem bereits bestehenden
und betriebenen Gewerbe beschäftigen durfte, durch das Gesetz nicht
betroffen wird. Dann nimmt die Zahl der nicht qualifizierten Lehr-
herren und Arbeitgeber allmählich ab, und in sieben Jahren, vorausgesetzt
daß die Pflegschaft bis zur Mündigkeit dauert, haben wir die Aufsicht
über die arbeitende Jugend eingeführt.

Geschieht dies, so werden Einrichtungen, welche die gesetzlichen Maßnahmen ergänzen, nicht auf sich warten lassen. Schon die bestehenden
katholischen Gesellenherbergen und evangelischen Herbergen zur Heimat
werden eine große Anzahl von regelmäßigen Kostgängern aufnehmen,
neue Herbergen dieser Art werden errichtet werden können, das Gesetz
wird eine Reihe industrieller Etablissements veranlassen, für die Unterbringung ihrer jugendlichen Arbeiter durch Errichtung von Logierhäusern
selbst zu sorgen. Können sie durch Vermittelung des Pflegers einen
Zwang auf den jugendlichen Arbeiter zur Benutzung des Logierhauses
unter Beachtung einer bestimmten Hausordnung ausüben, so stellt sich
das Verhältnis ganz anders als bisher. Unter der Zuchtlosigkeit der jugendlichen Arbeiter leidet die Industrie selbst genug, aber sie war bisher
vielfach machtlos gegen dieselbe. Die Vernünftigen und Menschenfreund-
lichen unter den Industriellen werden mithelfen, und ihr Beispiel wird
aufmunternd wirken. Kommen die Knaben, wenn sie die Schule verlassen,
sofort in feste Ordnungen, so werden sie von selbst helfen, dieselben
auszunützen. Zuerst wird ja die Sache nicht leicht sein, wenn ein Jahrgang
unter Pflegschaft steht und die sechs älteren frei sind; mit jedem Jahre
wird sich aber das Verhältnis bessern, und nur ein allmähliches Vorgehen ist möglich, weil mit denen, die bereits der Zuchtlosigkeit verfallen
sind, sich nichts mehr ausrichten läßt, ein derartiger Versuch würde das
ganze Institut zum Scheitern bringen. Außerdem muß auch die Pflegschaft erst geübt und erlernt werden an einer kleineren Zahl, die entsprechenden Einrichtungen müssen erprobt werden. Mit einemmale lassen
sich die Scharen der jungen Arbeitsburschen nicht aus den Schlafstellen
heraus- und anderweit unterbringen.

Der Leser wird mir zugeben, daß hier wirklich ein Weg ange-
deutet ist, auf welchem man der Socialdemokratie entgegenarbeiten kann.
Es ist nur wunderbar, daß man ihn nicht schon längst beschritten hat.
Es gehört die gänzliche Gleichgiltigkeit unserer oberen Schichten gegen

5*

alles was sittliche Fürsorge für das Volk heißt dazu, um Zustände, wie wir sie seit Jahrzehnten haben, zu ermöglichen, die so gänzliche Gleichgiltigkeit gegen alles, was nicht das eigene Ich und das Portemonnaie betrifft! Niedergerissen hat man alle Schranken, welche die Vergangenheit gezogen hatte, um dem Verderb der Jugend zu steuern, als man Freizügigkeit und Gewerbefreiheit proklamierte; aber andere Institutionen zu schaffen, welche jene Schranken ersetzten, daran dachte man nicht. Laissez faire, laissez aller.

Zur Pflegschaft und zum Befähigungsnachweis hinzukommen muß die obligatorische Fortbildungsschule, und diese bedingt wiederum eine Reform unseres gesamten Volksschulwesens. Für unsere vorgeschrittene Zeit, für unser kompliziertes Leben genügt der Unterricht bis zum vierzehnten Lebensjahre nicht mehr, er muß erweitert werden. Länger auf der Schule behalten können wir die Kinder aus wirtschaftlichen Gründen nicht, somit muß die Fortbildungsschule das Werk ergänzen; aber die Fortbildungsschule muß obligatorisch sein für Stadt und Land.

Wir müssen den Arbeiter vorbilden für das Leben, und dazu ist in unseren Tagen das Verständnis für Begriffe notwendig, welche ein dreizehnjähriges Kind noch nicht zu fassen vermag. Darunter, daß man dem nicht Rechnung tragen will, leidet die Volksschule in erster Linie. Weil der Unterricht mit dem vierzehnten Lebensjahre abschließt, ist sie genötigt, in denselben Lehren hineinzulegen, welche die höheren Schulen für Quarta und Untertertia mit Entrüstung zurückweisen würden wegen Unreife des Schülers. Gleichzeitig aber ist die Volksschule, weil ihr das Ziel zu hoch gesteckt ist, nicht in der Lage, die Elemente so gründlich wie erforderlich zu lehren. Unsere Elementarschule ist schon längst keine Elementarschule mehr, und das ist ein großer Übelstand.

Nur wenn wir die Fortbildungsschule obligatorisch machen, und damit die Volksschule in die Lage versetzen, ihr Unterrichtspensum dem Verständnis der Kinder voll und ganz anzupassen, gleichzeitig aber das was sie lehrt gründlich zu lehren, können wir zu gesunden Zuständen gelangen. Die Lehrmethode auf unseren Volksschulen ist vortrefflich, aber der Stoff viel zu mannigfaltig, das Pensum ein zu großes und das Ziel ein zu hoch gestecktes. Lesen, Schreiben, Addieren, Subtrahieren, Multiplizieren und Dividieren mit ganzen Zahlen und Brüchen, biblische Geschichte, Katechismus gleichzeitig als Sittenlehre, Anschauungsunterricht, Heimatkunde, die allereinfachste Naturlehre und ein ganz kurzer verständlicher Abriß der vaterländischen Geschichte ist mehr als genug, wenn der Lehrstoff wirklich Eigentum jedes Kindes werden soll.

Und darauf kommt es an. Soll jedes Kind fließend und ohne Anstoß lesen, deutlich, leserlich, orthographisch richtig schreiben, die vier

Species schnell und richtig rechnen, den Katechismus und auch nur zwanzig Lieder und ebensoviele deutsche Gedichte fest inne haben, so gehört dazu schon eine ganz angestrengte Arbeit und hingebende, unter müdliche Treue des Lehrers. Einige begabte Kinder weiter zu bringen, ist nicht schwer; aber Schulprüfungen blenden oft genug. Davon, wie sehr der Unterricht über die Köpfe weggeht, machen sich auch viele praktische Schulmänner keinen Begriff.

Ich ging einmal mit dem Rektor der Volksschulen einer Mittelstadt in eine Vorstadtschule und durch alle Klassen, von unten nach oben und hatte ihm, bevor wir das Schulhaus betraten, gesagt, ich wollte nicht den Unterricht revidieren, sondern zu einem bestimmten Zweck Fragen stellen und zwar in allen Klassen. In der untersten fragte ich ein Kind: Wie alt bist du? Antwort „Sechs". Frage: „Sechs Äpfel oder sechs Bleistifte?" Als ich die Antwort sechs Jahre erhielt, fragte ich nach den vier Jahreszeiten, daran schloß sich der Monat, die Woche, der Tag, die Stunde, die Uhr, bis wir, in der obersten Klasse angelangt berechneten, wie viele Sekunden das Jahr hat.

Als wir die Schule verließen, sagte der Rektor: „Herr Oberregierungsrat, das hat mich lebhaft interessiert; ich hätte nie gedacht, daß unseren Kindern so viele von den allereinfachsten Begriffen des täglichen Lebens fehlten."

Ich erwiderte: „Ja das war eben der Zweck meines Besuches. Was die Kinder aus dem Vaterhause in die Land- und in die Stadtschule mitbringen, das weiß ich. Über die Schule einer armen Arbeitervorstadt war ich mir aber nicht klar, und da wollte ich heute lernen. Gewundert habe ich mich meinerseits nicht, denn die Kinder wußten mehr, als ich vorausgesetzt hatte. Wenn Sie sich aber gewundert haben, dann denken Sie recht oft daran, daß Sie nicht lehren, was die Kinder nicht verstehen."

Der brave Rektor ist bald darauf abgerufen worden in voller Manneskraft, er hatte, obwohl der modernsten Richtung huldigend, mehr Verständnis für die Schule als mancher andere seiner Kollegen, und hätte noch viel Gutes geleistet. Trotzdem war er nicht dazu gekommen, die Kinder einmal nach Dingen zu fragen, die außerhalb des Schulpensums lagen, um festzustellen, wie viel sie wohl von dem letztern verständen. Es ist unglaublich, wie viel wir lehren was nicht verstanden wird in unsern Schulen. Auf einer Dienstreise nahm ich einmal ein dreizehnjähriges Schulmädchen auf den Wagen, das in den nächsten Flecken wollte und noch gut zwei Stunden zu laufen hatte. Sie hatte am Vormittag „Aufsatz" geschrieben. Auf hochdeutsche Fragen antwortete sie nicht, ich mußte Plattdeutsch sprechen.

„Wat hest' denn schrewen?" fragte ich. „Dat weet ik nich", war die Antwort. Nicht einmal das Thema bekam ich heraus.

Außerdem hatte sie Geschichtsstunde gehabt. Was sie gehabt hatte wußte sie nicht.

„Von Hannover?" „Nee!" „Biblische Geschichte von de Juden?" „Nee!" „Von de ollen Deutschen?" „Nee!" „Von de Preußen?" „Jau!" „Von wecken König denn?" „Dat weet ick nich!" „Von oll Kaiser Willem un Napoleon und Sedan?" „Nee!" „Von ollen Fritzen un den säbenjährigen Krieg?" „Nee!" „Von' groten Kurförsten?" „Nee, äwer von en annern Kurförsten." „Von den, de tuirst kam, Burggraf Friedrich von Nürnberg?" „Jau" und sie sah mich zum erstenmal verständnisvoll an. „Watt hett denn de Herr Lihrer von dem vertellt?" „Dat weet ick nich!" „Von de Ritters?" „Jau." „Wie hett denn dat groote Dirt, mit dem de Kurförst up de Burgen von de Ritters hat schceiten laten?" „De fule Gret", und die Augen leuchteten.

Die Frage, warum man die Kanone die faule Grete genannt habe, konnte ich leider nicht mehr stellen, denn wir kamen an das Ziel ihrer Reise, und sie stieg vom Wagen, reichte mir ihr Händchen herauf und dankte herzlich, daß ich sie mitgenommen hatte.

„Die faule Grete", das war sitzen geblieben von dem ganzen Unterricht am Vormittag, der Begriff war ihr klar, der paßte in ihren Gedankenkreis. Wie viel Mühe und Arbeit verschwenden wir umsonst! Sollen die Kinder das alles nicht lernen? Gewiß, aber zur rechten Zeit, im richtigen Alter.

Man muß zuerst immer da reformieren, wo es am schlimmsten steht, und somit auf dem Lande beginnen. Der Arbeiterstand auf dem Lande hat Fortbildung am nötigsten. Das städtische Leben dringt immer mehr ein auf das Land, ein Wehren dagegen hilft nichts; das junge arbeitende Volk hat das bestimmte und sichere Gefühl, daß es mit dem, was es auf der Landschule gelernt hat, nicht durch die Welt kommt, und da ihm keine Fortbildung auf dem Dorfe geboten wird, so strömt es in die Stadt. Dieses Moment, der Fortbildungstrieb, wird unterschätzt von denen, die immer klagen, daß die ländliche Jugend nicht auf dem Dorfe bleiben will. Es ist durchaus nicht allein Gewinn- und Vergnügungssucht, so gewichtige Faktoren sie auch sind, die forttreiben, sondern der Trieb, zu lernen, weiter zu kommen. Und gerade die heutige Volksschule weckt diesen Trieb.

Was soll die Fortbildungsschule lehren? Zunächst dasselbe was die Volksschule gelehrt hat. Unser Landvolk verlernt aus Mangel an Übung vieles von dem auf der Schule Gelernten, nämlich in erster Linie Schreiben, dann auch das Lesen geschriebener Schrift, im weiteren die Realien, ganz ebenso, wie wir unser Latein, Griechisch vergessen, wenn wir nicht gerade Theologie oder Altphilologie studieren und Mathematik, wenn wir nicht Mathematiker oder Techniker werden. Mit dem Rechnen steht es noch am besten, weil im ländlichen Verkehrsleben viel gerechnet werden muß.

Wir verlernen die alten Sprachen und die Mathematik, trotzdem wir, wenn wir die Schule verlassen, neunzehn, zwanzig Jahre alt sind; wie viel mehr verlernt die ländliche Volksschuljugend, deren Unterricht mit dem vierzehnten Jahre aufhört!

Ich bin vierzehn Jahre Landrat gewesen, mein erster Kreis hatte 543, mein zweiter 226 Ortschaften, darunter etwa 300 Gemeinden. Wie mangelhaft waren die schriftlichen Elaborate auch der jüngeren Gemeindevorsteher zumeist beschaffen, und welche netten Aufsätze hatten sie auf der Schule zu schreiben gewußt!

Lesen, Schreiben, Rechnen braucht aber nicht Lehrgegenstand zu sein, es kann in anderen Disciplinen geübt werden, das Lesen im Geschichtsunterricht, das Schreiben bei der Übung im praktischen Briefstil (Geschäftsbriefe aller Art, wie sie für die Lebensverhältnisse passen, Eingaben an Behörden, Schreiben an den Kaufmann, den Arzt u. s. w.), das Rechnen bei der Haushaltungslehre (Buchführung).

Außerdem muß in der Fortbildungsschule ein ähnlicher Unterricht erteilt werden, wie er im zweiten Kapitel für die sechs letzten Semester auf dem Gymnasium vorgeschlagen worden ist, nur für das Begriffsvermögen und die Verhältnisse des arbeitenden Volkes passend und sich auf seinen Gesichtskreis beschränkend. Soweit der Arbeiter als Wähler verstehen muß, um was es sich bei den Wahlen handelt, darf ihm auch die Organisation des Reiches und des Staates nicht verborgen bleiben. Er muß seine Rechte und Pflichten als Glied des großen Ganzen kennen und verstehen lernen, wir müssen sie ihm lehren und es nicht einzig und allein der Socialdemokratie überlassen, ihm Lehren einzuimpfen in ihrer verderblichen Weise.

Das ist eine einfache Konsequenz der konstitutionellen Staatsform, des Verfassungsstaates. Ist der Arbeiter Wähler, so muß er auch in rechter Weise darüber belehrt werden, was das bedeutet. Hier heißt es mit vollem Recht: „Vor dem Sklaven, wenn er die Kette bricht, vor dem freien Mann erschrecke nicht." Geistige Denkfreiheit müssen wir dem Volke geben, in rechter Weise durch richtige Belehrung. Behandeln wir es als Stimmvieh, so wird es der Socialdemokratie und dem Antisemitismus zur Beute, und wir haben den Schaden davon.

Das Wichtigste aber ist, daß der arbeitenden Jugend, wie schon gesagt, der Organismus der öffentlichen Verwaltung innerhalb seines Gesichtskreises klargelegt wird. Der Geschäfts= und Wirkungskreis der Gemeinde=, Polizei=, Verwaltungs=, Steuer=, richterlichen Behörden u. s. w., die Rechte und Pflichten, die ihr gegenüber diesen Behörden zustehen und obliegen, müssen ihr bekannt gegeben werden. Sie muß beispielsweise wissen, daß sie in Preußen im freiesten Staate der Welt lebt,

daß es auch dem ärmsten und einfachsten Manne, der sich durch eine
polizeiliche Verfügung bedrückt fühlt, frei steht, den Beamten, der ihn
verletzt hat, zu verklagen, und zwar vor einem Gerichtshofe, der der
Mehrzahl seiner Glieder nach aus frei gewählten Bürgern besteht, daß
vor diesem Gerichtshof der Orts- und Amtsvorsteher wie auch der
Landrat in öffentlicher, mündlicher Verhandlung Rede stehen und sich
verantworten muß.

Unsere Verwaltung ist eine so gerechte, daß die Bevölkerung von
ihren desfallsigen Befugnissen nur selten Gebrauch macht, sie zieht zumeist die Beschwerde vor, statt Klage im Verwaltungsstreitverfahren zu
erheben. Sie hat, auch wenn sie sich verletzt glaubt, das Vertrauen,
daß ihr die vorgesetzte Behörde auf die einfache Beschwerde hin Recht
schaffen wird. Aber der Arbeitsmann weiß häufig von seinen Rechten
nichts und läßt sich vorreden, daß ihn die Behörden beliebig „schinden"
dürfen. Würde die arbeitende Jugend mit den Gesetzen und auch mit
dem Schutze bekannt gemacht werden, den diese Gesetze dem Volk gewähren, die Socialdemokratie hätte es nicht so leicht, ihre Irrlehren zu
verbreiten. Hier heißt es eben, wie oben gesagt ist: Zurück können
wir nicht, darum vorwärts.

Mit dem Vorwärts ist aber nicht ein solches ins Blaue, ins Un-
bestimmte hinein gemeint. Man soll dem Arbeiterstande nur das lehren,
was sein zukünftiges Leben berührt und seinem Verständnis angepaßt
ist, nichts mehr, das aber vollständig.

Die Schwierigkeit, welche der Fortbildungsschule entgegensteht, soll
der Mangel an Zeit sein. Hier muß eben mit dem Ausnutzungs- und
Ausbeutungssystem gebrochen werden. Wenn ein Kind von vierzehn
bis sechzehn Jahren in seinem Dienst-, Lehr- oder Arbeitsverhältnis so
ausgenutzt wird, daß es nicht vier bis sechs Abendstunden in der ganzen
Woche übrig behält zur geistigen Fortbildung, so ist damit nachgewiesen,
daß die Ausnutzung unstatthaft ist. Mit zehn Stunden Arbeitszeit muß
sich der Arbeitgeber unbedingt begnügen. Die sind schon zu viel! Wenn
man zu diesen zehn für Schlaf acht, für Mahlzeiten und Erholung zwei,
für den Gang zur Arbeitsstelle und zurück eine Stunde hinzurechnet,
so kommen einundzwanzig Stunden heraus, es bleiben also drei Stunden
übrig, wovon zwei für die Fortbildungsschule selbst, eine für die Ausarbeitung häuslicher Aufgaben Verwendung finden können. Machen
wir die Fortbildungsschule zu einer allgemeinen und obligatorischen Einrichtung, so muß der Sonntag Feiertag bleiben nicht nur für die Schüler,
sondern vor allem auch für die Lehrer. Die Industrie muß es sich
gefallen lassen, daß die Abendstunden der Fortbildung der jugendlichen
Arbeiter gehören. Mag sie dafür an anderer Stelle „abschreiben".
Weshalb Disponenten in großen Geschäften mehr Gehalt bekommen
müssen, als der Staat den Oberpräsidenten giebt, ist nicht einzusehen

und ebensowenig, warum sich die Jahreseinnahmen von Generaldirektoren einzelner Aktiengesellschaften höher stellen, als die Bezüge des deutschen Botschafters in Paris. Bei jeder Gelegenheit wird von seiten der Industrie immer auf die Interessen der Arbeiter verwiesen, die nicht brotlos werden sollen; hier liegt das wesentlichste und wichtigste Interesse vor. Kann die Industrie jugendliche Arbeiter in den Abendstunden von 7—9 nicht entbehren, nun, so stelle sie doch von 5—7 Uhr Schulkinder ein, welche die vierzehn- bis sechzehnjährigen ablösen.

Schwieriger liegt die Sache auf dem Lande an denjenigen Orten, welche keine eigene Schule haben, wenn der Schulort weit entfernt ist. Dort wird vielleicht im Sommer der Unterricht ausfallen müssen. Dafür kann an den langen Wintertagen die Zahl der Stunden vermehrt werden.

Die meisten Menschen haben gar keinen Begriff davon, wie sehr sich das geistige Leben unseres Volkes entwickelt hat, und sie würden, wenn man sie fragen wollte, wer ist der eigentliche Faktor dieser Entwickelung, schwerlich die richtige Antwort geben. Es wäre sehr gut, wenn einmal jemand, der es verstände, einen Aufsatz schriebe

Über die Einwirkung der Petroleumlampe auf die geistige Entwickelung unseres Volkes.

Alle Erfindungen, alle Verkehrsmittel, alle Gesetze und Fortschritte der Neuzeit zusammengenommen, kommen der Einwirkung dieses Faktors nicht gleich.

Ursprünglich der Kienspan, dann das Talglicht, sie ließen die Arbeiterstube nur matt und halb erleuchtet, der Abend ging dahin im Hindämmern oder bei einer mechanischen Arbeit, welche wenig Beleuchtung erforderte. Mehrere Talglichte anzustecken, war zu teuer, ein Licht gab für das ganze Zimmer nur wenig Beleuchtung. Lesen oder gar Schreiben war bei dem beständigen Flackern zu lästig und schwierig. Die Periode der Öllampe ging an dem Arbeiterhaushalt fast ohne Einwirkung vorüber, weil sie zu teuer war. Erst die Petroleumlampe brachte volles ganzes Licht. Während bisher die Lampe überhaupt nicht zum Hausrat des Arbeiters gehörte, ist sie jetzt unentbehrlicher Bestandteil auch des ärmsten. Mit dem materiellen ist aber auch das geistige Licht eingedrungen. Im Sommer tritt die Außenarbeit zu sehr in den Vordergrund, je länger der Tag, desto größer die Arbeitsanstrengung und ihr entsprechend die Müdigkeit am Abend. Im Winter aber ist der Körper nicht müde und der Geist frisch, das helle Licht macht die Wohnstätte zu einem ganz anderen Aufenthalt, als früher der halbdunkle Raum war. Der Arbeiter liest und durch das Lesen wird sein Geist geweckt.

Diesen gänzlich veränderten Verhältnissen müssen wir an der Schwelle des zwanzigsten Jahrhunderts Rechnung tragen. Vor allem muß der Lehrerstand auf ein höheres Niveau gebracht werden. Ein Teil der

Lehrer rekrutiert sich ja aus dem Stande selbst, aber meist nur dann, wenn der Vater die Kosten für einen anderen Beruf nicht bestreiten kann, sonst geht der Lehrer- zumeist aus dem Arbeiterstand hervor, und es widmen sich ihm vielfach diejenigen, die zu körperlicher Arbeit nicht die Kräfte haben. Das Lehrerhaus steht unter dem Druck der öko-nomischen Lage, das Arbeiterkind bringt geringe Bildung und Erziehung von Hause mit. Die Seminarausbildung paßt somit absolut nicht für diejenigen, denen sie zu teil wird, weil die häusliche und sociale Vor-bildung nicht den Boden geschaffen hat für den Samen. Es kommt ein Produkt heraus, das in der Luft schwebt und in unserer socialen Glie-derung keinen Platz findet. Zu den Ungebildeten kann man doch den Lehrer absolut nicht rechnen, der Regel nach ist er mehr als halbgebildet. Vollgebildet ist er aber wieder nur ausnahmsweise. Er stellt sich über das Gros der Nichtlitteraten, aber die studierten Schichten weisen die Gemeinschaft mit ihm zurück. Er findet nirgends den für ihn passenden Anschluß und ist somit isoliert. Stellt er sich auf eine Stufe mit den Eltern seiner Schüler, so sagt man auf dem Lande, daß er verbauert und in der Stadt, daß er nicht die erforderliche Rücksicht auf seinen Stand nimmt; bleibt er für sich oder im Kreise der Kollegen, so ist er hochmütig. Dazu kommt, daß er keinen bestimmten Rang hat. Ob jung oder alt, ob neu ins Amt getreten oder bereits ergraut und Jubilar, er bleibt immer „Lehrer", der junge unreife Kollege kann die-selben Standesansprüche machen wie er. Das drückt nieder, tief nieder. Wenn man, was keinen Pfennig kosten würde, dem jungen Lehrer vor der zweiten Prüfung den Titel Unterlehrer gäbe, nach der Prüfung Lehrer, nach zehn Jahren Volksschullehrer, nach weiteren zehn Jahren Obervolksschullehrer, gute Führung und ersprießliches Wirken voraus-gesetzt, so würde das Standesbewußtsein sich heben und die berechtigte Unzufriedenheit sich vermindern.

Endlich die ökonomische Lage. Ein Kreis- oder Regierungsbote, ein Gerichtsdiener bekommt als Anfangsgehalt neunhundert Mark, ein Regierungssupernumerar eintausendeinhundertfünfzig Mark, das Durch-schnittsgehalt der Lehrer ist viel niedriger. Was sind denn tausend Mark heutzutage für eine Familie? Von materiellen Sorgen gedrückt soll der Mann nicht nur seinem Berufe mit Freudigkeit obliegen, sondern noch über denselben hinaus für die bürgerliche Gesellschaft kämpfen, die ihm diesen Hungerlohn giebt. Wer's verlangt, der mache es ihm vor oder er stelle nur einmal ein Budget auf für einen solchen Haus-halt und, wenn er die Positionen Kleidung, Nahrung u. s. w. immer tiefer herabsetzen muß, damit das Budget balanciert, dann wage er zu behaupten: Dabei muß der Mann noch Freudigkeit und Begeisterung haben.

Es taugt nicht, wenn ein ganzer Stand unzufrieden und vor allem nicht, wenn von der Arbeit dieses Standes die Zukunft unseres Volkes ab-

vertraut ist, es taugt das nicht nur nicht, es liegt darin eine große sociale Gefahr.

Soll die Volksschule ihren Platz im Geisteskampfe gegen die Social-demokratie ausfüllen, soll sie auf dem Grund, den sie gelegt, durch Fortbildungsunterricht weiterbauen, so muß sie von Grund aus reorgani-siert werden, und das kann nur dadurch geschehen, daß sie verstaatlicht wird. Ich bin durchaus nicht blind gegen die Mängel dieses Systems, aber die Vorteile sind größer wie die Nachteile, und um die Gefahren, die uns drohen, abzuwenden, dürfen wir uns nicht von Rücksichten leiten lassen, die in anderen friedlichen Zeiten den Ausschlag geben könnten. Wir bedürfen der Schule zum Kampfe gegen die Socialdemokratie und damit sie diesen Kampf mit Erfolg führen kann, müssen wir sie neu ausrüsten. Wenn sie richtig wirkt, wenn die Fortbildungsschule auf dem gelegten Grunde weiterbaut, wenn durch Pflegschaft die minderjährige erwerbsarbeitende Jugend vor entsittlichenden Einflüssen bewahrt, wenn durch Einführung des Befähigungsnachweises und ähnlicher Einrich-tungen dafür Sorge getragen wird, daß der jugendliche Arbeiter nicht nur angelernt, sondern auch erzogen wird, und wenn dann schließlich der Dienst im Heere durch Gewöhnung an Gehorsam, Pünktlichkeit, Reinlichkeit, Ausbildung der Denkkraft wie der körperlichen Gewandtheit, Gewöhnung an die Überwindung von Beschwerden, Durchdringung mit dem Geist der Zugehörigkeit zum großen einen Vaterlande die Lern-periode abschließt, so muß es sich doch sicher erreichen lassen, eine Jugend für das Vaterland zu erziehen, die diesem Vaterlande und seinen Ordnungen auch innerlich angehört, so können dann doch nur ausnahmsweise aus dieser Jugend Elemente hervorgehen, welche der gesamten bürgerlichen Gesellschaft feindlich gegenüberstehen. Machen wir uns klar, daß wir die Ausbildung der Jugend in der Hand, daß wir zu bestimmen haben, wie sie sich gestaltet, betrachten wir sie von der ersten Unterrichtsstunde in der Schule bis zur Entlassung des Re-servisten aus dem Heere als ein systematisch zusammenhängendes Ganzes, die Gesamtlernperiode ebenso wie diejenige aus den oberen Schichten (siehe zweites Kapitel) als eine einheitliche, vergessen wir nicht, daß unsere Arbeit nicht nur darin besteht, die Jugend zu lehren, sondern daß die sehr viel wichtigere, ja die eigentliche Aufgabe diejenige der Erziehung ist, thun wir das alles und gehen wir so an das Werk, an ein neues Werk, an das Werk der Reform, treten wir so ein in den geistigen Kampf gegen die Socialdemokratie, so kann uns der Sieg nicht fehlen.

Die Schule zu verstaatlichen, heißt einen schweren Schnitt thun in eine der wichtigsten Institutionen unseres öffentlichen Lebens, mit vielen eingewurzelten, liebgewonnenen Ansichten und Gewohnheiten brechen. Aber wenn wir die Dinge nehmen wie sie sind, so müssen wir doch zugestehen, daß die Gemeinde-, die Patronatsschule u. s. w. nicht mehr auf unsere Verhältnisse passen. Nicht nur stirbt der Mensch zumeist nicht mehr an dem Orte, an dem er geboren ist, er bringt auch vielfach die Kinderjahre nicht mehr an demselben zu. Der Landarbeiter zieht von Ort zu Ort, der städtische Arbeiter von einem Stadtteil in den anderen. Wenn damit jedesmal ein Schulwechsel für die Kinder verbunden ist, so wird man zugestehen müssen, daß es für letztere kein Glück sein kann, mit der Schule auch jedesmal das System zu wechseln.

Am wenigsten Gewicht lege ich auf das Recht der Gemeinden, Patrone u. s. w., den Lehrer zu berufen. Wer kennt denn den Mann, den er anstellt, wer hat die Garantie dafür, daß er so bleibt wie er ist, wenn er tüchtig ist? Die Schwierigkeit, ja oft die Unmöglichkeit, einen Mann, in dem man sich getäuscht oder der sich zu seinem Nachteil verändert hat, wieder los zu werden, ist ein viel größeres Übel, als der Verlust des Anstellungsrechtes.

Ich will den Eltern der Kinder durchaus nicht alle Rechte nehmen und auf dem Schulgebiet den absoluten Verwaltungsdespotismus des Staates einführen. Es ist sehr gut vereinbar mit der Verstaatlichung der Schule, daß die Eltern gewisse Rechte behalten, daß sie durch ihr Organ, den Schulvorstand, an der Schulverwaltung teilnehmen; vor allem muß das Recht dieser Teilnahme auch dem Lehrer gesichert werden. Aber da im großen und ganzen das normal geborene Kind gleich entwickelungsfähig ist, da sich Gaben und Talente ganz ebenso wie der Mangel an solchen nicht nach Landstrichen verteilen, so liegt in unserer Zeit absolut kein Grund vor, die Schulen verschiedenartig auszugestalten. Unsere Zeit verlangt gebieterisch die Einheitlichkeit der Volksschule.

Ebenso liegt mir jede Feindschaft gegen unsere meist ausgezeichneten städtischen Schulverwaltungen fern. Nur abtrennen möchte ich auch die städtische Schule von der übrigen Kommunalverwaltung und sie angliedern an die einheitliche Staatsschulverwaltung. Unsere Schuldeputationen u. s. w. müssen in Zukunft im Namen und auf Kosten des Staates amtieren. Natürlich muß der Staat dabei mehr mitwirken wie bisher. Aber es könnte vielleicht den Schulorganen der großen Städte die Kompetenz der Bezirksregierungen beigelegt werden.

Die Durchführung der Verstaatlichung der Volksschule denke ich mir in folgender Weise: Jeder Regierungsbezirk wird in Schulkreise eingeteilt, die Schulverwaltung, und zwar sowohl die innere wie die äußere, dem Kreisschulinspektor übertragen. Dieser muß jede Schule mindestens einmal in jedem Vierteljahr revidieren. Nimmt man an, daß er dazu vier Tage in der Woche und die beiden übrigen für seine schriftlichen Arbeiten verwendet, so kommen etwa fünfzig Schulen auf einen Schulkreis. Der Kreisschulinspektor ist der direkte und einzige

Vorgesetzte des Lehrers, der bei ihm Urlaub zu nehmen und in Krank
heits- und anderen dringenden Fällen ihm anzuzeigen hat, wenn er die
Schule aussetzt.

Jede Schule hat ihren eigenen Schulvorstand, den die Eltern der
die Schule thatsächlich besuchenden Kinder wählen, und dem die Lehrer
schaft, ein Vertreter der Kirche und der Gemeinde eo ipso angehören.
Vorsitzender des Schulvorstandes ist der Kreisschulinspektor, der seiner
seits aus der Mitte des Schulvorstandes einen stellvertretenden Vor
sitzenden ernennt, in der Regel den Lehrer.

Für jeden Schulkreis besteht ein Schulausschuß, hervorgegangen
aus der Wahl der Schulvorstände. Die Lehrerschaft des Kreises ent
sendet besondere Deputierte in denselben, desgleichen die Bezirkssynode,
der Kreisausschuß (in Städten der Magistrat) u. s. w.; der Landrat
(Bürgermeister), der aufsichtsführende Amtsrichter, der Kreismedizinal
und der Kreisbaubeamte haben Sitz und Stimme im Schulausschuß,
dessen Vorsitzender ebenfalls der Kreisschulinspektor ist.

Die Oberleitung des Schulwesens verbleibt nach wie vor der
Regierung.

Der Kreismedizinal- und der Kreisbaubeamte besichtigen in be
stimmten Zwischenräumen die einzelnen Schulen und nehmen in Bezug
auf Bauten u. s. w. Wünsche des Schulvorstandes entgegen. Das
Gleiche geschieht, wenn eine besondere Veranlassung vorliegt auf Requi
sition des Kreisschulinspektors. Auf Grund der von dem letzteren ge
stellten Anträge bestimmt die Regierung über Neu-, Um- und Reparatur
bauten. Für die innere Ausstattung der Schulzimmer wird dem Schul
vorstand von der Regierung ein Fixum überwiesen, mit dem er haushalten
muß. Im übrigen und hauptsächlich hat der Schulvorstand die Wünsche
der Interessenten, namentlich der Eltern, zur Sprache zu bringen, als:
Schulzeit, Ferienordnung, Dispensierungen, Beschwerden über das Ver
halten des Lehrers, seine Handhabung der Strafgewalt, seine unterricht
lichen und erziehlichen Erfolge, Auswahl der Schulbücher, Religions
unterricht u. s. w. Dem Begriff des modernen Staates und den Grundsätzen
der preußischen Verfassung, ganz ebenso wie den elementarsten Menschen
rechten widerspricht es, wenn die Schule gegen den Willen der Eltern
den Kindern einen religiösen Standpunkt oktroyieren will, nur muß dieser
Grundsatz wirklich und allgemein zur Geltung kommen, den Evangelisch
Orthodoxen wie den Katholiken, den Kirchlich-Liberalen wie den Dissi
denten gegenüber.

Über die Bedeutung der Religion im Volksschulunterricht sind die
Allermeisten im unklaren, weil sie sich niemals an das schwierige Stu
dium des Volksschulwesens gemacht haben und wie die Blinden von
der Farbe sprechen. Um über Volksschulen zu urteilen, muß man einige
Hundert derselben in ihrer großen Verschiedenheit, in verschiedenen

Landesteilen gesehen haben, und zwar nicht oberflächlich, sondern gründlich.

Für die Bedeutung des Religionsunterrichts in der Volksschule kommt zunächst nicht das religiöse, sondern das technische Moment in Betracht. Jeder richtige Lehrplan muß sich angliedern an ein Hauptfach, mag dieses wie auf den Gymnasien das Latein, oder auf einer technischen Schule die Mathematik oder ein anderes sein. Für die Volksschule haben wir keine Wahl, das Hauptfach kann nur die Religion sein, auf dem religiösen müssen wir den Gesamtunterricht aufbauen. Warum? Weil wir, gebunden an das zarte Alter, an die Vorbildung der Kinder, mit der abstrakten Moral, mit der absoluten Verstandeslehre nichts ausrichten, weil wir gezwungen sind, auf das Gemüt und durch dieses auf den Verstand einzuwirken, wenn wir irgendwelche Resultate erzielen wollen, weil uns als einziges Mittel hierzu der Religionsunterricht zu Gebote steht. Und dieser Religionsunterricht muß nun wiederum ein positiver sein, er muß den Gottesbegriff als Thatsache bringen und aus dieser Thatsache die Anwendung herleiten auf das Leben. Kontroversen brauchen dabei nicht erörtert, die Gegnerschaften gegen Andersgläubige absolut nicht geweckt zu werden, im Gegenteil, das darf nicht geschehen, abgesehen von allen anderen Gründen schon deshalb nicht, weil das kindliche Gemüt nicht durch Zweifel beirrt werden soll. Aber mit einer Allerweltsreligion ohne positiven Gottesbegriff oder gar mit der Moral ohne Religionsinhalt die Schulaufgabe zu lösen, ist technisch und zwar deshalb unmöglich, weil man gegen Naturgesetze nicht ankämpfen kann. Deshalb kann man auch den Religionsunterricht nicht dem Lehrer nehmen und dem Geistlichen übertragen, wenigstens bei den einklassigen Volksschulen nicht, weil der Unterricht in dieser Klasse ein einheitlicher und der Lehrer in allen übrigen Fächern in der Lage sein muß, an das Hauptfach anzuknüpfen.

Haben wir also keine Wahl, muß die Religion wenigstens auf der Unter- und Mittelstufe die Grundlage sein, so können wir auch den Eltern das Recht nicht entziehen, über diese Grundlage zu bestimmen. Nichts ist aber gefährlicher, als wenn der Lehrer in der Religion lehren muß, was er nicht glaubt. Auch in dieser Beziehung gewährt die Verstaatlichung der Schule große Vorteile, weil sie mehr als bisher die Möglichkeit gewährt, bei Besetzung der Schulstellen auch den konfessionellen Standpunkt des Lehrers und der Eltern zu berücksichtigen.

Dem Schulausschuß würde dieselbe Aufgabe für den Schulkreis zufallen, die dem Schulvorstand für die Einzelschule obliegt. Es giebt viele Dinge auf dem Schulgebiete, welche gemeinsamer Art sind, es würde gar nicht schaden, wenn eine geeignete Schulkreisvertretung Fragen aller Art zur Sprache bringen und über dieselben in Beratung treten könnte.

Der Kreisschulinspektor müßte für sein Amt eine besondere Vorbildung erhalten. Er müßte zuerst das Gymnasium, darauf wie jeder Lehrer den Seminarkursus durchmachen, dann ein philosophisch, theologisch, pädagogisches Universitätsstudium, das ja kein Triennium zu sein brauchte, absolvieren, aber auch verwaltungsrechtliche und medizinisch-hygienische Vorlesungen anhören. Nach abgeleisteter theoretischer Specialprüfung müßte er an einer einklassigen und sodann an einer mehrklassigen Landschule und endlich an einer Stadtschule Lehrer sein, hierauf als Gehilfe eines Kreisschulinspektors fungieren und zuletzt bei einer Regierung als Hilfsarbeiter des Schulrates wie des juristischen und des Hochbaudecernenten eine längere Zeit hindurch beschäftigt werden. Ein derartig vorgebildeter Mann würde durchaus in der Lage sein, mit Hilfe des Kreismedicinal- und Baubeamten und unter Beirat des Schulausschusses und der Schulvorstände die inneren und äußeren Angelegenheiten eines Schulkreises zu leiten. Daß man diese Angelegenheiten in eine gemeinsame Hand legt, empfiehlt sich einmal, weil die Grenzunterschiede häufig schwer festzustellen sind und sodann, weil die rein technische Leitung des inneren Schulwesens notwendig zur Einseitigkeit führen muß.

Den Kreisschulinspektor der Lehrerschaft zu entnehmen, müssen wir uns versagen. Vielleicht haben wir einmal in späterer Zukunft studierte Volksschullehrer. Der Gedanke ist nicht so ungeheuerlich. Zwischen dem studierten und dem seminaristisch vorgebildeten Lehrer würde der Unterschied nicht so groß sein wie zwischen dem letzteren und dem Lehrer am Anfange unseres Jahrhunderts. Ferner ist es unbedingt notwendig, daß der Volksschullehrer auf einer möglichst hohen Bildungsstufe über dem Gros der Landbevölkerung steht, was jetzt, wo die Bauernsöhne vielfach landwirtschaftliche u. s. w. Schulen besuchen, durchaus nicht immer der Fall ist. Drittens würden wir, die oberen Schichten, dann inmitten der Landbevölkerung wieder einen Stand haben, der uns angehört und unsere Interessen vertritt, während es uns heute an Elementen, die dort für uns wirken, fast gänzlich fehlt.

Weiter würde das unglückselige Zwitterverhältnis aufhören, in dem die Volksschullehrer sich befinden, nicht Fisch, noch Fleisch, nicht den oberen Schichten angehörend und nicht den unteren.

Fünftens würden wir den studierten Elementen eine neue große Laufbahn öffnen. Heutzutage läßt jeder, dem es möglich und nicht möglich ist, seinen Sohn studieren und wir haben nicht mehr Plätze genug, um diese studierte Schicht zu versorgen. Zurückdrängen läßt sich dieses Streben nicht, es ist niemanden zu verargen, wenn er aus dem unteren Dunstkreis in die oberen freieren Sphären emporstrebt. Auch müssen wir berücksichtigen, daß uns jeder studierte und versorgte Mann zu einem Mitkämpfer wird gegen die socialdemokratischen Massen, daß er einen Mann weniger auf ihrer und einen mehr auf unserer

Seite zählt, während er, wenn er keine Versorgung findet, nur zu leicht als Führer in die Reihen der Gegner unserer staatlichen Ordnungen tritt. Die Frage nach dem Recht auf Arbeit kann sich vielleicht sehr bald auch in den oberen Schichten fühlbar machen.

Aber an studierte Lehrer ist in absehbarer Zeit noch nicht zu denken, und weil dem so ist, darf auch der Lehrer nicht Kreisschulinspektor werden, ebensowenig wie der Gerichtsschreiber Richter, der Kreissekretär Landrat, der Feldwebel Offizier. Wir dürfen die Volksschule nicht loslösen aus dem höheren Geistesleben der Nation, sie nicht subalternisieren, ihre obere Leitung muß in den Händen von Männern liegen, welche eine universelle Bildung erworben haben, auf gleicher Stufe stehen mit den übrigen oberen Berufsständen. So gerecht das Verlangen der Lehrer ist nach Befreiung von der Lokalschulinspektion, die ich bei dem vorgeführten System für entbehrlich und schon längst nicht mehr weder im Interesse des Staates noch der Kirche liegend erachte, nach Unterstellung unter technisch vorgebildete Vorgesetzte, so müssen sie selbst die Schule zu lieb haben, um sie zu einem subalterntechnischen Institut machen zu wollen.

Wird die Schule verstaatlicht, so trägt selbstverständlich der Staat die gesamten Schullasten, während das bisherige Schulvermögen auf ihn übergeht. Die Befürchtung, daß uns dadurch horrende Mehrkosten auferlegt werden, teile ich nicht.

Daß der Staat immer teurer wirtschaftet als die Gemeinde, ist nicht richtig. Vergiebt er den Bau an den Mindestfordernden, oder läßt er ihn selbst ausführen, so thut schon die geordnete Verwaltung und die Kontrolle der Aufsichtsinstanz das ihrige, um Sparsamkeit herbeizuführen, namentlich bei Vergleich zwischen den verschiedenen Preisforderungen. Baumaterialien an verschiedenen Orten kann die Staatsverwaltung für die Schulbauten en gros ankaufen, das Holz insbesondere aus den Staatsforsten ohne Zwischenhandel beziehen und ihre Forstverwaltung danach einrichten. Sie kann auf diese Weise viel um- und schlecht verkäufliches Holz verwerten. Imgleichen ist sie in der Lage, die innere Ausstattung viel billiger zu beschaffen wie die einzelne Schulgemeinde. Subsellien, Thüren und Fenster kann sie in den Strafanstalten arbeiten lassen, Wandkarten, Globen u. s. w. en gros beziehen. Baut sie die Schulhäuser von vornherein solide aus gutem Material auf den Zuwachs berechnet und so, daß im Bedürfnisfalle ein Anbau ohne Umbau erfolgen kann, so wird sie viel weniger Reparatur- und Neubaukosten zu tragen haben, wie die kleine Schulgemeinde, die immer alles so lange verfallen läßt, bis die Kosten, welche eine kleine Reparatur zur rechten Zeit erfordert haben würde, sich verzehnfachen, und die aus Sparsamkeit so billig und schlecht baut, daß sie alle paar Jahre eine Hauptreparatur und viel früher als notwendig wäre einen Neubau unternehmen muß. Ferner kann die staatliche Schulverwaltung große Ersparnisse auf dem Lande erzielen, wenn sie freie Hand mit der Einrichtung der Schulsysteme hat. In A und B sind Schulen, C ist in A eingeschult, aber gleich weit entfernt von A und B. In A ist die Schule überfüllt, in B ist die Kinderzahl wegen Fortzuges von Arbeiterfamilien nach der Stadt geringer geworden. Verlege ich C von A nach B, so gleicht sich die Zahl aus und ich brauche keinen Vergrößerungsbau in A. Das ist sehr schwer, wenn ich Schulgemeinden mit verschiedenen Schullasten habe, aber nicht, wenn der Staat die Kosten trägt. An welche Stelle die Schulbeiträge zu zahlen sind, ob an die Gemeinde- oder die Schul- oder an die Staatskasse ist für den Steuerzahler sehr gleichgiltig. Jetzt muß er sie oft für einen kostspieligen Schulbau zahlen, der gerade fertig ist, wenn er fortzieht und an dem Ort, der sein neuer Wohnsitz wird, beginnt die Geschichte von neuem. Trägt die gesamte Staatsbevölkerung die Schullasten, so gleicht sich das aus. Meiner Meinung nach wird somit eine prompte und intensive staatliche Schulverwaltung nicht nur nicht teurer sondern sogar im Durchschnitt der Jahre billiger werden als die bisherige.

Ganz besonders aber wird die staatliche Schulverwaltung zur Notwendigkeit, wenn man die Einführung der obligatorischen Fortbildungsschule ins Auge faßt. Ich denke mir dieselbe als Ausdehnung der Schulpflicht bis zum siebzehnten Lebensjahre, als dem Jahre, in welchem der freiwillige Eintritt in den Militärdienst gestattet ist, mit je zwei Unterrichtsstunden an drei Tagen in der Woche, so daß drei Unterrichtstage für die männliche und drei Tage für die weibliche Jugend herauskommen. Das macht zwölf Stunden für den Lehrer, und die kann er — man muß immer von der einklassigen Volksschule auf dem Lande ausgehen — nicht neben seinem bisherigen Pensum bewältigen. Über zweiunddreißig Stunden kann kein Lehrer in der Woche geben, wenn er frisch bleiben und sich vorbereiten, auch Hefte korrigieren soll. Dabei ist aber auch noch zu erwägen, daß der Lehrer sich auf den Fortbildungsschulunterricht weit gründlicher vorbereiten muß wie für die Volksschule. Jede Schule mit zwei Lehrern zu besetzen, würde zu teuer sein. Dagegen dürfte es sich empfehlen, für jede Schule eine Lehrerin anzustellen.

Ich denke mir die Sache so: Der Lehrer unterrichtet — ich habe immer nur die bisherige einklassige Landschule im Auge, weil für diese die Verbindung mit der Fortbildungsschule am schwierigsten ist; für die mehrklassige Schule in Städten liegt ja die Sache von vornherein anders, auch finden sich dort, weil die Lehrer abwechseln können, die Kräfte für den Fortbildungsschulunterricht viel leichter — also: Der Lehrer unterrichtet am Morgen die oberste Abteilung von 7—9, im Sommer von 6—8 Uhr; auf dem Lande steht man früh auf. Von 9—10 hat

er eine Pause. Von 10—12 Uhr kommt die Mittelklasse an die Reihe.
Im Sommer fällt (auf dem Lande) der Fortbildungsschulunterricht aus,
im Winter findet er von 5—7 Uhr abends statt.

Die Lehrerin hält am Morgen eine Spielschule (Kindergarten), an
der auch die sechs- und siebenjährigen Kinder, welche sonst ohne Aufsicht blieben, teilnehmen können. Am Nachmittage von 2—4 Uhr unterrichtet sie die Unterstufe, an einigen Abenden erteilt sie den Unterricht
in weiblichen Handarbeiten. Daneben erteilt sie stets einigen Mädchen
Haushaltungsunterricht, speciell im Kochen, zu welchem Zwecke eine
Küche zur Bespeisung armer und solcher Schulkinder eingerichtet wird,
die einen weiten Schulweg haben.

Dadurch, daß die Oberstufe nur in den frühen Morgenstunden
unterrichtet wird, erreicht man, daß sie den Eltern im Haushalt und
bei der Arbeit eine wirksame Hilfe sein kann, was einen großen wirtschaftlichen Vorteil darstellt. Fallen die Zwischenpausen zwischen den
einzelnen Unterrichtsstunden fort, und wird 120 Minuten hintereinander
unterrichtet, so können dieselben in drei Abschnitte zu vierzig Minuten
zerlegt werden. Das ergiebt in der Woche achtzehn Lektionen. Rechnet
man davon für die Oberstufe zwei Turnen, drei Geschichte und Geographie, drei Rechnen, drei Naturkunde, so bleiben sieben Lektionen für
den deutschen Unterricht und die Religion. Dagegen, daß die Konfirmanden Religionsunterricht in der Schule erhalten, bin ich immer gewesen. Nichts ist schlimmer, als ein Überfuttern in dieser Disciplin.

Dagegen muß die Religion in der Mittelstufe in den Vordergrund
treten, ich rechne dort zwei Lektionen Turnen, zwei Geschichte und Geographie, zwei Naturkunde, zwei Rechnen, zwei Schreiben, vier Religion,
vier Deutsch.

Ich bin der Überzeugung, daß die Kinder bei einer solchen Einteilung mehr lernen würden, als bisher. Die Methode des Neben-
einanderunterrichtens verschiedener Abteilungen ist ja sehr schön, sie
erfordert aber eine derartige geistige Anstrengung für den Lehrer, eine
so ständige Sammlung des ganzen Mannes, namentlich auch in Bezug
auf die Disziplin, daß in der Praxis verhältnismäßig nur wenige die
Aufgabe voll und ganz lösen. Ganz anders, wenn der Lehrer eine
gleichaltrige und gleichstufige Abteilung vor sich hat. Zwei Stunden
täglich wirklich intensiver Unterricht sind mir für Landschulkinder, die
großenteils noch einen weiten Schulweg zurückzulegen haben, lieber als sechs
Stunden, von denen ein großer Teil mit Dahinbrüten zugebracht wird.

Zu berücksichtigen ist dabei, daß nach diesem Plane der Fortbildungsschulunterricht für das Alter von vierzehn bis einschließlich sechzehn Jahren
hinzukommt, was wiederum für die Landschulkinder, die sich sehr viel
später entwickeln wie ihre städtischen Altersgenossen, von großer Bedeutung ist, und daß es der Volksschule dadurch möglich wird, das, was

sie lehrt, dem Begriffsvermögen der Kinder wirklich anzupassen. Außerdem braucht sie das Pensum nicht so weit zu stecken und kann das, was sie lehrt, gründlich lehren. Zu diesem Zwecke würde ich nicht eine Disziplin nur in zwei wöchentliche Lektionen teilen, sondern mit einzelnen Disziplinen monatlich oder zweimonatlich abwechseln. Drei Lektionen Geographie und Geschichte in der Woche bringen zu langsam vorwärts. Nimmt man drei Lektionen Geographie, lehrt hintereinander die Beschaffenheit einer Provinz und knüpft daran die Geschichte derselben in einer Reihe von nacheinanderfolgenden Lektionen, so erreicht man viel mehr.

Eine ganz besondere Wirkung erwarte ich von der durchgängigen Beschulung der Unterstufe durch Lehrerinnen. Es giebt viele Lehrer, welche für diese Stufe absolut kein Verständnis und noch weniger Gaben haben. Sie lassen sie sitzen und träumen. Das ist unnütz und nicht gut für Disziplin und Charakter. Während das Kind in der Schule ist, muß es den Geist anspannen und dauernd von dem Gefühl beseelt sein, eine Pflicht zu erfüllen. Die Eltern aus dem Arbeiterstande auf dem Lande, meist auch aus dem Bauernstande, können sich um die Kinder nicht kümmern. Letztere werden bis zum schulpflichtigen Alter auf der Dorfstraße groß, und die Schule hat zunächst die Aufgabe, sie zu dressieren, still sitzen, antworten zu lehren, ehe sie daran denken kann zu unterrichten. Damit vergehen Monate. Kommt das Kind vorher in die Spielschule, so liegt die Sache total anders. Dann kann, wenn die Volksschulzeit eintritt, der Unterricht sofort beginnen. Außerdem sind unter den Frauen so viel Prozent Pädagogen, wie unter den Männern manquieren. Vor allem laufen sie nicht so oft Gefahr, den Kindern unverständlich zu bleiben; eine gut vorgeschulte Unterstufe giebt nachher eine ganz andere Mittelstufe ab. In dem zweijährigen Kursus ist es dann möglich, mit der Mechanik des Lesens, Schreibens und Rechnens, mit dem Auswendiglernen des dazu bestimmten Pensums in der Religion (Katechismus, Sprüche, Lieder) wirklich und gründlich fertig zu werden, und dann kann die Oberstufe dazu dienen die Denkkraft zu entwickeln und den Grund zu positiven Kenntnissen zu legen, welche die Fortbildungsschule erweitert und zum Abschluß führt. Dem, der sich weiter bilden will, steht die Fachschule offen, welche dann ganz anders schaffen kann wie bisher, wo sie so viel Arbeit auf die Wiederholung und Befestigung des Elementarschulunterrichtes verwenden muß.

Bei dieser Verteilung braucht man nicht nur keine neuen, sondern noch weniger Schullokale als bisher und vermindert zugleich die Überfüllung der Klassen, man spart an Heizung und Schulutensilien, und das ist finanziell von großer Bedeutung. Kommt diese Ersparnis nicht der einzelnen Schulgemeinde, sondern dem Staat im allgemeinen zu gut, so ist sie eine bedeutende. Ich wiederhole, ich kann kaum glauben, daß

die Reform so ungeheuere Kosten erfordern würde, wie man anzunehmen pflegt, auch wenn man für jede Schule eine Lehrerin anstellt.
Daß letzteres geschieht, ist eine sociale Forderung unserer Zeit. Wir
müssen dem weiblichen Geschlecht einen ehrenvollen Beruf
eröffnen, in dem es sich sein Brot durch geistige Arbeit verdienen kann.
Wir können aber auch eine intensive Erziehung der weiblichen
Schuljugend nur dann leisten, wenn wir weibliche Lehrkräfte zu Hilfe
nehmen. Wollen wir der Socialdemokratie erfolgreich entgegenwirken,
so müssen wir dem Arbeiter eine deutsche Hausfrau zur Seite stellen,
und diese müssen wir ihm erziehen. Der obligatorische Unterricht in
weiblichen Handarbeiten steht auf dem Lande entweder auf dem Papier,
oder er wird unvollkommen oder von Lehrkräften erteilt, welche technisch
aber nicht pädagogisch vorgebildet sind. Das ist sehr vom Übel, denn
auch in den Handarbeitsstunden und gerade in diesen müssen wir erziehlich wirken.

Eine Hausfrau muß nicht nur stricken, flicken, nähen, sondern
auch kochen können, und vor allem muß die Frau des Arbeiters es verstehen, sparsam und doch schmackhaft zu kochen, auch das was sie gekocht hat sauber aufzutragen, sie muß überhaupt lernen, ihrem Mann
das Heim so zu schmücken, daß er es lieb gewinnt. Das kann mit sehr
geringen Mitteln geschehen. Ordnung und Sauberkeit sind die Hauptsache, aber man findet im ärmsten Haushalt oft noch mehr, einen grünen
Zweig, eine Blume, ein Bild an der rechten Stelle angebracht, ein
leises, sinniges, nennen wir es kunstsinniges Walten, welches einen er-
hellenden Lichtstrahl hineinleuchten läßt in den ärmlichsten Raum und
den einfachsten Hausrat verschönert. Man glaube nur nicht, daß der
Arbeiter dagegen unempfindlich ist, er kann es werden, aber von Anfang an ist er es nicht; und zu verhüten, daß er es wird, das ist die
Aufgabe. Wenn wir die Wohnungsfrage lösen wollen, so gehört
vor allem auch dazu, daß durch das Walten der Hausfrau dem Arbeiter
die bessere Wohnung zum Heim wird. Wenn Mann und Frau
den Tag über in der Fabrik an der Maschine stehen oder Feldarbeit
thun, so können die Töchter von den Müttern die Hausfrauenkunst nicht
lernen, und sind solche Töchter wiederum Mütter geworden, so können
sie diese Kunst nicht lehren, auch wenn sie Zeit dazu haben. In diesem
Falle befinden wir uns schon längst, und deshalb müssen wir durch die
Schule Hausfrauen erziehen und nicht nur flicken, Stopfen, Stricken,
Nähen, sondern auch Kochen zum Lehrgegenstand machen. Das geht
ganz gut, wenn die Mädchen hintereinander diesen Kursus durchmachen,
etwa drei oder vier auf einmal.

Es ist sehr wünschenswert, wenn eine Frau Naturkunde, vaterländische Geschichte, Geographie u. s. w. in der Schule gelernt hat, aber
wenn sie nicht kochen und es von ihrer Mutter nicht lernen kann, so ist es

schlimm, und habe ich die Wahl, ob ich Arbeiterfrauen mit guten Schul
kenntnissen oder praktische Hausfrauen erziehe, so ist das letztere jedenfalls vorzuziehen. Es ist aber beides mit einander zu vereinigen. Deshalb muß auch die Lehrerin einen Teil des Unterrichts in der Fort
bildungsschule übernehmen und den Mädchen praktische Dinge lehren.
Dem entsprechend muß ihre Vorbildung gestaltet werden. Sie muß eine
schultechnische, sie darf aber nicht allein eine solche sein.

Die zukünftige Lehrerin hat vollkommen Zeit, das alles zu lernen,
denn sie darf nicht zu jung sein, wenn sie ihr selbständiges Amt in der
Landschule antritt. Fünfundzwanzig Jahre wird man als minimale
Altersgrenze bestimmen müssen. Sie muß eine Haushaltungsschule, eine
Spielschule leiten, den Unterricht in weiblichen Handarbeiten erteilen und
außerdem die Unterstufe nach richtiger technischer Methode heranbilden
können. Arbeiten Lehrer und Lehrerin miteinander, so muß der Lehrer
ein älterer Mann, und soll er an der Fortbildungsschule die sechzehn
jährigen Mädchen unterrichten, so muß er verheiratet sein. Daraus
folgt, daß der Lehrer in der Stadt beginnen muß und erst später
auf dem Lande angestellt werden darf, darum muß die Regierung
freie Hand in der Besetzung der Schulstellen haben, und dürfen die
Stellen auf dem Lande nicht schlechter sein wie diejenigen in der Stadt.

Es ist aber auch wirtschaftlich notwendig, daß nicht nur die Mädchen, sondern auch die Knaben praktischen Unterricht erhalten. Die
ökonomische Lage der Arbeiter ist trotz der erhöhten Löhne deshalb
häufig weit ungünstiger wie früher, weil die heutige Generation viel
mehr braucht als vordem, und sie braucht wiederum mehr, weil sie
specialistischer vorgebildet und deshalb ungeschickter ist als jene.

Es gab eine Zeit, in welcher der Arbeiter auf dem Lande sich
kaum etwas kaufte außer neuen Stiefeln. Auf dem Kopfe trug er die
gestrickte Mütze, Kleider und Wäsche wurden im Hause gewebt, zum
Teil auch angefertigt, jedenfalls bekam der Schneider nur den Stoff
zum neuen Anzuge, alle Flickarbeit wurde im Hause besorgt. Hausrat und Arbeitszeug fertigte sich der Arbeiter selbst, und nur die Eisen-
teile kaufte er dazu. Die Nahrung verschaffte ihm das Dienst- und das
Pachtland oder der in Naturalien gezahlte Lohn, er kaufte nur Salz und
ein sehr geringes Quantum an Kolonialwaren ein.

Diese Zeit ist schon längst dahin, aber daß der Arbeiter für alles
und jedes, was neubeschafft, und vor allem was repariert werden muß,
zum Kaufmann oder Handwerker läuft, ist doch erst ein Produkt der
letzten Jahrzehnte. Früher war das einfach deshalb nicht möglich, weil
es vielfach keine Handwerker auf dem Lande gab. Einen Rock oder
eine Hose, einen Stiefel flicken, letzteren auch besohlen, einen Tisch, einen
Stuhl reparieren, einen Topf oder eine Tasse kitten, eine Fensterscheibe
einsetzen, mit Axt, Säge, Bohrer, mit dem Schnitzmesser umgehen, muß

der zukünftige Arbeiter wieder lernen, nicht so, daß er große und schwierige Arbeiten ausführen, wohl aber daß er der täglichen Notdurft gerecht werden kann. Dazu muß ihn die Schule heranbilden durch Hand-
fertigkeitsunterricht, der mit der Flechtarbeit in der Spielschule beginnt,
mit dem Schnitz- und Kerbmesser fortfährt, in der Volksschule und in der
Fortbildungsschule die elementarsten Handgriffe des Handwerks lehrt.
Nur muß man was man lehrt dem Hausgebrauch anpassen, z. B. nicht
seine Arbeiten sondern Holzschuhe und Kochlöffel schnitzen lehren, was
nicht ausschließt, daß man auch dabei den Kunstsinn weckt.

Zu dem was die Schule lehrt auf wissenschaftlichem und praktischem
Gebiet, muß aber auch, wie bei den höheren Schulen, die Fürsorge für
das Selbststudium kommen. Die meisten Menschen haben gar keinen
Begriff von dem Lesebedürfnis unseres Volkes. Ein mir befreundeter
Rittergutspächter, der sich lebhaft für die socialen Fragen interessierte,
erzählte mir einmal folgendes:

„Ich bekomme einen Aufruf, für Volksbibliotheken Sorge zu tragen.
Ich erzähle das lachend meiner Familie am Frühstückstisch und sage:
Welcher Unsinn, unsere Leute würden die Bücher ja niemals lesen. ,Aber
Papa', sagte meine Tochter, ,wir haben ja schon lange eine Volksbibliothek, die der Lehrer verwaltet und sie wird sehr fleißig benutzt.' Ich
erkundige mich. Meine Tochter hat recht, die Volksbibliothek ist seit
Jahren vorhanden und ganz zerlesen. Die Bücher sind in jedem Hause
gewesen. So weiß man im eigenen Dorfe nicht Bescheid und beurteilt
die eigenen Leute falsch."

Die Alten wie die Jungen lesen gern. Auf eine Zeitung abonniert
doch nicht jeder, obgleich auch das reißend zunimmt. Aber wie werden
wir dem Lesebedürfnis gerecht? Hier ist eins der wirksamsten Mittel
gegeben, um der Socialdemokratie entgegenzuarbeiten, ein weit wirk-
sameres als der Unterricht. Gebrauchen wir dieses Mittel? Sehr unvollkommen. Erstens haben wir nicht überall Volksbibliotheken, sodann werden sie nicht erneuert und endlich ist die Auswahl der Bücher
eine sehr mangelhafte.

Vor allem fehlt es uns an Volksschriftstellern. Auch das ist ein
Zeichen der Zeit, daß kaum noch jemand Lust hat, für das Volk im
Volkston zu schreiben mit der Absicht, die guten Gefühle in der Volks-
seele zu wecken und zu kräftigen. Nichts, nichts thut uns so dringend
not als eine gute Volkslitteratur. Wir haben Schätze der Vergangen-
heit, aber gerade das Volk will aus der Gegenwart lesen, das „historische
Interesse" geht ihm ab. Was es liest muß auf sein Leben, für seine
Verhältnisse passen.

Auch hier müßte die Staatsregierung abhelfen. Alljährlich müßten
Preise ausgeschrieben werden für die, ich will einmal sagen, zehn besten
Volksbücher, vor allem Erzählungen. Eine Kommission müßte die ein-

gehenden Manuskripte prüfen und die zehn besten auswählen. Diese
Manuskripte müßten gedruckt und die Bücher an die Volksbibliotheken
verteilt werden.

Daneben müßte eine Auswahl älterer guter Schriften getroffen,
aus den alten und neuen Büchern Volksbibliotheken gebildet werden für
jedes Dorf, für jede Stadt. Diese Bibliotheken könnten verschieden zu=
sammengesetzt und es müßte der Austausch zwischen den einzelnen Ort=
schaften geordnet werden.

Aber gute Bücher, welche Religion, Sitte, Vaterlands=, Menschen=
liebe verbreiten, zum Guten ermuntern und von dem Bösen abschrecken,
nicht in erbaulicher und tendenziöser, auch nicht in belehrender Form,
sondern aus der Seele des Volkes heraus, auch nicht nur sich in
Arbeiterkreisen bewegend, sondern alle Verhältnisse umfassend, aber des
Arbeiters nicht vergessend und seinen Bedürfnissen sich anpassend.

Man wirft mit Recht dem Kolportageroman unsittlichen und
schlechten Inhalts entgegen. Aber so lange man nicht etwas Besseres
an seine Stelle zu setzen vermag, wirkt man vergeblich. Anstatt das
Schlechte mit besseren Waffen zu bekämpfen, schreit man nach der
Polizei. Das ist unser Unglück! Unsere geistigen Waffen sind stumpf,
da sollen uns die körperlichen helfen. Es ist ja manches geschehen,
es sind ja manche Bücher geschrieben, aber tendenziöse und viel zu
wenig. An die Aufgabe, die Socialdemokratie durch eine wirklich gute,
die Herzen im Volke packende Litteratur zu bekämpfen, ist man eigentlich
noch gar nicht herangetreten.

Es hat einmal jemand Fritz Reuters „Ut mine Stromtid" zu den
Erbauungsbüchern gerechnet. Mit Recht, denn wenn Hawermann am
Weihnachtsabend den Pferden am Schlitten das Schellengeläut abnimmt
und Bräsig, als der richtige Dieb entdeckt ist, zur Frau Pastorin sagt,
sie solle nicht zu Hawermann gehen, denn wenn Gott der Herr sich mit
einer Seele bespräche, da dürfe kein Dritter dazwischen kommen, so
liegt darin mehr Religion, als in vielen Predigt= und Erbauungs=
büchern. Wenn wir einen Schriftsteller fänden für unsere Tage, der
an das Herz des Volkes herankäme, der unseren Augen die Thränen
entlockte, unsere Herzen rascher schlagen ließe und der, wenn wir das Buch
weglegen, in uns den Vorsatz erweckte, besser zu sein als bisher, unsere
Pflicht noch eifriger zu thun, den Nächsten noch mehr zu lieben, Treue
und Redlichkeit zu pflegen, der aber auch die heitere Seite des Lebens
uns darstellte und uns zum herzlichen Lachen veranlaßte: wenn ein
solcher Schriftsteller unter uns erstände, man sollte ihn mit Geld und
Ehren überhäufen. Ist er nicht da unter den Millionen unserer Volks=
genossen, und warum sucht man ihn nicht?

Wesentlich, sehr wesentlich ist eine gute Schulbibliothek für die
Volks= und die Fortbildungsschule, und ebenso wesentlich ist es, daß der

Lehrer für den einzelnen Schüler die Bücher in entsprechender Reihenfolge aussucht. Auch dafür muß der Lehrer herangebildet werden, denn das ist nicht so leicht.

Ja, wie bilden wir den Lehrer heran, wenn er nun auch Fortbildungsschullehrer werden, wenn er auf die jüngeren wie auf die älteren Knaben und Mädchen erziehlich einwirken soll?

Zu studierten Lehrern, wie ich sie mir wünsche, kommen wir so bald noch nicht. Wir müssen uns nach der Decke strecken. Aber auf ein höheres Niveau müssen wir den Lehrer unbedingt bringen! Von Latein und Griechisch werden wir absehen müssen, und wenn der Seminarlehrstoff den Bedürfnissen der Fortbildungsschule entsprechend erweitert wird, so mag auch die Seminarausbildung genügen. Aber die Vorbildung bis zum Eintritt in das Seminar genügt absolut nicht. Die Seminar- auf die Volksschul- und Präparandenbildung gepfropft giebt keinen gesunden Baum. Ich meine, zum mindesten müßte die lateinlose Oberrealschule absolviert werden und an diese hätte sich das Seminar unmittelbar anzuschließen.

Die Erhöhung der Lehrergehälter ist doch nur eine Frage der Zeit, mag die Schule verstaatlicht werden oder nicht. Bei einer Verstaatlichung würden die Kosten gleichmäßig verteilt, während, so lange die eine Schulgemeinde arm, die andere reich ist, die Verteilung eine ungerechte bleiben muß.

Ferner muß der Lehrer unbedingt seiner Wehrpflicht genügen, wie jeder andere Berufsstand. Man hat neuerdings Lehrerkompagnieen gebildet. Vielleicht kann man die sechs Wochen Dienst auf ein Jahr ausdehnen, ohne daß man deshalb die Lehrer, welche sich nicht selbst unterhalten können, zu Einjährig-Freiwilligen macht. Ich hätte aber auch nichts dagegen, wenn man den Lehrer zum Einjährig-Freiwilligen machte unter Dispens von der Verpflichtung, sich selbst zu unterhalten. Es würde das Standesbewußtsein dadurch bedeutend gehoben werden und in rechter Art. Die erziehliche Wirkung des militärischen Dienstes auf Gehorsam, Reinlichkeit, Pünktlichkeit, Ordnung, Überwinden von Schwierigkeiten ist eine große, und unseren Volkserziehern entziehen wir sie!

Alles das würde das Niveau des Lehrerstandes heben, ich möchte ihn aber auch gern mit anderen Elementen durchsetzen, um seine erziehliche Wirkung zu verstärken. Man hat ein großes Hallo gerufen, als vor einiger Zeit der Vorschlag auftauchte, ausgedienten Unteroffizieren Lehrerstellen als Civilversorgung zu geben. Das Hallo war sehr unberechtigt. Man gehe doch einmal unsere Behörden durch, von den höchsten angefangen. Geheime und nicht geheime Rechnungs- und Kanzleiräte, Gerichts-, Regierungs- und Kreissekretäre, Beamte aller Art: wie viele sind denn nicht darunter, die sich den Civilversorgungsschein in der Armee erworben haben als Unteroffiziere? Und wenn man diese Männer ansieht, ihr Wissen, das sie erworben haben, ihre Leistungen, ihre sociale Position, ihre Haltung, ihre Formen, und damit in der Stadt wie auf dem Lande den Lehrerstand vergleicht, so fällt, auch wenn man diesen noch so wohlwollend beurteilt, Durchschnitt gegen Durchschnitt gehalten, der Vergleich wahrhaftig nicht zu seinen Gunsten aus. Ich glaube, jedes einsichtige und unparteiisch urteilende Mitglied des Lehrerstandes wird mir zugestehen, daß der Kreissekretär und der Gerichtssekretär nicht unter dem Lehrer stehen, was Bildung und sociales Verhalten betrifft.

Allerdings nicht jeder Unteroffizier qualifiziert sich zum Volksschullehrer, ebensowenig, wie sich jeder Unteroffizier zum Bureaubeamten eignet, aber daß eine große Zahl sich vorzüglich qualificieren würde, folgt schon aus der militärischen Thätigkeit. Was in aller Welt ist denn die seit drei Jahrzehnten, d. h. seitdem die innere Reform des Dienstes begann, rastlos mit äußerster Kraftanstrengung arbeitende Armee anders als eine Schulanstalt? Was ist denn der gesamte Dienst heutzutage? Lehren und lernen, von früh bis in die Nacht. Der Oberst der Rektor, der Major der Oberlehrer, der Hauptmann der Hauptlehrer, die Lieutnants die Hilfslehrer, die Unteroffiziere die Unterlehrer, sie lehren und thun nichts anderes, als das. Dienst ist Unterricht, ganz ebenso wie Schule. Und die Unterrichtsgegenstände sind heutzutage wahrhaftig mannigfaltig, die Aufgabe, sie im zweijährigen Kursus zum Eigentum der Schüler zu machen, ist schwer genug.

Und diese Männer, welche neun Jahre hindurch nichts gethan haben, als lehren und immer wieder lehren, sollen nicht das Zeug haben Lehrer zu werden, ebensogut wie ein Präparand?

Selbstverständlich nehme ich an, daß derjenige Unteroffizier, der Lehrer werden will, eine Prüfung ablegen und sodann ein Seminar besuchen muß. Aber wenn das geschähe, würden wir ein vorzügliches Material bekommen. Erstens Lehrer, die Männer sind, zweitens solche, die neun Jahre erzogen haben zu Reinlichkeit, Ordnung, Pünktlichkeit und Gehorsam, die gelehrt haben und das was sie lehrten, jedem Schüler ohne Ausnahme beibringen mußten, drittens solche, die sich zwölf Jahre lang tadel- und straflos geführt haben.

Kein Stand steht mir, sowohl was Leistungen wie Pflichterfüllung betrifft, so hoch, wie unser preußischer Subalternbeamtenstand, er steht einzig und allein da auf der ganzen Welt, keine andere Nation, kein anderer Beruf liefert und leistet auch nur etwas ähnliches. Wenn auch der höhere Beamtenstand bei uns ein guter ist, der Subalternbeamtenstand übertrifft ihn ceteris paribus im Durchschnitt bedeutend. Einen der Gründe dafür, daß dieser Stand so vorzügliches leistet, sehe ich in seiner Durchsetzung mit civilversorgungsberechtigten Unteroffizieren. Gerade die Vermischung beider Elemente, der bis Prima auf den Gymnasien vorgebildeten Supernumerare mit den Militäranwärtern, bringt diese guten Resultate hervor.

Es ist ganz wunderbar und ein Widerspruch, daß die Lehrer den Rang der Subalternbeamten erstreben und sich gleichzeitig hoch über diejenigen stellen, welche die Hälfte dieses Standes ausmachen. Es ist das um so wunderbarer, weil die Civilsubalternbeamten das Prima= zeugnis nachzuweisen haben zum Eintritt in ihren Beruf und sich den= noch die Vermischung mit civilversorgungsberechtigten Unteroffizieren gefallen lassen müssen. Ich habe die feste Überzeugung, daß der Lehrer= stand innerlich und äußerlich ganz ungemein gewinnen würde, wenn die Civilversorgungsberechtigten ihm zugereiht würden.

Als schwierig könnte hierbei die Finanzfrage erscheinen, denn der Militäranwärter muß, während er auf dem Seminar ist, selbstverständlich sein Gehalt fortbeziehen. Aber die derzeitigen Lehreramtskandidaten erhalten den Seminarunterricht ja auch unentgeltlich. Warum soll nicht auch den Unteroffizieren diese Vergünstigung zu teil werden? Im übrigen kann man die Prämie von 1000 Mark zu Hilfe nehmen, um den Unterhalt der meist verheirateten Anwärter zu bestreiten. Was dann noch zuzuschießen ist, wird nicht zu viel sein.

Ich meine, der Lehrerstand bekommt einen ganz anderen Halt, wenn er diese militärisch und lehrgeschulten Elemente in seine Mitte aufnimmt, insonderheit wird seine Position der Gemeinde gegenüber eine festere werden. Unsere derzeitigen Lehrer haben zu wenig durch= lebt, um intensiv wirken zu können auf die Kinder wie auf die Eltern. Volksschule, Präparandenanstalt, Seminar, beschränkte Verhältnisse, selten mal einer, der die Welt durchwandert, noch seltener einer, der Gelegen= heit gehabt hat, Menschen und Charaktere zu studieren, Verhältnisse verschiedener Volksteile und Gebiete mit einander zu vergleichen. Wie ganz anders der zwölf Jahre gediente Soldat. Wie viel Charaktere an Vorgesetzten und Untergebenen sieht er an seinen Augen vorüberziehen wenn er zurückblickt, was hat er nicht alles gesehen und erlebt während seiner Dienstzeit in der Garnison, auf dem Manöver. Es ist eben die Eigentümlichkeit des militärischen Lebens, daß es die Menschen mit= einander und mit den Verhältnissen in Kontakt bringt, zwangsweise bringt, sie mögen wollen oder nicht. Der Lehrerstand muß größeren Einfluß haben als bisher; vor allem müssen wir uns aus ihm ein festes Bollwerk machen gegen das Eindringen der Socialdemokratie auf das Land. Deshalb muß er mit Männern durchsetzt werden, welche Lebens= erfahrung haben und im Stande sind, auf das Volk einzuwirken.

Von ganz besonderer Wichtigkeit halte ich endlich die Vermehrung der Stellen für Civilversorgungsberechtigte. Ich kann mir nicht helfen, mir erscheint die zweijährige Dienstzeit noch immer als eine sehr bedenk= liche Sache, trotz aller Gründe, welche die Regierung für dieselbe vor=

gebracht hat. Gewiß, man muß zugeben, der größte Teil des dritten Jahrganges bei der Infanterie wurde zur Disposition beurlaubt und von dem zurückbleibenden Rest bestand wieder ein Teil aus solchen, die sich mangelhaft geführt hatten. Aber es war doch auch ein anderer Teil da, der den Stamm für das zukünftige Unteroffizierkorps bildete, und das hört nun auf.

Wir werden in Zukunft nur solche Unteroffiziere haben, die den Civilversorgungsschein erwerben wollen, und damit wir sie haben, müssen wir die entsprechenden Stellen schaffen. Schon jetzt haben wir nicht genug und nun kommt die Heeresverstärkung hinzu. Wir haben jetzt schon Lehrermangel, und wenn wir das Abgangszeugnis der Oberrealschule als Vorbedingung für die Lehrerkarriere verlangen und die Seminarabgangsprüfung erschweren, was beides unbedingt notwendig ist, wenn der Lehrer mit Erfolg Fortbildungsunterricht erteilen soll, so wird dieser Mangel noch größer werden, auch wenn wir die Stellen sehr viel besser dotieren. Hier ist also eine Berufslaufbahn frei, und es werden sich die Bewerber reichlich unterbringen lassen. Das ist aber die größte Anlockung für die Kapitulation. Nach den zwölf Jahren Dienstzeit muß sichere Aussicht auf sofortige Versorgung vorhanden sein.

Die Schaffung einer in jeder Weise genügenden Zahl von Stellen für die Civilversorgungsberechtigten ist von wesentlicher Wichtigkeit für unsere Zukunft. Die Offiziere können es nicht allein machen; von der unbedingten Zuverlässigkeit der Unteroffiziere hängt der Geist der Truppe ab, weil sie allein das gesamte Leben mit der Mannschaft teilen und nur sie in der Lage sind, dieselbe wirklich zu überwachen. Unbedingt zuverlässig aber wird der Regel nach nur der Unteroffizier sein, welcher nach Ablauf der Dienstzeit in die Beamtenlaufbahn übertreten will, dessen materielle Zukunft daher von der Aufrechterhaltung der bestehenden Ordnung abhängig ist. Für ihn heißt es: tua res agitur, wenn es gilt, diese Ordnung zu verteidigen. Man muß aus eigener amtlicher Erfahrung wissen, wie viele Gesuche um eine Stelle, welche neugeschaffen ist, eingehen, wie viele Bewerber auf der Liste für die bestehenden Stellen jahrelang notiert sind und auf eine Vakanz warten, man muß das wissen, um davon durchdrungen zu sein, welche Gefahr die Vermehrung des Unteroffizierkorps mit sich bringt, wenn sie nicht von einer gleichzeitigen Vermehrung der Anwärterstellen begleitet wird.

Man legt in der Armee ein großes Gewicht auf eine angemessene Behandlung der Unteroffiziere. Noch kürzlich sind die Rapportstrafen für dieselben abgeschafft, ihre Kasernierung, ihre Beköstigung ist verbessert, man sucht in aller und jeder Beziehung das Niveau dieses Standes zu heben. Nun kommt aber die Kehrseite. Nach langem Umhermelden ist der Mann gezwungen, eine Civilstelle als Unterbeamter

anzunehmen, in der er Arbeiten verrichten muß, die sein Ehrgefühl verletzen, die zu der Ehrenstelle, die er in der Armee einnahm, in Widerspruch stehen. Bleibt er in der Garnisonstadt, und das ist häufig genug
der Fall, so schämt er sich, wenn ihn einer seiner alten Kameraden oder
gar seiner früheren Untergebenen mit dem Besen in der Hand oder mit
Packeten schwer beladen auf der Straße sieht, er, der stolz im Melde-
anzuge zur Post ging mit drei Gemeinen hinter sich, welche die Packete
trugen. Das wirkt natürlich zurück auf seine Kameraden, sie sehen dasselbe Los vor Augen und werden schon verbittert, während sie noch bei
der Fahne sind. Manche solcher Unterbeamtenstellen sind ja unter vielen
schlechten gut dotiert, und der Andrang ist dann groß. Das verleitet
an maßgebender Stelle dazu, die Augen vor dem Übelstande zu verschließen. Aber der Übelstand ist vorhanden, auch wenn man die Augen
zumacht, und ihn nicht sehen will. Hier spricht wieder die „Finanzlage"
mit. Aber wir werden wegen der Finanzlage so lange mit den notwendigen Reformen zurückhalten, die Deiche, die uns gegen die Hoch-
flut schützen müssen, so lange nicht bauen, bis uns das Wasser über dem
Kopf zusammenschlägt.

Ich rekapituliere mich: Einführung der Pflegschaft für unbeauf-
sichtigte jugendliche Arbeiter, Befähigungsnachweis für diejenigen, welche
einen jugendlichen Arbeiter in die Lehre nehmen, Verstaatlichung der
Volks-, obligatorische Einführung der Fortbildungsschule, Fürsorge für
Schüler- und Volksbibliotheken, Hebung des Lehrerstandes und Durchsetzung desselben mit Elementen, welche durch das Leben selbst geschult
sind: das alles zu dem Zwecke die Jugend unseres arbeitenden Volkes
wirksam zu erziehen, den Einflüssen der Socialdemokratie entgegen zu
arbeiten, ihr den Zufluß abzusperren, Fühlung mit dem Volke wiederzugewinnen. Ob diese Mittel, die ich ja nur kurz andeuten konnte, die
richtigen sind, will ich dahin gestellt sein lassen; ich bin gern zufrieden,
wenn man bessere vorschlägt. Aber es sind doch Mittel, es ist doch
ein Weg, es ist doch ein System, das wird man mir zugeben, ein zusammenhängendes System, welches die Notstände in ihrem wechselseitigen
Verhältnis zu beseitigen strebt. Die Ursache, daß wir seit 1878, wo wir
das Gesetz gegen die Socialdemokratie erließen, nichts erreicht haben,
daß die Socialdemokratie sich beständig vermehrt, daß ihr die un- und
halbreife Jugend in ungezählten Scharen zuströmt, daß um das alles
zu verhindern, unsere bisherigen alten Mittel, Wege und Einrichtungen
nicht ausreichen, diese Thatsache läßt sich doch nicht bestreiten und ich
wiederhole, auch wer der Zukunft unbesorgt entgegen schaut, auch der
muß, wenn er anders ein Herz im Leibe hat, zugestehen, daß wir nicht
so sorgen für die heranwachsende Jugend unseres Volkes wie wir müßten.
Auch wenn die Socialdemokratie das Losschlagen nicht wagt (ich glaube,
daß sie es wagen und aus ihren eigenen Reihen heraus gezwungen

werden wird, es zu wagen!), auch wenn sie es nicht wagt, so bleibt
doch das Faktum bestehen, daß unser arbeitendes Volk zum großen Teil
verhetzt, verbittert ist gegen uns, und das ist tief traurig. Und wenn
es nun gerade die heranwachsende Jugend ist, die in diesen Strudel
hineingerissen wird, ist es nicht unsere heilige Pflicht sie zu bewahren,
können wir eine ernstere Aufgabe haben?

Gewiß, die Verführer tragen die Haupt-, und die Verführten selbst
einen, wenn auch geringeren Teil der Schuld. Aber Hand aufs Herz,
sind wir, die oberen Schichten, schuldfrei, fällt uns nicht auch ein großer
ja ein recht bedeutender Teil zur Last? Wir bestimmen über die Erziehung der Volksjugend in den Schulen durch die Gesetze, thun wir
damit genug? Reichen Unterricht, Erziehung, Überwachung bis zum
vierzehnten Lebensjahre aus in unseren Tagen, unter den Verhältnissen
des Lebens der Gegenwart? Sind die Jünglinge und Jungfrauen
im minderjährigen Alter unserer Fürsorge nicht ebenso anvertraut wie
die Knaben und Mädchen unter vierzehn Jahren, sind sie nicht Kinder
unseres Volkes, unseres Vaterlandes?

Und für wen arbeiten und wem dienen sie denn? Für uns, nur
uns. Gewiß, sie wollen ihren Lohn haben, aber ihre Arbeit kommt
doch im wesentlichen uns zu gute. Wenn das wehrpflichtige Alter
herankommt, haben dann die Jünglinge nicht uns zu verteidigen, sei es
auf dem Schlachtfeld, sei es gegen den inneren Feind? Können wir
ohne sie bestehen? Sind wir ihnen dafür nicht Fürsorge schuldig?
Und wenn wir das anerkennen, wenn wir die Verwilderung und die
Verwahrlosung der arbeitenden Jugend zugestehen müssen, warum thun
wir denn nichts zur Abhilfe? Haben wir überhaupt noch ein Gewissen,
haben wir unser Volk noch lieb? Und wenn ja, warum greifen wir
die Sache denn nicht an, warum denken wir nicht darüber nach, warum
lassen wir die Schäden fortwuchern? Ich wiederhole die Frage, die
ich oben gestellt habe, warum bringen wir denn die Methode des
laissez faire, laissez aller bei unseren eigenen Kindern nicht zur Anwendung, warum lassen wir sie denn nicht vom vierzehnten Lebensjahre
an unterrichts- und zuchtlos aufwachsen?

Ob man vom christlichen, vom ethischen, vom vaterländischen, vom
philosophischen, vom rein menschlichen Standpunkt die Sache betrachtet,
ist ganz gleich, im Facit kommt es auf eins heraus. Ob Regierende
oder Regierte, ob Wähler oder Gewählte, es ist dasselbe. Wir leben
in einem konstitutionellen Staat, wir haben Wahl- und Petitions-,
Vereins- und Versammlungsrecht, Preßfreiheit. Dadurch erwächst für
jeden unter uns, der zu den gebildeten Schichten gehört, die Verantwortung; die Verwahrlosung und Verwilderung unseres Volkes fällt
dem Gewissen jedes einzelnen zur Last. Gebe Gott, daß ich unrecht
habe, daß nicht aus der Saat, die wir ausgestreut oder deren Aus-

streuen wir mit angesehen haben, ohne die Finger zur Abwehr zu
rühren, eine Ernte erwächst, die uns unsere Indolenz einst bitter bereuen läßt.

Liebe deinen Nächsten wie dich selbst. Auch das Arbeiterkind ist
unser Nächster, mehr als wir es glauben und verstehen. Es ist ebenso
wie das unserige und in unseren Tagen noch mehr als dieses die
Zukunft des Vaterlandes. Wie wir diese Zukunft gestalten, gut oder
böse, liegt in unserer Hand. Wollen wir die Hand nicht rühren?

Viertes Kapitel

Wirtschaftliche Reformgedanken.

Der Mensch bedarf, um zu leben, bestimmter Hilfsmittel, Nahrung, Kleidung u. s. w. und je nach dem Klima auch eines Obdachs. Zu diesen ihm unentbehrlichen Werten treten solche hinzu, die zu seiner Existenz nicht unbedingt erforderlich sind, wohl aber dazu dienen, sie ihm wesentlich zu erleichtern. Das sind nützliche Werte. Endlich giebt es eine Anzahl von Dingen, deren Nichtvorhandensein die Forterxistenz der Menschheit in keiner Weise gefährden würde. Angenommen z. B., es verschwände an einem Tage das gesamte Edelmetall von der Welt, so könnten wir ruhig fortleben, und umgekehrt, wenn es Silber und Gold regnete und der gesamte Erdboden meterhoch damit bedeckt würde, so müßten wir elend zu Grunde gehen. Edelmetall wird ja auch zum Gebrauche verwandt, aber diesen Gebrauch könnten wir entbehren, seiner Haupteigenschaft nach ist es nicht Wert sondern nur Wertmesser.

Wie die Werte selbst sich unterscheiden, so ist auch die menschliche Arbeit eine verschiedene. Sie schafft und verarbeitet wirkliche und nützliche Werte und daneben auch Dinge, welche keinen eigentlichen, wirklichen Wert darstellen. Außerdem giebt es aber auch neben der wertschaffenden eine wertvermittelnde d. h. eine solche Thätigkeit, welche sich darauf beschränkt, die Werte, welche die Arbeit anderer geschaffen hat, denjenigen zuzuführen, welche sie verbrauchen. Eine dritte Thätigkeit beschäftigt sich weder mit der Wertschaffung noch mit der Wertvermittelung sondern damit, denen welche die eine oder die andere besorgen, die Existenz zu sichern und zu fördern. Diese Thätigkeit wird von denen ausgeübt, welche dem Gemeinwesen dienen, die Ordnung aufrecht erhalten, die Grenzen schützen, die Jugend vorbilden u. s. w.

Von der richtigen Verteilung dieser drei Arten der menschlichen Arbeitsthätigkeit auf die Gesamtzahl der Bevölkerung eines Gemein-

wesens hängt dessen nationalökonomischer Wohlstand ab, und die Haupt=
differenz in den wirtschaftlichen Theorieen der Gegenwart besteht darin,
daß die einen diese Verteilung dem freien Spiel der Kräfte, dem Ver=
hältnis zwischen Angebot und Nachfrage überlassen, die anderen sie
durch die Gesamtheit, d. h. durch den Staat und das Gesetz regeln
wollen.   Darüber sind die meisten einig, daß wir nicht mehr wert=
sichernde Arbeiter haben sollen als nötig ist, z. B. nicht mehr Soldaten,
nicht mehr Beamte u. s. w. Bei der Wertvermittlung beginnt bereits
der Streit. Sie ist unbedingt notwendig, da nicht jeder Producent
jedem Konsumenten das Produkt, dessen dieser bedarf, unmittelbar zu=
führen kann; aber sie ist nur berechtigt, soweit sie notwendig ist. Der
wirkliche Wert einer Ware soll sich bestimmen nach den Kosten ihrer
Herstellung und nach der Arbeit, welche letztere erfordert; hierzu treten
die Kosten der Wertvermittlung und die Arbeit die mit ihr verbunden
ist, die eine Arbeit darf aber keinen höheren Gewinn abwerfen als die
andere, und auch die angewandte Zeit und Mühe muß gleichmäßig zur
Verrechnung kommen. Sowohl derjenige, welcher Werte schafft, wie
derjenige, welcher den geschaffenen Wert demjenigen übermittelt, der
ihn verbraucht, hat Anspruch auf einen Lohn, der seiner Mühewaltung
entspricht, der Lohn des einen darf aber nicht höher sein wie der des
anderen, sonst verliert die wirtschaftliche Ordnung ihr Gleichgewicht.

Dieses Gleichgewicht ist nicht mehr vorhanden, und dadurch be=
antwortet sich von selbst die Frage, ob man, wie bisher, das Verhältnis
zwischen wertschaffender und wertvermittelnder Arbeit dem freien Spiel
der Kräfte überlassen darf. Jeder vernünftige Mensch muß ein Freund
der Freiheit sein, das lehrt uns schon die Religion. Gott hat dem
Menschen freien Willen gegeben, ihm die Entscheidung darüber, ob er
seinen Geboten folgen will oder nicht, anheimgestellt. Aus diesem Grund=
gesetz für die Menschheit folgt, daß wir so viel Freiheit wie nur möglich
walten lassen sollen. Aber wenn der freie Wille Schaden anrichtet,
so zwingt uns die Notwendigkeit, ihm Schranken zu ziehen. Wir ge=
statten den Todschlag, den Raub, den Diebstahl u. s. w. nicht; im
Gegenteil wir stellen sie unter Strafe, weniger aus ethischen Gründen
als zu dem Zwecke, unsere Existenz zu sichern. Das Gleiche muß auf
wirtschaftlichem Gebiet gelten. Wo das freie Spiel der Kräfte einen
derartigen Schaden anrichtet, daß das Wohl der Gesamtheit leidet,
ist es Pflicht der letzteren, einzugreifen und den Schaden abzustellen.
Aber eben nur da, wo sich ein solcher Schaden wirklich geltend macht,
und nicht so, daß dieses Eingreifen der Gesamtheit zum absoluten
Prinzip erhoben wird, welches in das freie Spiel der Kräfte auch da
eingreift und es reglementiert, wo es nicht schädlich wirkt. Angewandt
auf den Zwischenhandel bedeutet das, daß überall da, wo letzterer zum
Selbstzweck wird, wo er sich aus einem Diener und Beamten der

Produzenten und Konsumenten zu deren Herrn aufgeschwungen hat, der dem einen den wohlverdienten Lohn zur Ungebühr verkürzt, dem anderen die Ware über das Verhältnis hinaus verteuert, beides zu dem Zweck, um einen Gewinn zu ziehen, der weder den Kosten, die er aufwendet noch seiner Mühewaltung entspricht, daß überall da die Gesamtheit regelnd eingreifen muß.

Solches Eingreifen kann aber auch dann notwendig werden, wenn die Zahl der Zwischenhändler größer ist als der Bedarf. Denn der Zwischenhändler produziert nicht selbst, seine Arbeit schafft nicht Werte, sie bereichert daher nicht das Nationalvermögen, im Gegenteil sie belastet dasselbe und zwar einmal direkt, indem sie von der Ware bei deren Übergang aus der Hand des Produzenten in diejenige des Konsumenten eine Steuer erhebt, und sodann indirekt, indem, wenn drei die Arbeit der Wertvermittelung besorgen, während zwei sie bequem leisten könnten, die überschießende dritte Arbeitskraft für die Wertezeugung verloren geht. Der nicht Werte schaffende Wertvermittler wird von der Nation ganz ebenso ernährt wie der wertsichernde Soldat und Beamte, die eine wie die andere Kategorie ist nur nützlich so weit sie notwendig ist.

Will man schon hier von seiten der Manchestertheorie der Gesamtheit eine Einmischung nicht zuerkennen, so noch viel weniger bei der Regelung der wertschaffenden Arbeit selbst. Es ist wunderbar, daß man immer von Nationalökonomie spricht aber thatsächlich nichts von ihr wissen will und Internationalökonomie treibt. Jedes Land ist ökonomisch wie politisch zunächst auf sich selbst angewiesen. Seine politische Selbstständigkeit wird durch die wirtschaftliche bedingt, die unentbehrlichen Werte, ohne welche die Gesamtheit ebensowenig bestehen kann, wie der einzelne, müssen im Lande selbst beschafft werden, und damit das geschehen kann, ist es notwendig, daß ihrer Produktion ein ausreichender Lohn gesichert wird. Geschieht das nicht, arbeitet beispielsweise unsere Landwirtschaft mit ständigem Verlust, müssen wir unsere unter den Auspizien der Hohenzollern in Jahrhunderte langer Kulturarbeit dem Sumpf und dem Sande abgezwungenen Ackerflächen wieder in Wald, Haide und Weide umwandeln, so sind wir kein selbstständiges Land mehr, sondern von dem guten Willen unserer Nachbarn abhängig, die uns ohne Schwertschlag aushungern können, wie wir einst Metz und Paris ausgehungert haben.

Aber noch mehr: Wenn Deutschland aufhört ein ackerbautreibendes Land zu sein, wenn unsere gesamte arbeitende Jugend in die Fabriken eingepfercht wird, so büßen wir an Manneskraft ein; mit Fabrikarbeitern kann man zur Not Schlachten schlagen, aber sie sind den Anstrengungen nicht gewachsen, welche den strategischen Aufmarsch bedingen. Von allen seltsamen Gedanken ist mir noch keiner so seltsam erschienen als der, das Preußen der Hohenzollern in einen Fabrikstaat umzuwandeln. Ein solcher Gedanke ist aber überhaupt nur möglich, wenn man abstrakten Theorieen huldigt und die Dinge nicht nimmt wie sie sind. Wir sind doch schließlich noch Deutsche, wir haben ein deutsches Vaterland, ein deutsches Volk, das in diesem Vaterlande wohnt, wirkt und schafft. Für dieses Vaterland sind Ströme von Blut vergossen worden, es war und ist unser Stolz und unsere Freude, und nun sollen wir es zur Wüste werden lassen, damit der internationale Welthandel besser floriert.

Das Sprichwort sagt: „Geld regiert die Welt." Diese Regierung ist eine harte und grausame. Das Geld herrscht über die Arbeit mit absoluter Gewalt und unterdrückt jedwede Freiheit. Wir haben die persönliche Leibeigenschaft aufgehoben aber die Sklaverei in anderer Form eingeführt, die übergroße Mehrzahl der Erwerbsstände arbeitet nicht mehr für sich sondern für ihre Geldherren, denen sie zinspflichtig ist. Der eigentliche Reichtum unserer Zeit besteht nicht mehr in wirklichen Werten, auch nicht im Besitz von Edelmetall, sondern in Forderungsrechten auf die Arbeit anderer; das Reich, der Staat, die Provinz, der Kreis, die Kommune, der Beamte, der Grundbesitzer, der Handwerker, sie sind mehr oder minder alle verschuldet und müssen an den Geldbesitz ihren Tribut zahlen. Man sagt, das Geld ist heutzutage billig zu haben, der Zinsfuß ist ein niedriger. Warum? weil die Kreditfähigkeit fast erschöpft ist. Es ist bald alles so verschuldet, daß nichts mehr ausgeliehen werden kann und das Geld keine Verwendung findet. Da macht es sich schließlich selbst Konkurrenz.

Die Geldforderung beruht darauf, daß ein bestimmtes Quantum Edelmetall gegen die Verpflichtung der Rücklieferung hergeliehen ist. Nun wird aber das Metall, wenn es ausgeliehen ist, von dem, der es entliehen hat, in den Verkehr gebracht und durch die Kanäle des Verkehrs an seine Quelle zurückgeleitet. Dieser Vorgang wiederholt sich beständig, das Geld mehrt sich daher keineswegs in dem Maße wie die Geldschuld. Angenommen der Staat konfiszierte an einem Tage das gesamte vorhandene Edelmetall, so würde der Gesamtbetrag desselben längst nicht ausreichen, um alle Forderungsverpflichtungen zu decken.

Es sind also dem Gläubiger die Werte verpfändet, welche die Schuldner besitzen. Diese Werte sind aber zumeist keine solche ohne die Arbeit, welche ihr Besitzer auf sie verwendet; demnach ist thatsächlich die Arbeit dem Geldbesitz verpfändet. Der Schuldner erwirbt nicht mehr für sich selbst, sondern für den Gläubiger, er verwendet den Teil seines Lohnes, den er in der Form von Zinsen an diesen zahlen muß, nicht mehr für sich und die Seinen und bringt dadurch das Geld nicht mehr in den Verkehr, er muß seine Lebensbedürfnisse auf das äußerste einschränken. Auf diese Weise vermindert sich der Konsum. Je mehr die Verschuldung steigt, desto mehr nimmt die Konsumtionsfähigkeit ab,

und die Folge ist eine allgemeine Verarmung, ein Stocken der Erwerbs-
thätigkeit. An dem was die kleine Minorität der reichen Leute konsumiert, kann die Majorität nicht genug verdienen, um davon zu leben.
Selbstverständlich kann man die Schulden nicht aus der Welt schaffen,
aber man kann der Verschuldung entgegenarbeiten. Ein übergroßes
Maß von Verschuldung stellt die Selbständigkeit der Nation in wirt-
schaftlicher Beziehung in Frage. Die gesunde Basis jedweder nationalen
Existenz ist der Konsum im eigenen Lande, der Export soll den Wohlstand vermehren, er darf ihn aber nicht begründen, nicht seine Hauptquelle sein. Zumal in unserer Zeit ist die Basierung des nationalen
Erwerbes auf den Export eine mehr als unsichere. An Naturerzeug-
nissen produziert Deutschland im wesentlichen nichts, was nicht auch
andere Länder zu produzieren vermögen; wollten wir eines Tages
unsere Grenzen schließen und jedweden Export verbieten, so könnte die
Welt ohne große Beschwerde ihre Existenz fortführen. Unser Export
beruht daher auf unserm Fleiße, unserer Geschicklichkeit, mit andern
Worten auf unserem kulturellen Übergewicht. Nun findet aber durch
die Hinwegräumung aller Verkehrsschranken, durch die Unifikation des
Handels und der Technik bei allen Völkern der Erde ein immer schnelleres
Fortschreiten des kulturellen Ausgleiches statt. Dadurch wird unser Übergewicht beständig vermindert, und diese Verminderung muß naturgemäß
zu derjenigen des Exportes führen. Am Ende dieser Entwickelung wird
jedes Land seinen Bedarf an Waren selbst produzieren. Tritt dieses
Ende ein, so haben wir für unsere Überproduktion keinen Absatz — und
kaufen das Getreide vom Auslande.

Aber auch der Absatz im Inlande ist in unsern Tagen wesentlichen
Veränderungen unterworfen worden. Mit Hilfe der Maschine, deren
Beschaffung und Verbesserung hohe, von der großen kapitalunkräftigen
Menge nicht zu erschwingende, Kosten erfordert, konzentriert das Kapital
die Arbeit in seinen Händen, schafft die Werte in Massen schneller und
billiger, als der Einzelne es vermag, und nimmt dem selbstwertschaffenden
Mittelstand dadurch den Absatz und mit diesem den Verdienst. Vom
Standpunkt der absoluten Theorie brauchte das wirtschaftlich kein Unglück zu sein, zumal es kein Mittel giebt, diese Entwickelung rückgängig
zu machen. Hier spricht unsere nationale Unabhängigkeit nicht mit. Es
kann uns gleichgiltig sein, wer uns die unentbehrlichen Werte beschafft,
wenn das nur im Inlande geschieht und wir dem Auslande gegenüber
unsere wirtschaftliche Unabhängigkeit bewahren. Wenn das Kapital in
der Lage ist, uns als Industrie denjenigen Teil der unentbehrlichen
Werte, welcher durch Verarbeitung erzeugt wird, schneller, besser und
billiger herzustellen, als die Einzelarbeit das vermag, und im Inlande
aus im Inlande gewonnenem Material, also unter Sicherung unserer
vollen wirtschaftlichen Selbständigkeit dem Auslande gegenüber, so können

wir, trotzdem es dadurch die Einzelarbeit verdrängt, im Interesse einer wenn auch bedeutenden Anzahl von Einzelexistenzen die Wiederverteuerung der Ware zu Lasten der Gesamtheit nicht wünschen. Diese Einzelexistenzen müssen einen Berufswechsel vornehmen. Aber das ist allerdings notwendig, daß die Industrie an Stelle des Mittelstandes, den sie selbst konsumiert, einen seinerseits konsumtionsfähigen Arbeiterstand setzt. Könnte uns die Industrie sagen: „Ich gestehe zu, ich habe dem Mittelstand seinen Verdienst entzogen, das Einzelhandwerk als selbständiger Gewerbebetrieb lohnt nicht mehr, die Maschinenarbeit, welche einzelne Teile in Massen herstellt, die dann nur der Zusammensetzung bedürfen, macht dem Einzelhandwerk eine Konkurrenz, neben welcher es nicht bestehen kann. Aber ich liefere der Nation unentbehrliche Werte, als Kleider, Schuhe, Werkzeuge, Hausrat, Baumaterial zu sehr viel billigeren Preisen und steigere dadurch ihren Wohlstand, und ich habe an Stelle des Mittelstandes einen Arbeiterstand gesetzt, der ökonomisch so günstig dasteht, daß die Vermehrung seiner Konsumtionsfähigkeit einen Vorteil für die Gesamtökonomie der Nation darstellt, welcher den Nachteil überwiegt, den sie durch Verminderung der Konsumtionsfähigkeit des ehemaligen durch Einzelhandarbeit wertschaffenden Mittelstandes erleidet.“ Könnte sie das sagen, so müßten wir uns zufriedengeben, denn, wie gesagt, die Entwickelung der Technik können wir nicht ignorieren und ihre Konsequenzen nicht rückgängig machen.

Die Industrie produziert durch die Maschinen- und die Massenarbeit zehn-, zwanzig-, hundertmal mehr in derselben Zeit wie früher die Einzelarbeit; durch die Verkehrsverhältnisse der Neuzeit erzielt sie einen doppelt und dreifach so schnellen Umsatz. Sie wäre daher durchaus in der Lage gewesen, eine Änderung in den Arbeitsverhältnissen herbeizuführen und die Bildung eines ökonomischen kräftigen Arbeiterstandes zu bewirken. Wenn z. B. die Maschinen einen zehnfachen Zeitgewinn erzielen, so brauchte derselbe nicht voll ausgenützt zu werden, es konnte ein Teil der Arbeiterschaft zu gute kommen. Ist der Gewinn, den die Maschine gegenüber der Handarbeit schafft, ein zehnmal so hoher, so konnte die Arbeiterschaft wenigstens etwas daran partizipieren. Ein wohlsituierter, konsumfähiger, industrieller Arbeiterstand würde den Ausgleich darbieten für die Mißstände unseres modernen wirtschaftlichen Lebens. Was die Industrie ihren Arbeitern gäbe, würde sie an ihnen wieder verdienen. Es ist wunderbar, daß sie die Wahrheit dieses Satzes nicht erfaßt hat, da sie ihn doch auf ihre Angestellten anwendet.

Die Gehälter, welche sie und die hohe Finanz ihren Angestellten zu zahlen pflegen, stehen im krassen Gegensatz zu den kärglichen Löhnen der Fabrikarbeiter.

Wie freigebig in dieser Beziehung verfahren wird, würde sich sofort ergeben, wenn man eine vergleichende Übersicht über die Bezüge der Staats- und Kommunalbeamten einerseits und der Industrie- und Finanzbeamten anderseits aufstellen wollte. Z. B. in Form einer Tabelle mit folgenden Rubriken: 1. Titel (nicht Name), 2. Fixiertes Gehalt, 3. Nebeneinnahmen (Einnahmen aus Nebenämtern, Remunerationen u. s. w. bei Staats- und Kommunalbeamten, Tantiemen, Provisionen u. s. w. bei Privatbeamten), 5. Summa Kol. 2 und 3. Wenn man eine solche Tabelle veröffentlichen und in die Kolonne 1 neben denjenigen der Staatsbeamten auch die Titel der Privatbeamten eintragen wollte, also z. B. Bergwerksdirektor, Prokurist, Disponent, so würden ganz merkwürdige Vergleiche herauskommen. Die Botschafter in Petersburg, London, Paris, Rom und Wien würden noch längst nicht die erste Stelle einnehmen, der Reichskanzler sehr hinabrücken und es würde der Welt klar werden, weshalb die preußischen Minister in der dritten Wahlklasse zum Landtage wählen. Ständen aber in Kolonne 2 36000 Mark und neben so und so viel Ministern und Staatssekretären eine viel größere Zahl von Beamten der Finanz, des Handels und der Industrie, der Versicherungsanstalten u. s. w., so würde das Publikum doch auch die Repräsentationskosten in Anschlag bringen und fragen, weshalb eigentlich diese Privatbeamten so hohe Bezüge haben müssen, wenn der Kanzler des Deutschen Reiches mit 18000 Mark Repräsentationskosten auskommen soll?

Steigt man nun aber weiter hinab, so findet man, daß kein Geschäft von einiger Bedeutung seinen höher Angestellten zumutet, von dem Gehalt zu leben, mit dem ein Rat dritter oder vierter Klasse, der dem Staate dient, auskommen soll. Und noch weiter nach unten: In welchem Verhältnis steht es, wenn die jüngsten Verkäufer bei Rudolf Hertzog ein Anfangsgehalt von 2000 Mark beziehen und der Provinzialrat in Hannover kürzlich entschieden hat, allerdings im Gegensatz gegen die Auffassung des Unterrichtsministers, daß die Gemeinden in der Provinz Hannover nicht gezwungen werden können, den Lehrern mehr als 750 Mark Gehalt zu geben, so lange die bezüglichen althannoverschen gesetzlichen Bestimmungen noch gelten?

Ich fragte einmal einen Industriellen, der sich für sociale Fragen interessiert: „Wieviel Gehalt bezieht Ihr Prokurist?" ,10000 Mark' war die Antwort. „Und wie alt ist er?" ,30 Jahre.' „Sehen Sie", sagte ich, „ich bin 54 Jahre alt, 30 Jahre im Dienst, Mitglied einer der obersten Behörden, und kann niemals so viel Gehalt bekommen wie dieser junge Mann." ,Ja aber das ist auch ein sehr tüchtiger Mensch', bemerkte der mitanwesende Vater des Fabrikherrn, worauf ich bescheiden zu bemerken wagte, Untüchtigkeit hätte man mir bisher meines Wissens noch nicht vorgeworfen.

Im krassen Gegensatz zu dieser Freigebigkeit vieler Firmen ihren Angestellten gegenüber steht das Arbeiterelend. Gewiß viele große

induſtrielle Etabliſſements ſtellen ihre Arbeiter gut und haben neben
hoher Lohnzahlung Wohlfahrtseinrichtungen aller Art getroffen. Aber
dieſe Ausnahmen beſtätigen nur, daß die Induſtrie ſehr gut beſtehen,
ja florieren kann, wenn ſie für ihre Arbeiter ſorgt und ſich einen öko-
nomiſch kräftigen Arbeiterſtand ſchafft. Sehr häufig wohnen Induſtrie
und Arbeiterelend an einem Ort. Der Mann, die Frau, die Kinder,
ſo weit das Geſetz es erlaubt, an die Arbeit geſpannt, die Wohnung
menſchenunwürdig, die Nahrung ſchlecht und kärglich, Geiſtespflege vakat,
der Chef der Arbeiterſchaft gänzlich fernſtehend und nur durch ſeine
Beamten mit ihnen verkehrend. Und von den erwähnten Ausnahmen
abgeſehen: Was zur Verbeſſerung der ökonomiſchen Lage des induſtriellen
Arbeiterſtandes geſchehen iſt, hat der Induſtrie von der Arbeiterſchaft
abgerungen und von der Geſetzgebung aufgezwungen werden müſſen.
Freiwillig hat ſie ſelten etwas zu dieſer Verbeſſerung beigetragen. Deshalb hat ſie uns eben nicht den notwendigen Ausgleich geſchafft. An
die Stelle derer, welche ihre Konſumtionsfähigkeit ganz oder teilweiſe
verloren haben, ſind nicht andere getreten, die den Ausfall decken. Die
wenigen reichen Leute konſumieren nicht genug.

Eine wirkliche Gefahr liegt ſchließlich in der Überſchuldung der
öffentlichen Korporationen. Dadurch, daß ſie in hohem Maße zum
Schuldner des Kapitals geworden ſind, wird die Belaſtung der Bevölkerung eine doppelte. Sie zahlt dem Kapital nicht nur die Zinſen,
die der Einzelne ſondern auch diejenigen, welche die Geſamtheit ihm
ſchuldet, und dazu kommt, daß Staat, Gemeinde u. ſ. w., weil ſie bedeutende Quoten ihrer Steuereinnahmen zur Zinszahlung an das Kapital
verwenden müſſen, auch immer weniger im ſtande ſind, ihre Aufgaben
zu erfüllen. So muß der Staat ſich im weſentlichen darauf beſchränken,
durch die Heereskraft, die er unterhält, ſeine Exiſtenz nach außen zu
ſichern und im Innern diejenigen Ausgaben zu beſtreiten, welche notwendig ſind, um die Staatsmaſchine notdürftig im Gang zu halten, alle
ſonſtigen Ausgaben, ſo kulturfördernd ſie auch wären, muß er zurück-
ſtellen. Seine wirtſchaftlichen Kalamitäten zwingen ihn, den Beamten ein
ſo niedriges Gehalt zu geben, daß dieſe zu den äußerſten Einſchränk-
ungen genötigt ſind. Dadurch befindet ſich auch dieſer nicht unbedeutende Teil der Bevölkerung im Zuſtande wirtſchaftlicher Depreſſion,
und die Verminderung ſeiner Konſumtionsfähigkeit wirkt nachteilig ein
auf die wertſchaffenden Stände.

Nun iſt unſere Geſetzgebung beſtrebt geweſen, alle Schranken, welche
die Vorzeit der kapitaliſtiſchen Ausbeutung gezogen hatte, hinwegzuräumen.
Das Lehn-, das Höferecht, die Erbpacht, das gemeinſame Eigentum,
ſie ſind alle dahin. Wer früher ſein Privateigentum verlor, war deshalb
noch nicht immer arm, indem ſein Anteil am Gemeindeeigentum ihm
häufig mehr gewährte als den kärglichen Unterhalt. Gilden, Zünfte,

Innungen, Verbände aller Art besaßen Vermögensobjekte, deren Intraden sie in den Stand setzten, der Bedrängnis des einzelnen Genossen zu Hilfe zu kommen. Vor allem war die Verschuldung und Verpfändung einer großen Anzahl von Vermögens-, namentlich Immobiliarwerten, weil sie nicht Eigentum des Einzelnen, sondern der Gemeinschaft waren, teils unmöglich gemacht, teils sehr erschwert, es blieb immer noch ein Residuum vom Nationalvermögen übrig, an welches das ausbeutende Kapital nicht herankonnte. Viele Abgaben bestanden in Naturallieferungen, welche dem Liefernden nicht schwer wurden und dem Empfänger die zum Lebensunterhalt notwendigen Werte gewährten, beide aber vom Zwischenhandel und von der Spekulation unabhängig machten. Das alles ist dahin, dahin, angeblich, um freies Eigentum, thatsächlich, um der kapitalistischen Ausbeutung freie Bahn zu schaffen.

Ziehen wir von alledem das Facit, so ist es klar, daß die Nation schließlich verarmen mußte und daß dieser Verarmungsprozeß progressiv sich steigert. Wir sind so stark verschuldet, daß wir schon nicht mehr leistungsfähig sind und es immer weniger werden; und wir sind nicht leistungsfähig, weil auf dem größten Teile der wertschaffenden Arbeit eine Last liegt, die sie nicht mehr tragen, geschweige denn vermindern kann.

Der Trost, daß wir noch besser stehen wie andere Länder, ist ein sehr mangelhafter. Damit ist unserer Not nicht abgeholfen, und außerdem ist er nicht richtig. Fast alle übrigen Nationen haben Kolonieen, die ihnen nicht nur etwas einbringen, sondern vor allem dem einheimischen Kapital ein Ausbeutungsfeld darbieten. Unser deutsches Kapital, und das ist von großer Wichtigkeit, saugt unausgesetzt und mit aller seiner Kraft an Deutschland selbst, d. h. es saugt an der deutschen wertschaffenden Arbeit. Nehmen wir einen einzigen Thalermillionär, er hat 120000 Mark Revenuen. Er verbraucht 40000 Mark und legt 80000 Mark auf Zinsen zu vier Prozent, die ihm 3200 Mark Zinseszins bringen. In fünfundzwanzig Jahren hat er 2 Millionen zurückgelegt und 80000 Mark Zinseszinsen erspart, ohne daß er selbst im geringsten thätig zu sein braucht, abgesehen davon, daß er sein Geld auf Hypotheken ausleiht. Und wenn wir einmal unsere Thalermillionäre zusammenzählen und ihnen die wertschaffenden Stände, welche um ihre Existenz kämpfen, gegenüberstellen, welches Facit kommt heraus?

An eine Besserung unserer staatswirtschaftlichen Lage ist absolut nicht zu denken und ebenso wenig daran, daß unsere Ausgaben sich vermindern. Zu den alten kommen neue hinzu, und wie das zwanzigste Jahrhundert sie decken soll, vermag niemand zu sagen. Mit der Verarmung nimmt die direkte Steuerkraft ab, und neue indirekte Steuern sind schwer aufzutreiben, ganz abgesehen davon, daß sie, wenn das Volk arm ist und jeder sich einschränkt, nichts einbringen oder doch immer weniger. Eine weise Wirtschaftspolitik sieht zehn, zwanzig, fünfzig Jahre voraus. Was denken wohl unsere Finanzmänner, wenn sie so hinein-schauen in die Zukunft? Portugal, Italien, Griechenland sind schon bankrott, wollen wir mit den Händen in der Tasche oder auf dem Rücken abwarten, bis wir es auch werden?

Noch ist Preußen und Deutschland wirtschaftlich kräftig genug, um sich zu retten, wenn es will, wenn es den Mut hat, den Weg der Reform zu beschreiten. Aber allerdings kleine Mittel helfen nicht mehr, man muß zu den großen greifen.

Die Nichtinterventionsmaxime, das Prinzip des laissez faire, laissez aller auf wirtschaftlichem Gebiet, führt uns zum Ruin. Ebensowenig wie der Privat-, der Geschäftsmann, die Korporation, der Staat, das Reich die Beantwortung der Frage, ob ihr Einnahme- und Ausgabe-konto balanciert, dem Spiele des Zufalles überlassen dürfen, ebenso-wenig die Nation die Balance ihres wirtschaftlichen Lebens. Wert-schaffende, wertvermittelnde, wertsichernde Arbeit müssen im richtigen Verhältnis zu einander stehen, und dies Verhältnis regelt sich nicht von selbst, wie die Manchestertheorie meint und uns hat glauben machen wollen. Von dem Augenblicke an, wo wir diesen Irrglauben fallen lassen, wo wir unser eigenes wirtschaftliches Schicksal wieder in die Hand nehmen, sind wir auch auf dem Wege zur Rettung. Suum cuique heißt die alte Devise, unter der Preußen groß geworden ist. Geben wir jedem das Seine wieder, sorgen wir, daß jeder den Lohn seiner Arbeit nach dem Maße und dem Wert derselben erhält und brechen wir mit dem Prinzip, daß Schlauheit und Geriebenheit unter der Sanktion des Gesetzes Jedem das Seine nehmen kann! Das wirtschaftliche Leben darf kein Krieg aller gegen alle sein, denn ein Krieg ist unzertrennlich von Tod und Verwundung; diejenigen aber, die in diesem Kampfe getötet, d. h. deren wirtschaftliche Existenz vernichtet, und diejenigen, die darin ver-wundet werden, d. h. deren wirtschaftliche Existenz geschwächt wird, sind unsere Volksgenossen, der Krieg ist ein Bürgerkrieg, und alles vergossene Blut strömt aus Wunden der Nation. Nein, das gesamte wirtschaftliche Leben muß so organisiert sein, daß ehrliche Arbeit nicht nur ihren an-gemessenen Gewinn findet, sondern daß sie auch dem Ganzen zu Nutze wird, daß ein Berufszweig dem anderen in die Hand arbeitet und daß die Arbeit Aller der Gesamtheit zu gute kommt. Das geschieht nicht von selbst, dazu gehört, daß der Staat mit starker Hand eingreift in das wirtschaftliche Gesamtleben und ihm im ganzen wie in allen Einzelteilen seine Gesetze vorschreibt.

Das wesentliche dabei ist die Erkenntnis, daß der wirtschaftliche Volkskörper ein organischer ist, daß er nicht aus einer Reihe von Einzelexistenzen besteht, sondern daß diese Existenzen sich gliedern in Klassen, in wertschaffende und nicht wertschaffende und daß das Ver-hältnis dieser Klassen geregelt werden muß, wenn das Wirtschaftsleben der Nation ein gesundes sein soll. Ein Körper muß ein Haupt haben, das den einzelnen Gliedern seine Gesetze vorschreibt. Sie dürfen ihre Aktion nicht außerhalb dieser Gesetze nach Willkür ausüben.

Nach dem bisher Gesagten muß die Herrschaft des Kapitals beschränkt, die wertschaffende Arbeit entlastet, müssen Reich und Staat aus der wirtschaftlich üblen Lage, in der sie sich befinden, befreit werden. Wie soll das geschehen, welche Maßnahmen müssen getroffen werden, wie soll sich eine Reform mit diesen Zielen praktisch gestalten?

Diese Frage erschöpfend beantworten zu wollen, wird sich niemand anmaßen, der noch etwas gesunden Menschenverstand gerettet hat. Wäre es aber auch dem einzelnen überhaupt möglich, gehörte dazu nicht die gemeinsame, ernste, sachverständige Arbeit vieler, so müßte der einzelne, der seine Ansicht darlegen wollte, jedenfalls mehr Raum haben, als ein Kapitel eines einbändigen Buches bietet. Ich beschränke mich deshalb darauf, einzelne Gedanken zur Erwägung zu stellen.

Zunächst möchte ich die Selbstamortisierung jeder Schuld anregen. Ich gehe dabei von einem Beispiel aus:

A baut ein Haus, welches 1500 Mark Miete bringt. Jährliche Unkosten 300 Mark, Reinertrag 1200 Mark. B giebt ihm ein hypothekarisches Darlehen von 18000 Mark zu vier Prozent. Jährliche Zinsen 720 Mark. A behält somit eine Einnahme von 480 Mark. Das Haus steht 100 Jahre, dann muß es neugebaut werden. Es wird also im Laufe der Jahre minderwertig, aber dieses Minderwertigwerden trifft nur A, nicht B. Letzterer hat in den 100 Jahren 72000 Mark Zinsen erhalten, trotzdem aber, gleichgiltig ob der Neubau notwendig wird oder nicht, das Recht, seine 18000 Mark unverkürzt zurückzufordern. Warum? A hat mit seinem Gelde und mit dem Gelde des B Werte beschafft. Er hat Baumaterialien gekauft und Löhne ausgegeben, die innere Einrichtung, Öfen, Thüren, Fenster, Tapeten u. s. w. besorgt. Diese Werte werden durch die Zeit schließlich vernichtet und müssen neu hergestellt werden. Ist nun das, was von B's Geld beschafft worden ist, nicht ganz ebenso wertlos geworden, wie das, was A durch seine eigenen Mittel hergestellt hat? Warum wird A allein durch den Verlust betroffen? Wenn A sich in einer Wildnis befunden hätte ohne Obdach, so hätte es ihm nichts genützt, wenn B ihm Geld gab. Mit dem Gelde konnte A nichts anfangen, gab ihm B aber Holz und Steine, so konnte A sich ein Haus bauen. Das Geld ist an und für sich kein Wert, es gewährt nur die Möglichkeit, Werte zu beschaffen. Diese Werte treten, nachdem sie beschafft sind, an die Stelle des Geldes. A hat, wenn sein Haus fertig ist, das Geld nicht mehr, welches ihm B geliehen hatte, dem B ist auch nicht mehr dieses Geld verpfändet, sondern für dasselbe haften die Werte, die an seine Stelle getreten sind, das Holz, die Mauersteine, der Dachschiefer, die Öfen, Thüren,

Fenster, Fußböden u. s. w. Nicht das Geld, sondern diese Werte hat
B dem A thatsächlich geliehen; daß er ihm das Geld gab, war nur
die Form, er wußte, daß A für das Geld die Werte beschaffte, er hätte
ihm, wenn das nicht geschah, das Geld nicht geliehen. Nun werden
diese Werte vom Zahn der Zeit zerfressen, was B dem A geliehen
hat wird also wertlos, B kann aber dennoch nach 100 Jahren den
vollen ursprünglichen Wert zurückfordern, als wäre die Wertverminderung
gar nicht eingetreten. Das ist eben die Fiktion des Römischen Rechtes.
Weil Geld, der Wertmesser, geliehen ist, um Werte zu beschaffen, so
bleibt die Forderung unverkürzt, trotzdem daß die beschafften Werte
nicht mehr vorhanden sind oder sich vermindert haben. Das römische
Recht geht von dem falschen Satze aus, daß Geld Wert sei statt Wertmesser. Als das Haus neu gebaut war, hatte es den Wert in Geld,
den es gekostet hatte, weil eben die Werte, die in ihm steckten, den
Preis in Geld hatten, nach 100 Jahren haben diese Werte einen viel
geringeren oder fast gar keinen Preis mehr, B aber hat das Recht,
den Preis des ursprünglichen Wertes, der gar nicht mehr vorhanden
ist, zurückzufordern.

Hätte dagegen B dem A ein fünfjähriges Pferd zu einem bestimmten
Jahrespreise geborgt und A hätte es fünfzehn Jahre gefahren, das
Pferd wäre zwanzig Jahre alt geworden, so könnte B kein fünfjähriges
Pferd von A zurückfordern.

Warum sollen wir die römische Fiktion, daß das in Form der Geld-
zahlung Geliehene keine Wertminderung erfährt, aufrecht erhalten? Ist
sie gerecht? Entspricht sie der Wirklichkeit? Ist es ungerecht, wenn
wir sagen: weil für das geliehene Geld Werte beschafft werden, das
Verhältnis also dasselbe ist, als wenn der Gläubiger dem Schuldner
die Werte unmittelbar geliehen hätte, die dieser sich für das geliehene
Geld beschafft hat, weil diese Werte sich konsumieren, so muß auch die
Forderung dieser Konsumtion Rechnung tragen und sich entsprechend
vermindern?

Ich habe somit ein Gesetz im Auge, welches bestimmt: Jede
Schuldforderung vermindert sich von selbst in einem jeden Jahre um
einen bestimmten Prozentsatz.

Der Hypothekengläubiger steht dann noch immer besser da als der
Schuldner, denn seine Rente ist sicher, während diejenige des Schuldners
unsicher ist. B hat stets seine Zinsen zu fordern, A hat, wenn er sein
Haus nicht vermietet, keine Einnahme. B bekommt ferner die Zinsen
immer wieder zum vollen Betrage gezahlt, auch wenn das Kapital sich
durch Amortisation verringert hat.

Nehmen wir unser Beispiel einmal umgekehrt. B ist Bauunter-
nehmer und hat das Haus gebaut. Er verkauft es an A und läßt
18000 Mark Restkaufgeld stehen. Hier hat er thatsächlich kein Geld

geliehen, sondern Material. Das Material wird alt und verliert an Wert. Er bekommt trotzdem dieselben Zinsen. Ist das nicht genug? Kann er darüber klagen, wenn seine Forderung sich allmählich amortisiert? Ist das Gegenteil nicht eigentlich die Ungerechtigkeit? Und wenn die Folge dieser Ungerechtigkeit die ist, daß wir alle viel zu teuer wohnen, weil wir das ursprüngliche Kapital verzinsen helfen müssen, weil wir für einen unentbehrlichen Wert, das Obdach, mehr ausgeben müssen, als nötig ist, schädigt das nicht den Nationalwohlstand?

Man wird einwenden, der Gedanke sei ein ungerechter. Denn wenn der Gläubiger das Geld, was er als Darlehn gäbe, anders verwenden wollte, so könnte er auch anderen Gewinn ziehen, also habe er auch das Recht auf den vollen Gewinn aus der Hypothek. Dieser Einwand ist hinfällig. Entweder er kauft mit dem Gelde Werte, dann konsumieren sich diese Werte mit der Zeit ganz ebenso wie das Haus, und der Vorteil, den er durch die eiserne Hypothek hat, fällt weg oder er arbeitet, z. B. fabriziert mit dem Gelde. Dann liegt die Sache ganz anders, denn dann schafft er eben Werte und beteiligt sich an der nationalen Arbeit.

Der gemachte Vorschlag bedarf selbstverständlich der weiteren Ausführung in Bezug auf Kündbarkeit, Zinsfuß u. s. w. Auf diese Ausführung muß ich verzichten. Nur eins möchte ich bemerken. Wenn man sagt, das Kapital wird auf solche Bestimmung nicht eingehen, es wird sich zurückziehen oder ins Ausland wandern, so täuscht man sich. Das Kapital ist dazu gar nicht im stande. Denn woher soll das Edelmetall genommen werden, welches es zurückfordert? Ferner weiß es schließlich nicht mehr, wo es sich placieren soll, die Welt ist ihm bereits zu sehr verschuldet. Das Ausland ist, wie Griechen und Portugiesen beweisen, sehr unsicher. Seine Milliarden an Hypothekenforderungen kann das Kapital nicht so leicht anderwärts placieren, es wird sich auch hüten, das zu thun, denn es würde dadurch die Sicherheit der Anlage verlieren.

Vielleicht würde eine Erhöhung des Zinsfußes eintreten. Dem ließe sich vorbeugen durch gesetzliche Bestimmungen, und es ist auch noch nicht gesagt, daß die Erhöhung wirklich zur Wahrheit wird, selbst wenn sie aber eintritt, so ist der Vorteil doch noch größer als der Schaden. Denn angenommen, der Hypothekenzinsfuß steigt wieder von vier auf fünf Prozent, und der Schuldner zahlt ebensoviel an Zinsen mehr als seine Schuldforderung sich vermindert, so amortisiert sich eben letztere doch von selbst, sie muß sich herabmindern.

Zweiter Vorschlag:

Wirklich nütze ist der Nation nur die unentbehrliche Werte schaffende Arbeit, die wertvermittelnde und wertsichernde ist, wie oben ausgeführt, ein notwendiges Übel. Die unentbehrliche Werte schaffende Arbeit muß um der wirtschaftlichen Unabhängigkeit der Nation willen geschützt, gleichzeitig aber dafür Sorge getragen werden, daß der Bezug der Werte ein möglichst billiger ist.

Wenn nun unsere wirtschaftlichen Verhältnisse es mit sich bringen, daß die Wertvermittlung lukrativer ist, als die Wertschaffung, wenn diese Wertvermittlung die Werteschaffung schwer belastet, wenn also diejenigen, die keine Werte schaffen, nicht nur von denen, welche Werte schaffen, ernährt werden, sondern ihnen diese Wertbeschaffung so erschweren, daß die Werteschaffenden um ihre Existenz ringen müssen, während die Wertvermittler Reichtum auf Reichtum häufen, wenn sich das nicht ändern läßt, so bleibt als einziger Ausweg übrig, daß die Gesamtheit das Recht der Wertvermittlung für sich in Anspruch nimmt, es also zum Monopol macht. Dann zieht sie den Gewinn und er kommt allen zu gute. Dementsprechend fordere ich die Monopolisierung des Getreidehandels, der Kohle, des Geldverkehrs, des Versicherungswesens. Über diese Materie ist pro und contra so viel geschrieben, daß ich mich der näheren Ausführungen enthalte.

Nur den Vorwurf, damit bereiteten wir den socialdemokratischen Zukunftsstaat vor, weise ich zurück. Wir haben das Heer- und das Verkehrswesen monopolisiert, ohne den socialdemokratischen Staat eingerichtet zu haben; wir werden letzteres ebensowenig thun, wenn wir einzelne Zweige des Zwischenhandels zum Staatsmonopol machen. Im Gegenteil, wir werden die Staatsgewalt der Socialdemokratie gegenüber kräftigen und stärken und letzterer einen Teil ihrer Waffen entwinden.

Zur Zeit sind wir noch durch Handelsverträge gebunden. Aber wenn wir diese Monopole einführen wollen, so bedürfen wir zu den Vorbereitungen mehr Zeit, als die Dauer der Handelsverträge beträgt.

Dritter Vorschlag! Verminderung der Aufsaugekraft der großen Vermögen durch höhere Besteuerung! Ich sehe in dem ständigen Anwachsen großer Vermögen und in dem Aufsaugen der kleinen wirtschaftlichen Existenzen eine wirtschaftliche Kalamität, einen Notstand ersten Ranges, eine schwere Krankheit unserer Zeit. Wie ich glaube dargelegt zu haben, sind die Machtmittel des Kapitals an und für sich und durch den Beistand, den ihm unsere Gesetzgebung leistet, so ungeheure, daß der Mittelstand bereits zum großen Teil unterliegen mußte, und weiter bis zum letzten Rest unterliegen muß. Mir kommt es also weniger darauf an, die Steuererträge zu erhöhen, für so wünschenswert ich das auch halte, als dem Kapital die Fähigkeit zu beschränken, den Mittelstand aus- und aufzusaugen, die wertschaffende Arbeit durch seine wertvermittelnde Thätigkeit gänzlich zu unterjochen. Das könnte geschehen durch eine Reform unseres Steuersystems, und zwar in der Weise, daß man durch eine hohe Besteuerung die Einkünfte des Großkapitals verminderte.

Was heißt Steuer? Beitrag zu den Gemeinkoſten aus dem Überſchuß des Cenſiten.

Beitrag zu den Gemeinkoſten. Hier muß doch billigerweiſe der Anteil, den der Cenſit an denjenigen Einrichtungen hat, welche aus den Gemeinkoſten beſtritten werden, in Anrechnung kommen. Dieſer Anteil iſt ein ungemein verſchiedener. Der kleine Beſitzer, der kleine Gewerbetreibende wird durch die Staatseinrichtungen viel weniger berührt, er participiert im weſentlichen nur an den öffentlichen Inſtitutionen, die ſeinen Wohnort direkt betreffen. Machen wir dagegen einmal das Konto auf für einen großen Induſtriellen!

Er beſchäftigt 1000 Arbeiter oder mehr. Wo kommen denn dieſe Arbeiter her? Hat er ſie groß gezogen, d. h. zu ihrem Großwerden irgend eine Beiſteuer geleiſtet? In den ſeltenſten Fällen. Nein, die bürgerliche Geſellſchaft hat dieſes Großziehen für ihn bewirkt. Die Arbeiter müſſen intelligent ſein in unſeren Tagen. Woher haben ſie die Intelligenz? Sie haben kein Schulgeld zahlen brauchen, die Kommunen in ihrer Heimatsprovinz haben die Schulen unterhalten, der Staat hat Zuſchüſſe, oft ſehr bedeutende Zuſchüſſe geleiſtet, er hat die Lehrer auf ſeine Koſten ausbilden laſſen.

Der Fabrikherr hat Beamte, Ingenieure u. ſ. w., die eine höhere Schulbildung erhalten, Gymnaſien, techniſche Inſtitute beſucht haben. Dieſe Lehranſtalten koſten Geld, ſehr viel Geld, das Schulgeld deckt die Koſten nicht. Wer hat die Zuſchüſſe gezahlt? Die Kommune, der Staat, alſo wiederum die bürgerliche Geſellſchaft.

Zum Vertrieb der Ware gehören geordnete ſtaatliche Zuſtände, mit den dazu erforderlichen Einrichtungen, Juſtiz, Polizei u. ſ. w. Nicht nur an dem Ort, wo die Waren hergeſtellt, ſondern überall da, wo ſie in den Handel kommen und verbraucht werden, muß kulturelle Sicherheit und Ordnung herrſchen, muß der geſamte Organismus des modernen Staatsweſens funktionieren. Wenn Ware verfrachtet, ein Kolli geſtohlen, der Dieb ermittelt und beſtraft, die geſtohlene Ware ihm abgenommen und dem Eigentümer wieder zugeſtellt wird, ſo verurſacht das doch Koſten, und vor allem verurſacht es Koſten, daß die dazu benötigten Einrichtungen überhaupt vorhanden ſind, daß ihr Vorhandenſein den Verkehr ſichert und derartige Diebſtähle zu den Seltenheiten macht. Nicht nur der Fabrikbeſitzer, auch der Millionenrentier profitiert von ihnen. Denn er hat ſein Vermögen in Aktien, Hypotheken, Effekten angelegt, alſo in Werten. Überall da, wo die ſtaatlichen Einrichtungen dieſe Werte ſichern, kommen ihm die dazu erforderlichen Aufwendungen zu gute. Schließlich iſt zu bedenken, daß wir in unſeren Tagen die Armee ebenſo nötig haben, um den Ausbruch einer Revolution zu verhindern und damit Eigentum, Handel und Verkehr zu ſchützen, als gegen den äußern Feind. Wollte man den gesamten Anteil, den das Großkapital an den Staatseinrichtungen in allen diesen Beziehungen hat, zu Gelde rechnen, so käme eine sehr große Summe heraus, welcher die Steuerleistung in keiner Weise entspricht, ganz abgesehen davon, daß die indirekten Steuern zum viel größeren Teile von den Massen aufgebracht werden, daß die Gemeinde-, Schul- u. s. w. Steuern in kleinen Orten oft exorbitant hoch sind, und daß die Wehrsteuer nicht in Geld, sondern in natura geleistet wird, das Großkapital daher nur eine sehr geringe Rate leisten kann.

Steuer ist ferner Beitrag zu den Gemeinkosten vom Überschuß der Censiten. Wer nichts hat, kann nichts steuern, und wer nur den notwendigsten Lebensunterhalt erwirbt, desgleichen. Aber wenn der Staat seinen Angehörigen zwangsweise vom Überschuß nimmt, um seine Ausgaben zu bestreiten, sollte er nicht bei denen anfangen, die den meisten Überschuß haben, und ihnen so viel abnehmen, bis das Einkommen der nächsten Stufe erreicht ist, dann diese Stufe mit heranziehen u. s. w., bis der Steuerbedarf gedeckt ist? Dann würde eben Überschuß wirklich als Überschuß gelten, denn die so hoch besteuerten oberen Finanzschichten würden genau so viel zum Leben übrig behalten, als diejenige Schicht, bei der die Steuererhebung stehen geblieben ist, die doch auch mit dem was sie übrig behält, leben muß und dabei noch mehr zum Leben hat als die ihr folgende, von der Besteuerung frei gebliebene Schicht.

Ein solches Steuersystem ist unmöglich. Das aber wäre sicher: wenn es möglich wäre, so würden wir weit sparsamer wirtschaften, die oberen, in dem Parlamente maßgebenden, Schichten würden, wenn sie, und nicht die breiten Massen die Steuerlast zu tragen hätten, die Hand ganz anders auf den Beutel halten.

Nicht so unmöglich aber ist die gleichmäßige Progression. Wenn ich 1000 Mark Einkommen habe, so wird mir die Steuerleistung selbstverständlich sehr viel schwerer, als wenn mein Einkommen ein doppelt so hohes ist. Es entspricht daher durchaus der Gerechtigkeit, wenn ich von dem höheren Teil des Einkommens eine höhere Steuer zahle. Thatsächlich zahlt auch in Preußen derjenige, welcher 2000 Mark Einkommen hat, einunddreißig Mark Steuern, der, welcher 1000 Mark jährlich einnimmt, sechs Mark. Also, wenn die Summen dieser Stufen von 1000 auf 1000 ohne Zwischenstufen stiegen, so würden von jedem Hundert des ersten Tausend 60 Pfennige, vom Hundert des zweiten 250 Pfennige gezahlt. Diese Progression geht aber nicht so weiter, und vor allem nach oben nicht. Wollte man sagen, vom ersten Tausend wird 1 Mark Steuer gezahlt, vom zweiten 2 Mark, vom dritten 4 Mark, vom vierten 8 Mark u. s. w., so wäre das anscheinend nicht ungerecht, denn vom ersten Tausend zahlten sie alle die gleiche Steuer, vom zweiten ebenso u. s. w. Da kämen aber schon beim elften Tausend

1024 Mark heraus, alſo mehr als es leiſten kann. Das wäre alſo in den höheren Stufen gleichbedeutend mit einer Konfiskation der Einnahmen, die nicht angänglich iſt. Wie aber, wenn man ſagte: eine Einnahme muß den Cenſiten von jedem Steuerobjekt bleiben, die Steuer darf es nicht abſorbieren, indeſſen iſt nur nötig, daß man die Grenze firiert, daß die Steuer eine beſtimmte Quote des Einkommens nicht über= ſteigen darf. Dabei iſt aber an dem Prinzip feſtzuhalten, daß die Steuer vom erſten Hundert für alle die gleiche iſt, und nach oben gleichmäßig progreſſiv ſteigt mit jedem Hundert. Würde man z. B. vom erſten 100 Mark 1 Pfennig und von jedem ferneren 100 1 Pfennig mehr Steuer nehmen, dabei aber 50 Mark vom 100 als Grenze feſt= ſetzen, ſo würde dieſe Grenze erſt bei einem Einkommen von 500000 Mark erreicht werden. Die etwa hundert Cenſiten, welche mehr als eine halbe Million Einnahme haben, würden die Hälfte dieſes Überſchuſſes als Steuer zahlen müſſen, und dadurch verhindert werden, dieſe Hälfte wie bisher zu Kapitalanlagen zu verwenden. Dadurch würde der Auf= ſaugekraft der großen Kapitalien ein Halt geboten, und gleichzeitig träte eine bedeutende Entlaſtung der unteren Stufen ein.

Indeſſen iſt an eine Änderung in dieſer Beziehung kaum zu denken. Gegen eine höhere Beſteuerung, gegen eine Aufhebung ſeines Privilegs, würde das Kapital alle Mittel, die ihm zu Gebote ſtehen, in Bewegung ſetzen. Anders liegt vielleicht die Frage mit der Erbſchaftsſteuer.

Mit dem Tode hört das Eigentumsrecht des Menſchen that= ſächlich auf. Er iſt nicht mehr da, und daher kann er auch keine Rechte haben. Daß er über ſeinen Nachlaß verfügen kann, iſt dem Naturrecht gegenüber eine Anomalie, eine Fiktion, alſo iſt es eine Ver= günſtigung, welche ihm die Geſellſchaft, der Staat zuerkennt. Weil es aber eine Vergünſtigung iſt, kann die Geſellſchaft die benötigte Grenze ziehen, ſie kann das nicht nur, nein, ſie muß es thun, wenn die volle Ausnutzung der Vergünſtigung ihr, der Geſellſchaft ſelbſt, Schaden zufügt.

Vor einiger Zeit hinterließ ein Mann, der mit nichts angefangen hatte, jedem ſeiner Kinder ſieben Millionen Mark, den jüngſten Kindern noch etwas mehr. Das Vermögen war auf ehrenhafteſte, ehrlichſte Weiſe erworben, durch Genie, Geſchick, Fleiß. Aber war es nicht doch gewonnen dadurch, daß es den übrigen Volksgenoſſen entzogen wurde? Kann man ein ſolches Vermögen als einen angemeſſenen Arbeitslohn auch des fleißigſten Lebens anſehen? Die Revenuen von ſieben Millionen verbraucht keines der Kinder, die erübrigten Zinſen werden wieder angelegt und ziehen neue Zinſen aus dem Lande. Ja, wenn wir reich wären, wenn jeder ſein gutes Auskommen hätte, ſo brauchten wir uns nicht darum zu kümmern, ob es große Vermögen gäbe, wir könnten ſolche Einkünfte ihrem Beſitzer gönnen; ebenſo wenn ſolche große Ver=

mögen eine Ausnahme wären, wie das Fuggersche zur Zeit Karls V. Aber wir sind arm, bettelarm, das Reich, der Staat, die Kommune, ganze Erwerbsstände stecken in Schulden, wissen kaum noch wie sie die Zinsen aufbringen sollen, müssen die allernotwendigsten Ausgaben einschränken, auf die Ausführung von großen, dringend benötigten kulturellen Aufgaben verzichten. Und da soll die Gesellschaft nicht das Recht haben zu sagen: Mit dem Tode hört das Eigentumsrecht auf, die Vergünstigung, die ich seiner Fortdauer gebe, muß ihre Grenze haben. Ich bewillige, wenn die Erbquote höher ist, jedem Kinde eine Million, den Rest verwende ich für die Gesamtheit.

Man beklagt das Anwachsen zu großer Vermögen einer-, die zunehmende Verarmung andererseits, den klaffenden Gegensatz zwischen reich und arm, die Gefahren, die er schafft. Man klagt und klagt und man thut nichts. Ich glaube nicht, daß auch nur einer meiner Vorschläge die allergeringste Aussicht hat realisiert zu werden. Aber sie regen vielleicht zum Nachdenken an, sie rufen vielleicht andere hervor. Die Not ist groß; aber man will ihr nicht auf den Grund sehen, die wertschaffende Arbeit kann nicht mehr bestehen, viele Vermögensexistenzen gehen zu Grunde, das Proletariat nimmt zu, der Mittelstand ab. Schließlich wird auch das Kapital daran glauben müssen, denn in einem verarmten Lande kann es sich nicht placieren. Wir befinden uns trotz der großen Kapitalien, die sich angehäuft haben, trotz des Aufschwunges der Industrie, trotz der Ausbildung des Verkehrswesens, trotz der Fortschritte der Wissenschaft und der Technik auf wirtschaftlich abschüssigem Wege, und aus dem Blick in die weitere Zukunft ist absolut keine Aussicht auf durchgreifende, anhaltende Besserung herzuleiten, weder aus den Verhältnissen des Inlandes, noch aus denjenigen des Auslandes heraus.

Man sagt: die Schuld liegt an der übermäßigen Waffenrüstung. Zum Teil ja; aber nicht so ganz. Wenn wir unser Heer abschaffen und die Summe, die es kostet, zur Schuldentilgung verwenden, nach Tilgung unserer Schulden dann dieselbe Summe zu kulturellen Ausgaben benutzen könnten, so müßte der Großkapitalist Staat dem übrigen Großkapitalismus eine Weile Gegenpart halten. Aber nur eine gewisse Zeit, denn wenn die Verhältnisse so bleiben, wie sie sind, so würde die allgemeine Verarmung doch rapid zunehmen und die wirtschaftliche Aktion des Staates lahm legen, außerdem vergißt man, daß der größte Teil des Geldes, welches der Staat für die Armee ausgiebt, unmittelbar in das Land fließt, daß außer der Armee selbst noch Tausende von diesem Gelde leben, die bei einer Verminderung des Effektivbestandes in große Kalamitäten geraten würden.

Und wenn unsere Nachbarn Urfehde schwören wollten, haben wir die Bajonette nicht nötig, um die unzufriedenen, aufrührerischen Elemente im Zaume zu halten? Ist, so lange die Socialdemokratie so stark ist wie heute, und noch immer zunimmt, an eine so bedeutende Verminderung des Heeres zu denken, daß unsere Finanzlage wesentlich umgestaltet werden würde?

Nach außen und nach innen ist die Abrüstung kein Faktor, mit dem wir rechnen können, damit fällt aber auch der letzte Hoffnungs-anker fort.

Helfen kann uns nur eine Reform im großen Stile, die Aufhebung der Kapitaloberherrschaft, die Entlastung der wertschaffenden Arbeit, ihre Wiedereinsetzung auf den Platz, der ihr und den Werten, die sie erzeugt, gebührt, und die Ausgestaltung des Staatswesens zu einer wirtschaftlich dominierenden von der Schuldknechtschaft befreiten Macht.

Diesem Ziele müssen wir zustreben, so lange es noch Zeit ist, auf dem einen oder dem anderen, aber auf einem Wege, der uns heraus-führt aus der Misere, in der wir uns befinden, und uns rettet vor dem Untergang. Unser Volk in allen seinen Schichten fleißig, treu arbeitend, sich quälend, notdürftig sich nährend, vielfach darbend, und doch bereit zu tragen, sich führen zu lassen, unser Land mit seiner glor-reichen Vergangenheit haben es nicht verdient, zu Grunde zu gehen am Manchestertum, am wirtschaftlichen Prinzip des laissez faire, laissez aller. Es ist viel deutsches Blut geflossen im neunzehnten Jahrhundert, soll es geflossen sein für die Misere im zwanzigsten oder soll im zwan-zigsten neues Blut in Strömen fließen, vergossen von deutscher Bruder-hand an deutschen Brüdern. Noch ist es Zeit zur Reform, aber die Zeit ist sehr kurz!

Fünftes Kapitel

Reform der Armen= und Schutzpflege.

Sollte es uns gelingen, auf den in dem vorangegangenen Kapitel bezeichneten oder auf anderen Wegen das richtige Verhältnis zwischen werteschaffender und wertevermittelnder Arbeit wieder herzustellen und damit der unaufhaltsam fortschreitenden Verarmung und Verschuldung der Nation, der Einzelnen wie der Kommunen, des Staates wie des Reiches Einhalt zu thun, so wäre damit nur ein Teil des Reformwerkes, das der Revolution entgegenarbeiten soll, gethan. Neben und außer denen, welche Werte schaffen und vermitteln, giebt es noch Viele, Ungezählte, die keines von beiden thun, die der Nation, der bürgerlichen Gesellschaft zur Last liegen, von ihr unterhalten werden müssen. Es sind die Armen und Elenden, die Arbeitslosen, Arbeitsscheuen, Verwahrlosten, Verlorenen, Verkommenen. Ihre Zahl ist größer denn je zuvor, und sie sind ein gefährliches Element, mit dem unsere Zukunft rechnen muß, weil aus ihnen die Scharen beutelustiger Dunkelexistenzen hervorströmen, die der Revolution sich zugesellen ohne ihren Prinzipien zu huldigen, nur weil sie im Trüben fischen, stehlen, morden, rauben, schänden wollen ungestraft und ungehindert, so lange die Revolution andauert, durch das Gesetz und seine Wächter, weil sie es sind, welche die Massen antreiben werden zu Blutthaten, um eine unübersteigliche Kluft zu schaffen zwischen der Revolution und der Rückkehr zur Ordnung.

So lange ein allgemeiner Aufstand die Sicherheit hat, daß ihm ungeheure Massen verkommener und verlorener Existenzen ungesäumt zuströmen, so lange diese Massen durch unsere sociale Entwickelung, durch die gänzliche Unzulänglichkeit der Mittel, mit denen wir das Elend bekämpfen, immer größer werden, so lange bleibt auch die Situation eine gefährliche, die Zukunft eine unsichere und gespannte. Auch hier hat deshalb die Gesamtreform einzusetzen und, wie immer wiederholt werden muß, große Mittel anzuwenden.

Gerade hier kommt es darauf an, der Socialdemokratie ihre eigenen Waffen zu entwinden, um sie mit denselben erfolgreich zu bekämpfen, den Kern von Wahrheit, der in ihrem Irrtum enthalten ist (S. 9), herauszuschälen. Es ist unbestreitbar, daß das Elend, mit dem ein großer Teil der Menschheit behaftet ist, einen Schandfleck bedeutet für unser Jahrhundert, daß neben einem Reichtum, wie ihn frühere Zeiten nur vereinzelt kannten, wie er sich aber unseren Tagen als Massenerscheinung darstellt, neben einem Wohl- und Genußleben, das unseren Vätern fremd war, ein Elend hergeht, eine Not und ein Darben, ein Verwahrlostsein, ein Verlorengehen und Verkommen, wie es der Vorzeit ebenso fremd war, und dem unsere Zeit nur in unvollkommenster Weise zu begegnen weiß. Dafür, daß sie das nicht weiß, haben wir keine Entschuldigung. Denn die Mittel und Wege sind da, es fehlt uns nur an der Entschlußfähigkeit, sie anzuwenden.

Ich sagte, das Elend unter dem so Viele seufzen, sei ein Schandfleck für unser Jahrhundert; mit ebenso großem Recht kann man sagen, es sei sein Stolz, mit wie unendlich vielen Mitteln die Menschheit bemüht ist, dieses Elend zu lindern. Wo ein Schaden, da ist auch das Mittel bereit, ihm abzuhelfen. Aber wir sind eben ungeschickt. Die Arbeit ist eine unendliche, aber im Gesamtresultat eine vergebliche. Das Elend steigt und steigt, der Prozentsatz, an welchen die Hilfe heranzukommen vermag, und der Mut derer, welche den Schaden bekämpfen und vom centralen Standpunkt aus die Resultate zu überschauen vermögen, wird immer geringer. Der Gründe hierfür giebt es viele, sie liegen klar zu Tage, wir können hier nur einige derselben darlegen.

Zunächst sei an das erinnert, was im dritten Kapitel ausgeführt ist, an die mangelnde Überwachung der erwerbsarbeitenden Jugend im Alter von vierzehn zu zwanzig Jahren. Die Infektion aus dieser Zeit steckt in Seele und Leib, und spätere Schutzpflege vermag die Krankheit nur schwer zu heilen.

Dann aber kommt, wie auch schon mehrfach hervorgehoben, hinzu, daß die offiziellen Organe dem Grundsatze des laissez faire, laissez aller huldigend, die Hände in den Schoß legen und die Heilung der Schäden der Vereinsthätigkeit überlassen. Diese Vereinsthätigkeit und die kirchliche und kommunale Schutz- und Armenpflege mit ihr ist wiederum trotz aller Vielseitigkeit und Mannigfaltigkeit eine specialistische, partikularistische, willkürliche. Hier wird der eine Zweig kultiviert, dort der andere, an einem Ort, in einem Bezirk ist zur Beseitigung eines Schadens ein vorzügliches Institut, eine vortreffliche Anstalt, anderwärts ist nichts derart vorhanden, obwohl das thatsächliche Bedürfnis ganz dasselbe, ja vielleicht noch größer ist. Dafür giebt es hier dann wieder andere Veranstaltungen, die auf der erstgedachten Stelle fehlen.

Gewiß, gleichartige Bestrebungen thun sich zusammen, es giebt Bezirks-, Provinzial-, Landes-, deutsche Centralvereine mit den entsprechenden Versammlungen, Ausschüssen, Vorständen u. s. w. Aber das Netz ist selten ein vollständiges, es zeigt fast überall große Lücken, und nicht nur selten, nein allzuoft sind die Lücken größer als das Netz, und der Name „Deutscher Central-", „Allgemeiner Deutscher-" u. s. w. Verein wird nicht mit Recht geführt, der Vorstand ist einem Offizierkorps ohne Soldaten, einem Stabe ohne Truppenkörper zu vergleichen. Untereinander haben aber diese Centralvereine entweder gar keine oder eine nur sehr lose Verbindung zuweilen nur derart, daß ihre Vorstandsmitglieder dieselben Personen sind. So ist das Bild aller dieser Bestrebungen demjenigen ähnlich, welches das alte deutsche Reich darbot, als es noch in Hunderte von kleinen Territorialherrschaften zersplittert und zerklüftet war.

Daneben nun die offizielle Armenverwaltung. Sie beschränkt sich meist auf das allernotwendigste und kann mit Rücksicht auf die Steuerzahler auch nicht anders handeln. Die Systeme im übrigen ebenso verschieden wie bei den Vereinen. Dann aber, je weiter nach unten, um so mangelhafter die Leistung, weil die Kräfte fehlen. Armen- und Schutzpflege u. s. w. bedürfen weit weniger der Geldmittel wie der Intelligenz, der Menschen-, der Kenntnis aller möglichen Verhältnisse, der Thatkraft, vor allem der Beharrlichkeit, ganz abgesehen von dem, was die Hauptsache ist, dem warmen Herzen. Wie sollen sich in der Dorf-, in der Zwerggemeinde die geeigneten Persönlichkeiten, ausgestattet mit diesen unentbehrlichen Eigenschaften, immer vorfinden, das ist unmöglich!

Neben den Kräften fehlen den kleinen Armenverbänden selbstverständlich auch die Mittel. Sie können überhaupt keine Anstalten für die geschlossene Pflege, geschweige denn Spezialanstalten errichten; letztere fehlen auch den größeren wie den erweiterten (Kreis-) Verbänden. Tritt die geschlossene Pflege wirklich ein, so werden die heterogensten Elemente in eine Anstalt zusammengepfercht; aber auch da, wo wirklich für verschiedene Zweige und Kategorieen entsprechend gesorgt ist, bleiben doch viele übrig, denen die geschlossene Armenpflege zu teil werden müßte, aber nicht zu teil wird, und die Substrate der offenen sind oft großem Mangel ausgesetzt.

Gewiß es giebt Ausnahmen, Orte, Bezirke, in denen für alles gesorgt ist, aber sie sind doch nur Oasen in der Wüste.

Zu alledem steht nun die Entwickelung unserer socialen, Verkehrs-, Arbeits- und Lebensverhältnisse seit Jahrzehnten in einem schneidenden Gegensatz. Freizügigkeit, Gewerbefreiheit, die Verhältnisse des Arbeitsmarktes, die Ausdehnung des Eisenbahnnetzes haben den Wandertrieb, der dem Deutschen angeboren ist, man möchte sagen, zur Manie gemacht.

Die erwerbsarbeitende Bevölkerung befindet sich in einer beständigen Fluktuation, und wandert sie nicht freiwillig von Ort zu Ort, so wird sie auf dem Lande von den kleinen Armenverbänden dazu gezwungen, die keinen, von dem sie irgendwie voraussetzen, er könnte unterstützungsbedürftig werden, zwei Jahre im Orte lassen. Gerät nun jemand in Not, sei es, daß er die öffentliche Armenpflege in Anspruch nehmen muß, sei es, daß er Substrat der Vereinspflege wird, so hängt es rein vom Zufall ab, in welchem Maße, in welcher Art, ja ob ihm überhaupt Fürsorge zu teil wird. An einem Ort kann das für sein specielles Bedürfnis in ausreichendster Weise geschehen, am anderen fehlt jede, auch nur die allergeringste Veranstaltung dazu, und er bleibt seinem Elend preisgegeben. Nun ist aber die Voraussetzung jedweden Pflegeerfolges Kontinuität. Zu allermeist treten bei den Defekten, welche die Pflege notwendig machen, Rückfälle ein, auch bedarf der Pflegling im Zustande der körperlichen, wirtschaftlichen oder moralischen Rekonvalescenz fortdauernder Aufsicht und Einwirkung. Solche ist aber bei einem Ortswechsel unmöglich, da die verschiedenen Ortsvereine und Verwaltungen zu allermeist der Verbindung untereinander entbehren. Somit geht vielfach die Frucht der Arbeit verloren.

Die Folge von alledem sind ungeheurer Kräfteaufwand, nicht minder großer Aufwand an Geldmitteln und sehr geringe praktische Resultate. Wir arbeiten wirklich mit der allergrößten Sparsamkeit und vergeuden doch Millionen, wir schaffen bis zur Überanstrengung, und es kommt nichts heraus, wir wollen dem Elend abhelfen, und es wird immer größer. Warum? Weil die gesamten Einrichtungen nicht mehr auf unsere Zeit passen. Wo einmal Eisenbahnen und Telegraphen eingeführt sind, kann man mit der besten Postkutsche, wo die Dampfmaschine die Regel für den Betrieb bildet, mit der fleißigsten Handarbeit nicht mehr schnell genug vorwärts kommen.

Aus den Einzelfähnlein, welche die einzelnen Städte, Landschaften u. s. w. dem Kaiser stellten, haben wir Landesheere, aus den Landesheeren ein Reichsheer geschaffen. Ohne Rücksicht auf den Gau, dem er entstammt, wird der Deutsche der Armee eingereiht, da, wo er bei der Aushebung sich aufhält. Post, Eisenbahn, Telegraph haben wir verstaatlicht bezw. zur Reichssache gemacht. Warum? Weil die partikuläre Verwaltung für die Gegenwart nicht mehr paßte, weil das faktische und praktische Leben die Landesgrenzen übersprang, weil die centrale Verwaltung unvermeidlich, die lokal-partikuläre zur Unmöglichkeit wurde. Das Gleiche gilt von der Armen- und Schutzpflege. Die Substrate solcher Pflege und gerade diejenigen, die ihrer am meisten bedürfen, haben zu allermeist keinen inneren Zusammenhang mehr weder mit dem Geburts- noch mit dem Wohnort, und deshalb können weder die Heimatsgemeinde noch der Unterstützungswohnsitz ihre Pflegeverpflich-

tungen mit Erfolg ausüben. Der Staatssteuercensit zahlt seine Staats-
steuern ohne Rücksicht darauf, wo er herstammt und wo er wohnt, nach
demselben Satz, während in früheren Zeiten nicht das Individuum,
sondern der Ort, der Gau, der Stand die Steuer aufbrachte. So
muß auch Unterstützung und Schutzpflege, wenn sie erfolgreich wirken
soll, gewährt werden, ganz gleich, wohin der Unterstützte gehört, und
sie muß dieselbe gleichartige sein.

Am besten wäre es, man machte Armen- und Schutzpflege zur
Reichssache. Da das zu großen Schwierigkeiten begegnen würde in
unserem Bundesstaat, so bleibt nichts übrig, als sie zunächst zur Staats-
sache zu machen. Das widerstrebt dem Gefühle Vieler und widerspricht
dem Ideale der Meisten, aber für derartige Gefühle und Ideale ist
unsere Zeit nicht mehr angethan. Es handelt sich um Sein oder Nichtsein,
und wählen können wir nicht mehr, wenn wir weiter bestehen wollen.

Glücklicherweise kommt hier der Geldpunkt nicht in Frage; man
fürchtet zwar immer, eine Verstaatlichung der Armenpflege würde un-
erschwingliche Kosten verursachen, aber diese Furcht ist irrig. Im Gegenteil, wenn wir die Sache richtig anfangen, können wir Millionen ersparen.

Ich habe die feste Überzeugung, daß, wenn der Staat die bisherige Armensteuer von den einzelnen Gemeinden und Verbänden, sagen
wir nach dem letzten dreijährigen Durchschnitt, weiter erhebt, vorbehalt-
lich einer späteren gleichmäßigen Verteilung, wenn er eine Anleihe
macht, um die benötigten Einrichtungen zu treffen, und die Zinsen dieser
Anleihe und die sonstigen laufenden Ausgaben aus der Armensteuer
bestreitet, wenn er diese Verwaltung als eine von den übrigen budge-
tarisch getrennte führt, ich habe, sage ich, die feste Überzeugung, daß
er dann nicht nur mit der Steuer auskommen, sondern einen be-
trächtlichen Teil der Anleihe in verhältnismäßig kurzer Zeit zurück-
zahlen und schließlich dahin gelangen kann, die Steuer bedeutend
herabzumindern.

Armut ist einer Krankheit zu vergleichen und wie eine solche im
Einzelfalle entweder vorübergehend, d. h. heilbar, oder andauernd,
d. h. unheilbar. Nun braucht bei richtiger Organisation die Pflege
der unheilbaren Fälle dem Staate in keiner Weise teurer, im Gegenteil, sie muß ihm durch Centralisation billiger zu stehen kommen wie
dem Einzelverbande, ganz ebenso, wie Engroseinkauf billiger ist als
Detaileinkauf. Was aber die heilbaren Fälle betrifft, also solche, die
eine nur vorübergehende Pflege erfordern, so kann es keinem Zweifel
unterliegen, daß bei zweck- und sachgemäßer Behandlung, vor allem
bei rechtzeitigem energischem Eingreifen die Dauer der Pflege so verkürzt, Rückfällen so vorgebeugt, Heilung so viel besser erzielt werden
kann, daß die Zahl der Fälle, wie die Kosten der Pflege sich bedeutend
herabmindern müssen. Kommt nun endlich noch in Betracht, daß zur

Zeit durch verspätetes Eingreifen und unrichtige Behandlung viele heil-
bare Fälle zu unheilbaren, und ebenso oft zu hereditären werden, so
liegt klar zu Tage, daß im Gesamtresultat die Aufwendungen sich
bedeutend herabmindern müssen. Dem steht allerdings gegenüber, daß
anfänglich die Zahl derer, welche Substrate der staatlichen Armen- und
Schutzpflege werden würden, eine bedeutend größere sein könnte, als
die Zahl derjenigen ist, welche heute in Pflege der derzeitigen Träger
der Unterstützungslast und der Vereine stehen, weil diese Träger und
die Vereine an viele, welche der Pflege bedürfen, nicht herankommen
oder die Pflege mangels der benötigten Mittel nur unvollkommen ausüben. Indessen ist anzunehmen, daß bei streng organisiertem staatlichen
Eingreifen eine nicht unbedeutende Anzahl thatsächlich nicht Hilfs-
bedürftiger aber zur Zeit dennoch Unterstützter auf Unterstützung verzichten und sich lieber selbst helfen wird, und sodann kann es sich dabei
nur um eine vorübergehende Periode handeln. Wird überall gründlich
geholfen, so muß die Zahl derer, denen wirklich geholfen werden muß,
in kurzer Zeit bedeutend abnehmen. Allerdings darf man sich die
Sache nicht in den bisherigen Formen oder polizeilich-bureaukratisch
organisiert denken sondern eher kaufmännisch, nationalökonomisch als
centralisierte Separatverwaltung, ähnlich wie die Post.

Die Zahl derjenigen Pfleglinge, welche absolut erwerbsunfähig
sind, ganz Alte, gänzlich Sieche, beschäftigungsunfähige Geisteskranke
u. s. w. ist eine verhältnismäßig geringe. Bringt sie der Staat nach
Kategorieen gesondert in für sie eingerichtete Anstalten unter, und belegt
letztere mit der vollen Kopfzahl, so wirtschaftet er jedenfalls billiger,
als die bisherigen Träger der Pflegelast. Eine Anstalt, die ständig
voll belegt ist, kostet verhältnismäßig wenig mehr, als eine zeitweise
nicht voll belegte, weil die Generalkosten dieselben sind, und weil bei
Engroseinkäufen einige Köpfe mehr einen nur sehr geringen Mehrauf-
wand verursachen. Sodann aber sind bauliche Einrichtungen, Betrieb
und Verwaltung für eine Anstalt, welche nur mit einer und derselben
Kategorie von Pfleglingen zu thun hat, sehr viel billiger herzustellen,
als wenn dieselbe Anstalt die allerverschiedensten Arten beherbergen und
besorgen soll. Die Berechnung von Transportkosten auf Staatseisen-
bahnen für Staatspfleglinge ist der Regel nach eine fiktive, denn auf
allen Zügen, die zu solchen Transporten benutzt werden, pflegen Plätze
frei zu bleiben, auf denen der Pflegling und eventuell der Begleiter
fahren können, ohne daß dem Staat ein Pfennig an Kosten erwächst.
Der Staat kann daher, wenn eine Anstalt nicht voll besetzt ist, ihr ohne
Schwierigkeit Ersatz zuführen, und ebenso die Verteilung nach Kategorieen
ganz oder doch fast kostenlos bewirken.

Kann aber, und das bildet die Regel, der Pflegling noch irgend
welche Arbeit leisten, so ist er auch im stande, sich seinen Unterhalt zu

verdienen, und wenn nicht ganz, so doch teilweise, aber eben nur den Unterhalt in der Anstalt, nicht außerhalb derselben.

Das Eine haben wir in unseren Vereinsanstalten gelernt, ungemein billig zu wirtschaften und doch ausreichend zu sorgen. Es ist deshalb ein sehr geringer Satz, die Generalkosten mit eingeschlossen, der auf den Kopf entfällt. Nun kann bei staatlicher Organisation dieser Kostensatz noch vermindert und die Einnahme bedeutend gesteigert werden. Ersteres kann dadurch geschehen, daß wie schon erwähnt, eine Scheidung nach Kategorieen erfolgt, und zu diesen Kategorieen gehört vor allen Dingen die Erwerbsart. Richte ich eine Anstalt für einen einzigen Arbeitsbetrieb ein, so kann das natürlich baulich sehr viel billiger geschehen, als wenn ich zehn verschiedene Betriebe nebeneinander habe, ebenso spare ich an Lehr- und Werkmeistern u. s. w.

Was aber die Steigerung der Einnahmen betrifft, welche ich von dem staatlichen Arbeitsbetriebe erwarte, so sehe ich sie in dem gesicherten Absatz, und diesen gesicherten Absatz finde ich darin, daß der Staat alle diese Anstalten für einander arbeiten läßt, aber jede einen anderen Artikel. Fertigt die eine Kleidungsstücke, die zweite Schuhwerk, die dritte Wäsche, die vierte Hausgerät u. s. w. u. s. w. an, und wird das, was sie fertigen, nach dem wirklichen Bedarf vice versa verteilt, so haben sie alle festen Absatz und billigsten Bezug, und die Kosten können nicht so hoch bleiben. Allerdings arbeitet ja jeder auch der gesunde Anstaltsinsasse mit geringerer Kraft, gegenüber dem freien Arbeiter, aber der Defekt wird ausgeglichen durch den geringeren Lohn. Der freie Arbeiter wohnt teurer, als der Mietsbetrag ausmacht, der auf den einzelnen Anstaltspflegling entfällt, er speist teurer, er giebt der Regel nach einen bedeutenden Teil seines Erwerbes für Getränke aus, seine Kleider und Schuhe muß er teurer bezahlen als die Anstalt sie bezieht, er muß eine Reihe von Bedürfnissen befriedigen, die für den Anstaltspflegling fortfallen, und schließlich soll er noch Frau und Kinder ernähren. Alles das zusammen muß die geringere Arbeitsleistung ausgleichen, sobald eben nur die Arbeit wirklich wertschaffend ist, d. h. sofortigen nützlichen Verbrauch findet. Richtet der Staat ganze Anstalten zu Schneider-, Schuhmacher- u. s. w. Werkstätten ein, d. h. jede Anstalt nur für ein Gewerbe, translociert in die eine nur Schneider und solche, die das Gewerbe lernen sollen, in die andere nur Schuster u. s. w., und verbraucht er die gefertigte Ware für die Insassen anderer Anstalten, so muß er billiger wirtschaften, als die Kommunal- und Vereinsarmenpflege.

Das ist ja richtig, wenn der Staat für alle die vermögenslosen Pfleglinge eintritt, denen sich zur Zeit die Vereinsthätigkeit erbarmt, so hat die Staatskasse sehr viel mehr zu zahlen. Aber ist das ein Schaden? Kostet die Vereinspflege nicht auch Geld, und ist die Vereins-

steuer heutzutage nicht vielfach drückender wie die Staats- und Kom-
munalsteuer? Giebt es nicht Viele, die ihrer Stellung wegen Vereinsbeiträge zahlen müssen, so bitter schwer es ihnen wird, während viel
besser Situierte sich solcher Zahlung zu entziehen wissen? Gewiß, es
giebt reiche Leute, welche namhafte Vereinsbeiträge zahlen: aber das
Hauptgeld kommt doch her aus den Mark-, halben Mark- und Pfennig-
beiträgen des Mittelstandes, und wenn hier Wandel geschaffen, diese
freiwillig erzwungene Steuer umgewandelt wird in eine ordnungsmäßige
Staatssteuer, so werden Viele, sehr Viele erleichtert aufseufzen.

Ebenso ist es keine Frage, daß die Kommunalarmensteuer heutzutage eine ganz ungerecht verteilte ist. Bei der Fluktuation der Bevölkerung ist es eine Zufallssache, ob die eine Gemeinde größere, die
andere geringere Armenlasten hat, und sehr häufig ist die letztere die
wohlhabende, und die erstere die arme.

Aber soll die kommunale, soll die Vereinsarmenpflege vernichtet
werden, soll an ihre Stelle die Polizeibureaukratie treten? Keineswegs,
das wäre schlimmer als schlimm. Aber das ist nicht zu befürchten, weil
es gar nicht möglich ist. Der Staat kann die bisherigen Armenver-
waltungen, mögen sie kommunale oder vereinliche sein, gar nicht entbehren. Er muß ihre Hilfe in Anspruch nehmen. Er kann gar nicht
anders vorgehen, als daß er ihnen aufgiebt bezw. sie bittet, weiter
zu arbeiten wie bisher. Nur wird er ihnen in Zukunft die Pfleglinge
überweisen, und einen bestimmten Kostenbeitrag zahlen, den er mit
ihnen vereinbart. Und sie werden um so freudiger arbeiten können,
wenn ihnen die materielle Sorge genommen wird, wenn sie in die Lage
gesetzt werden, besser zu arbeiten als bisher, wenn sie die so benötigte Hilfe
nicht zu versagen brauchen wegen Mangel an Mitteln, um so freudiger,
wenn sie nicht mehr in fünfzig von hundert Fällen zu sagen brauchen,
hier hätte geholfen werden können, wenn die Hilfe rechtzeitig gekommen wäre.

Und außerdem: Ist denn nur Not bei der Armut vorhanden, ist
sie im Mittelstande, ist sie in denjenigen Schichten, welche sich schämen,
die offizielle Armenpflege in Anspruch zu nehmen, oder dazu nicht berechtigt sind, nicht da, ist sie dort oft nicht viel größer? Nein, die
Vereine brauchen keine Furcht zu haben, es bleibt ihnen Arbeit genug,
ja man kann sagen: diese Arbeit vermag dann erst recht anzufangen.
Heutzutage liegt die Sache so, daß Vereins- und Armenpflegehilfe vielfach erst eintritt, wenn es zu spät ist. Wer gegen die Sitten-, die Strafgesetze gehandelt hat, dem bietet sich die Hilfe dar; dem aber der ehrlich
sein Brot erwirbt, aber tausend Versuchungen und Verführungen ausgesetzt ist, denen er nach vernunftgemäßer Rechnung schließlich erliegen
muß, thut sich keine Thüre auf. Anstalten z. B., die dem unbescholtenen
Jüngling und ledigen Mann, der sittenreinen Jungfrau, welche nicht

Arbeit suchen, sondern Arbeit haben, aber allein stehen in den großen Städten, ein Schutzheim bieten, giebt es ganz, ganz wenige. Vielleicht sieht sich der Leser, der dazu Zeit und Gelegenheit hat, einmal das Marienheim in Berlin Vorsigstraße an, und giebt mir dann recht, wenn ich sage, solcher Anstalten bedürfen wir mindestens Hundert in Berlin allein.

Geht der Staat in der angedeuteten Weise vor, so wird er, wie oben bemerkt, zur Heilung eines jeden Schadens eine entsprechende Anstalt finden, aber hier eine und dort keine. Er wird sich zunächst an die bestehenden Anstalten halten, daneben aber viele gleichartige begründen müssen. Da muß er sich des Rates und der Erfahrung derer, welche solchen bestehenden Anstalten vorstehen, bedienen, mit ihrer Hilfe, auf Grund ihrer Erfahrungen die neuen errichten und organisieren. Erst wenn das geschehen, kann er dazu übergehen, nach Kategorieen zu sichten und die einzelnen Anstalten für einander arbeiten zu lassen, die Insassen ihrer Leistungsfähigkeit entsprechend nach der für sie passenden Anstalt zu translocieren, und ihre Arbeitskraft zu verwerten. Thut er das in der richtigen Weise, so kann er, wie gesagt, sehr viel billiger wirtschaften. Zwei Einarmige können miteinander eingearbeitet einen Zweiarmigen ersetzen, ein Armloser und ein Lahmer einander ergänzen, zwei Halbe- und vier Viertelskräfte zu einer Vollkraft vereinigt werden. Das alles ist nur möglich in einem Betriebe von ganz großem Umfang, dazu reicht die Pflegeeinrichtung des Einzelortes, des Kreises, Bezirkes, ja auch der Provinz nicht aus.

Die geschlossene, d. h. die Anstaltspflege, wenn sie richtig wirken soll, darf aber nicht nur Armen- sie muß auch Schutzpflege sein. Erst dann wird sie recht wirksam. Nicht nur Alte, Sieche, Kranke, Taube, Blinde, Krüppel, Idiote, Irrsinnige, Epileptische müssen in Anstalten gesammelt werden, es muß das Gleiche geschehen mit solchen, die an moralischen Defekten leiden. Dabei soll nun, wie ich, um nicht mißverstanden zu werden, bemerke, nicht gesagt sein, daß die Sammlung in Anstalten und die Scheidung nach Kategorieen immer die gleichartig Behafteten vereinigen muß, nein, die Scheidung geschieht viel besser nach Intellekt, Erwerbsart u. s. w. Die Hauptsache ist, die Beschäftigungsfähigen durch gleichartige Beschäftigung so zu vereinigen, daß sie ein Gemeinschaftsgefühl gewinnen, sich nicht als Insassen einer Anstalt, sondern als Mitarbeiter in demselben Betrieb ansehen. Sodann braucht Anstaltspflege durchaus nicht immer in einer Anstalt zu geschehen, sie kann in Familien, in einer Werkstatt u. s. w. stattfinden. Aber dadurch darf das Band zwischen der Anstalt und dem Pflegling nicht gelöst werden, letzterer muß in der Anstalt immer seinen Zufluchtsort, diese das Recht haben, ihn in die Anstalt zurückzunehmen.

Von diesem Standpunkt muß auch die Schutzpflege ausgehen, und er sollte vor allem derjenige des Staates sein, wenn er Strafen ver-

hängt und vollstreckt. Man kann ja in einem gewissen Sinne die Vor=
zeit begreifen, wenn sie die Gefangenen in das Verließ eines Turmes
mittelst einer Winde herabbeförderte, um dort zu vegetieren ohne Licht,
ohne Arbeit u. s. w., in das Verließ, welches nie ein Aufseher, Be=
amter u. s. w. betrat, in welches die Nahrung ebenfalls mit der Winde
hinabgelassen wurde. Hatte ein solcher Gefangener seine Strafe ver=
büßt oder wurde er begnadigt, so war es konsequent, wenn man ihn
auf die Straße setzte und sich ebensowenig außerhalb des Gefängnisses
um ihn kümmerte, wie man es in demselben gethan hatte. Aber es
ist die höchste Inkonsequenz des modernen Staates, wenn er die Ge=
fangenen, während sie die Strafe verbüßen, mit der rührendsten Sorg=
falt umgiebt, wie er sie für seine unbescholtenen, freien Bürger gar
nicht kennt, um sie nach verbüßter Strafe vielfach in eine Lage zu ver=
setzen, aus der sie sich gar nicht anders retten können, als durch eine
neue Übertretung der Strafgesetze.

Was soll z. B. ein beim Betteln betroffener, und mit acht Tagen
Haft bestrafter mitteloser Vagabund machen, wenn er nach verbüßter
Strafe aus der Haft entlassen und ohne einen Pfennig Geld — denn in
den acht Tagen hat er sich durch Gefängnisarbeit nichts verdienen
können — vor die Gefängnisthür gestellt wird. Was soll er, was kann
er, wenn er nicht sofort, und das ist doch für einen Bestraften die
große Ausnahme, Arbeit findet, oder wenn er sich nicht das Leben
nehmen will, anders thun an einem fremden Ort, als wieder betteln,
also ganz dasselbe wofür er soeben bestraft wurde? Dazu zwingt ihn
derselbe Staat, der ihm im Gefängnis nicht nur in sauberen, gut ge=
lüfteten, im Winter wohl durchwärmten Aufenthaltsräumen gute Lager=
statt, ausreichende Kost gab, sondern auch einen Arzt, einen Geistlichen
für ihn hielt, ihn mit Lektüre versorgte, kurz alles that, was für sein
körperliches und geistiges Wohl notwendig war.

Dieser Gegensatz tritt noch viel schärfer hervor bei den Zuchthaus=
insassen. Es ist ja die eigentümliche Entwickelung, welche unser Straf=
vollzugssystem genommen hat, daß wir durch ungenügende und unzu=
reichende Einrichtung unserer, namentlich der kleineren Gefängnisse,
vor allem durch Zusammensperren von relativ unverdorbenen, mit den
verworfensten im Verbrecherleben ergrauten Elementen in, man möchte
sagen, systematischer Weise Verbrecher erziehen um, wenn sie schließ=
lich ins Zuchthaus gelangt und so verdorben sind, daß eine Besserung
der Regel nach ausgeschlossen erscheint, auf jedem nur möglichen Wege,
durch seelsorgerische Pflege, Zuspruch der Beamten, Schulunterricht,
Auswahl geeigneter Bücher zur Lektüre in den Freistunden, Einzelhaft
u. s. w. auf sie einzuwirken. Und wenn das alles geschehen ist, setzen
wir sie, indem wir sie ohne jedwede Schutzpflege entlassen, der Ver=
suchung und der Verführung aus, die sie bei zum Rückfall geeigneten

Verbrechen der Regel nach dem Zuchthause in kurzer Zeit wieder zuführt.

Natürlich weiß ich überhaupt und als Mitglied und Vizepräsident des internationalen Schutzpflegekongresses, dessen zweite Sektion die Pflege der entlassenen Strafgefangenen behandelt, vielleicht besser als mancher andere, daß Vereine bestehen, welche sich der entlassenen Gefangenen annehmen, ebenso als ehemaliger langjähriger Strafanstalts-departements-rat, daß unsere Anstaltsverwaltungen und namentlich -Seelsorger nach Kräften bemüht sind, den zur Entlassung Kommenden Unterkunft zu verschaffen: aber gerade deshalb weiß ich auch ganz genau, daß wir an vielen Orten keine Vereine haben, daß die vorhandenen häufig sehr unvollkommen arbeiten, daß sie untereinander und mit dem Lande in keiner oder doch nur sehr loser Verbindung stehen, daß die Anstaltsverwaltungen außer stande sind, alle Entlassene unterzubringen, und daß ein großer Prozentsatz der letzteren thatsächlich ohne jede Fürsorge an der Anstalts-thüre steht. Abgesehen von Württemberg, Baden, Berlin, dem Gebiete der rheinisch-westfälischen Gefängnisgesellschaft und demjenigen einiger Einzel-vereine liegt die Organisation der Schutzpflege für entlassene Gefangene bei uns in Deutschland noch in den Windeln, und der Versuch, sie auf dem Vereinswege zu centralisieren, kann eigentlich als vorläufig gescheitert angesehen werden, nachdem die erste ordentliche Generalversammlung der Schutzvereine im Sommer 1894 zu Braunschweig, wenn ich richtig gezählt habe, sich auf 15 Teilnehmer, das Bureau mit eingerechnet, beschränkt hat. Hier ist also eine Reform dringend notwendig. Ich sehe sie zunächst darin, daß der Staat es sich zum Prinzip macht, keinen Gefangenen anders als in geordnete Verhältnisse zu entlassen.

Er muß selbst durch seine Organe die Stelle ermitteln, auf der der Entlassene sein ehrliches Fortkommen findet, und ihn bei der Entlassung auf diese Stelle befördern. Das klingt schwieriger als es ist. Mit den Arbeitsnachweisbureaus für Entlassene, z. B. in Hannover, haben wir die besten Erfolge gehabt, unsere deutschen Arbeiterkolonieen, siebenund-zwanzig an der Zahl, in welche der Eintritt und aus welchen der Austritt gänzlich frei erfolgt, haben im Jahre 1893 7205 gerichtlich Bestraften an 578 635 Aufenthaltstagen ein Asyl gewährt, und ebenso giebt es noch andere Asyle und Veranstaltungen. Es erscheint daher, soweit man die Sache übersehen kann, von vornherein nicht notwendig, neue Anstalten zu schaffen, wobei man bedenken muß, daß ein nicht unbeträchtlicher Teil der Entlassenen, namentlich derer, die nicht wegen Vergehen gegen das Eigentum oder wegen Vagabondage bestraft sind, in geordnete heimische Verhältnisse zurückzukehren vermag. Aber eins ist notwendig, den Bestraften zu zwingen, daß er den ihm bereit gestellten Weg auch einschlägt; dieser Zwang läßt sich dadurch ermöglichen, daß man in den vielen dazu geeigneten Fällen mit der Bestrafung die

Stellung unter Vormundschaft verbindet, nicht zu verwechseln mit der Stellung unter Polizeiaufsicht. In achtzig unter hundert Fällen geht das Vergehen hervor nicht aus eigentlicher Böswilligkeit, sondern aus Willenslosigkeit, aus Willensschwäche. Weshalb stellen wir einen Minderjährigen unter Vormundschaft? Weil wir annehmen, er ermangele der erforderlichen Einsicht und Willenskraft, um seinen Weg ohne Führer zu gehen. Diese Annahme trifft beim Kinde selbstverständlich zu, beim Jüngling häufig nicht. Warum heben wir bei erlangter Volljährigkeit die Vormundschaft auf? Wiederum weil wir annehmen, Einsicht und Willenskraft seien nun vorhanden. Diese Annahme wird von denen, welche wiederholt gegen die Strafgesetze verstoßen, thatsächlich widerlegt.

Wir haben ferner aus der reichen Auswahl von Strafarten, deren sich unsere Voreltern bedienten, als Regel nur die Freiheitsentziehung beibehalten. Ich frage: Muß Freiheitsentziehung unter allen Umständen Einsperrung sein, kann sie nicht auch in der Weise eintreten, daß sie denjenigen, der sich gegen die Strafgesetze vergangen hat, in den Zustand der Minorennität zurückversetzt? Meiner Meinung nach würde eine Stellung unter Vormundschaft auf längere Dauer, straffe Handhabung vorausgesetzt, viel erfolgreicher wirken als eine kurze Haftstrafe, und ich würde diese Strafart der bedingten Verurteilung bedeutend vorziehen.

Vor allem aber erscheint mir die Stellung unter Vormundschaft in vielen Fällen als Zusatzstrafe zur Einsperrung unbedingt notwendig, um unser derzeitiges, man verzeihe mir den Ausdruck, sinnloses Verfahren zu beseitigen, demzufolge wir den mit Einsperrung Bestraften und während der Strafzeit jedweder Willensfreiheit Beraubten nach verbüßter Strafe ohne jedweden Übergang in den Zustand absoluter Freiheit zurückversetzen. Wie gesagt, ich möchte die kurze Einsperrung, wenn ein Verweis nicht ausreicht, durch Freiheitsentziehung in Form der Bevormundung häufig ersetzen, bei der längeren würde ich die Beurlaubung obligatorisch machen, d. h. die Strafzeit in zwei Teile teilen, von denen der eine innerhalb, der andere außerhalb der Anstalt verbüßt wird, der letztere mit der Maßgabe, daß Rückfall (im weiteren Sinne gleich Verstoß gegen die Strafgesetze in irgend welcher Form) die Rückkehr in die Anstalt, unter Nichtanrechnung der seit der Beurlaubung verstrichenen Frist zu erneuter Einsperrung und demnächst zu erneuter Beurlaubung zur Folge hat.

Eine solche Beurlaubung ist aber nur durchführbar, wenn der Bestrafte nicht seinem eigenen Willen überlassen, sondern ebenso wie in der Anstalt einem fremden Willen unterworfen wird. Er tritt ins bürgerliche Leben zurück, aber er hat deshalb nicht die Freiheit wieder. Der Vormund sagt ihm wie einem minorennen Mündel: (d. h. wie der Vormund es dem minorennen Mündel sagen sollte und wie ich es gern näher ausgeführt hätte, wenn mir der Raum für ein Kapitel Reform der Justiz-Verwaltung übrig geblieben wäre). Er sagt ihm also: „Hier wohnst du, hier speisest du, hier arbeitest du, so und so viel von deinem Arbeitsverdienst behältst du, den Rest lieferst du an mich ab und ich lege ihn für dich an, abends um die und die Zeit bist du zu Haus, ohne meine Erlaubnis darfst du weder die Wohnung, noch die Arbeitsstelle wechseln. Bei Übertretung meiner Vorschriften bekommst du zunächst (nach gesetzlicher Bestimmung, die dem Vormunde diese Befugnis giebt) Arreststrafe bei Wasser und Brot in der Dunkelzelle des Polizeigefängnisses, ganz ebenso wie der Direktor in der Anstalt dich bestraft, wenn du ungehorsam bist. Denn merke wohl, du bist noch nicht entlassen, sondern nur beurlaubt, und bei wiederholter Übertretung wanderst du in die Anstalt zurück."

Man stelle sich einen Menschen vor, der mit zwei Jahren Gefängnis bestraft ist, achtzehn Monate hat er gesessen, sechs Monate steht er unter Vormundschaft als Beurlaubter. Zunächst zieht der Vormund, der kein Polizeibeamter, sondern ein dazu geeigneter Mann ist (für weibliche Beurlaubte eine Frau), womöglich Mitglied eines Schutzpflegevereins, der mehrere solcher Pfleglinge unter sich und Erfahrung gewonnen hat, die Zügel straff an, um den Unterschied zwischen dem Anstalts- und dem bürgerlichen Leben möglichst wenig fühlbar zu machen. Bei guter Führung läßt er, allmählich fortschreitend, locker, und in den letzten Wochen hebt er unter der Voraussetzung absoluten Wohlverhaltens jede Beschränkung auf: ist dann bei Ablauf der zweijährigen Strafzeit der Übergang zu voller Freiheit noch merkbar, eine fortgesetzte gute Führung nicht viel leichter?

Ein solches System, wonach der Staat die Fürsorge für den Bestraften bei seiner Rückkehr in das bürgerliche Leben übernähme, würde ihn von selbst dahin führen, einmal die Vormundschaft über Minorenne schärfer zu handhaben und letztere, wenn sie bestraft sind, nicht wie bisher, nach der Entlassung auf die Straße zu setzen, um sie ihrem Schicksal zu überlassen, auch wenn bei den gerichtlichen Verhandlungen und während des Strafvollzuges sich herausgestellt hat, daß Vater oder Vormund ihre erziehlichen und fürsorglichen Pflichten auf das Schnödeste vernachlässigt haben. Der Staat würde sich erinnern, daß er dem Vater die Gewalt nehmen kann, und daß er es ist, der den Vormund einsetzt. Sodann würde er sich aber auch mehr wie bisher bemühen, während der Dauer des Strafvollzuges den Bestraften, der dessen bedarf, dazu vorzubereiten, daß er nach seiner Entlassung im bürgerlichen Leben irgend welche Stelle einnehmen kann. Wenn der Staat, wie ich es vorschlage, die gesamte Armenpflege übernimmt, wenn er die Armenanstalten ihre Gebrauchsartikel für einander anfertigen läßt, so kann er auch die Strafanstalten und Gefängnisse in diese Arbeiten mit hineinziehen. Damit fallen alle Angriffe, welche gegen die Gefängnisarbeit gerichtet werden, mit einem Schlage fort, denn dagegen, daß der Staat in seinen Anstalten für seine Anstalten arbeiten läßt, darf niemand etwas einwenden. Auch muß mit dem Prinzip gebrochen werden, den Ort des Strafvollzugs nach lokalen Gesichtspunkten zu bestimmen und ihn in der Anstalt eintreten zu lassen, in deren Bezirk die Aburteilung stattgefunden hat. Unsere Strafanstalten und Gefängnisse, soweit in letzteren längere Freiheitsstrafen vollstreckt werden, müssen nach dem Arbeitsbetriebe geschieden und eingerichtet und die Bestraften derjenigen Anstalt überwiesen werden, für deren Gewerbebetrieb sie sich eignen oder dem sie durch ihr Vorleben angehören. Dann können die Anstalten auch einen Teil des Bedarfs für die Armee herstellen und dadurch an Kosten sparen; vor allem kann aber dann der Bestrafte während der Strafzeit eine Arbeit wirklich gründlich lernen.

Wesentlich erleichtert würde diese Einrichtung durch eine Bestimmung werden, die ich auch aus anderen Gründen für unbedingt notwendig halte. Heutzutage bringen wir den ergrauten und gänzlich verdorbenen Zuchthäusler, wenn er nach seiner Entlassung sich eines Vergehens oder einer Übertretung schuldig macht, die eine Gefängnis- oder Haftstrafe zur Folge haben, in die Gefängnisse, d. h. wir bringen ihn mit den noch viel weniger verdorbenen Elementen zusammen, und da wir in den wenigsten Gefängnissen Zellen in ausreichender Zahl haben, so verbüßt er seine Strafe mit diesen letzteren in gemeinsamer Haft. Das darf meiner Meinung nach nicht sein. Hier in erster Linie muß der von der modernen Strafrechtswissenschaft verfochtene Satz, daß wir nicht die That, sondern den Thäter zu strafen haben, zur Geltung kommen. Wer einmal mit Zuchthaus bestraft ist, muß immer wieder dem Zuchthaus verfallen, wenn er von neuem bestraft wird, und zwar des Kontagiums, der ethischen Hygiene wegen. Mag die Strafe eine noch so kurze sein, mag sie in besonderen Anstalten vollstreckt, mit anderen, noch nicht mit Zuchthaus Vorbestraften, darf er nicht zusammengebracht werden.

Gelangt dieser Grundsatz zur Anwendung, so brauchen in Gefängnissen, Korrektionsanstalten u. s. w. nicht so große Sicherheitsmaßregeln angewandt und dementsprechend kann auch der Arbeitsbetrieb einfacher eingerichtet werden. Denn wenn von den ungefährlichen Übelthätern auch einmal einer entweicht, so ist es kein Unglück, er thut, bis man ihn wiederfängt, der Gesellschaft keinen großen Schaden.

Wird der Arbeitsbetrieb in dieser Weise geregelt, so ist, wie gesagt, die Möglichkeit gegeben, den Bestraften während der Strafzeit etwas lernen zu lassen, was er demnächst im Leben anwenden kann, um sich seinen Unterhalt zu sichern.

In gleicher Weise müßte man denen, die noch lernfähig sind und sich dazu eignen, die landwirtschaftlichen Arbeiten lehren, pflügen, eggen,

säen, mähen, dreschen, Vieh warten und mit demselben arbeiten. Nicht
minder müßte man überall, wo es möglich ist, Lücken in der Schulbildung ergänzen. Ich habe hierbei besonders auch die Korrektions-
häuser im Auge. Die Landstreicherei ist vielfach eine Krankheit, aber
diese besteht nicht immer darin, daß die mit ihr Behafteten nicht an
einem und demselben Ort, sondern nicht selten darin, daß sie nicht bei
einer und derselben Arbeit aushalten können. Der Slawe kann oft
nicht andauernd arbeiten, er muß Abwechselung haben, und wir haben
doch viel slawisches Mischblut in unserem Volk. Ich glaube sicher,
daß die Unzufriedenheit des Fabrikarbeiters im Gegensatz zur ländlichen
Arbeiterbevölkerung häufig in der Abwechselungslosigkeit seiner Beschäftigung ihren Grund hat.

Es ist lebhaft zu wünschen, daß das ganze Gefängniswesen in
Preußen einschließlich der Zuchthäuser und Korrektionsanstalten einer
einheitlichen Verwaltung unterstellt wird, mit einer Generaldirektion an
der Spitze, und daß diese Generaldirektion auch die gesamte Armenverwaltung und das Schutzwesen zu leiten hat. Armenverwaltung und
Schutzpflege sind, wie unser modernes Leben sich gestaltet hat, nicht voneinander zu trennen, und ebensowenig Schutzpflege und Gefängniswesen.
Durch ein konzentriertes Vorgehen auf diesen Gebieten könnten Millionen
direkt und indirekt erspart werden, indirekt durch Verminderung der
Polizei- und Kriminaljustizkosten.

Außerdem könnte ein Teil dieser Kosten durch Wiedereinführung
des Paßzwanges aufgebracht werden. Man sucht nach neuen Steuern
und Einnahmequellen und läßt häufig die zunächstliegenden, einfachsten
und einträglichsten außer Acht. Auch hier hat die moderne Gesetzgebung, um einige Übelstände zu beseitigen, einfach tabula rasa gemacht.
Weil die Paßbeschaffung weitläufig war, weil man den Paß beständig
vorzeigen mußte und dadurch unendlich viel Schererei hatte, hob man,
anstatt die bezüglichen Vorschriften zu ändern, die Paßpflicht gänzlich
auf. Dadurch ist Behörden aller Art, Vereinen u. s. w., sobald es sich
um Feststellung der Identität einer Person handelt, eine unendliche
Schreiberei erwachsen, die Entdeckung von Verbrechern sehr erschwert
worden, dem Staate aber eine Einnahme entzogen, die unter den
heutigen Verhältnissen eine ganz bedeutende sein würde. Vielleicht
bringen die Caserios und Genossen es dahin, daß die Paßpflicht wieder
eingeführt wird.

Das hätte aber den modernen Verhältnissen entsprechend zu geschehen, ausgehend von dem Grundsatz, daß der Paß, nicht wie in
früheren Zeiten, die Unbescholtenheit zu bescheinigen, sondern nur die
Identität nachzuweisen hätte, also jedem, auch dem Bestraften, erteilt
werden müßte gegen eine Gebühr, die den Armen erlassen werden
könnte. Ebenso müßte vorgeschrieben werden, daß die Polizei nur bei

gegebener dringender Veranlassung die Vorzeigung des Passes (Paß karte) verlangen dürfte, also nur wenn der Reisende ein auffälliges Benehmen zeigen oder gegen Gesetze und Verordnungen verstoßen, oder wenn es sich um Recherchen nach einem Verbrecher handeln würde, nicht aber um zu kontrollieren, ob er auch die Paßkarte bei sich führt.

Dagegen müßte jedem, der sich außerhalb seines Wohnortes (eine bestimmte Zone ausgeschlossen) vorübergehend befindet, also jedem Reisenden aufgegeben werden, eine Paßkarte ebenso bei sich zu führen, wie der Jäger auf der Jagd den Jagdschein.

Die Verpflichtung, zu Neujahr eine Paßkarte gegen eine geringe Gebühr zu lösen und diese Karte im Portemonnaie zu haben, wäre wirklich nicht lästig, wie viele Arbeit würde aber dadurch erspart namentlich auf dem Gebiet der Schutzpflege.

Der Gedanke der Schutzpflege ist uns in Deutschland noch ziemlich fremd, wir haben zwar Anstalten aller Art, Rettungshäuser, Erziehungsanstalten, Herbergen zur Heimat, Mädchenherbergen, Asyle für entlassene Strafgefangene, Verpflegungsstationen, Arbeiterkolonieen, Magdalenenasyle, Vereine für entlassene Strafgefangene u. s. w. u. s. w. Aber das Interesse an allen diesen Dingen im weiteren Publikum ist ein sehr geringes. Auf dem internationalen Schutzpflegekongreß in Antwerpen war Deutschland offiziell gar nicht vertreten, die Zahl der Vereinsdelegierten und Einzelpersonen war eine außerordentlich geringe; nur der Umstand, daß die kriminalistische Vereinigung sich als besondere Sektion dem Kongresse angeschlossen hatte, war der Grund, daß sich einige Deutsche mehr einfanden. Ganz anders die übrigen Länder, welche, sogar China, das durch seinen Gesandten in Paris vertreten war, fast ausnahmslos Staats- und außerdem viele Einzeldelegierte entsandt hatten. Und doch handelt es sich hier um die allerwichtigsten Fragen der Zukunft, die uns sehr ernstlich mitberühren.

Auch das ist charakteristisch, daß es in Deutschland zumeist nur die kirchlich-religiösen, christlichen Kreise sind, welche sich an der Schutzpflege beteiligen, während im Auslande alle gebildeten Stände ohne Unterschied der politischen und kirchlichen Parteistellung mitarbeiten. Je mehr Kenntnis während der sechstägigen Dauer des Kongresses ich von dem erhielt, was in anderen Landen geschieht, desto weniger konnte ich das beschämende Gefühl unterdrücken, daß wir Deutschen recht weit ab von der Spitze der Civilisation marschieren.

Um dem Leser einen Beweis des Gesagten zu geben, bitte ich, die Belgische Gesetzgebung über Vagabondage skizzieren zu dürfen.

Zunächst wird der minorenne Vagabund überhaupt nicht bestraft, sondern in eine staatliche Erziehungsanstalt untergebracht. Hier erhält er Schulunterricht und zwar morgens und abends je zwei, zusammen vier Stunden. Den Tag über arbeitet er in Werkstätten, in denen er

ein Handwerk gründlich lernt, außerdem in Feld und Garten. Unterbringung in Familien oder in Privatarbeit durch die Anstalt ist zuläſſig.

Die Majorennen werden ebenfalls nicht, wie bei uns unnötiger-
weise geschieht, erst mit gerichtlicher Haft bestraft, um dann der Staatsbehörde zur Einsperrung in die Korrektionsanstalt überwiesen zu werden,
nein, je nachdem sie notleidende Zufalls- oder böswillige Gewohnheits-
vagabunden sind, kommen sie in Asyle auf ein Jahr oder in Korrektions-
häuser auf zwei (minimal) bis sieben Jahre. Dem böswilligen Vagabunden
werden die Zuhälter gleich gerechnet. Der Justizminister kann bei ein-
getretener Besserung beurlauben und entlassen.

Außerdem ist das ganze Land mit einem Netz von Schutzvereinen
überzogen, welche zwar privater Natur sind, aber durch Gesetz und
Reglement staatlicherseits unterstützt werden, während eine Staatskom-
mission: Commission Royale de Patronage, das Schutzwesen generell bearbeitet und die Initiative zum Zusammenschluß der einzelnen Vereine,
Austausch der Erfahrungen u. s. w. giebt.

Man vergleiche damit unsere Zustände und Einrichtungen, und
man wird mir Recht geben, daß wir noch weit zurück sind. Das
Schlimmste aber ist, daß wir im allgemeinen von dem, was in den
Nachbarlanden auf derartigem Gebiete geschieht, weniger wissen, als
von Ostafrika.

Armen- und Schutzpflege muß vielfach für Arbeit und Arbeits-
verdienst Sorge tragen. Tritt Arbeitslosigkeit ein und hört damit der
Verdienst auf, so ist die Not da, kann für den Schutzpflegling keine
Arbeit beschafft werden, so nützt zunächst die ganze Schutzpflege nichts.
Hier kommen wir auf eins der schwierigsten Gebiete. Man hat
vielfach von dem Recht auf Arbeit geredet und über dasselbe gestritten.
Es wäre gut, wenn man diesen Begriff und diesen Streit ganz fallen
ließe und sich einmal klar machte, daß Arbeitslosigkeit Nichtverdienen,
Verarmen, und als Konsequenz Verleitung zur Gesetzesübertretung durch
Not und Müßiggang einen nationalökonomischen Schaden darstellen,
der die Gesellschaft ebenso sehr tangiert wie das arbeitslose Individuum.
Eine brachliegende Arbeitskraft ist ein zinsloses Kapital, ja noch mehr:
Wer arbeitet, schafft Werte, wer nicht arbeitet, verzehrt solche ohne
Ersatz dafür zu leisten. Wer durch Produzieren verdient, vermag auch
entsprechend zu konsumieren, wer arbeitslos ist und nichts verdient,
wird in der Konsumtionsfähigkeit beschränkt. Schließlich, wenn die
Arbeitslosigkeit zur Verarmung und Unterstützungsbedürftigkeit führt,
erwachsen der Gesellschaft noch direkte Lasten und Kosten.

Rechnet man das alles zusammen, bringt man in Anschlag, daß
derjenige, welcher 2 Mark 50 Pf. täglich verdient und daher doch
mindestens für diesen Lohn Werte schafft, wenn er als Arbeitsloser
sagen wir 60 Pf. Unterstützung bar oder in natura erhält, nicht nur

60 Pf. kostet, sondern auch 2 Mark 50 Pf. weniger einbringt, bedenkt man das, so begreift man nicht, wie der Staat dem Prinzip des laissez faire und laissez aller huldigen und zugeben kann, daß so unendlich viel Arbeitslosigkeit einzig und allein die Folge mangelnder Organisation ist. Warum nimmt denn der Staat die Brief- und Personenbeförderung in seine Hand, warum kümmert er sich um sie, warum überläßt er sie nicht der Privatindustrie? Nur aus finanziellen Gründen, um sich Einnahmen zu verschaffen? Doch wohl nicht allein, doch wohl auch, um diese Zweige des öffentlichen Lebens in der Hand zu haben, sie zum Wohle des ganzen wie des einzelnen einheitlich auszugestalten. Genau ebenso wichtig, ja vielleicht in unserer socialen Zeit noch weit wichtiger, ist die Arbeitsvermittelung, und wenn man Sportelgebühren erheben wollte, so könnte sie auch eine recht hübsche Einnahme liefern. Auf keinem Gebiet liegt unsere Vereinsthätigkeit noch so in den Windeln, wie auf diesem; wo man aber den Arbeitsnachweis verständig eingerichtet und mit Energie betrieben hat, da hat man auch sehr gute Erfolge erzielt. Aber gerade hier ist einzig und allein mit Centralisation etwas auszurichten, hier muß Angebot und Nachfrage nach allen Richtungen hin publiziert und der Austausch des Überschusses vermittelt werden unter Anwendung des Telegraphen und des Telephons wie bei der Börse. Der Zustand, in dem wir uns jetzt befinden, daß ein Gewerbetreibender bei eintretender günstiger Konjunktur vielleicht bei einer Bestellung aus dem Auslande so und so viele Arbeiter braucht, daß er sie sich nicht zu beschaffen vermag, während an einem anderen Orte so und so viele Arbeiter desselben Gewerbes arbeits- und damit brotlos verarmen, paßt absolut auf unsere modernen Verhältnisse nicht, es beweist einfach, daß unsere Einrichtungen mit der Zeit nicht Schritt gehalten haben. Gewiß gleicht sich ein solches Verhältnis aus, der Arbeitgeber am ersten Orte erfährt schließlich, daß am zweiten überschüssige Arbeitskräfte vorhanden sind und zieht sie heran: aber es geht viel Zeit verloren, während welcher er die Konjunktur nicht ausnutzen kann und die Vermögenslage der Arbeiter sich verschlechtert. Ich muß es mir leider versagen, die centrale Organisation des Arbeitsnachweises, wie ich sie mir denke, hier näher auszuführen: das ist aber unzweifelhaft, daß kaum eine Einrichtung so im stande wäre, einerseits unseren Nationalwohlstand zu fördern, andererseits der Verarmung vorzubeugen, wie diese. Natürlich würde dadurch die Arbeitslosigkeit nicht ganz beseitigt werden. Nun könnte man zur Zeit bei überschläglicher Schätzung zu der Annahme gelangen, daß in Deutschland mehr Arbeitsangebot wie Nachfrage sei. Die Zahl der landwirtschaftlichen Arbeiter hat abgenommen, und in den östlichen Provinzen ist man genötigt, Ausländer heranzuziehen. Auf der anderen Seite vermag aber auch die Industrie die Massen

der in die Städte und Fabrikdistrikte eingeströmten Arbeiter nicht zu beschäftigen, und da, wie die Verhältnisse auf dem Weltmarkt, namentlich in Amerika, liegen, ein Aufschwung für absehbare Zeit nicht zu erwarten steht, wird sie immer weniger dazu im stande sein. Deshalb läge der Gedanke einer Repatrüerung ländlicher, in den Städten befindlicher arbeitsloser oder schlecht beschäftigter Arbeiter sehr nahe und ich glaube, viele derselben würden eine ihnen dargebotene Gelegenheit sehr gern ergreifen.

Man soll nur nicht glauben, daß sich der Landarbeiter in der Stadt immer wohl fühlt. Er bekommt zwar höheren Lohn, aber er muß alles kaufen, während ihm früher im Garten, auf dem Pacht- oder Deputatlande vieles zuwuchs, während er manches als Naturallohn erhielt; mit der reinen Geldwirtschaft weiß er, weiß seine Frau nicht Bescheid. Er hatte ferner auf dem Lande immer sichere Arbeit und dadurch einen sicheren Lohn, jetzt kommen arbeitslose Zeiten vor. Summa summarum lebt er trotz des höheren Lohnes weit schlechter und kümmerlicher als früher. Nun kommt die enge Wohnung im Keller, auf dem Bodengelaß, im Hinterhause der Mietskaserne hinzu, die Einschränkung durch den Kontakt mit den Hausbewohnern, durch die Vorschriften des Mietskontraktes. Er ist in einer Zwangslage, während er früher als Tagelöhner viel mehr sein eigener Herr war. Dazu fehlt ihm sein Gärtchen, die Bestellung seines Dienst- oder Pachtlandes, die Viehhaltung, an der er Freude hatte, die sein ganzes Interesse und dasjenige der Familie in Anspruch nahm. Als er noch Schweine, Ziegen, Gänse, Hühner hatte, war er doch ein anderer Mann. Und nun die Arbeit, immer dasselbe in demselben Raume, ohne die freie Gottesluft, ohne Rast und Ruhe, dem Werkmeister beständig vor der Nase, kurze, barsche, oft harte Behandlung, die beständige Furcht vor der Entlassung, die er früher gar nicht kannte.

Zu alledem kommt dann das Heimweh, namentlich bei der Frau!

Die Befürchtung, daß derartige Arbeiter nicht wieder auf das Land passen, daß sie die socialdemokratischen Ansichten verbreiten würden, teile ich nicht. Sie haben strammer arbeiten gelernt, vielleicht auch etwas intelligenter, sie haben die Erfahrung gemacht, daß in der Stadt das erträumte Glück nicht immer zu finden, daß der Lebenshaushalt trotz des höheren Lohnes vielfach ein schlechterer, die Arbeit schwerer und durch ständige Beaufsichtigung, härtere Behandlung weit unangenehmer ist als auf dem Lande. Diese Erfahrung bringen sie mit und verbreiten sie, und das ist kein Schade. Ein überzeugter Socialdemokrat wird selten auf das Land zurückkehren, dagegen ist anzunehmen, daß viele gern die Zwangszugehörigkeit zur Partei und die Beitragspflicht loswürden.

Trotz alledem ist die Repatrüerung aber dennoch sehr schwierig und zwar aus finanziellen Gründen. Ein ländlicher Arbeiterhaushalt läßt sich leicht in einen städtischen umwandeln, aber nicht umgekehrt. Vieh, Handwerkszeug, Hausrat verkauft sich leicht; da die wenigen zur Ausstattung der eigenen Stadtwohnung erforderlichen Möbel billig durch Kauf zu beschaffen sind, so werden nur die Betten mitgenommen. Aber die Betten sind schlecht geworden oder versetzt und die Stadtmöbel bringen beim Wiederverkauf kein Geld, und woher letzteres nehmen um den ländlichen Haushalt wieder einzurichten, Vieh zu kaufen u. s. w.? Auch der allerbescheidenste ländliche Arbeiterhaushalt erfordert ein gewisses Inventar, weil er eben nicht auf reiner Geld- sondern zumeist auf Naturalwirtschaft beruht; auch die Kleidungsstücke müssen derber sein, um gegen die Witterung zu schützen, ebenso braucht man einen Sonntags- und Kirchenanzug, wenn man sich nicht vor seinen Nachbarn schämen will.

Wem's in der Stadt gut geht, der kehrt nicht auf das Land zurück, und wem's schlecht geht, der hat nicht die Mittel dazu. Die ländliche Arbeiterfrage läßt sich nur dadurch lösen, daß sie als sociale aufgefaßt wird, daß nicht nur für das materielle Wohl, sondern, ich möchte sagen, für den geistigen Komfort der Landarbeiter mehr gesorgt wird wie bisher. Viele Gutsbesitzer sind Offiziere gewesen oder Landwehroffiziere. Wenn sie einen Vergleich ziehen zwischen den Verhältnissen der Soldaten und denen ihrer Arbeiter, zwischen Mannschaftsstuben und Knechtsgelassen, zwischen der geistigen Nahrung und Abwechselung, die dem Soldaten geboten wurde und dem Leben, welches ihre Arbeiter führen, so müssen sie bekennen, daß der Unterschied zu Ungunsten der Arbeiter ein sehr bedeutender ist. Es kommt darauf an, die sociale Position des ländlichen Arbeiters zu heben, sein Anrecht, Mensch zu sein, anzuerkennen, für die Fortbildung der heranwachsenden Jugend zu sorgen. Es klingt etwas paradox; aber ich bin der Meinung, wenn der Gutsbesitzer einen Arbeiterverein mit einem geeigneten Lokal schüfe, wenn er durch Familienabende, Vorträge u. s. w. für das Vereinsleben sorgte, wenn er sich an demselben beteiligte, so würde er häufig seine Arbeiter leichter halten auf dem Gut als durch eine Lohnerhöhung.

Immerhin könnten landwirtschaftliche Vereine, größere Grundbesitzer u. s. w. den Versuch wagen, landwirtschaftliche Arbeiter aus der Stadt zu repatriieren, nur müßte ihnen die Beschaffung des Inventars für den ländlichen Haushalt ermöglicht werden, vielleicht durch vorschußweise Gewährung in natura in der Weise, daß bei dreijährigem zufriedenstellenden Verbleiben auf der Arbeitsstelle der Vorschuß nicht zurückerstattet zu werden brauchte. Einen großen, durchgreifenden Erfolg von diesem Vorgehen kann man sich indessen kaum versprechen. Viel eher empfiehlt sich zur Beseitigung der Arbeitslosigkeit die Anlegung von Arbeiterkolonieen in der Art der bisher von Vereinen errichteten,

zur Kultivierung von Heiden, Mooren u. s. w. Auch könnte der Staat
für solche Arbeiter, die sich absolut nicht für die landwirtschaftlichen
Gewerbe eignen, Werkstätten und Fabriken einrichten, die nur nach
Bedarf arbeiten, ähnlich wie die Zuckerfabriken nur während der Kam-
pagne im Betriebe sind. Den Zeitungen zufolge sollen die Regiments-
werkstätten eingehen, der Staat läßt auch sonst vieles durch Unternehmer
liefern, was er selbst beschaffen kann, er ist auch als der größte Arbeitgeber in der Lage, zeitweise auf Vorrat arbeiten zu lassen, er kann
daher stets so viel Kräfte beschäftigen als er will. Geht er aber in
dieser Weise als Arbeitgeber für die Arbeitslosen vor, nimmt er die
Armen- und Schutzpflege in seine Hand, so muß er bestimmte Bedingungen
stellen, denen sich die Arbeitnehmer zu unterwerfen haben. Diese Bedingungen müssen derart sein, daß der Verdienst in der Privatarbeitsstelle
höher ist als in der staatlichen, und dennoch muß sich der Arbeitnehmer
verpflichten, eine bestimmte Zeit auf der Staatsarbeitsstelle auszuhalten.
Bleibt der Staat bei dem Grundsatz, nur für sich und seinen Bedarf
arbeiten zu lassen, so kann, wie gesagt, niemand über Konkurrenz klagen,
aber wenn er für die Arbeitslosen sorgt, so müssen diese auch für die
Dauer der Beschäftigung auf Selbstbestimmung verzichten und für einen
vereinbarten Lohn auf die Dauer des Kontraktes die Arbeit verrichten,
die ihnen zugewiesen wird an dem Ort, den der Staat bestimmt. Wird
jedem, der arbeitslos wird, die Möglichkeit gewährt, durch Vermittelung
der Gesellschaft, d. i. des Staates, Arbeit zu finden, so muß er eben diese
Vergünstigung durch teilweise Aufgabe seines Selbstbestimmungsrechtes
erkaufen. Die Macht, die der Staat dadurch erlangt, muß er nicht
fiskalisch sondern dazu ausnutzen, den Arbeitsmarkt auszugleichen, d. h.
diejenigen Kategorieen von Arbeitskräften, welche auf diesem Markte
mangeln, durch entsprechende Ausbildung zu ergänzen. Er soll die
Armen und Arbeitslosen nicht zu Staatsklaven machen, aber er soll
sie, soweit dies nötig ist, zu brauchbaren Gliedern der Gesellschaft
ausbilden.

Wir haben noch Öd- und Sumpfländereien in Menge, wir brauchen
Kleinbahnen in großer Zahl, wir haben große Kanalbauten im Plane,
deshalb kann man getrost sagen, daß auf Jahrzehnte hinaus Arbeit in
Deutschland vorhanden ist und bei richtiger Organisation keine Kraft
brach zu liegen braucht. Diese Organisation muß aber eine derartige
sein, daß sie der Landwirtschaft und der Industrie die benötigten Arbeitskräfte nicht entzieht. Sie muß brachliegende Arbeitskräfte beschäftigen,
sobald aber bessere Konjunkturen eintreten und diese Arbeitskräfte anderwärts gebraucht werden, sie wieder freigeben. Die Kosten die das ver-
ursacht, die Vorteile die dadurch verloren gehen, kommen dem National-
wohlstande zu gute und gleichen sich durch Emporblühen des Landes,
Hebung der Steuerkraft u. s. w. aus.

Eine einsichtige Verwaltung muß aber, wie wir S. 8 sagten, viel vom Propheten an sich haben, sie muß ein halbes Jahrhundert und weiter vorausschauen und der Zukunft ihre Bahnen selbst vorzeichnen. Wir haben uns durch die überwältigenden Erfolge von 1870/71 bethört, eine Zeit lang dem Irrwahn hingegeben, Deutschland sei gesättigt, könne so bleiben, wie es sei, habe keine Wünsche auf weitere Vermehrung seiner Macht. Das ist, wie gesagt, ein Irrwahn. Wie aus Brandenburg Preußen geworden ist und werden mußte, wie Preußen nicht anders konnte, als Deutschland unter seiner Führung zu vereinigen, wenn es selbst weiter bestehen wollte, so kann Deutschland seine Existenz nur sichern, wenn es sich aus der Groß- zur Weltmacht fortentwickelt. Stillstand heißt hier, wie zumeist, Tod. Entweder vorwärts oder rückwärts. Rußland und Frankreich werden jederzeit jeden geeigneten Augenblick benutzen, um über uns herzufallen, sie davon abzuhalten vermag nur das einzige Moment, daß wir stärker sind als sie. Heute sind wir mit Österreich verbündet; daß dieses Bündnis Jahrzehnte überdauern wird, ist mehr als zweifelhaft. Wenn das Slawentum einen Blick auf seine Geschichte wirft und die Einbuße berechnet, die es durch das Deutschtum erlitten hat, so muß es letzteres hassen, und je mehr die Kultur sich weiter entwickelt, desto mehr schwindet auch das Übergewicht, das wir über das Slawentum hatten. Von England und Skandinavien können wir wenig Hilfe erwarten; und wer soll die Slawen daran hindern, ihr numerisches Übergewicht in Österreich und, Cis- und Transleithanien zusammengerechnet, auch in Österreich-Ungarn dereinst zum politischen zu machen; reichen sie den Ostslawen und den Gallo-Celten die Hand, die bei dem Haß, der sie alle gegen uns beseelt, nur zu gern ergriffen werden wird, so haben wir, und zwar wir allein, den Kampf zu führen, einen Kampf auf Leben und Tod, um unsere Existenz.

Deshalb brauchen wir jeden Jungen und jedes Mädchen, das einmal Frau und Mutter eines Jungen werden kann, deshalb ist unser Schutz die ständige Zunahme unserer Bevölkerung, deshalb müssen wir aber auch die Ernährung dieser steigenden Bevölkerung in einer ferneren Zukunft ins Auge fassen. An unseren Grenzen Eroberungen zu machen, kann uns nichts nützen, denn die Grenzprovinzen unserer Nachbarn sind bevölkert genug, und diese Bevölkerung könnten wir auch im Siegesfalle nicht vertreiben. Durch die Auswanderung gehen uns unsere Volksgenossen verloren, und außerdem werden die Chancen für die Auswanderer immer ungünstiger. Wir müssen deshalb Kolonieen haben und zwar solche, deren klimatische Verhältnisse die Einwanderung deutscher Kolonisten nicht nur zulassen, sondern begünstigen. Gehen wir nicht diesen Weg, so zehren wir, wie heute schon unsere Kapitalien, weil sie keinen Abfluß haben, das eigene Land aussaugen, uns selbst

auf, so haben wir, wenn wir auch nach außen stark genug zur Abwehr
blieben, den Bürgerkrieg in Form der Revolution im Innern, die
unseren Wohlstand vernichtet und uns schließlich wehr-, saft- und kraftlos dem Ausland vor die Füße wirft (S. 13). Deshalb müssen wir es
uns zum festen Ziele machen, Kolonialbesitz zu erwerben. Das ist nicht
leicht. Wir sind in Europa eine Groß- aber keine Weltmacht, dem
russischen Zaren und der Kaiserin von Indien gegenüber steht der
deutsche Kaiser, was Flächeninhalt und Einwohnerzahl seines Herrschafts-
gebietes anbelangt, nicht anders da, wie Friedrich II., als ihn seine
Feinde den Marquis de Brandebourg nannten. Aber unsere Machtmittel sind doch andere. Unser Heer ist das tüchtigste der Welt, und
es liegt nur an uns, unsere Flotte den übrigen ebenbürtig zu machen.
Warum schreitet Rußland in Asien immer weiter, warum vergrößert
England seinen Kolonialbesitz beständig, warum erobert Frankreich
Tonkin, Italien Massauah und warum legen wir die Hände in den
Schoß? Jene Mächte, Italien ausgenommen, haben Kolonialbesitz
genug, für unsere Zukunft bedeutet die Kolonialfrage, wie soeben ausgeführt, Sein oder Nichtsein. Wir thun aber der Welt gegenüber, als
wäre dem nicht so, als hätten wir bei dem Kampf um den Weltbesitz
nicht mitzusprechen. Die bescheidene Rolle, die wir spielen, ist unserer
nicht würdig. Wir sind nicht das Land des Marquis de Brandebourg,
ebensowenig wie das Preußen Friedrichs des Großen ein Marquisat
war. Wir sind das deutsche Reich. Ich habe wenig Sympathie für
deutsche Kapitalisten, die, um etwas höhere Zinsen zu haben, in argen-
tinischen, portugiesischen, griechischen Papieren ihre Gelder anlegen, statt
sie in Deutschland für Kleinbahnen, Arbeiterwohnungen u. s. w. nutz-
bringend zu verwenden: aber, warum sollen wir nicht die Gelegenheit
benutzen, für unsere deutschen Gläubiger eintreten und, wenn das über-
schuldete Land nicht zahlen kann, eine Provinz, einige Inseln, eine
Kolonie zum Pfande nehmen? Ob die anderen Mächte daraus einen
Kriegsfall machen, wollen wir erst einmal abwarten, man sollte
glauben, sie möchten es sich doch erst überlegen, zumal wenn wir
ihnen sagen: „Ihr habt auch unter euren Unterthanen Gläubiger,
die geschädigt werden, thut doch das gleiche wie wir, wir hindern
euch nicht."

Unsere Zeit hat viel Ähnlichkeit mit derjenigen vor dem ersten
schlesischen Kriege und vor 1806. Wenn wir auf die weitere Zukunft
blicken, so können sich unsere Chancen bei einer kriegerischen Verwickelung
nur wesentlich verschlechtern, und daß die Zukunft eine dauernd fried-
liche bleiben wird, ist undenkbar. Vielleicht wird uns eine spätere Zeit
den Vorwurf machen, daß wir zu friedliebend gewesen sind.

Aber auch auf friedlichem Wege sind doch Erwerbungen nicht ausgeschlossen. Warum könnten wir uns nicht von einem finanzunkräftigen

Staat, z. B. von der Türkei, in Kleinasien Gebiete abtreten lassen, die unter der Souveränität dieses Staates blieben, die wir aber besiedelten und unter Kultur nähmen? Die Anlage eines solchen Domanialbesitzes im Auslande würde, wie auch eine Zeitung, der Reichsbote, ausführte, uns die Möglichkeit gewähren, überschüssige Arbeitskräfte und auch Kapitalien zu verwenden, ohne sie dem Vaterlande verloren gehen zu lassen. Gewisse Befugnisse der Verwaltung, eine Art Konsular= gerichtsbarkeit müßten wir uns vorbehalten, eine Rekrutierung seitens des betreffenden Staates dürfte nur im Kriegsfalle stattfinden, dagegen er= hielte er außer dem Kaufkapital jährlich einen festen Steuerbetrag. Was würde wohl für ein Lärm entstehen, wenn wir derartiges thäten? Wenn es aber heißt, England habe Kreta vom Sultan gekauft, so findet man nicht viel dabei. Das beweist am besten unsere Position.

So oder so, vorwärts müssen wir, und wir müssen wieder fühlen und wissen, daß wir vorwärts streben, wir müssen wieder ein Ziel haben. Anderenfalls läßt (— und sollte das nicht schon geschehen sein —?) unser Nationalgefühl nach, unsere Kraft erlahmt, und das Ausland sieht in uns wieder den alten Michel. Überall, in allen Weltteilen, arbeitet deutsches Geld, deutsche Kraft, aber was hat das Vaterland davon? Abgesehen vielleicht von den Bewohnern der Hansestädte, kommen deutsche Kaufleute u. s. w., die im Ausland ihr Glück gemacht, Vermögen er= worben haben, selten heim, um den Lebensabend im Vaterlande zuzu= bringen. Sie gehen fort in der Jugend, nehmen womöglich noch ein kleines Kapital mit; geht es ihnen gut, so ziehen sie Verwandte nach, sie assimilieren sich dem fremden Lande, ihre Kinder vergessen, daß sie deutscher Abstammung sind, und das alte Vaterland hat nichts mehr von ihnen. Das ist einer großen Nation wahrhaftig nicht würdig, und so lange dem so ist, haben auch die anderen Völker keinen wirklichen Re= spekt vor uns, und mit Recht.

Wir dürfen und sollen die weitere Zukunft nicht außer Augen lassen, aber vorläufig haben wir, wie bereits bemerkt, für unsere Arbeits= losen noch Arbeit genug, wenn wir die benötigte Kultivierungs= und Kulturarbeit vornehmen wollen, und es ist kein Grund vorhanden, Arbeits= losigkeit als Notwendigkeit anzuerkennen.

Gesetzt also: nicht aus socialphilosophischen Gründen wegen des Rechts auf Arbeit, sondern, wie wir ausgeführt haben, aus finanzökono= mischen, um keine Kraft brach liegen zu lassen, nimmt der Staat die Sache in die Hand, organisiert den Arbeitsnachweis, richtet Arbeiter= kolonieen, Werkstätten und Fabriken für Arbeitslose ein, er organisiert ferner die geschlossene Armen= und die Schutzpflege, so daß sie jedem, der ihrer bedarf, zu teil wird: dann bleibt für die offene Armenpflege nur noch verhältnismäßig wenig übrig. Sie würde sich unschwer so orga= nisieren lassen, daß in den Städten die bisherigen Organe weiter fun=

gierten, vielleicht mit einem Staatskommissar an der Spitze, und daß das
platte Land in Armenbezirke eingeteilt würde.

Wie oben gesagt, nicht das Geld, sondern die Intelligenz ist bei
Armen- und Schutzpflege das Wesentliche, die Intelligenz ist aber nicht
nur Talent, nein, sie will durch Schulung erworben sein. Neben der
mangelhaften Organisation thut uns in der Armen- und Schutzpflege
der Dilettantismus den größten Schaden. Wer höher gebildet, wohl-
habend u. s. w. ist, wer das warme Herz hat, besitzt deshalb noch kein
Geschick und Verständnis, und ebensowenig werden letztere zur Eigenschaft eines Menschen dadurch, daß er als höherer Beamter Examina
gemacht hat, oder als niederer Beamter einen bunten Kragen trägt.
Die Dilettanten findet man leider noch mehr in den Bureaus der Behörden wie in den Versammlungen der Vereinsvorstände.

Darum trägt eben eine Verstaatlichung der Armen- und Schutzpflege
große Gefahren in sich, und schon deshalb — ganz abgesehen von
vielen anderen Gründen — ist sie ein sehr schwieriges Werk, eine Riesen-
aufgabe. Aber wir müssen eben diese Aufgabe lösen, wir müssen die
Gefahr überwinden.

Zunächst müssen wir einmal feststellen, welche Schutzpflegevereine
(im weitesten Sinne) in Deutschland bestehen, und welchen Schaden sie
zu bekämpfen, welcher Not sie abzuhelfen suchen, welche Mittel sie dazu
gebrauchen, welche Anstalten sie errichtet haben, welche Summen sie verwenden und wie sie diese Summen aufbringen.

Daran schließt sich die zweite Frage: Ist der Schade, welcher bekämpft wird, wirklich so weit vorhanden, daß er der Bekämpfung wert
ist, und erscheint das angewandte Mittel als das geeignete?

Wird diese zweite Frage bejaht, so gilt es die dritte zu erledigen.
Ist der Schaden, der bekämpft wird, nur dem betreffenden Ort, Gau,
Bezirk u. s. w. eigentümlich, oder zeigt er sich auch anderwärts, bedarf
er auch dort der Bekämpfung und durch dieselben oder durch andere
Mittel?

Erst wenn diese drei Fragen beantwortet sind, kann es sich darum
handeln, die Gesamtorganisation in Erwägung zu nehmen.

Sehr wesentlich würde es sein, die erforderlichen Feststellungen nicht
den regelmäßigen Behörden aufzugeben. Dieselben stehen, meist ohne
es zu wissen, der Materie zu fern. Nein, man beauftrage die Organe
der Armen- und Schutzpflege selbst damit. Man berufe einen Ausschuß,
zusammengesetzt aus den Vorsitzenden und Delegierten der großen
deutschen Centralvereine. Man sage diesem Ausschuß: Stelle dir vor,
du bekämest die Macht und die Mittel, die Armen- und Schutzpflege für
Deutschland zu organisieren, wie du das für gut hältst, dem Elend mit
dem erforderlichen Gelde und der erforderlichen Kraft zu begegnen,
stelle dir das vor und mache auf Grund thatsächlicher Feststellungen, zu

denen wir dir die Befugnis gewähren und die Kosten bewilligen, die erforderlichen Vorschläge. Sieh dich auch im Auslande um, und berichte was man dort thut.

Eine solche Enquete ist insofern nicht so schwierig, als man viel= leicht annimmt, weil die meisten Vereine Jahresberichte mit den ent= sprechenden Zahlenangaben veröffentlichen, und auch ziemlich genau an= zugeben vermögen, wie viel Notleidende sie wegen mangelnder Mittel abzuweisen genötigt sind. Dennoch würde die Arbeit eine sehr große sein und sehr interessante Resultate ergeben. Ich habe dabei die feste Überzeugung, daß, wenn alles zusammengezählt wird, was Armen= und Schutzpflege thatsächlich kosten, die Vereinspflege mit eingerechnet, und wenn man ferner veranschlagt, wie viel bei zweckmäßiger Organisation und Centralisation erspart werden könnte, der momentane Aufwand nicht sehr viel höher zu veranschlagen wäre als der bisherige, und für die Zukunft ganz bedeutende Ersparnisse herausgerechnet werden könnten. Denn Armut ist wie gesagt eine Krankheit, und Krankheit bei richtiger Behandlung in vielen Fällen heilbar.

In der Verstaatlichung der Armen= und Schutzpflege sehe ich auch eine teilweise Lösung der Frauenfrage. Hier wird ein Beruf geschaffen, der recht eigentlich Domäne der Frau ist. Deshalb müßten hier die Männer einmal zurückstehen und nur da Verwendung finden dürfen, wo Frauenthätigkeit absolut ausgeschlossen ist. Diese Frauenthätigkeit aber muß eine geschulte sein. Armen= und Schutzpflege bedarf eines gewissen Maßes von Bildung, weil sie fast immer eine erziehliche und verwaltende ist, und desgleichen eines Maßes praktischer Kenntnisse und Fertigkeiten, endlich des Bekannt= und Geübtseins mit und in den verschiedenen Zweigen der einschlägigen Thätigkeit. Mutter und Gattin, die ihre Eltern stützende Tochter sollen ihren Pflichten nicht entzogen werden, aber die vielen müßig am Wege stehenden Mädchen und auch Witwen aus den oberen Schichten können hier mitarbeiten an der socialen Rettung unseres Volkes und mehr ausrichten als wir Männer!

Wozu das alles, warum diese Umwälzung, dieser Bruch mit dem Bestehenden? Einmal weil die Verhältnisse in unserem Jahrhundert total andere geworden sind und die alten Einrichtungen und Wege uns nicht mehr zum Ziele führen. Weil wir überall neue Wege gewandelt sind, aber in der Bekämpfung der Armut und des Elends — trotz aller Vereinsbestrebungen — im wesentlichen mit den alten Mitteln arbeiten, steigt und steigt das Elend, und mit dem Elend, dem Verlorengehen und Verkommen die Gefahr für unsere gesamte Existenz. Hier kommt für mich der Satz zur Anwendung, den ich S. 7 vorangestellt habe, nicht die Rückkehr zu den alten Verhältnissen, nicht eine Reform nach rückwärts sondern vorwärts, weit vorwärts auf neuen Bahnen. Dampf= maschine, Verkehrswesen, Freizügigkeit, Gewerbefreiheit und alles, alles was dazu gehört, können wir nicht beseitigen, ja nicht einmal beschränken, das ist nun einmal unmöglich, und jeder Versuch dazu wird fehlschlagen. Nein, wir müssen die Gegenwart so nehmen wie sie ist, aber die Konsequenzen müssen wir ziehen, und ihnen entsprechend handeln. Überläßt die Gegenwart das Individuum sich selbst, kennt sie keine Entfernung, keine örtliche Begrenzung mehr, so muß das Individuum auch überall da, wo es scheitert oder gefährdet wird im Kampf des Lebens, Hilfe, Schutz und Pflege finden, ohne Rücksicht auf Abstammung und Zugehörigkeit zu einem Orte, oder Gau, und ohne die Hilfsleistung lähmende Regreßansprüche der Orte und Gaue gegeneinander.

Vor wenigen Jahrzehnten war das Individuum noch eng verbunden mit seinem Wohnorte, den es selten wechselte, war dieser Wohnort oft fast abgeschlossen gegen die Außenwelt, war mangels chaussierter Wege, geeigneter Transportmittel (Krankenwagen), Eisenbahnen u. s. w. an eine Überführung in Anstalten vielfach überhaupt nicht zu denken, waren diese Anstalten, was ärztliche Behandlung und Krankenpflege betrifft, ein Zerrbild ihres heutigen Zustandes, lagen die Verhältnisse, welche heute zum Verkommen und Verlorengehen führen, überhaupt nicht vor, oder man kannte die Rettungsmittel nicht, man dachte gar nicht an Rettung. Das ist heute alles total anders geworden, und deshalb müssen wir neue Wege gehen.

Und noch ein Grund kommt hinzu. Wir stellen seit Jahrzehnten immer größere Massen in das Heer ein, damit sie im Kriegsfalle das Vaterland, und wenn ein Aufstand ausbricht, die sociale Ordnung verteidigen. Naturgemäß trifft diese Erhöhung der Wehrsteuer die breiten Massen der unteren Schichten am meisten. Was heißt für sie Vaterland? Eine Heimat haben die Wenigsten. Das Kind einer ländlichen Arbeiterfamilie, welcher der Ortsarmenverband niemals vollen zweijährigen Aufenthalt gönnte, hat von der Wiege bis zur Beendigung der Schulzeit siebenmal den Wohnort gewechselt; wo ist seine Heimat? Nachher ist im Arbeitsleben der Ortswechsel ebenso häufig gewesen. Wenn es später der Armee angehört, wenn es kämpfen und sein Leben dahingeben soll, wofür? Die Gelegenheit, einen Ort, eine Flur lieb zu gewinnen, ist ihm nie geboten worden. Was hat es eigentlich für ein Interesse daran, ob der Feind ins Land kommt oder nicht, ob er das Land verwüstet? Das ist übertrieben, werden viele Leser sagen, nein, es ist bittere Wahrheit. Die beiden Kreise, die ich als Landrat verwaltet habe, zählten 343 resp. 226 selbständige Ortsarmenverbände, und mir hat es oft ins Herz geschnitten, wenn ich mit ansehen mußte, wie eine Familie von Ort zu Ort ziehen mußte und durch den Umzug immer mehr verarmte. Ein gesetzliches Mittel, die Hauswirte zu zwingen, ihre Wohnungen zu vermieten, stand mir nicht zu Gebote, oder nur dann, wenn in den Nachbardörfern keine Wohnung frei war, das war

aber selten der Fall; zu diesem Zwecke standen die Gemeinden im
Kartell. Und daß sie handelten wie sie thaten, war ihnen nicht zu
verdenken.

Was hat ferner solch Arbeiterkind für ein Interesse an dem Fortbestehen unserer socialen Ordnung? Arbeiter braucht man unter jeder
Staatsform. Was thut der Staat für die Arbeiter? In wieweit hat
der Arbeiter Verständnis für das, was der Staat thut? Steht das, was
der Staat thut, im Verhältnis zu dem Opfer, welches er von dem
Arbeiter durch die Wehrpflicht fordert? Mit der Einstellung in das
Heer ist der Verlust der Arbeitsstelle verbunden, die Fortbildung wird
gehemmt, die Arbeit im Gewerbe nimmt in zwei oder drei Jahren oft
genug andere Formen an, in welche sich einzulernen nicht immer leicht
ist, nicht militärtaugliche Arbeitsgenossen schreiten weiter vor, gelangen in
höhere Lohnklassen. Ist kein Sparpfennig da, so ist das Soldatenleben
ohne Zulage entbehrungsvoller als das bisherige Arbeitsleben, ist ein
Sparpfennig da, so wird er aufgezehrt, hat der junge Arbeiter bisher
seine Familie unterstützt, so tritt jetzt der umgekehrte Fall ein. Und
schließlich soll er, wenn es zum Kampfe kommt, zu alledem sein einziges
Gut, was er besitzt, seine Gesundheit, einsetzen oder gar sein Leben.
Ich frage noch einmal: was bietet ihm der Staat dafür?

Man wird mir vorwerfen: So etwas müsse man nicht sagen.
Ja gewiß, das wäre richtig, wenn es die Socialdemokratie dem Arbeiter
nicht tausendmal im Jahre sagte. Er weiß es längst, und daß wir uns
untereinander die Wahrheit verschweigen, hilft uns absolut nicht. Wollen
wir den geistigen Kampf führen gegen den Umsturz, so müssen wir zu
allererst den Mut haben, der Wahrheit ins Gesicht zu sehen, die Dinge
zu nehmen wie sie sind; sie zu verschleiern hindert uns nur daran, die
rechten Waffen zu gebrauchen.

Liegt die Sache nicht ganz anders, wenn der Staat als solcher
nicht durch Vermittelung der oft widerstrebenden Gemeinde, nicht auf
dem Wege der meist unzulänglichen Vereinsbeihilfe sondern selbst und
unmittelbar den unteren und untersten Schichten die rettende Hand
bietet, mit seinen gewaltigen Mitteln, mit seiner centralisierenden Macht,
mit seinem organisatorischen Geschick für sie eintritt, wenn er, da das
wirtschaftliche Leben der Gegenwart zu einem Konkurrenzkampf aller
gegen alle geworden ist, das Sanitätswesen, das für die in diesem
Kampfe Verwundeten sorgt, in seine Hand nimmt? Geben wir den
arbeitenden Klassen das Bewußtsein wieder, daß sie in allem, was Fürsorge heißt, Vollbürger des Staates sind, so brauchen wir die Socialdemokratie nicht zu fürchten.

Schöner, edler und größer aber wäre es, wenn nicht die Furcht
vor der Gefährdung der socialen Ordnung, sondern ein anderes Gefühl
den Regierenden, Besitzenden und Gebildeten die Reform diktierte. Das

Fazit des neunzehnten Jahrhunderts ist, daß uns an seinem Ausgang Hunderttausende unserer Volksgenossen verbittert gegenüberstehen, nur durch die Gewalt zurückgehalten, ihrem Haß und Grimm thatsächlichen Ausdruck zu geben. Worauf wir uns stützen ist nicht mehr das moralische und intellektuelle Übergewicht, nicht mehr Liebe, Zuneigung und Vertrauen des arbeitenden Volkes, nein, nur noch der Zwang, und wenn wir rechnen, so berechnen wir, wie und wie lange wir diesen Zwang noch ausüben können. Soll das ewig so andauern, sollen wir keine anderen Mittel versuchen? Wäre es nicht ein schöner, großer, des scheidenden Jahrhunderts würdiger Gedanke, wenn wir alle Kräfte, die uns zu Gebote stehen, das Denken, die Thatkraft einer ganzen Nation in ihren besitzenden und gebildeten Elementen, die Erfindungen der Neuzeit, die Fortschritte der Wissenschaft, die Einrichtungen des Verkehrs und des Betriebes zusammenfassen, einstellen wollten zu einem großen Werke, zur Linderung des Elends unter unseren Volksgenossen, zur Heilung der Wunden, welche das moderne Leben Tausenden schlägt, wenn wir unter fester Aufrechterhaltung unserer bestehenden Ordnungen, ja gerade mit Hilfe derselben und unter energischer Zurückweisung aller bethörenden Irrgebilde, mit denen Verführer das Volk locken wollen, danach strebten, das Herz dieses Volkes uns und dem Vaterlande wiederzugewinnen, durch die Macht, die größer ist als alle anderen zusammen, der niemand widersteht, die alles überwindet, durch die Macht der Liebe?

Sechstes Kapitel

Die Arbeiterfrage.

Wenn der Staat, wie wir im vorigen Kapitel ausgeführt haben, die Arbeitslosigkeit dadurch bekämpft, daß er den Arbeitslosen, die sich den ihnen gestellten Bedingungen unterwerfen, unterschiedslos Arbeit giebt, dann ist er auch im stande, die Arbeiterfrage so zu lösen, wie sie einzig gelöst werden kann, nämlich individuell, nicht generell. Es ist in diesem Buche bereits mehrfach betont worden, daß sich die Gewerbe= freiheit nicht aufheben läßt, daß eine Rückkehr zu den Zunftbeschränkungen der Vergangenheit unmöglich ist. Das Einzige, was wir und zwar vom ethischen Standpunkte aus verlangt haben, ist, daß, wer jugendliche Arbeitnehmer beschäftigen will, auch die Fähigkeiten des Erziehers haben muß. Wer mit erwachsenen Arbeitnehmern arbeitet, braucht sie nicht zu erziehen. Dennoch aber: Wer andere gegen Lohn für sich arbeiten läßt, muß auch einen Lohn zahlen, der ihnen ein menschenwürdiges Dasein sichert. Kann er das nicht, so darf er nicht Arbeitgeber sein, so mag er allein für sich arbeiten, oder wenn er genug zu leben hat, die Arbeit einstellen.

Daß ein Arbeitgeber Hungerlöhne zahlt und selbst im Überflusse schwelgt, daß er eine prächtig eingerichtete Wohnung sein eigen nennt und außerdem noch eine gleich prächtige Villa für den Sommer oder ein Schloß auf dem Gut, während seine Arbeiter in Kellern und Boden= gelassen elend hausen, daß er Feste giebt, auf welchem alles was unsere Zeit an Luxus und Pracht erfunden hat, sich überbietet, während unter denen, die in seinem Lohn stehen, das größte Elend herrscht, ist in unserem socialen Zeitalter nicht mehr zulässig. Haben wir uns an solche Verhältnisse gewöhnt, so müssen wir diese Gewohnheiten wieder ab= streifen, wenn wir weiter bestehen wollen. Man lebte — auch der Reiche — in der Vergangenheit weit einfacher, einen Luxus, wie ihn die Gegenwart alltäglich zeigt, kannte man selten oder nur bei großen festen; wollen wir die sociale Aufgabe lösen, so müssen wir wieder einfacher leben. Mag der Rentier machen was er will, demjenigen, der Arbeitgeber ist, kann ein luxuriöses Leben nur gestattet werden, wenn er dafür gesorgt hat, daß seine Arbeitnehmer menschenwürdig leben. Was heißt menschenwürdig leben? Zunächst ein Obdach haben mit Luft und Licht und dem der Bewohnerzahl nach den Vorschriften der Gesundheitslehre entsprechenden Kubikraum, in diesem Obdach die benötigte Temperatur für Sommer und Winter, vollständig sättigende gesunde Nahrung, gegen die Witterung schützende, dem Klima ange= messene, anständige Kleidung, in Krankheitsfällen die erforderliche Fürsorge und so viel übrig und so viel freie Zeit, daß neben dem Körper auch der Geist, die Seele, das Gemüt zu ihrem Recht kommen und auch ihre Nahrung finden können.

Für das alles mag das bescheidenste Maß angelegt, aber dieses Maß muß in unserer Gegenwart dem Bildungsniveau unseres Volkes, auf das wir es nun einmal gebracht haben (S. 21 ff.), angepaßt werden.

Es ist ein grausamer Vorwurf für unsere Zeit, aber es ist bittere Wahrheit: die Gesellschaft muß von dem Arbeitgeber verlangen, daß er seine Arbeitnehmer so hält, wie sie selbst diejenigen hält, die sie für begangene Verbrechen mit der (abgesehen von der Todes=) schwersten, der Zuchthausstrafe, belegt. Der Züchtling in der im Sommer gut ventilierten, im Winter wohldurchwärmten Zelle mit guter Lagerstatt, mit vollständiger Kleidung und Wäsche versehen, zu bestimmten Tages= zeiten ausreichend, und seitdem wir die Senkingschen Dampfkochapparate haben, außerordentlich schmackhaft gespeist, mit bestimmten Freistunden, während welcher er in seinem Bibliotheksbuch lesen darf, mit voll= ständiger Sonn= und Feiertagsruhe, mit Lazarethpflege in Krankheits= fällen, ist nicht relativ, sondern thatsächlich besser versorgt wie ein großer Teil der freien Arbeiter, namentlich derjenigen, die eine Familie mit zahlreichen kleinen Kindern zu ernähren haben. Warum? Weil wir zu human sind? Nein, weil wir Menschen gegenüber, die ganz und gar in unsere, der Gesellschaft, Gewalt gegeben sind, die keinen eigenen Willen, keine Selbstbestimmung mehr haben, nicht anders handeln können, weil wir ihnen was zur Nahrung und Notdurft unbedingt gehört, verabfolgen müssen, weil wir kein Recht haben, sie durch Entziehung des Notwendigsten zu schädigen, weil wir ebensowenig ihren Geist verkümmern lassen, Geisteskrankheiten nicht hervorrufen dürfen. Zur Einsperrung bei harter Arbeit sind die Verbrecher ver= urteilt, aber nicht um körperlich und geistig geschädigt und bei Rückkehr in das bürgerliche Leben nach verbüßter Strafe erwerbsunfähig gemacht zu werden. Diese Schranken müssen wir innehalten, und daraus er= giebt sich von selbst eine Fürsorge, die nicht an und für sich die Grenze überschreitet, sondern die nur deshalb übertrieben erscheint, weil leider

Gottes dem freien, unbestraften, ehrlichen Arbeiter die gleiche Fürsorge seitens der Gesellschaft nicht zu teil wird. Unsere Zuchthäusler haben es nicht zu gut, nein, unsere ehrlichen Arbeiter haben es zu schlecht: darin liegt der Grund, daß der Züchtling es im Zuchthause vielfach besser hat als in der Freiheit und deshalb die Strafe nicht als solche empfindet.

Wenn der Staat es sich selbst nicht gestattet, dem Mörder, dem Räuber weniger Luft und Licht im Zuchthaus zu gewähren als für seine Gesundheit notwendig ist, wenn er nirgends die Gefangenen in Boden- und Kellerräumen unterbringt, warum gestattet er dem Privatmann, luft- und lichtlose Räume, Boden- und Kellergelasse an freie, ehrliche Leute zu vermieten? Weil er nicht in den Privatverkehr eingreifen will? Verbietet er nicht den Geldwucher, stellt er nicht die Ausbeutung einer Notlage durch unerlaubte Mittel unter das Strafgesetz? Ist der Wucher mit Luft und Licht nicht auch ein Wucher, ist der Mangel an guten Wohnungen und der dadurch eintretende Zwang, schlechte zu mieten, keine Notlage? Und wenn der Staat ungezählte baupolizeiliche Vorschriften gegen Einsturz-, Feuersgefahr u. s. w. erläßt, wenn er gegen Epidemieen Vorsorge, und, wenn sie eintreten, Maßnahmen trifft, die tief eingreifen in den Privatverkehr und seine Freiheit, soll er nicht ebenso das Recht und die Pflicht haben, das Vermieten an und für sich menschenunwürdiger Wohnungen oder solcher, die es durch Überfüllung werden, zu verbieten?

Fehlt es uns etwa an Raum? Unsere modernen Städte mit den weitausgedehnten mit den schönsten Häusern für die Wohlhabenden und Reichen besetzten Vorstadtvierteln beweisen das Gegenteil. Ist trotz allem was durch Private und Vereine geschehen ist, im Verhältnis zu der Vermehrung der Zahl der Wohnungen für die oberen Schichten auch nur an einem einzigen Ort das wirklich Allernotwendigste geschehen, um der großen Mehrzahl der Arbeiterbevölkerung ein besseres, den heutigen Lebens- und Bildungsverhältnissen entsprechendes Obdach zu sichern? Gerade wenn man die von einzelnen Industriellen, von Vereinen u. s. w. errichteten Arbeiterhäuser besichtigt hat, gerade wenn man die finanziellen Ergebnisse solcher Veranstaltungen kennt, gerade dann muß man die sonstigen Zustände auf dem Wohnungsgebiet als doppelt schrecklich bezeichnen. Es ist manches, es ist an manchen Orten viel geschehen: aber nirgends genug, und viel bleibt zu thun übrig! Hier kann zunächst nur ein Verbot des Vermietens menschenunwürdiger Wohngelasse helfen. Erfolgt ein solches Verbot, so wird die Bauthätigkeit sofort und ganz von selbst das ihrige thun, und ebenso wird die Industrie gezwungen werden, durch Herstellung entsprechender Wohnungen sich die Arbeitskräfte zu sichern.

Wir müssen Wohnungsämter mit einem Arzt, einem Bauverständigen u. f. w., als Mitgliedern haben, die jede Wohnung (auch die „herrschaftlichen" wegen der Dienstboten) vor der Vermietung einer Besichtigung unterziehen und entscheiden:

1. ob die Wohnung überhaupt vermietet werden darf,
2. im Bejahungsfalle, welche Räume am Tage bezw. bei Nacht zum menschlichen Aufenthalt dienen,
3. mit wie viel Personen die Räume zu 2. belegt werden dürfen.

Dabei sind ad 1 Böden und Keller gänzlich auszuscheiden, ad 2 luft- und lichtlose Räume, ad 3 muß der Kubikinhalt maßgebend sein.

Für die Besichtigung könnte eine mäßige Gebühr gezahlt, der Verstoß gegen die getroffene Entscheidung müßte mit harten Strafen belegt, die Entscheidung selbst der Kontrollbehörde mitgeteilt werden. Selbstverständlich würde ein allmähliches Vorgehen notwendig sein, die Besichtigung hätte nur bei einer Neuvermietung einzutreten, und wahrscheinlich müßte an den meisten Orten eine mehrjährige Frist gewährt werden. Aber nicht überall und unbedingt! Wo gesunde, menschenwürdige Wohnungen genügend vorhanden sind, könnte man das Vermieten unzureichender sofort verbieten und außerdem einen Unterschied machen zwischen solchen Mietern, die bereits eine Wohnung am Orte gehabt haben und Neuanziehenden. Es ist keine Aufhebung der Freizügigkeit, wenn man die Niederlassung abhängig macht nicht nur von der Beschaffung einer Wohnung überhaupt sondern einer gesunden Wohnung, und wenn auf diese Weise dem Einströmen der ländlichen Arbeiterbevölkerung in die Städte etwas Einhalt gethan wird, so ist das kein Schade.

Auf eine Schädigung der Hauseigentümer braucht man keine Rücksicht zu nehmen. Wucher mit Luft und Licht ist Wucher, und ein Recht, Wucher zu treiben, kann nicht erworben werden. Auch steht diese Schädigung nicht in großem Maßstabe zu erwarten. Aus zwei schlechten Wohnungen läßt sich eine gute machen, und die Böden und Keller lassen sich anderweit vermieten. Viele Mieter „herrschaftlicher Wohnungen" werden gern etwas mehr zahlen, wenn sie einen Bodenraum zu alleiniger Benutzung und namentlich einen geräumigen Keller zur Aufbewahrung von Vorräten erhalten, vor allem, wenn sie dadurch ein Zimmer frei bekommen und ihre Dienstboten besser unterbringen können.

Bei Neuanlagen von Fabriken, von gewerblichen Etablissements, die über eine Minimalzahl hinaus Arbeiter beschäftigen, würde in Zukunft die Erlaubnis zur Eröffnung des Betriebes von dem Nachweis abhängig zu machen sein, daß die Arbeiter gesund wohnen. Wird die Industrie dadurch genötigt, das platte Land und namentlich den billigen Osten bei Neuanlagen aufzusuchen, so ist das ein Schritt zur Lösung der Agrar- und erleichtert diejenige der socialen Frage. Arbeitgeber und -nehmer stehen sich am kleinen Ort viel näher; der erstere kann nicht umhin, von dem wirtschaftlichen, socialen u. s. w. Leben der letzteren Kenntnis zu nehmen, der Arbeiter findet in Garten und Feld lohnende und gesunde Beschäftigung, der menschenleere Osten wird wieder bevölkert und in sich selbst konsumtionsfähig u. s. w. Die Industrie hat die ländlichen Arbeiter in die Stadt gezogen, sie muß mit ihren Beamten und Arbeitern auf das Land zurückkehren.

Neben den Wohnungs- müssen wir Arbeitsämter einrichten, welche jeden Arbeitskontrakt prüfen und bestätigen. Wenn ein noch so kleines Grundstück aufgelassen wird, so muß der Richter mitwirken; aber wenn es sich um Wohlfahrt und Gesundheit von Millionen von Menschen handelt, dann kümmert sich der Staat um nichts. Das Arbeitsamt soll nicht fragen: Kann der Arbeitgeber, sondern es muß fragen, kann der Arbeitnehmer und zwar menschenwürdig bestehen? Wird diese Frage verneint, so muß es die Genehmigung des Kontraktes versagen. Generell läßt sich diese Frage nicht lösen. Die tausend Fälle des Lebens lassen sich in Paragraphen nicht einschnüren. Ob der Arbeiter alt oder jung, kräftig oder schwächlich, ledig oder verheiratet, ob er, wenn verheiratet, kinderlos oder kinderreich, wie groß im letzteren Falle die Zahl seiner Kinder ist, in welchem Alter sie stehen, wie weit die Arbeitsstelle von seiner Wohnung entfernt ist, welche Verkehrsmittel er benutzen kann, um sie zu erreichen u. s. w., macht einen großen Unterschied. Dieser Unterschied darf dem Arbeitgeber nicht gleichgiltig, der Arbeiter soll ihm nicht Ware, nicht einzig und allein Arbeitskraft sein, sondern er soll in ihm einen Menschen, einen Volksgenossen sehen, dessen Wohl und Wehe auch das seinige ist. Hat er diese Anschauung nicht, so muß sie ihm aufgezwungen werden, d. h. der Staat muß an seiner Stelle handeln. Das kann der Staat aber nur, wenn er die etwa überschüssig bleibenden Arbeitskräfte unterbringen kann durch Kultivierung von Ödländereien, Anlagen von Fabriken im Inlande, Ankauf von großen Koloniallandflächen im Auslande, wie im fünften, und Beschaffung großer Geldmittel durch eine Finanzreform, wie im vierten Kapitel vorgeschlagen ist.

Brandenburg-Preußen hat unter der Regierung unvergleichlicher Regenten großmächtige Kulturaufgaben gelöst, und dadurch ist es zur Großmacht geworden. In einem gewissen Sinne kann man sagen: Seine äußeren Kriege und Siege waren nur die Folie seiner inneren Größe. Preußen-Deutschland hat die schwierigsten aller Kulturaufgaben zu lösen, dem Kriege aller gegen alle, den Verwüstungen, die er anrichtet, ein Ende zu machen, Frieden und Wohlfahrt und dadurch das Gleichgewicht im wirtschaftlichen Leben der Gegenwart wieder herzustellen. Aber während es sich für Brandenburg-Preußen darum handelte, ein kleiner Staat wie viele andere zu bleiben oder emporzustreben zur

Höhe, handelt es sich für Preußen-Deutschland bei Lösung und Nichtlösung dieser Frage um Sein oder Nichtsein.

Die Aufgaben der Vorzeit und der Gegenwart stehen sich zum Teil diametral gegenüber. Damals hieß es, Bevölkerung ins Land zu ziehen, Industrie zu schaffen, Verkehr zu heben, Schranken zu beseitigen: heute das Problem: die Übervölkerung zu ernähren, der Überproduktion zu steuern, Auswüchse des Verkehrslebens zu beschneiden. Aber wie damals der aufstrebende Staat sich nicht mit kleinen Mitteln begnügte, wie die großen Hohenzollern zu außerordentlichen Maßnahmen griffen, z. B. Salzburger Protestanten, französischen Reformierten ihr Land öffneten, so dürfen wir auch heute uns nicht mit dem begnügen, was der Tag uns bringt. Und wenn wir auf Brandenburg-Preußen blicken nach dem dreißigjährigen, dem siebenjährigen Kriege, nach 1806, auf den damaligen Zustand des Landes, und uns fragen: Sind wir in unserer gesättigten Friedenszeit materiell nicht im stande, gleiche und größere Opfer zu bringen, so können wir mit gutem Gewissen nicht mit nein antworten.

Das vorausgeschickt und den Leser wieder daran erinnernd, daß dieses Buch die Gefahren bekämpfen will, welche im ersten Kapitel geschildert sind, und von deren Herannahen der Verfasser ebenso felsenfest wie davon überzeugt ist, daß ihnen nur durch eine Gesamtreform auf breitester Grundlage und mit großen Mitteln (S. 7) begegnet werden kann, trete ich dem Einwand entgegen, daß eine derartige Regelung der Arbeiterlohn- und Wohnungsfrage den Ruin der Industrie und auch der Landwirtschaft zur Folge haben müßte.

Ich gebe von vornherein zu, daß vielleicht einzelne Geschäfte liquidieren müßten, z. B. solche, die ihren Arbeiterinnen, Verkäuferinnen, Comptoiristinnen Hungerlöhne zahlen und sie auf die Prostitution verweisen, auf den „Freund", welcher den Zuschuß zur Existenz leistet. Mit dieser Kategorie habe ich absolut kein Mitleid, und auch im übrigen halte ich es für keinen Schaden, wenn eine Anzahl von schlecht situierten Geschäften, denen jedes Mittel recht ist, die von Konkursen leben und die Schleuderbazare füllen, verschwinden. Die unsolide Konkurrenz im Inlande lastet schwerer auf unserem Erwerbsleben als jeder andere inländische oder ausländische Druck. Und wenn der Zustand aufhört, daß ein Etablissement, welches ins Schwanken gerät, die Lohnbezüge seiner Arbeiter vermindert, während die Inhaber, um ihre Kreditunfähigkeit zu verschleiern, einen um so größeren Aufwand führen und sich, wie vielfach geschieht, weit höher zur Steuer selbsteinschätzen, als ihren Verhältnissen entspricht, so ist auch das nicht als ein Nachteil zu betrachten. Aber im übrigen bestreite ich, daß unsere Industrie nicht bestehen kann unter der Voraussetzung einer menschenwürdigen Existenz ihrer Arbeiter. Unser Erwerbsleben ist stets bedeutenden

Schwankungen unterworfen; neue Erfindungen auf technischem Gebiet, welche nachgeahmt werden müssen, verschlingen Unsummen, neue Artikel, eine Änderung in der Geschmacksrichtung verlangen gebieterisch große Umwälzungen, wirtschaftliche Krisen bedingen große Verluste, welche getragen werden müssen, große und kleine Streiks zwingen plötzlich zur Sistierung und Verminderung des Betriebes, vernichten und verändern die Konjunkturen.

Aus alledem folgt, daß die Industrie von Zeit zu Zeit mit großen Mehrausgaben rechnen muß, und daß diesen Mehrausgaben durchaus nicht immer Mehreinnahmen gegenüberstehen. Leben müssen die Arbeiter schon heute, und um zu leben samt und sonders einen Lohn erhalten, der sie vor dem Verhungern schützt. Ein großer Teil erhält bereits einen Lohn, der ihm eine menschenwürdige Existenz durchaus ermöglicht, es handelt sich also nur um eine Aufbesserung der Existenz für den Überrest, also um eine für den einzelnen Arbeitgeber nicht so große Zahl von Arbeitnehmern und keine so sehr bedeutende Differenz gegen die bisherige Ausgabe. Wiederum für viele Etablissements fällt diese Aufbesserung gänzlich fort, indem sie längst auch dem geringsten ihrer Arbeiter soviel geben als notwendig ist. Es kommt also auf die Gesamtzahl der Arbeiter durchaus nicht der hohe Betrag heraus, den man anzunehmen pflegt, und, die deutsche Industrie als Ganzes betrachtet, kann deshalb von einer Gefährdung nicht die Rede sein.

Sodann ist aber auch noch gar nicht gesagt, daß der Industrie die Sache so teuer zu stehen käme. Wird sie wirklich dazu verpflichtet, für ihre Arbeiter ausreichend zu sorgen, so hat sie tausend Mittel und Wege, das mit viel weniger Kosten zu effektuieren, als der Arbeiter selbst bisher aufwenden mußte, man wird vielfach wieder zum Naturallohn zurückkehren, wie er in früheren Jahrhunderten allgemein üblich war. Die Fabriken arbeiten ausnahmslos mit Dampf. Bei der Vervollkommnung der technischen Mittel würden sie mit verhältnismäßig geringen Kosten ihre Arbeiter speisen können. Ein paar geeignete Apparate aufgestellt, mit der Dampfmaschine verbunden, die Lebensmittel en gros eingekauft, die Bespeisung auf den Lohn verrechnet, davon und von der Herstellung von einigen Speisesälen, wird kein Fabrikbesitzer arm. Es ist aber ein großer Unterschied, ob der Arbeiter in einem menschenwürdigen Raum speist oder, wie heute vielfach der Fall, am Zaun oder auf der Straße, wohin ihm Frau oder Kind das Essen bringen.

Auch für die Kleidung könnte durch Errichtung von Verkaufsläden gesorgt werden, kleine Fabriken könnten sich zusammenthun. Dasselbe gilt von Möbeln, Kolonialwaren u. s. w. u. s. w.

Es ist ganz zweifellos, daß ohne irgend welchen Kostenaufwand, ohne daß die Fabrikanten einen Pfennig bar aufzuwenden brauchten, schon sehr viel geschehen könnte, um die materielle Lage der Arbeiter aufzubessern. Es wäre nur notwendig, daß die Fabrikbesitzer ihre Intelligenz, ihr Ansehen, ihren Kredit in den Dienst der Sache stellen wollten. Man sieht doch an den Offizier-, Beamtenvereinen u. s. w., welche riesigen Ersparnisse erzielt werden können, wenn man ohne den Zwischenhandel einkauft und verkauft. Gewiß, die Arbeiter können sich associieren, sie können selbst Konsumvereine begründen. Aber es fehlt ihnen das Kapital zum Bareinkauf, welcher die Ware sofort sehr viel billiger macht, es fehlt ihnen der Kredit, die Geschäftsbeziehung zum Großhandel, mit dem sie sich in Verbindung setzen müssen, die geschäftliche Routine, der kaufmännische Blick für die Benutzung der Konjunkturen, die Unabhängigkeit, die Autorität den eigenen Genossen gegenüber. Jedes dieser Momente ist schon einzeln hindernd für den finanziellen Erfolg, in ihrem Zusammenwirken machen sie denselben oft fast ganz illusorisch. Ganz anders, wenn der Chef eines großen Etablissements, oder wenn die Chefs mehrerer kleinerer an einem Ort, zusammen die Sache in die Hand nehmen, und von der ersten Anlage an, nach richtigen, großkaufmännischen Grundsätzen verfahren.

Zu riskieren ist kaum etwas dabei, da die Arbeiter ihren Lohn postnumerando erhalten, und eine Einzahlung für den Konsum in der Form des Lohnabzuges sich unschwer einrichten läßt. Aber lästig ist die Sache, sie erfordert Mühe und Arbeit, Scherereien aller Art, Verhandlungen mit der Arbeiterschaft, das Eintreten in persönliche Beziehungen zu derselben, vor allem Zeitaufwand, und Zeit ist Geld.

Dieses Opfer will man zumeist nicht bringen, diese Last will man nicht auf sich nehmen. Es ist ja natürlich, daß die socialdemokratische Bewegung und Gesinnung unter den Arbeitern, daß ihre feindliche Stellung dem Kapital und der Bourgeoisie gegenüber nicht ohne Einwirkung auf die Arbeitgeber geblieben ist. Ihre Gefühle gegen die Arbeiter sind nicht besser und milder geworden. Wie es in den Busch hineinschallt, so schallt es auch wieder heraus. Man vermeidet noch mehr als sonst die persönlichen Beziehungen, man verkehrt überhaupt nicht mit dem Arbeiter, man überläßt diesen Verkehr gänzlich den unteren Beamten. Der Arbeiter ist eine Kraft, die man bezahlt wie die Dampfkraft, wie ein Werkzeug. Fabrikbesitzer, die sich vom Arbeiter auf emporgearbeitet haben, werden immer seltener, die moderne Technik erfordert schulfachwissenschaftliche Vorbildung. Hat der Vater sich emporgearbeitet, so hat der Sohn selbstverständlich eine andere Vorbildung erhalten und zumeist vergessen, daß er doch im Grunde ein Arbeiterkind ist. Anstatt stolz darauf zu sein, daß der Vater sich durch Genie und Fleiß aus niederem Stand emporgerungen hat, schämt er sich der Erinnerung an die beschränkte Lage, in der einst seine Großeltern lebten, andere „Ahnen" wären ihm lieber.

Was aber das Schlimmste ist, man steht einerseits prinzipiell auf dem Boden des Manchestertums, d. h. auf der Theorie des Gehenlassens, der freien Entwickelung, der Selbstregelung von Angebot und Nachfrage, und außerdem hat man ein Grauen vor allem, was nach „Socialismus" schmeckt oder riecht. Ein Schritt auf dem Wege des Entgegenkommens, und man rollt dem Abgrunde zu, den kleinen Finger dargereicht, und die ganze Hand ist sofort verloren, so glaubt man, oder man bildet sich ein, das zu glauben, um sich von der Verpflichtung der Fürsorge zu dispensieren.

Dagegen, daß man selbst am Schlechtesten dabei fährt, daß der Zwischenhandel jeder Lohnerhöhung mit einem Preisaufschlag folgt, wenn nicht sofort, so doch allmählich, daß man also das freiwillige oder abgerungene Opfer dieser Lohnerhöhung vergeblich bringt, d. h. nur zu Gunsten des Zwischenhandels und ohne die materielle Lage der Arbeiterschaft zu bessern, dagegen verschließt man die Augen. Und ebenso dagegen, daß man durch das eigene passive Verhalten, welches die socialdemokratische Bewegung ignoriert oder durch vexatorisches Vorgehen gegen ausgesprochene Anhänger dieser Bewegung innerhalb der eigenen Arbeiterschaft das Feuer nicht löscht, und daß dasselbe, wenn es jetzt auch nur unterirdisch brennt oder kohlt, doch einmal explodieren muß.

Von dem Gedanken, die Socialdemokratie mit ihren eigenen Waffen zu bekämpfen, ihr das Banner „social" zu entreißen und ihr nur die Demokratie zu lassen, mit der allein sie, wie unser Volk heute noch ist, keine Geschäfte machen würde, davon ist man weit entfernt. Freiwillig läßt sich das Gros der Arbeitgeber nicht dazu bewegen, den Arbeitern eine menschenwürdige Existenz zu gewähren, also muß der Zwang nachhelfen. Die Arbeitsämter müssen so organisiert sein, daß sie prompt funktionieren, die Polizei darf nichts damit zu thun haben. Ob man, wie die Verhältnisse zwischen Arbeitgebern und Arbeitern liegen, die Vorsteher der Arbeitsämter aus Wahlen hervorgehen lassen darf, ist zweifelhaft. Zunächst wird es besser sein, wenn der Staat die unterste Instanz ernennt, und vielleicht als zweite eine Kommission bestellt, zusammengesetzt aus Arbeitgebern und -nehmern, mit einem Beamten an der Spitze.

Wesentlich wird die Instruktion sein, welche das Arbeitsamt erhält. Hier wird man bestimmte Normen aufstellen müssen:

Nahrung für den Mann für so und so viel Geld, für die Frau desgleichen, für die Kinder je nach Zahl und Alter desgleichen, ebenso Kleidung, ebenso die sonstigen Bedürfnisse, ebenso Wohnung. Nach alledem der Lohn, und nach der Entfernung der Wohnung von der Arbeitsstelle, nach dem Lebensalter, dem Geschlecht, der Körperbeschaffenheit die Arbeitszeit bemessen, den Grundsätzen entsprechend, die wir oben aufgestellt haben.

Das ist undurchführbar wird man einwenden. Warum? Bei ernstlichem Willen kann man vieles erreichen. Zunächst kann man festsetzen,
daß nur bei dem Eingehen eines neuen Kontraktverhältnisses und nur
für Betriebe, welche Arbeiter über eine Minimalzahl hinaus beschäftigen,
die Prüfung und Bestätigung des Arbeitsamtes eintritt. Dadurch wird
ein Überlaufen des letzteren vermieden. Sodann wird sich sehr bald eine
konstante Praxis für die Einzelfälle herausbilden und die schnelle Erledigung erleichtern. Daß die Sache so ungeheuer teuer werden muß,
habe ich schon oben bestritten und meine Gründe dargelegt. Ich füge
hinzu, daß ja gar nicht gesagt ist, daß die Entscheidung des Arbeitsamtes immer auf eine Lohnerhöhung herauskommen muß. Die Löhne
sind zum Teil exorbitant hoch; auch ist nicht gesagt, daß sie alle
gleich sein müssen. Das Arbeitsamt soll für den Einzelfall, je nach
den Verhältnissen des Arbeiters, einen Minimallohn verlangen, sei es
in Geld, sei es in Geld und Naturalleistungen. Daß der Arbeiter mehr
erhält, als diesen Minimallohn, sei es durch Akkordarbeit, sei es durch
höhere Salarierung für größeren Fleiß und besonders für Intelligenz
und Geschick, ist durchaus nicht ausgeschlossen. Eins wird allerdings
ausgeschlossen sein, die kontraktwidrige Arbeitsniederlegung.

Mit Socialdemokratie hat, wie schon hieraus hervorgeht, der Vorschlag nichts zu thun. Von Verstaatlichung der Arbeit ist nicht die Rede,
nur das soll geregelt werden, daß der, welcher fleißig arbeitet, auch
eine menschenwürdige Existenz zum Lohn seiner Arbeit erhält, und zwar
eine menschenwürdige Existenz für sich und die Seinen.

Ein Punkt ist schwierig, und das ist die Frage, wie soll es mit
den kinderreichen Arbeitern werden. Wer sechs Kinder zu ernähren hat,
muß mehr erhalten als derjenige, der nur zwei hat, wenn die Existenz
eine gleichmäßig menschenwürdige sein soll. Ich gestehe zu, daß mir
diese Frage viel Kopfzerbrechen gemacht hat, mehr wie manche andere.
Ich meine, hier muß der Zwang verschärft, die kinderreichen Arbeiter
müssen auf die Arbeitgeber ihrer Branche prozentual verteilt werden.
Wer so und so viele Arbeiter beschäftigt, muß unter ihrer Zahl einen
gewissen Prozentsatz von kinderreichen aufnehmen, die ihm im Notfalle
das Arbeitsamt zuweist.

Außerdem könnte aber der Staat, der ja die größten Betriebe hat,
insofern helfend eintreten, als er unter seine eigenen Arbeiter vorzugsweise die kinderreichen aufnimmt. Zahlt er diesen mehr, so ernährt er
dadurch seine zukünftigen Soldaten und die Mütter von solchen.

Eine bisher noch ungelöste Frage ist die Fürsorge für die Halbinvaliden. Durch die Unfallversicherung ist ja viel geschehen: aber
nicht jeder Halbinvalide wird zu einem solchen durch einen Unfall.
Innere Krankheiten können die Gesundheit dauernd schwächen, es können
sich infolge derselben Abscesse bilden, welche ein operatives Eingreifen

notwendig machen. Das Leben wird gerettet, die Arbeitsfähigkeit wieder hergestellt, aber nicht in dem früheren Maße, es bleibt eine Schwäche zurück, welche zu größeren Anstrengungen unfähig macht.

Ein solcher Mensch ist dem Elend preisgegeben. Er ist arbeitsfähig, aber er findet keine Arbeit, oder doch nicht solche für ausreichenden Lohn. In die Kategorie der Armen paßt er nicht hinein, und voll erwerbsfähig ist er auch nicht. Die Ausgaben für die eigene Person und die Familie sind dieselben geblieben wie früher, aber die Einnahmen sind um die Hälfte verringert, ganz abgesehen davon, daß trotz des Krankenkassengeldes die Krankheit den wirtschaftlichen Status herabgedrückt hat. Hier macht es sich fühlbar, daß wir keine industriellen Verbände, keine Industrieinnungen (Gilden) haben, denen eine Fürsorge auferlegt werden kann.

Es giebt aber Arbeitsstellen genug in den Fabriken, welche keine körperliche Kraft erfordern, Portier-, Faktorstellen, Bedienung von Maschinen u. s. w. Vielfach werden vollkräftige Männer zu Funktionen verwandt, welche ein halbkräftiger ohne Anstrengung versehen könnte, vielfach arbeiten Frauen in den Fabriken, deren gesunde Männer guten Lohn haben, ja mancher Halbinvalide würde gern Kinderarbeit in den Fabriken gegen geringen Lohn verrichten, wenn er sie nur erhielte.

Hier muß die Gesellschaft helfend eintreten, und sie kann es ohne Schwierigkeit, wenn sie nur will. Wir geben den Militärinvaliden ganz ebenso wie den ausgedienten Unteroffizieren einen Civilversorgungsschein, reservieren eine Reihe von Staatsbeamtenstellen für dieselben und zwingen ingleichen die Kommunen, eine Reihe ihrer Beamtenstellen nur mit Inhabern solcher Scheine zu besetzen. Läßt sich dieses Verfahren nicht auch auf Industrie und Gewerbe anwenden? Man ermittele in jeder Fabrik u. s. w., welche Arbeitsstellen von Halbinvaliden versehen werden können, und zwinge die Geschäftsinhaber ganz ebenso wie die Kommunen, sie nur mit Halbinvaliden zu besetzen. Zu diesem Zwecke stelle man den letzteren auf Grund amtsärztlicher Untersuchung einen Halbinvalidenschein aus.

Es ist eine durchaus gerechte und billige Anforderung, daß der vollkräftige Arbeiter, der nicht vollkräftig beschäftigt ist, seinem Genossen, der an der Gesundheit eine teilweise Einbuße erlitten hat, den Platz nicht fortnimmt. Das Elend dieser Halbinvaliden des Arbeiterstandes ist groß, und mit ihnen leiden Frau und Kinder. Einer unserer ersten Krankenhausärzte und Operateure sprach sich kürzlich in einer Gesellschaft darüber wie folgt aus:

„Da wende ich meine ganze ärztliche Kunst an und rette so einem armen Menschen das Leben, stelle auch mit unendlicher Mühe seine Arbeitsfähigkeit wieder her, wenn auch nur in beschränktem Grade. Und wozu? Um ihn dem Elende preiszugeben. Schwere Arbeit kann er nicht verrichten, und zu leichter Arbeit nimmt ihn niemand, weil sich jeder scheut, einen kränklichen Menschen zu engagieren. Da muß ich mich oft fragen, ob ich wirklich etwas gutes thue, indem ich den armen Menschen rette, zu einem Leben wie das, welches sein sicheres Los ist?" Ach es giebt so unendlich viel Elend in der Welt, dem mit Leichtigkeit abzuhelfen wäre, wenn wir ihm nur abhelfen wollten! Individualisieren, nicht generalisieren, muß die Parole sein. Das Kind ist schul-, der Jüngling ist militär-, der Mann ist steuerpflichtig. Hier wird individualisiert, nach Geschlecht, Alter und Fähigkeiten, nach körperlicher Gesundheit, nach der Vermögenslage unterschieden. Warum kann man den Unterschied nicht weiter fortführen in das Erwerbsleben hinein und dafür sorgen, daß der Mensch je nach seinen individuellen Bedürfnissen menschlich lebt, daß er menschenwürdig wohnen, speisen, sich kleiden, die Seinen ernähren, seinen Geist fortbilden kann! Wir werden niemals dahin kommen, das wirtschaftliche Elend ganz zu beseitigen, aber daß wir es ganz bedeutend lindern könnten, wenn wir nur wollten, steht außer Zweifel. Und ich behaupte immer wieder, man täuscht sich, wenn man vor den Kosten zurückschreckt. Es gilt hier dasselbe, was im fünften Kapitel von der Armenpflege gesagt ist. Ein notleidender, unzufriedener Arbeiterstand ist eine furchtbar teure Institution, ein zufriedener, in auskömmlichen Verhältnissen lebender, eine Quelle nationalen Reichtums. Wie wir von den direkten doch immer wieder auf die indirekten Steuern zurückgreifen müssen, weil die Masse kleiner Beiträge eben die großen Summen schafft, so ist auch nur das Land wirklich reich, dessen Bürger sich ihrer Mehrzahl nach in zufriedenstellender Lage befinden, sodaß sie über die engste Notdurft hinaus Ausgaben zu machen vermögen. In einem solchen Lande hat seine Industrie ein so weites und gleichzeitig ein so sicheres Absatzgebiet, daß sie prosperieren, und zwar ständig prosperieren muß. Was eine Nation aufwendet, um sich einen ökonomisch gut situierten Arbeiterstand zu schaffen, zahlt ihr derselbe durch seinen Konsum wieder zurück, die Ausgabe ist daher gewissermaßen illusorisch, und selbst wenn ein Plus zu gunsten der Arbeiter herauskäme, würde dasselbe ausgeglichen durch die Sicherheit des Absatzes und die Stabilität der Verhältnisse.

Unsere modernen Kulturverhältnisse sind überspannt und bedürfen der Reformen. Das zarte Kind, das schwangere Weib, die Hausmutter wird an die Maschine gespannt und der kräftige Mann sucht vergebens nach Arbeit. Sind das gesunde, vernünftige Zustände? Auf welcher Seite liegt die Unvernunft, auf derjenigen des vierten Standes, der eine Reform erstrebt, oder auf der unsrigen, die wir ihr widerstreben? Stellen wir etwa die schwangeren Weiber in die Armee ein und lassen die kräftigen Männer frei? Auch die Arbeiterschaft stellt ein Heer dar, und wir machen es zu einem feindlichen im eigenen Lande. Nicht aber

seine ökonomische sondern seine sociale Lage ist dem Arbeiter der Gegenwart die Hauptsache. Auf diese kommt es ihm an, hier will er in
erster Linie eine Besserung erstreben. Er will nicht mehr als untere
Kaste gelten, er will seine Menschenwürde geachtet wissen. Wir sind
ja in dieser Beziehung, was alle übrigen Stände betrifft, sehr weit vorgeschritten in unserem Jahrhundert, wir geben ziemlich jedem den Titel
Herr, selbst dem Lohndiener, dem Oberkellner, die uns bedienen; wir
erkennen dadurch an, daß sie freie Männer, und als solche unseres
Gleichen sind; nur dem Arbeiter gegenüber können wir uns noch nicht
zu diesem Anerkenntnis entschließen. Aber dieser letzte Schritt muß geschehen. Haben wir dem Arbeiter das Wahlrecht zuerkannt, aktiv und
passiv, und damit das Recht, unser Gesetzgeber zu sein, so müssen wir
die Konsequenz aus dem politischen auch auf das sociale Leben übertragen und ihn als unseres Gleichen behandeln.

Die Sache ist durchaus nicht so schlimm, wie sie aussieht. Wir
haben sie schon längst in den Kriegervereinen. Da sitzen Arbeitgeber
und -nehmer, Vorgesetzte und Untergebene aus dem Beamtenstande,
Fabrikbesitzer, Werkmeister und Arbeiter an einem Tisch und nennen
sich gegenseitig Kameraden. Man soll doch nur nicht glauben, daß
unser Volk bei solchen Gelegenheiten keinen Takt zeigt, oder etwa gar
in Rohheit oder rüde Vertraulichkeit verfällt. Ich habe viel mit dem
Volke verkehrt, aber ich habe immer gefunden, daß es reichlich so viel,
ja oft mehr Anstand besitzt als wir in den oberen Schichten, oft viel
feineren Takt. Wir kennen nur das Volk zu wenig, wir haben eine
Schranke gezogen zwischen dem Volk und uns, über die wir nicht hin-
wegkommen.

Auf einem Festmahle, gelegentlich eines Bezirkskriegertages auf
einem Dorfe, welches gleichzeitig Eisenbahnkreuzungspunkt und Fabrik-
ort ist, saß ich neben der Gattin eines Kaufmanns. Das Geschäft verkaufte, wie man das noch in solchen Orten findet, alle Artikel, welche
die Einwohnerschaft brauchte: Kolonialwaren, Glas, Porzellan, Kleider-
stoffe, landwirtschaftliche Geräte u. s. w. u. s. w. Bei Tische kam das
Gespräch auf sociale Verhältnisse. Meine Nachbarin erzählte mir, daß
sie ihr Gesinde lange Zeit hätte, die Mädchen eigentlich immer bis
zur Heirat. Das Gleiche bekundete sie über das Geschäftspersonal,
die Kommis wären meist ehemalige Lehrlinge und blieben nach be-
endigter Lehrzeit oft noch mehrere Jahre. Ich konnte mir aus ihren
Erzählungen keinen Vers machen, denn es war das gerade Gegenteil
von dem, was mir aus jener Gegend bekannt war. Einer der vielen,
bei solchen Gelegenheiten üblichen Toaste, unterbrach das Gespräch.
Nachher hörte ich, wie meine Nachbarin mit ihrem Gegenüber davon
sprach, sie hätte täglich über zwanzig Personen am Tisch. Ich war erstaunt über die große Zahl. Freundlich gab sie mir Auskunft: Haus-

herr, Hausfrau, sieben Kinder, ein Fräulein für die letzteren, drei Kommis, drei Lehrlinge, eine Wirtschafterin für die Küche, zwei oder drei Mädchen, der Hausknecht, der Kutscher.

„Und die essen alle zusammen und mit Ihnen und den Kindern an einem Tisch?" fragte ich erstaunt.

„Alle zusammen und mit uns an einem Tisch. Das ist alte Haussitte von den Eltern her, und mein Mann erlaubt es nicht anders" war die Antwort.

Ja, das war die Sitte der Väter. Alte Häuser in Lüneburg, wo ich früher wohnte, haben noch die große Halle im Hausflur, die früher als Speiseraum diente für alle, die im Hause lebten, zu gemeinsamer Mahlzeit mit den Hauseltern.

Und wo das Haus ausnahmsweise zu vornehm war, oder der Haushalt zu groß, als daß die Herrschaft mit dem Gesinde speisen konnte, da vertrat ein Verwalter, ein Wirtschafter, ein Vogt oder dergl. die Stelle, aber die gemeinsame Mahlzeit fand doch statt, und sie war ein feierlicher Akt, der durch das Tischgebet eröffnet und geschlossen und während dessen auf Anstand und Sitte gehalten wurde.

Wo sind diese Zeiten geblieben, wo findet noch eine solche persönliche Berührung zwischen Arbeitgeber und -nehmer statt? Nicht das Volk hat sich von uns zurückgezogen, sondern wir haben uns das Volk entfremdet. Unsere Voreltern waren in ihrer Weise social, wir haben das sociale Moment außer acht gelassen und die Socialdemokratie dafür geerntet.

Wir müssen wieder Fühlung suchen mit dem Volke. Die alten Sitten und Gebräuche können wir nicht wieder wachrufen, sie stehen im Widerspruch zu unserer Zeit. Wir müssen andere Wege einschlagen. Den Einfluß auf die unteren Schichten, den wir verloren haben, müssen wir zurückerobern.

Gelegenheit bietet sich genug dazu. Wir müssen uns klar machen, daß das in Schule und Haus vor- und fortgebildete Volk andere geistige und gesellschaftliche Bedürfnisse hat, als vor einem halben Jahrhundert. Es will geistige Nahrung haben, es will sich social gleichberechtigt fühlen mit uns, und es verlangt von uns, daß wir unsererseits dies Gefühl als berechtigt anerkennen.

Entweder — oder! Entweder wir stehen wirklich nicht mehr auf einer höheren Stufe als das Volk, und das ist überall da der Fall, wo wir fachversimpelt und von dem Specialismus in geistige Banden geschlagen für die allgemeinen Interessen der Menschheit keinen Sinn oder nicht mehr Kraft und Fähigkeit haben, ihn zu bethätigen! Oder aber, wir sind den unteren Schichten geistig überlegen, wir vermögen sie zu dominieren. Nun dann zeigen wir doch, was wir können. Auf dem Sofa sitzen und das Volk Volk sein lassen, sich vornehm und kalt

zurückziehen oder die Welt vom Schreibtisch aus belehren, das geht in
unseren Tagen nicht mehr. Wenn das Schiff leck geworden ist und
das Wasser eindringt, dürfen die Offiziere nicht in der Kajüte sitzen,
darf der Ingenieur nicht einen Aufsatz über die Konstruktion der Pump-
werke schreiben, da heißt es, alle Mann auf und an die Pumpen und
die Offiziere zu den Mannschaften.

In der Gemeinde, in der Kirche, in der Schule, in der Kreis-,
Provinzial-, Staats- und Reichsverwaltung, auf gewerblichem und
socialem Gebiet ist uns Gelegenheit genug zur Mitarbeit geboten.
Überall wird nach Männern gesucht, welche sich der Arbeit unterziehen,
überall wird über Teilnahmlosigkeit und Indolenz geklagt. Die Krankheit unserer Zeit ist die allgemeine Apathie gegenüber den öffentlichen
Interessen und hat ihren Grund in dem Mangel an Idealismus, der
seinerseits wieder wurzelt in den Mängeln der Vorbildung, die im
zweiten Kapitel behandelt sind. Die Männer unserer Zeit stehen entweder in der Specialarbeit ihres Berufes so überlastet und überbürdet,
daß ihnen für nichts Zeit übrig bleibt, oder sie haben die Last abge-
schüttelt, sich zur Ruhe gesetzt und kehren nun aber auch aller und jeder
Thätigkeit zum Wohle der Menschheit den Rücken. Das ist Unrecht
und Sünde. So lange mich Gott auf Erden läßt, soll ich wirken und
schaffen; so lange er mir noch Kräfte schenkt, soll ich sie ausnützen; so
lange ich noch Mensch bin, stehe ich im Dienst der Menschheit. Woher
stammen denn die Renten, die ich beziehe? Aus dem Arbeitsschweiß
meiner Mitmenschen. Wenn ich mein Geld ausgeliehen habe auf
städtische oder ländliche Grundstücke, muß die Miete, müssen die Erträge
der Landwirtschaft nicht durch Arbeit verdient werden? Oder wenn
ich eine Pension beziehe, sind es nicht die Steuern meiner Mitbürger,
aus denen sie aufgebracht wird und ich meinen Unterhalt friste? Und
ich soll mich zu nichts verpflichtet fühlen, mein Gewissen rührt sich nicht,
wenn ich nichts thue als in meinem Garten arbeiten, Spaziergänge
machen, den Klub besuchen u. s. w.?

Hinein ins Volk! Es ist wissens- und bildungsbedürftig. Seit
dreißig Jahren bin ich thätig auf socialem Gebiet, und nicht ein einziges
Mal habe ich es erlebt, daß das Volk das, was ihm geboten wurde,
abgelehnt hätte. Als die Familienabende eingeführt wurden, fürchtete
man, die Leute würden nicht kommen. In der Stadt, in der ich wohnte,
wurde über die Mittel beratschlagt, Besucher zu gewinnen. Schon die
ersten Male war der große, über fünfzehnhundert Plätze zählende Saal
(Turnhalle) gefüllt, und bald nahm der Besuch so zu, daß die Ausgabe
der Eintrittskarten für den Abend in den Sonntagsnachmittagsstunden
von einem Fenster im Hochparterre aus stattfinden mußte, um die aus-
gebenden Komiteemitglieder vor dem Andrang zu schützen. Und was
boten wir? Das Programm war folgendes: Gemeinsames Volkslied,

ein kurzes Wort zum Gruß, Vorträge von Gesangvereinen, meist Volks-
lieder, mehrstimmig, Gesang einer Volksschulklasse, Deklamation, erster
Teil eines populärwissenschaftlichen Vortrages, Gesang. Pause von
zwanzig Minuten; während derselben konnten Butterbrot und Bier am
Buffet gekauft werden, es fand aber eine geringe Abnahme statt. Nach
der Pause war das Rauchen gestattet, der zweite Teil verlief wie der
erste, der Redner des Abends gab den Schluß seines Vortrages. Diese
Teilung des letzteren in zwei Abschnitte gewährte den Vorteil, daß die
Hörer frisch blieben und der Vortragende nicht genötigt war, sich zu
kurz zu fassen. Kurz reden und nicht oberflächlich werden, ist sehr schwer,
mitunter nicht möglich, langes Reden ermüdet beide Teile. Hier wurden
diese Übelstände vermieden. Den Schluß des Abends bildete wieder
ein kurzer Abschiedsgruß und ein geistliches Volkslied. Obgleich der
Vorsitzende des Komitees ein Geistlicher war, so wurde, und zwar auf
seinen Antrag, ausdrücklich bestimmt, daß jedwede kirchlich-erbauliche
Tendenz fortfallen sollte. Für Gottesdienste aller Art bis zum Abend
in den Kirchen war reichlich gesorgt, hier sollte Unterhaltung und nicht
Erbauung geboten werden, aber gute, edle, sittlich erhebende Unterhaltung. Auch der Humor war nicht ausgeschlossen; so fanden mehrfach Vorlesungen aus Reuter statt.

Zweimal habe ich den Vortrag gehalten. Das erste Thema war
„Land und Leute in Frankreich während des Krieges 1870". Es ist
eine wahre Freude, vor einem solchen Publikum zu reden, wie sie alle
aufmerksam folgen und die Eindrücke sich in den Mienen widerspiegeln,
Freude, Mitleid, tiefer Ernst, Verständnis für den Scherz und freudige
Teilnahme an demselben, herzliches Lachen; ja die Augen lachen mit,
und dann wieder sind die Mienen so ernst und betrübt. Man wird
ordentlich gepackt und elektrisiert von dieser Zuhörerschaft und sucht
ganz unwillkürlich, ihr das Beste zu geben, was man hat.

Das zweite Mal sprach ich nach dem Tode unseres lieben, alten
Kaisers:

„Zum Gedächtnis! Züge aus Kaiser Wilhelms Leben."
Es war keine Lebensbeschreibung, kein Geschichtsabriß, sondern ein An-
einanderreihen von Bildern aus den verschiedenen Lebensphasen unter
Hinweis auf die Beziehungen des Heimgegangenen zum Volke und auf
die rein menschliche, so edle Seite seines Wesens und Charakters. Es
waren bereits zehn Tage seit dem Tode vergangen, aber die ganze
Versammlung, nur Arbeiter mit ihren Familien, erschien in schwarzen
Kleidern. Kein buntes Band war zu sehen. Und als ich am Schluß
die letzten Stunden schilderte, dieses königliche und väterliche, christliche
und so menschlich schöne Streben, da glänzten nicht nur die Thränen in
vielen Augen, sondern sie rannen die Wangen herab, und die weit
mehr als tausend Menschen zählende Versammlung war so bewegt und

ergriffen, daß ich mit aller Kraft die eigene Bewegung bemeistern mußte, um den Halt nicht zu verlieren. Die sonstigen Lieder-Vorträge und Deklamationen waren demselben Thema gewidmet, dem Vortrage war aber ein größerer Raum gegeben. Unmittelbar anschließend an den Vortrag ließ ich die Verse: „Wenn ich einmal soll scheiden" und „Erscheine mir zum Schilde" singen, die Versammlung hatte sich dabei von selbst erhoben und ging dann still auseinander.

Es geschah das alles in einer neuen Provinz, in einer Stadt, in der die Socialdemokratie große Macht und außerdem das Welfentum in den unteren Schichten noch viele Anhänger hat. Das Unternehmen erschien deshalb vielen nicht unbedenklich, ein Fehlschlagen, mangelhafter Besuch, Störung u. s. w. konnte großen Schaden anrichten, zum mindesten einen sehr unliebsamen Eindruck machen. Ich hatte indessen guten Mut. Aber der Erfolg übertraf die allerkühnsten Erwartungen. Es lag wahrhaftig nicht an meinem Vortrag. Den konnte in jenen Tagen, wo die Zeitungen tausende von schönen Zügen aus dem Leben des alten Kaisers brachten, jeder halten, nein, es war die tiefe, rein menschliche unmittelbare, ungekünstelte Teilnahme der Zuhörerschaft, welche dem Abend diesen weihevollen Stempel aufdrückte. Ich rechne diese Stunde zu den schönsten meines Lebens.

Warum erzähle ich das? Um darzuthun, daß das Volk ganz gewiß und wahrhaftig nicht unempfänglich ist, daß es die gebotene Hand nicht zurückweist. Im Gegenteil, für einen Tropfen Liebe giebt es einen Eimer wieder, es lohnt reichlich, überreichlich. Und wie viel kann man von ihm lernen! Welch richtiges Urteil, welch klaren Blick zeigt es und welch treues Herz!

Aber es muß studiert werden, man muß es verstehen lernen, sich in seinen Gesichtskreis, seine Auffassungen einleben. Den richtigen Ton trifft nicht jeder sofort. Es mag ja der eine Talent dazu haben, und den anderen hat eben sein Leben mit dem Volk zusammengeführt, und er hat die Vorstudien bereits gemacht. Ohne solche geht es aber zu allermeist nicht, mit dem bloßen Herablassen, Belehren, Einwirkenwollen ist es nichts. Jede Kunst will gelernt werden, auch diese. Aber wer den redlichen Willen dazu hat, wer nicht gleich das erste Mal das Wort führen oder gar einen Vortrag halten will, wer erst ein paarmal still hingeht, zuhört und sich über das Gehörte mit den Nachbarn unterhält, mit der Absicht von ihnen zu lernen, der lernt auch bald, und das Lernen macht ihm Freude. Die meisten „Gebildeten" stehen dem Volksleben so absolut fern, daß sie ganz wunderbare Entdeckungen machen, wenn sie das Volk kennen lernen. Und das ist schon ein großer Segen! Es braucht ja nicht jeder Vorträge zu halten, es genügt die Teilnahme und das Zwiegespräch. Ja, letzteres kann oft mehr wirken als der Vortrag, und darum ist nichts so falsch, als sich

deshalb von der socialen Arbeit fernhalten, weil man kein Redner ist.
Der Arbeiter rechnet es dem gebildeten Mann, „dem Herrn", sehr hoch
an, weit höher als wir denken, wenn sich dieser zu ihm setzt und sich
mit ihm unterhält. Das, was ihn am meisten mit Bitterkeit erfüllt, ist
unser Stolz, unsere Nichtachtung seiner und seines Standes, die er uns
ausnahmslos imputiert. Daß ihn niemand von uns anredet, jeder ihm
aus dem Wege geht, daß kein Band zwischen ihm und den gebildeten
Kreisen besteht, das ist es, was ihn schmerzt. Ein Fabrikarbeiter geht
mit seinen Genossen zur Fabrik und wieder heim. Wir wollen annehmen, Fabrikherr und Beamte sind gut zu ihm, gönnen ihm ab und
zu ein freundliches Wort. Aber die übrige Menschheit? Zu dieser hat
er keinerlei Beziehungen, wie sie sich doch zwischen dem Handwerker, der
in den Häusern arbeitet, dem Kommis, dem Briefträger u. s. w. und den
gebildeten Schichten finden und bilden, im Gegenteil, scheu weicht sie ihm
aus auf der Straße. Das ist ihm ein schmerzliches Gefühl, das verbittert ihn, er fühlt sich ausgestoßen als Pariakaste. Eine freundliche,
menschliche Unterhaltung, die gar keinen belehrenden Charakter zu haben
braucht, ja denselben weit besser vermeidet, wirkt deshalb sehr viel gutes.
Vor allem hat der Arbeiter ganz falsche Begriffe von unserem Reichtum,
von unserer sorgenlosen Existenz. Er glaubt, weil ihm unsere Einnahme,
verglichen mit der seinigen, ungeheuerlich erscheint, daß wir absolut nicht
zu sparen brauchen, leben können, wie wir wollen und dabei noch so und
soviel zurücklegen. Wenn er hört, wie wir thatsächlich leben, wie Frau
und Tochter im Hause schaffen, welche unabweisliche Ausgaben die Erziehung der Söhne fordert u. s. w. u. s. w., und wie so mancher sich schwer
einschränken muß, wie das Geld thatsächlich in die Taschen der Handwerker und Gewerbetreibenden fließt und nichts übrig bleibt, dann ist er
erstaunt und wird ganz nachdenklich. Daß wir anders wohnen, uns
anders kleiden müssen wie er, gesteht er uns gern zu, ja auch das sieht
er ein, daß, wenn wir das Geld nicht unter die Leute bringen, kein Verdienst da ist. Er verlangt das sogar von uns. Aber er rechnet sich
unsere Ausgaben nicht zusammen und hält deshalb unseren Geldtopf für
unerschöpflich und unergründlich. Die Hauptquelle aller Differenzen auf
der Welt sind die gegenseitigen falschen Vorurteile, und diese Vorurteile haben ihren Grund in der gegenseitigen Unkenntnis der
Verhältnisse. Das ist unbestreitbar klar. Aber wie soll man die Unkenntnis, damit die Vorurteile und schließlich die Differenzen beseitigen,
wenn man sich gegenseitig nicht kennen lernt? Der Arbeiter kann uns
doch nicht besuchen, das verhindern die socialen Verhältnisse, also
müssen wir zu ihm gehen.

Das ist unbequem, sehr unbequem. Die Abendstunden, die der
Arbeiter allein frei hat, passen uns nicht. Da sind wir in der Familie,
oder wir spielen unsere Partie im Klub, oder wir haben gesellige Ver-

pflichtungen, oder wir lesen ein interessantes Buch, oder wir sind von
der Tages- oder der Wochenarbeit müde und haben die Ruhe notwendig.
Speciell den Sonntagabend herzugeben, wird uns schwer. Da sind wir
gern mit Freunden und Verwandten zusammen, da wollen wir die Kinder
nicht verlassen u. s. w.

Und weiter: Schlechtes Wetter, dunkle Straßen, ein mangelhaftes
Lokal, dumpfe Luft, Bier, wie wir es sonst nicht trinken, die Tabaksluft
gräßlich und der Duft aus der Cigarre des Nachbarn geradezu fürchter-
lich. Dann vielleicht ein langweiliger Vortrag, die Diskussion auch nicht
anregend, Erörterung von trockenen Geschäftsangelegenheiten des Vereins, vielleicht gar unerquickliche Streitigkeiten und Störungen und mitunter, was das Schlimmste ist, der Besuch schwach. Das kommt alles
vor, schreckt ab, verleidet die Sache.

Aber gehen wir denn für unser Vergnügen hin, können wir wirklich nicht einmal ein Opfer bringen, sind die Männer, welche den Verein ins Leben gerufen haben, und vor allem, die ihn durch treue Leitung
und Mitarbeit am Leben erhalten, nicht in derselben Lage wie wir?
Sind sie schlechter als wir, oder haben sie, wenn sie besser sind, mehr
Opferwilligkeit als wir? Warum denn? Weil wir nicht die Energie,
das Ausharrungsvermögen haben? Durch solche kleinen Beschwerlich-
keiten und Ärgernisse sollen und wollen wir uns abhalten lassen?

Oder sind etwa die Gesellschaften, in denen wir uns sonst bewegen,
immer interessant und anregend? Die physische Luft ist vielleicht besser,
wenngleich sie zuweilen auch in unseren Kreisen des Ozons sehr entbehrt. Aber die geistige? Tagesgeklatsch und Anekdoten recht häufig
die Speise und der Inhalt! Und haben wir uns im Berufsleben nicht
oft dienstlich langweilen müssen, gehen wir in die Vereine, um uns zu
amüsieren, können wir verlangen, daß die Versammlungen unbedingt
interessant sein sollen?

Oder wenn das Vereinsleben, wie ja vielfach der Fall, ungesund
oder gar krank ist, wenn Eitelkeit, Eifersüchtelei bei der Leitung ihr
Spiel treiben, wenn unpraktisch verfahren, Unwesentliches betont, das
Wesentliche außer Acht gelassen wird, dann ist es doch erst recht unsere
Pflicht, mitzuarbeiten, und wenn wir Einfluß gewonnen haben, eine
Reform zu erstreben!

Zuletzt die Erfolge: Ja, da verlangen viele unter uns, die Welt
und die Menschen sollen auf einmal besser werden, wenigstens diejenigen
Verhältnisse, die mit dem Verein zu thun haben, weil wir plötzlich die
Gewogenheit haben, uns der Sache zu widmen, um die wir uns bisher
niemals gekümmert haben; und wenn uns das nicht gelingt, sind wir
verstimmt und ziehen uns gar zurück, weil wir oder unsere Bestrebungen
nicht anerkannt werden, weil andere mehr Beifall finden, weil es nicht
nach unserem Willen geht u. s. w. Eintracht, Unterordnung, Fügsamkeit

predigen wir gern, aber wir selbst wollen diese Tugenden nicht üben. In unserem bisherigen Leben ist manches anders gegangen als wir wollten, unser guter Wille wurde nicht anerkannt, unser Fleiß fand seinen Lohn nicht, unser Rat wurde nicht gehört. Hier soll es auf einmal anders, hier wollen wir plötzlich die Propheten sein, denen das Volk zuläuft. Nein, das ist zu viel verlangt. Auch hier muß der Einfluß erst erarbeitet werden. Und wenn die Erfolge gering sind, so müssen wir uns bescheiden. Es ist viel, sehr viel versäumt in der Vergangenheit und wird noch ebenso viel versäumt in der Gegenwart. Da kann man nicht große Erfolge erwarten. Die starke Hand, welche social-reformierend eingreift in unsere Geschicke, fehlt uns bisher noch, und so lange sie uns fehlt, kann nur die Einzelarbeit im Stillen treu schaffen und wirken. Die Saat muß ausgestreut, die Erfolge müssen vorbereitet werden; ob wir sie sehen und erleben oder schweren Tagen wilder Kämpfe entgegengehen, wir wissen es nicht! Je schwerer die Zukunft droht, desto ernster und treuer die Arbeit, und der Erfolg in Gottes Hand gestellt!

Aber ich wiederhole es, die Allermeisten werden von der Arbeit reichen Lohn davontragen und bald die Überzeugung gewinnen, daß sie mehr empfangen als geben, die Lust und Liebe zur Arbeit am Volk wird wachsen, sie werden Interesse für viele Dinge gewinnen, an denen sie bisher teilnahmlos vorüber gegangen sind. Wer wirklich einmal mit Ernst begonnen hat, auf socialem Gebiet zu arbeiten, der läßt nicht so leicht davon ab.

Ein Haupthindernis zur Lösung der socialen Frage ist der Hochmut, mit dem wir alle behaftet sind. Der Mensch ist eitel und hat ein angeborenes Herrschaftsgelüste. Nach oben hin schwärmt er für Freiheit und Gleichheit, aber nach unten hin verabscheut er sie. Selbst auf der untersten Stufe, mag er noch so tief, ja bis zum Verbrecher hinabgesunken sein, findet er immer noch jemand, der unter ihm steht, nach seiner Ansicht wenigstens, und gegen diesen Jemand überhebt er sich oder er „läßt sich zu ihm herab". Diese allernatürlichste Eigenschaft, die jedem Menschen anklebt wie Pech, auszurotten, ist unmöglich, und darum die Lösung der socialen Frage so unendlich schwer.

Daß der Arbeiter Anspruch auf Besserung seiner ökonomischen Lage hat, davon lassen sich noch manche überzeugen. Wenn ich einem reichen Manne sage: Du hast deine Stadtwohnung und außerdem deine Villa draußen, beide Wohnungen enthalten eine große Reihe mit Möbeln, Kunstwerken, Tafelgeschirr, Wirtschaftsgerät reich eingerichteter Räume, die Villa ist umgeben von einem Garten, dessen Pflege dir mehr kostet, als der Unterhalt von zwei Arbeiterfamilien erfordert, du hast eine Fülle von Kleidern für das Haus, die Straße, die Reise, die Gesellschaften für Sommer und Winter. Für deine geistige Nahrung hältst du mehrere Zeitungen und hast eine schöne Büchersammlung; in deiner Equipage machst du die schönsten Spazierfahrten, einige Monate bringst du auf Reisen zu und schaust eine Herrlichkeit der Welt nach der anderen. Theater, Konzerte, Bälle, Gesellschaften, Diners, Soupers sind für deinen Genuß bestimmt. Wirf einen Gesamtblick auf das alles, und nun höre dagegen, was für den Arbeiter gefordert wird.

Eine gesunde Wohnung, d. h. eine solche, die der Arzt an und für sich oder wegen Überfüllung nicht für „gesundheitswidrig" erklärt, weder ein Boden- noch ein Kellergelaß sondern ein für Menschen geeigneter Aufenthaltsraum, ausgestattet nur mit dem, was zum wirklichen täglichen Gebrauch notwendig ist, ein ordentlicher Arbeits- und ein Sonntagsanzug, gesunde, einfache, ausreichende Nahrung, so viel freie Zeit, als für die Gesundheit und zur Pflege des Familienlebens bezw. zur geistigen Fortbildung in bescheidenem Maße erforderlich ist, also mit einem Worte, eine menschenwürdige Existenz, welche der Bildungsstufe, dem gerechten Bedürfnis des Volkes in unseren Tagen entspricht. Heißt das allgemeine Gleichheit, socialdemokratischer Zukunftsstaat, Aufhebung des Eigentums, Umsturz der öffentlichen Ordnung, oder ist das nicht eine einfach menschliche, gerechte, liberale Forderung? Behältst du nicht noch eine große, große Menge von Vorteilen? Bleibt der Unterschied zwischen deiner Existenz und derjenigen des Arbeiters nicht dennoch ein bedeutender?

Wenn ich diese Fragen an einen reichen Mann richte, so wird er einwenden, daß eine solche allgemeine Besserung der ökonomischen Lage des Arbeiterstandes die socialdemokratischen Anforderungen auf das Ungeheuerlichste steigern würde, daß, um den Arbeiter allgemein derart zu stellen, der Reichtum so viel abgeben müßte, daß er aufhören würde, Reichtum zu sein, daß aber gerade die Ausgaben des Reichtums Geld ins Land und dem Arbeiter Erwerb schafften, daß somit eine Beschränkung derselben den gewünschten Zweck nicht nur nicht erzielen sondern das allgemeine wirtschaftliche Elend noch vermehren würde. Diese und viele andere Gründe wird er mir entgegenhalten: aber in der Theorie, d. h. in dem Wunsche, die ökonomische Lage des Arbeiters zu bessern, wird er mir Recht geben und mir seine Achtung nicht versagen.

Aber sociale Forderungen des Arbeiters? Davon will er nichts wissen, da gerät er in Zorn. Er ist vielleicht ein liberaler Mann, er spricht von allgemeiner Menschenliebe und singt mit Schiller:

> Seid umschlungen, Millionen,
> Diesen Kuß der ganzen Welt.

Aber den Arbeiter rechnet er nicht zum Menschen, nicht zu Seinesgleichen, davon, daß die Zeit eine andere geworden ist, will er nichts wissen. Der Gedanke, daß nun auch der Arbeiter singen könnte:

> Seid umschlungen, Millionäre,

ist ihm höchst unsympathisch. Spreche ich davon, daß dem Arbeiter, dem Dienstboten ein Anspruch auf Erholung, Fortbildung und eine seinem geistigen Sein entsprechende Behandlung und Berücksichtigung zusteht, so wird er in Zorn geraten, er wird bedauern, daß die Gesetze es nicht gestatten, mich im Verließe einer Festung unschädlich zu machen oder gar das Scheusal direkt in die Wolfsschlucht zu werfen, und wenn er mir auch diese Gedanken nicht ganz unumwunden ausdrückt, so wird er mir doch folgendes sagen: „Ich finde es unbegreiflich, ja unverantwortlich, daß ein Mann von Ihrer Herkunft und Erziehung derartiges ausspricht, und sogar solche Gedanken durch den Druck verbreitet. Schlimm genug, daß der Socialdemokratie das gestattet wird. Aber wenn Männer in Ihrer Stellung das thun, dann hört doch wirklich alles auf! Sie geben ja den Socialdemokraten recht, sie hetzen ja das Volk gegen uns auf, wenn Sie solche Theorieen aussprechen! Sie hetzen das Volk auf, und diejenigen unter den Höherstehenden, welche sich für das Volk interessieren, verbittern Sie, weiter nichts. Sie werden Ihre schönen, oder besser gesagt, lächerlichen Theorieen nie verwirklichen, aber Unheil können Sie genug anrichten. Außerdem ist das, was Sie sagen, total falsch. Ich bestreite auf das Allerentschiedenste, daß ich mit meinem Kutscher auf derselben Stufe stehe, und daß dasselbe von meiner Frau und unserer Köchin gilt. Außerdem stehen die Leute in meinem Lohn und Brot, und sind mir Achtung und Ehrerbietung schuldig. Lieber putze ich mir meine Stiefeln selber, als daß ich mir meinem Diener gegenüber Zwang auferlege; und wenn ich mir meine Stiefeln selbst putze, und den Menschen wegjage und die anderen machen es ebenso, so sind die Leute brotlos. Bleiben Sie mir mit Ihren Theorieen vom Leibe, und versenken Sie sie in das Meer, wo es am tiefsten ist."

Der Mann, der so spricht, findet, glaube ich, bei sehr vielen derer von Bildung und Besitz volle und ganze Zustimmung. Aber nun bitte ich auch, mich verteidigen zu dürfen.

Es wäre gewiß sehr bedenklich, derartige Gedanken zu veröffentlichen und zu verbreiten, wenn sie nur nicht schon längst veröffentlicht und verbreitet wären. Aber leider Gottes sind sie es, und werden es täglich tausend und abertausendfach. Und dann, wie liegen die Verhältnisse thatsächlich?

Das Volk hat unter sich ganz andere Sitten angenommen, als es früher besaß, und zwar die unsrigen. Kommt die Köchin in den Laden, so heißt es Fräulein hier und Fräulein dort, kommt ein Handwerker ins Haus, so spricht er sie Fräulein an und von dem Fräulein zu uns, während sie ihn Herr nennt; geht sie Sonntags aus, so ist sie ebenso fein, ja noch feiner angezogen wie unsere Töchter, und geht der junge Handwerker mit ihr, so trägt er einen modischen Anzug. Sie unterscheiden sich, wenn sie Geschmack haben, und das ist nicht selten der

Fall, kaum von uns und den Unsrigen. Gehen sie in einen öffentlichen Garten, z. B. in ein Konzert, so werden sie da ganz ebenso bedient wie wir, und treffen sie mit einem anderen Paar zusammen, so hält sich der Verkehr in durchaus höflichen und artigen Formen. Kehren sie nun zurück in das Haus oder am nächsten Morgen auf die Arbeitsstelle und werden dort behandelt wie Wesen niederer Gattung, mit denen man anders umgeht wie mit allen anderen Menschen, so empfinden sie das als verletzend.

Haben sich die Sitten der unteren Schichten verfeinert und gehoben, so sind wir dagegen mit den unseren bedeutend herabgestiegen. Wenn man in meiner Jugend eine Cigarre geraucht hatte, so tauchte man, bevor man zu den Damen der Familie zurückkehrte, Gesicht und Bart, wenn man überhaupt schon so emanzipiert war, einen solchen zu tragen, in die Waschschale, spülte den Mund sorgfältig aus, zog sich einen anderen Rock an und vergaß nicht die Vorsicht, sich zu parfümieren — um nur ja nicht einen Tabaksodeur zu verbreiten. Von Rauchen gelegentlich eines Diners u. s. w. war absolut nicht die Rede. Höchstens, daß zum Nachhausegehen auf dem Korridor eine Cigarre offeriert wurde. Heutzutage wird nicht nur von dem Hausherrn, sondern, wenn man bei einer Witwe speist, auch von der Hausfrau die Cigarre angeboten, und der Herr, welcher sie nach einiger Zeit fortlegt, und unmittelbar und ohne jegliche Desinfektion aus der tabakgeschwängerten Atmosphäre des Rauchkabinets in den Salon zurückkehrt, um die vereinsamten Damen zu unterhalten, gilt noch als besonders höflich und liebenswürdig.

In meiner Jugend, Ende der fünfziger Jahre, gab es nur ganz wenig Bierlokale in Berlin, in denen ein Gentleman, z. B. ein Offizier in Uniform verkehren durfte: Schwarz, Klette und ein paar andere. Davon, daß in einer Gesellschaft auf einem Ball, oder nach demselben, Bier gereicht wurde, war absolut keine Rede. Eine Dame gar, die in einem öffentlichen Lokal Bier trinkend gesehen wäre, hätte ihren guten Ruf gänzlich kompromittiert. Und die Überfülle von Speisen und Getränken bei unseren Diners und Soupers fordert immer mehr zum Vergleich mit der Bauernhochzeit heraus, wie wir uns auch ganz ebenso wie die Bauern mit den Damen allgemein die Hände schütteln, anstatt wie unsere Väter ihnen eine ehrfurchtsvolle Verbeugung zu machen, welche sie graziös erwiderten.

Man mag es ja als Usurpation betrachten, wenn sich die Köchin Fräulein nennen läßt. Aber ich erinnere daran, daß eine alte Ordre in irgend einem deutschen Staat bestand, des Inhaltes:

Wasmaßen Seine Hochfürstliche Durchlaucht mit ernsten Mißfallen vernommen haben, daß etliche Jungfern von Adel sich vermessen haben, Fräulein genannt zu werden, während doch sattsam bekannt, daß nur Töchter fürstlichen Geblütes sich

Fräulein nennen dürfen und sollen, so gebieten Se. Hochfürstliche Durchlaucht solchen Jungfern u. s. w.

Also „die Jungfern vom Adel" usurpierten den Titel Fräulein,
der ihnen nicht zustand, und so ging es weiter, durch den Bürgerstand
hindurch bis zur Köchin. Jetzt hat man sich mit dem „gnädigen"
Fräulein geholfen, um einen Unterschied zu haben, wie ja auch die
„gnädige Frau" eine Anrede geworden ist, welche immer weiter herab-
steigt. Ob wir uns jemals von unserer leidigen und lächerlichen Titel-
sucht losmachen und, während wir sonst immer dem Auslande nachäffen,
hier einmal dem guten Beispiel anderer Nationen folgen und uns einfach beim Namen nennen, oder ob wir warten, bis die Köchin zum
gnädigen Fräulein avanciert??

Wenn nun aber die jungen Leute aus den unteren Schichten sich
Herr und Fräulein titulieren lassen, so geschieht das schon längst nicht
mehr, um groß zu thun, sondern sie haben sich eben an diese Bezeichnungen gewöhnt und dabei an feinere Formen. Mir ist z. B.
häufig aufgefallen, wie beim Tanzen, speciell bei der Aufforderung zum
Tanz, die Leute aus dem Volk, aus den unteren Schichten viel zere-
moniöser sind wie wir. Da ist — man muß natürlich nicht die Lokale
im Auge haben, in denen die untere Halbwelt verkehrt, die aber auch
nicht schlechtere Formen hat, als die obere — von Nonchalance, Blasiert-
heit, Gigerltum keine Spur, eher herrscht eine allgemeine Feierlichkeit vor.

Wie anders, wie sehr viel freier sind dagegen die Verkehrsformen
unserer oberen Jugend geworden. Ich will das nicht tadeln, es liegt
in der Zeitentwickelung, aber man muß auch die Konsequenzen ziehen.
Der junge Herr, der in der Zwischenpause zwischen zwei Tänzen eine
Cigarette eiligst geraucht hat und in den Tanzsaal zurückkehrend seine
Tänzerin findet, die statt wie früher an Mandelmilch und Limonade sich
an dem ihr dargebotenen Gläslein Bier labt, muß sich darüber klar
werden, daß sein Hausknecht und das Hausmädchen seiner Tänzerin es
just ebenso machen, daß aber die Eltern der letzteren beiden auch schon
in dieser Weise verfuhren, während seine und seiner Tänzerin Eltern
die Tabaks- und Bieratmosphäre beim Tanze perhorresciert hätten.

In meiner Jugend durfte in den Kreisen, in denen ich groß ge-
worden bin, eine verheiratete Frau auch am Tage nur mit einem ihr
folgenden Diener auf die Straße gehen oder äußersten Falls mit ihrer
Kammerjungfer; nicht einmal allein in einer Droschke fahren war erlaubt.
Emanzipierten sich auch einzelne Damen von dieser Sitte z. B. bei
Armenbesuchen, so war sie doch für junge Mädchen, wenn sie nicht in
Begleitung der Mutter gingen, ganz unbedingt vorgeschrieben; von der
Legitimation durch die Musik- oder Zeichenmappe war schon deshalb
nicht die Rede, weil der Lehrer ins Haus kam, und die Mama seinem
Unterricht beiwohnte. Und nun erst allein reisen, wer dachte auch nur

daran! Fast noch strenger waren die Sitten in gewissen bürgerlichen
Kreisen, denen die adligen als emanzipiert galten (vergl. Freitag, Soll
und Haben, auch Hackländer, Europäisches Sklavenleben), die oberen
Schichten schlossen sich eben ab von den unteren, und dieses Abschließen
umgab sie mit einem gewissen Nimbus. Heutzutage sitzt in der Pferde=
bahn alles durcheinander, mitunter an einander gepreßt, und der Nim=
bus ist fort!

Man mag darüber denken wie man will, man mag es beklagen
oder sich darüber freuen: die Thatsache abzuleugnen vermag man nicht.
Ist es denn nun aber nicht natürlich, daß die unteren Schichten ganz
von selbst sich uns gleich fühlen, liegt darin eine so große Überhebung?
An wem liegt denn die Schuld? An den unteren Schichten, die ihrer
Voreltern Sitten verfeinert, oder an uns, die wir die Formen, an denen
sich die unserigen gebunden hielten, als unnützen Ballast über Bord
geworfen haben? Wenn kraft dieser Formen, welche die unteren
Schichten nicht zu imitieren vermochten, unsere Väter einen bestimmten
Zoll von Ehrerbietung forderten, so waren sie in ihrem guten Recht,
aber warum in aller Welt soll uns das Volk verehren? Der gepuderte
Herr mit dem Zopf, dem Jabot, den Kniehosen, den Escarpins, den
Schnallschuhen, das dreigespitzte Hütchen unter dem Arm, und den
Degen an der Seite im vorigen, und der würdige, steifgradige Herr im
blauen Frack mit goldenen Knöpfen im Anfang unseres Jahrhunderts
konnten Ehrfurcht und Achtung einflößen, das Smoking Jaquet will
eigentlich von vornherein jedweden Respekt sich verbitten, es trivialisiert
von selbst und macht es dem Mann von wirklich vornehmer Geistes=
bildung unmöglich, sie zur Geltung zu bringen, dagegen paßt es aus=
gezeichnet zur schlüpfrigen Afterdinneranekdote.

Ich will in keiner Weise gegen den Sport der Damen eifern,
aber führt er nicht zu einer Emanzipation der Formen? Gilt es nicht
für ganz besonders chic, etwas von der Atmosphäre des Stalles und
des Hundezwingers in den Salon mitzubringen, ist eine gewisse Ver=
nachlässigung feiner Formen nicht ganz besonders elegant? Ich sage
nichts dagegen, ich werde mich hüten, aber ich frage nur: Wo bleibt
der Unterschied zwischen uns und den unteren Schichten? Soll ihn der
Reichtum allein ausmachen, nur die Füllung des Portemonnaies den
Menschen bemessen? Leider scheint in unserer Aristokratie diese Ansicht
immer mehr zur Geltung zu kommen. Ja, aber wenn der Herr arm, und
der Diener reich wird, was dann? Liegt dann die Sache umgekehrt?

Unser Volk ist aristokratischer als wir es selbst sind, es bringt uns
mehr Ehre entgegen als wir verlangen; aber es verlangt dafür auch
von uns eine entsprechende Haltung, es tadelt uns, wenn wir sie auf=
geben oder verlieren. Trotz aller Verwahrlosung und Verführung hat
es sich in seinem Kern doch noch immer die germanische Vornehmheit

des Denkens und Fühlens bewahrt. Wir aber, die oberen Schichten, sind herabgestiegen.

Darum fort mit dem albernen Hochmut, der absolut keine Berechtigung hat. Nicht damit, daß wir uns vom Volke absondern, erreichen wir das Ziel, sondern dadurch, daß wir uns geistig wieder emporarbeiten, daß wir die Sprossen der Leiter wieder emporklimmen, zur Höhe unserer Väter und noch über dieselbe hinaus. Denn da die unteren Schichten im letzten halben Jahrhundert bedeutend emporgestiegen sind auf dieser Leiter der Kultur, so genügt es nicht, wenn wir wieder da stehen, wo unsere Väter standen, damit wäre der Abstand, dessen wir bedürfen, um uns von den unteren Schichten zu unterscheiden, noch nicht gegeben. Ein Unterschied muß vorhanden sein, damit wir wieder zur geistigen Beherrschung der Massen gelangen, aber er muß auf geistiger Überlegenheit beruhen. Diese Überlegenheit macht sich ganz von selbst geltend. Künstlicher Abschluß von den unteren Schichten ist nur das Eingeständnis, daß wir ihnen nicht überlegen sind.

Gelingt es, die materielle und gleichzeitig die sociale Lage des Arbeiters so zu heben, daß er sich als Glied der übrigen Menschheit fühlt, so schwindet damit auch die Gefahr, mit der die Zukunft uns droht. Die Voraussetzung eines Arbeiteraufstandes ist, daß der Arbeiter sich als besonderen Stand, als Klasse fühlt. Wo keine Klassen, da auch keine Klassengegensätze. Ich habe mehrfach betont, die sociale Seite der Arbeiterfrage ist wichtiger als die ökonomische. Ein großer Teil der Arbeiterschaft ist so hoch bezahlt, daß er ökonomisch weit besser situiert ist als andere Berufsstände, z. B. der kleine Beamte, Gewerbetreibende, der kleine bäuerliche Besitzer u. s. w. Und doch gehören große Scharen auch aus dieser gut situierten Kategorie der Arbeiterschaft der Socialdemokratie an. Warum? Weil sie eine andere sociale Position haben, weil sie nicht Kaste bleiben wollen. Diesem Verlangen entspringt auch die Forderung nach einer Begrenzung der Arbeitszeit. Der Arbeiter will mit seiner Familie leben, er will auch an Wochentagen seine Kinder sehen, er will sich waschen und reinigen, sich in einem nicht von der Kleidung der übrigen Bevölkerung abstechenden Anzug auf der Straße zeigen können. Regeln wir die Arbeitszeit individuell, so kann sie vielfach länger bemessen werden, als wenn die Arbeiterschaft sie schließlich ertrotzt, z. B. kann der, welcher nahe der Arbeitsstelle wohnt, länger arbeiten als der, welcher einen weiten Weg zurücklegen muß.

Einer solchen Regelung der gesamten Arbeitsverhältnisse von oben her bedürfen wir auch aus anderen Gründen. So wie sie sind, mit Streiks, Boykotts u. s. w., mit Massenversammlungen, in denen der Haß gegen die besitzenden Klassen und versteckt der Aufruhr gepredigt wird, können sie nicht bleiben. Darunter leidet die Autorität der geltenden Ordnung. Eine Repression muß stattfinden, aber die Reform muß der Repression vorangehen, und höchstens darf die letztere mit der ersteren gleichen Schritt halten. Soll eine Reform in der, in diesem Buche vorgeschlagenen, oder in anderer Weise eingeleitet werden, hilft man der materiellen Lage des Arbeiterstandes auf, und erkennt man ihm social höhere Rechte zu, so muß man auch andererseits den Mut haben, die Auswüchse, welche die Vergangenheit gezeitigt hat, zu beschneiden. Mit der Einführung von Arbeits- und Wohnungsämtern z. B., wie ich sie vorgeschlagen habe, mit der obligatorischen Fürsorge des Arbeitgebers für seine Arbeiter, sind Streiks und Boykotts unvereinbar. Setzt der Staat die Normen fest für das gegenseitige Verhältnis zwischen Arbeit- nehmer und -geber, so dürfen diese Festsetzungen nicht illusorisch gemacht werden im Wege der Selbsthilfe. Wenn, wie ich S. 130 ausgeführt habe, jeder einzelne Arbeitslose ein fressender Schaden am wirtschaft- lichen Körper der Nation ist, so erst recht jeder Streik eine national- ökonomische Kalamität. Sicherlich darf man den Arbeiter nicht zwingen, an einer bestimmten Stelle Arbeit zu nehmen: aber wenn der Staat die Minimalbedingungen des Kontraktes festsetzt und überwacht, so darf er auch nicht zugeben, daß derselbe willkürlich gelöst wird. Mag der Einzelne ihn lösen und kündigen innerhalb seiner Grenzen, die gemeinsame, massenhafte oder gar kontraktwidrige Kündigung darf nicht länger statuiert werden. Liegen Beschwerden vor, so entscheidet eben das Arbeitsamt und auf weitere Beschwerde gegen seinen Spruch die höhere Instanz. Damit hat es sein Bewenden. Von einem Nieder- legen der Arbeit, von einer Verhinderung fremden Zuzugs darf keine Rede sein. Ebenso muß aber auch der Arbeiter gegen willkürliche Entlassung geschützt werden. Um die gegenseitige Freiheit zu wahren, müssen die Kündigungsfristen länger normiert werden. Muß z. B. der Arbeiter drei Monate vorher kündigen, weiß er, daß der Arbeitgeber Zeit hat, sich nach anderen Kräften umzusehen, daß die letzteren auf mehrere Monate engagiert werden und er die Arbeitsstelle definitiv verliert, so wird er sich die Kündigung überlegen. In diese Zwangs- lage darf man ihn aber nur versetzen, wenn die ökonomische und sociale Lage, welche ihm die Arbeitsstelle bietet, eine befriedigende und würdige ist, und wenn auch ihm, falls der Arbeitgeber kündigt, in gleicher Weise Zeit gegeben wird, sich eine andere Arbeitsstelle zu suchen.

Hat das Arbeitniederlegen en masse ein Ende, so steht die Industrie ganz anders da, und sie ist dann auch ihrerseits in der Lage, Einrich- tungen für das Wohl ihrer Arbeiter zu treffen. Eine Organisation der Arbeiterschaft ist durch das Verbot der Koalition nicht ausgeschlossen, im Gegenteil, ihre sociale Position verlangt eine Vertretung, wo sie in größerer Zahl arbeitet und dadurch gemeinsame Interessen hat. Aber die Vertretung wird eben gewisse Grenzen nicht überschreiten, Zwangsmaßregeln nicht verhängen dürfen.

Erkennen wir dem Arbeiter die gleichen socialen Rechte zu wie den übrigen Berufsständen, so muß er auch seinerseits die Konsequenzen ziehen und auf sein Sondergebahren verzichten. Die anderen Berufsstände streifen nicht, auch boykottieren sie nicht, das ist ihrer nicht würdig. Stellt sich der Arbeiter uns gleich, so muß er sich auch den Gesetzen unseres wirtschaftlichen und socialen Lebens fügen. Eins geht nicht ohne das andere! Das ist von großer Wichtigkeit für die ganze Sache und für unsere Zukunft. Wir sehen leider nicht ein, wie unser thörichter socialer Stolz uns selbst die allergrößte Gefahr, den größten Schaden bringt.

Nichts könnte den Führern der Socialdemokratie fataler sein als eine wirkliche Fürsorge für den Arbeiterstand, ein Eingreifen des Staates zu seinen Gunsten, ein individueller Schutz gegen Aussaugung und gleichzeitig die Unterbindung der Machtmittel, welche dem Arbeiterstand zur Erzwingung seiner Forderungen bisher zu Gebote standen. Reformen, welche auf wirkliche Besserung der ökonomischen und socialen Lage der Arbeiterschaft hinzielen, werden dem heftigsten Widerstande der Führer begegnen, ja diese werden vielleicht die Massen zur Gewalt aufrufen.

Damit das nicht geschieht, muß vor allem erst der Zufluß aus den jugendlichen Elementen abgedämmt werden, wie im dritten Kapitel erörtert ist, muß die Fürsorge für die Arbeitsfähigen, Kranken, Siechen, Schwachen, die Verlorenen und Verkommenen organisiert (Kap. 5), muß durch eine Reform unseres Wirtschaftssystems der Aussaugekraft des Großkapitals, welches immer wieder Tausende gram- und haßerfüllter Elemente in das Proletariat hineinwirft, beschränkt (Kap. 4), muß vor allem aus den oberen Schichten heraus ein Geschlecht erzogen werden, welches im stande ist, das geistige, uns verloren gegangene Übergewicht über die Massen wiederzugewinnen (Kap. 2).

Solche systematische Gesamtreform bedarf eines großen Zeitraums, um geplant, um in allen ihren Details festgestellt zu werden, ganz abgesehen davon, daß dabei die allerverschiedensten Faktoren mitzuwirken haben. Sie bedarf ferner eines großen Zeitraumes zur Aus- und Durchführung und drittens eines noch viel größeren, um sich in ihrer Wirkung geltend zu machen, um die Wunden, die sie heilen soll, sich schließen und vernarben zu lassen, gleichzeitig aber dem veralteten und erkaltenden Körper unserer Kulturperiode neue, verjüngende Lebenskräfte und Säfte zuzuführen. Deshalb ist es die allerhöchste Zeit, daß wir Hand ans Werk legen und mit der Gesamtreform beginnen.

Siebentes Kapitel

Reform der Staatsverwaltung.

Mit unserer derzeitigen Verwaltungsmethode und ihrem Mechanismus lassen sich, das wird auch dem blödesten Auge klar sein, die Aufgaben nicht lösen, welche eine Gesamtreform stellt, wie sie für einige Gebiete des öffentlichen Lebens in diesem Buche besprochen sind, und wie sie viele andere Gebiete, die es nicht bespricht, ebenso dringend verlangen. Reform der Verwaltungsmethode ist nicht gleichbedeutend mit Reform der Verwaltungsorganisation. Unsere Verwaltungsorganisation ist gut; fungiert sie schlecht, so liegt es nicht an der falschen Konstruktion des Apparates, sondern an dem unrichtigen Gebrauch.

Um das, was ich meine, deutlicher auszudrücken, habe ich in dem einleitenden ersten Kapitel darauf hingewiesen, daß unsere Armee im wesentlichen noch ganz so gegliedert ist, wie früher: Armeekorps, Division, Brigade, Regiment, Bataillon, Kompagnie, Korporalschaft mit dem General, Generallieutenant, Generalmajor, Oberst, Major, Hauptmann, Unteroffizier an der Spitze, daß aber der Dienstbetrieb ein ganz anderer geworden ist von der ersten Rekrutenausbildung an bis zum abschließenden Manöver! Einem deutschen Leserkreise brauche ich das nicht näher auseinanderzusetzen. Und wenn auch in der Armee diese oder jene Reform verlangt wird, von einer Forderung auf Abänderung der Gesamtorganisation ist noch niemals etwas bekannt geworden.

So meine ich auch nicht, daß wir an der Organisation der Staatsverwaltung in ihren wesentlichen Zweigen, wie sie sich beispielsweise in der inneren Verwaltung in der Stufenfolge: Ober-, Regierungspräsident, Regierung, Landrat, Bürgermeister, Gemeindevorsteher darstellt, mit dem Provinzialrat, Bezirks-, Kreisausschuß, dem Magistrat, dem Gemeindeausschuß zur Seite und dem Provinziallandtag, dem Kreistag, der Stadtverordneten- und der Gemeindeversammlung als Vertretung der Bevölkerung etwas wesentliches ändern müßten, aber ich fordere eine

wesentliche Um- und Abänderung, eine Reform des inneren Dienst-
betriebes und der ihn betreffenden Einrichtungen, und ich behaupte,
daß die Versäumung dieser Reform seit einem halben Jahrhundert und
länger eine der Hauptquellen ist, welche dem Strom der Schäden unserer
Tage die Wasser zugeführt haben.

Während, um bei dem Vergleich zu bleiben, unsere Armee eine
beständige Reformarbeit vollzieht, jedwede Erfindung der Wissenschaft,
im Leben, Weben und Verkehr, im In- und Auslande sich zu eigen
macht, steht unsere Civilverwaltung noch genau auf demselben Standpunkt wie vor siebzig Jahren, als die Welt noch nicht im Zeichen des
Verkehrs stand. Sie lebt noch unter den Verhältnissen der alten Postkutsche. Davon, daß Zeit Geld ist und daß die Wahrheit dieses Satzes
auch auf alle diejenigen Anwendung findet, welche mit den Behörden
zu thun haben, von deren Entscheidung abhängig sind, davon scheint
sie keine Ahnung zu haben.

Ja aber noch mehr! Es ist ihr die Initiative vollständig verloren
gegangen. Sie führt nicht, sie leitet nicht, nein, sie ist Geschäftsstelle;
wie die Post auf Briefe und Pakete, so wartet sie, bis Wünsche, Anträge u. s. w. an sie herantreten. Geschieht das, so läßt sie sich unter
Umständen auf die Sache ein; bis sie aber die Erledigung bewirkt und,
wenn sie ein Eingreifen ablehnt, zur Abgabe des negativen Bescheides
braucht sie eine so ungemessene Zeit, daß diejenigen, die es angeht,
vielfach von vornherein darauf verzichten, sich an sie zu wenden. Dann
liegt aber die Sache überhaupt nicht für sie vor, mag der Notstand
auch noch so kraß sein.

Gleichzeitig Grund und Folge dieses Gebahrens ist die Unbekannt-
schaft mit den Verhältnissen. Weil man nach dem Grundsatz: quod
non est in actis non est in mundo*) verfährt und immer erst eine Eingabe erwartet, ehe man etwas thut, so verzichtet man darauf, die Verhältnisse aus eigener Initiative zu studieren und zwar generell zu
studieren. Man kennt also diese Verhältnisse zumeist nicht oder doch
nur oberflächlich wenn das Gesuch eingeht, und deshalb vermag
man dasselbe nicht sofort richtig zu beurteilen, muß vielmehr erst Er-
mittelungen anstellen, wodurch von vornherein eine bedeutende Verzögerung entsteht.

Ich möchte, ehe ich fortfahre, bemerken, daß mir jeder Gedanke,
mit dem, was ich gesagt habe und noch sagen will, einen Vorwurf
oder einen Angriff zu verbinden, völlig fern liegt. Über neunundzwanzig
Jahre bin ich preußischer Beamter gewesen, davon zweiundzwanzig
Jahre im Verwaltungsdienste, und nichts widerstrebt mir mehr, als die
Handlungsweise des Vogels, der sein eigenes Nest beschmutzt. Aus

---

* Was nicht in den Akten steht, ist überhaupt nicht vorhanden.

diesem Grunde würde ich jedweden Angriff unterlassen, auch wenn Veranlassung zu einem solchen vorläge. Das ist aber nicht der Fall. Es handelt sich nicht um Personen, sondern, wie schon bemerkt, um die Methode der Verwaltung, und daran, daß diese Methode so geworden ist, wie sie ist, sind nicht diejenigen schuld, die sie angewandt haben, sondern die Verhältnisse, wie ich das des Genaueren auszuführen versuchen werde. Gerade aber darum ist es erlaubt, das Falsche und Unrichtige an dieser Methode aufzudecken und auf ihre Reform zu dringen.

Wenn unsere Armee heute noch dieselben Waffen und dieselbe Ausbildungsmethode hätte wie vor siebzig Jahren, wenn wir keine Hinterlader und gezogenen Kanonen, kein rauchfreies Pulver kennten, wenn wir Drill und wieder Drill, Griffe und Parademarsch als die Hauptsache trieben, wenn wir den Schwerpunkt auf Salvenfeuer und Angriff in geschlossener Masse legten, Feld- und Aufklärungsdienst, zerstreutes Gefecht u. s. w. nicht übten, von Dauermärschen, Distanceritten, Feldtelegraph, Fahrrad, Luftschiffahrt, Brieftauben nichts wüßten, so wäre es sicherlich total falsch, die höheren und niederen Offiziere, welche keine andere Lehre kennen gelernt hätten und hätten kennen lernen dürfen, verantwortlich und ihnen daraus einen Vorwurf zu machen, daß sie mit allem Fleiß dasjenige Reglement zur Anwendung brächten, das ihnen vorgeschrieben wäre.

Aber ebenso verkehrt wäre es, wenn man dieses Reglement, diese Methode, einem unfehlbaren Dogma gleich, außerhalb der Diskussion lassen wollte, trotzdem man die Überzeugung hätte, daß im Falle eines Krieges die Armee trotz noch so großer Tapferkeit unrettbar geschlagen werden müßte!

Werden nicht die Methoden der modernen Kriegskunst in den allerverschiedensten Schriften ausführlich erörtert, übt man nicht an den Maßnahmen, welche in unseren drei siegreichen Feldzügen getroffen worden sind, die umfassendste Kritik, erörtert man nicht die Art und Weise der Kampfesart für den nächsten uns etwa bevorstehenden Krieg von den verschiedensten Standpunkten aus auf das Genaueste, und zieht man nicht aus alledem die Schlüsse für die Methode der Ausbildung der einzelnen Soldaten wie der Vorbildung des Heeres im ganzen?

Das thut man, kein Vernünftiger nimmt daran Anstoß, und da sollte es nicht erlaubt sein, auch einmal eine Studie über unsere innere Verwaltung, über die Methode, die sie anwendet, zu machen und zu veröffentlichen, es sollte nicht erlaubt sein, in einer Zeit, in der immer weitere Kreise von der Überzeugung durchdrungen werden, daß die Gefahren, die uns von innen heraus, von unten her bedrohen, reichlich so groß, wenn nicht größer sind, als diejenigen, welche ein äußerer Krieg uns bringen kann?

Es fehlt hier der Raum, um eine Geschichte der preußischen Verwaltung auch nur in kurzen Zügen zu geben. Nur das unvermeidlich Notwendige sei gesagt:

Preußen wird mit Recht eine Schöpfung der Hohenzollern genannt. Eine Reihe von Regenten ohnegleichen hat aus der ohnmächtigen und armen Mark Brandenburg ein lebenskräftiges Staatswesen geschaffen, und dieses Werk hat Nachfolger auf Nachfolger in jeder Provinz, die er erwarb, fortgesetzt. Wald, Morast und Heide von der Elbe bis zum Memelstrom wurden durch die Arbeit der Hohenzollern zu blühenden Gefilden. Wenn man die innere Geschichte auf dem Gebiet der Landwirtschaft, der Kolonisation, der Entwickelung des Handwerks, des Schaffens einer Industrie, der Fürsorge für eine geordnete Rechtspflege, der Durchführung eines die gesamte Bevölkerung in ihren verschiedenen Schichten umfassenden Schulwesens niederer wie höherer Art im ganzen wie im einzelnen verfolgt und zwar gerade im einzelnen, wo man sieht, mit welcher Weisheit und Specialfürsorge nicht nur für einzelne Distrikte, sondern auch für den einzelnen Fall die erforderlichen Maßnahmen getroffen wurden, so kann man nicht genug staunen und bewundern. Dabei ist es für die Brandenburg-Preußische Geschichte charakteristisch, daß sie uns verhältnismäßig wenig Namen bedeutender Minister und Staatsmänner nennt, und daß auch diese wenigen mehr oder minder hinter der Person des Kurfürsten oder Königs zurücktreten. Kurfürsten und Könige verfolgen andauernd den damaligen deutschen Begriffen ganz fernen Staatsgedanken, impfen ihn ihren Landen ein, machen aus jedem neuen Erwerb nicht einen patrimonialen Zuwachs ihrer Hausmacht, sondern ein lebendiges Glied am Körper ihres Gesamtgebietes, ein Glied, das sich diesem Körper zugehörig fühlen lernt und bald fühlt. Und das geschieht nicht durch reglementierende Schablone sondern durch Einzelfürsorge, welche sich den realen Verhältnissen und Bedürfnissen anpaßt. Diese Einzelfürsorge geht von der Person des Herrschers aus, er knüpft das Band zwischen sich und seinen Unterthanen, aber das Einzelband weiß er mit dem Ganzen unlösbar zu verweben. Preußen war unter Friedrich Wilhelm I. und Friedrich dem Großen kein centralisiertes Verwaltungsganzes, jede Provinz hatte ihre eigenen Centralbehörden, nur im König verkörperte sich der Staat; aber dennoch war Preußen schon damals ein solcher, und dieses staatliche Gefüge hielt zusammen trotz der Stürme des siebenjährigen Krieges. Kein Landesteil brach die Treue, so oft er auch von feindlichen Truppen überschwemmt wurde.

Und dieses Ganze war, und was ihm eingefügt ward wurde deutsch; Slawen und Vertriebene aus fremden Ländern anderer Zunge nahmen, wenn sie preußisch wurden, mit deutscher Sitte und Sprache auch den deutschen Staatsgedanken auf. Es gelang zuerst und gewissermaßen allein den Hohenzollern, verschiedenen deutschen Stämmen und

Gauen von der Memel bis zum Rhein das Gefühl gemeinsamer Staats-
angehörigkeit einzuflößen.

Wodurch gelang das? Durch Initiative und Offensive, verbunden
mit dem unablässigen genauen Studium der Verhältnisse. Gewiß, die
Kriegszüge Friedrichs des Großen sind bewunderungswert, aber ebenso
bewunderungswert sind seine Reisen durch das Land, auf denen er
immer wieder mit eigenen Augen schaute und prüfte. Niemand kannte
sein Land in allen Teilen besser als er selbst, und durch die ihm als
Kronprinz von seinem Vater auferlegte Thätigkeit war er zum fach-
mäßig geschulten Verwaltungsbeamten geworden. Er wollte nicht nur
der erste Diener des Staates sein, er war auch thatsächlich der Leistung
nach in unübertroffener Weise unter den Dienern des Staates der erste.
Seine Verwaltungspraxis pflanzte sich fort. Auf seinen Reisen
durch die Provinzen wohnte der König den Sitzungen der Kollegien
bei, unter seinem Vorsitz fanden sie statt. Da nahm er unmittelbare
Kenntnis von der Verwaltung des Landes. Das Gleiche mußte der
Kronprinz thun, wenn er das Land bereiste. Diese Reisen aber führten,
ehe es Eisenbahnen gab und bei der geringen Zahl von chaussierten
Wegen in ihrem nach unseren Begriffen unerträglich langsamen Sich-
fortbewegen von Ort zu Ort zu einer ganz andern Kenntnis von der
Lage des Landes als heutzutage. In den großen Kirchspielen in Littauen
war der Kirchdorfsschullehrer, und soll es neuerdings wieder vielfach sein,
ein Kandidat der Theologie mit dem Titel Präzentor. Auf einer Nacht-
fahrt durch ein Dorf hört Friedrich Wilhelm IV., hier wohne „der
Präzentor". Da läßt er den Wagen halten und den im tiefen Schlafe
liegenden gegenüberwohnenden Pfarrer mit der Frage wecken, was ein
Präzentor sei. Das Gegenstück bildete das Verfahren eines Oberpräsidenten, dem der ihn begleitende Landrat den Namen eines Dorfes
nicht nennen kann, und der seinen Diener in das nächste Haus schickt:
„Der Herr Landrat ließe fragen, wie das Dorf hieße." Aber bei Tage!

Das Jahr 1848 brachte uns die Verfassung. Zuerst glaubte man,
wir hätten nun nach englischem und belgischem Muster das parlamen-
tarische System adoptiert, le roi règne, mais il ne gouverne pas*), die
Minister müßten aus der parlamentarischen Majorität genommen werden.
„Es ist das große Verdienst von Manteuffel", hörte ich einmal einen
Staatsmann der damaligen Zeit sagen, „daß er von vornherein dem
Grundsatz entgegengetreten ist, das Schicksal eines Ministeriums in
Preußen hänge von einer parlamentarischen Abstimmung ab." Ohne
dieses Vorgehen Manteuffels hätte Bismarck niemals den Budgetkonflikt
durchführen können. Es war aber weit mehr Friedrich Wilhelm IV. als
Manteuffel, der das Gegenteil dieses Grundsatzes stabilisierte. Man

---

*) Der König herrscht, aber er regiert (verwaltet) nicht.

hat mit Recht auf den Vorwurf, Friedrich Wilhelm IV. habe nichts für die Armee gethan, erwidert: Er gab ihr für die Schlachten, die sein Nachfolger schlug, das Kleid das sie trug den Waffenrock, die Waffe die sie führte das Zündnadelgewehr, und die taktische Formation in der sie kämpfte die Kompagniekolonne. Ebenso darf man, auch wenn man gegen die Kamarilla u. s. w. eifert, nicht vergessen, daß Friedrich Wilhelm IV. uns die Verfassung, wie sie ist, gegeben hat und daß er der Begründer des modernen konstitutionellen Systems ist, demzufolge die Herrschergewalt des Königs zwar eingeschränkt ist, aber mit dieser Einschränkung fortbesteht nicht nur als Herrscher sondern auch als Regierungsgewalt. Wo würden wir bei unserer Parteizerklüftung, bei dem Verhältnis zwischen Reich und Staat, heute stehen, wenn, wie in Frankreich, England, Belgien, jede parlamentarische Abstimmung und nicht das Vertrauen des Königs über das Schicksal des Ministeriums entscheiden sollte?

Der König von Preußen ist nicht durch Staatsvertrag mit seinem Volke sondern kraft eigenen Rechts König. An die Verfassung bindet ihn sein Eid, aber sie ist nicht die Quelle und der Ursprung seines Herrscherrechtes. Er ist nicht als Mandatar seines Volkes dem Volke als seinem Mandanten sondern Gott verantwortlich. Er bedarf zu manchen Regierungsakten der Zustimmung der Volksvertretung, aber er übt auch solche Akte nicht aus im Namen dieser Vertretung. Das ist ohne jedes mystische Beiwerk der Sinn des Begriffes „Königtum von Gottes Gnaden". In diesem Sinne nahm Wilhelm I. als der erste Thronfolger nach Emanation der Verfassung die Krone von Gottes Tisch, hat sein Enkel von neuem zu dem Königtum von Gottes Gnaden sich bekannt.

Wenn nun aber auch in Preußen der König nach wie vor regiert, so sind die Verhältnisse seit Emanation der Verfassung doch nicht dieselben geblieben, es ist aus jener Zeit der Gährung eine wunderbare Geburt hervorgegangen, eine Institution, die doch wiederum keine solche, kein politisches, kein wissenschaftliches System ist, nein, vielmehr ein faktischer Zustand, eine konstante Praxis: die Souveränität der Bureaukratie.

Ich habe es nicht ganz sicher feststellen können, ich sage aber wohl nichts Unrichtiges, wenn ich behaupte, daß Friedrich Wilhelm IV. nach 1848 keine Behörde inspiziert hat, von Wilhelm I. aber glaube ich ganz bestimmt behaupten zu können, daß er als König niemals der Sitzung einer Regierung präsidiert oder eine Civilbehörde sonst revidiert hat. Die Befugnis zu einer solchen Inspektion oder Revision erscheint mir ganz unzweifelhaft. Sie fällt nicht unter den Begriff der Regierungshandlung im Sinne des Art. 44 der Verfassung, sondern sie erfolgt zum Zwecke der Information. Eine solche, die erst zu Regierungshandlungen führen soll, kann niemand dem König wehren. Erst wenn er Anordnungen trifft auf Grund einer Revision, nimmt er einen Regierungsakt vor.

Thatsächlich steht der König seit Emanation der Verfassung der unmittelbaren Verwaltung fern. Wir haben zwar eine große Zahl von gesetzlichen und administrativen Bestimmungen, inhaltlich deren wie z. B. bei Ernennungen von Beamten, Verleihung der juristischen Persönlichkeit, Erlaß und Abänderung von Statuten, die landesherrliche Mitwirkung vorgeschrieben ist. Aber diese Mitwirkung ist der großen Regel nach rein formaler Natur. Einmal sind die Dinge selbst vielfach von so untergeordneter Bedeutung, daß sie das Interesse des Monarchen nicht wachrufen können, sodann macht ihre Menge es ihm faktisch unmöglich, in das Detail einzudringen, und drittens und hauptsächlich: er hat nicht mehr Gelegenheit, die Verhältnisse im ganzen wie im einzelnen an Ort und Stelle zu prüfen und mit eigenen Augen zu schauen. Das „Regieren" des Königs beschränkt sich thatsächlich darauf, die Vorträge seines Civilkabinets sowie der einzelnen Minister entgegenzunehmen, dem Konseil zu präsidieren, und die ihm vorgelegten Gesetze, Verordnungen, Patente u. s. w. zu vollziehen. Gewiß, er kann bei alledem einen bedeutenden Einfluß ausüben, die Person der Minister bestimmen, der Politik ihre Grundrichtung vorschreiben, und auch in einzelnen Materien, die er herausgreift, seinen maßgebenden Willen zur Geltung bringen, er kann Bericht fordern über alle Gegenstände der Verwaltung, und auf Grund solcher Berichte Anordnungen treffen: Aber die Summe von alledem bleibt doch weit zurück hinter der früheren Aktion der preußischen Könige.

Wer regiert nun aber das Land, auf wen sind die Machtbefugnisse des Königs übergegangen? Auf den Landtag nicht. Der Landtag hat in Preußen nur zuzustimmen oder abzulehnen, eine eigene praktische Aktion steht ihm nicht zu. Zwar kann er seinerseits in der Gesetzgebung die Initiative ergreifen; aber es bildet durchaus nicht die Regel, daß die von ihm beschlossenen Gesetze die Zustimmung der Regierung finden. Da die Minister nicht aus seinem Schoße hervorgehen, so ist die Fühlung zwischen der Partei, welcher die Minister angehören, und diesen selbst nicht nur keine feste, nein sie ist, wie unsere Verhältnisse liegen, nicht einmal eine lockere und lose; häufig kommt es vor, daß das Ministerium im krassen Gegensatz gegen die eigene Partei operiert und auf die anderen sich stützt. Von einer Kontrolle der Regierung durch die parlamentarische Partei, der ihre Mitglieder angehören, wie in anderen Ländern, beispielsweise in Ungarn, ist bei uns absolut nicht die Rede und dementsprechend auch nicht von einer Verantwortlichkeit dieser Partei für die Maßnahmen der Regierung. Die Konsequenz alles dessen ist, daß auf dem großen weiten Gebiet der eigentlichen Verwaltung des Landes die Regierung sozusagen souverän ist, einerseits weil die Krone nicht mehr unmittelbar einwirkt, andererseits weil der Landtag zwar Mißbräuche rügen kann aber kein Organ hat, durch welches er die Verwaltung beeinflußt. Wer ist aber nun diese souveräne Regierung? Zunächst sind die einzelnen Minister die Herrscher. „Bei uns in Preußen ist jeder Minister Herr in seinem Departement, und das Kabinett gleicht einem Bundes= staat, dessen Mitglieder nur durch ein sehr loses Band verbunden sind." So bezeichnete Bismarck 1887 in einem Gespräch mit Crispi das Ver= hältnis, und sein Amtsnachfolger drückte sich 1895 etwa so aus: „Der Ministerpräsident sitzt in der Staatsministerialsitzung an der oberen Schmal= seite; hört er auf Präsident zu sein, bleibt aber Minister, so sitzt er an der Längsseite, das ist der einzige Unterschied. Zu sagen hat der Ministerpräsident nicht mehr als jeder andere Minister."

Wir haben also so viel „Herren in ihren Departements", d. h. thatsächlich Herrscher, als wir Minister haben, und diese Herrscher können, soweit sie sich im Rahmen der bestehenden Gesetze halten, und das Budget nicht überschreiten, fast so absolut regieren, wie nur ein orien= talischer Herrscher. Aber wie deren anscheinend unumschränkte Herrschaft den mannigfachsten Einflüssen unterliegt, so ist auch ihre Allgewalt nur eine scheinbare. Ganz abgesehen davon, daß sie ihr Portefeuille nur selten bis zum Lebensende behalten, sind sie durch die Fülle der ihnen obliegenden Pflichten genötigt, den übergroßen Teil derselben von ihren Unterarbeitern erledigen zu lassen. Diese sind unabsetzbar und zumeist unendlich lange in ihren Stellungen. Theoretisch ohne jedwede Macht= befugnis nur die Vollstrecker dessen, was der Chef befiehlt, sind sie in der Praxis die Alleinherrscher. Minister kommen und gehen, und häufig stellt man ihnen bei ihrem Amtsantritt bereits das Horoskop ihres Ab= ganges. Sie bleiben einige Zeit im Amt, nehmen von der Lage der Geschäfte Kenntnis, geben einige Direktiven, lassen einige Gesetze aus= arbeiten, vertreten sie und das Ressort im Parlament, und machen dann ihrem Nachfolger Platz. Gewiß, sie können die eine oder die andere Materie oder vielmehr eine Speciale aus einer Materie herausgreifen und eine Reform anbahnen, zuweilen auch durchsetzen: aber auf das Gesamtgebiet ihres Ressorts einen durchgreifenden Einfluß auszuüben oder gar sich um die Details ihrer Verwaltung zu kümmern, dazu sind sie wegen Überfülle der Geschäfte und des durch dieselbe bedingten Zeitmangels nur selten im stande. Ganz abgesehen von parlamentarischen Verhandlungen aller Art, von Staatsministerialsitzungen, von der Teil= nahme an Kongressen, Kommissionssitzungen, von gesellschaftlichen Re= präsentations= und anderen Pflichten, von dem Empfange von Einzel= personen und Deputationen, die ihnen eine Unmenge von Zeit kosten, vermöchten sie, auch wenn sie ohne jedwede Störung ihre ganze Kraft der Erledigung ihrer eigentlichen Geschäfte widmen wollten, nicht die

Flut zu bewältigen. Sie sind eben Menschen, und ihr Tag hat wie der unserige nur vierundzwanzig Stunden.

Ganz ähnlich, wenn auch nicht ebenso schlimm, ergeht es ihren Vertretern, den Unterstaatssekretären und Direktoren, auf welche ihre Souveränität übergeht, wenn sie sie nicht selbst ausüben. Viele Sachen, welche von der Ministerialinstanz kompetieren oder an dieselbe gelangen, erfordern schon ihrem äußeren Umfange nach zum einfachen Durchlesen mehr als eine Tagesarbeit, zum gründlichen theoretisch wissenschaftlichen Studium aber sehr viel längere Zeit. Wo soll der Unterstaatssekretär, der Ministerialdirektor diese Zeit hernehmen? Er muß sich an die Resultate halten, welche der Decernent aus diesem Studium gezogen hat, und wenn er in wichtigen Fällen eine Ausnahme macht, so geht die Zeit, die ihm das kostet, für die übrigen Geschäfte verloren, und die Decernenten haben in diesen um so freiere Hand.

Natürlich ist die Lage der Dinge, je nach den Verhältnissen in den einzelnen Ministerien und Ministerialabteilungen, nach der Zahl der Geschäfte, den Persönlichkeiten sehr verschieden, der Regel nach und in den meisten Fällen liegt aber die Entscheidung in der Hand des Decernenten, und zwar deshalb, weil die mit der Centralisation verbundene Geschäftsanhäufung bei der Größe des Staates einen anderen Modus ganz unmöglich macht.

Somit wird das Land thatsächlich von den Ministerialdecernenten regiert. Athen hatte einst dreißig Tyrannen, Rom Decemvirn; unsere Beherrscher im Staatskalender zu zählen, ist eine mühsame Arbeit.

Der Decernent gelangt in seine Stellung zumeist in jüngeren Jahren als Landrat oder Regierungsrat. Nehmen wir an, er ist ein theoretisch ausgezeichnet vorgebildeter, praktisch hervorragend tüchtiger Beamter, der seinen Posten voll und ganz ausfüllt. Aber nun weiter: Hinein in das Ministerium ist er gekommen, hinaus kommt er, der großen Regel nach, nicht wieder. Er erhält zunächst den Rang der Räte dritter Klasse. Vicepräsidenten, die diesen Rang bekleideten, haben wir bei den Regierungen nicht mehr, Oberregierungsrat kann er nicht werden, weil diese Beamten Räte vierter Klasse sind, die Ernennung zum Oberpräsidialrat, Rat dritter Klasse, ist keine Beförderung für ihn, nimmt ihm die Aussicht, bald und mit Sicherheit Rat zweiter Klasse zu werden und im Gehalt zu steigen. Regierungspräsidenten haben wir nur fünfunddreißig, also gegenüber der Zahl der juristischen Ministerialdecernenten nur wenige, und bei der Ernennung konkurrieren noch dazu Oberpräsidialräte, Oberregierungsräte, Polizeipräsidenten, Parlamentarier, Provinzialmagnaten u. s. w. Somit kann nur ein geringer Bruchteil dieses Ziel erreichen. Der Ministerialdecernent steigt im Range, wird Rat zweiter auch erster Klasse, aber der Regel nach und im wesentlichen bleibt er was er ist, d. h. er sitzt in seinem Zimmer vor den Akten und dekretiert. Ins Land hinein kommt er nur sehr ausnahmsweise, und wenn er hineinkommt, nur zur Erledigung eines Specialfalles und eng gebunden an die Grenzen seines Ressorts. Er ist eben nur Dezernent, nicht Minister, er ist nicht befugt, über den Fall, den er behandeln soll, hinauszugehen oder gar die Behörde, mit der er zu thun hat, zu revidieren; der Chef dieser Behörde steht über ihm im Range oder ihm gleich. In manchen Dezernaten sind Dienstreisen überaus selten, mitunter kommen sie gar nicht vor. Natürlich liegt in anderen die Sache anders, z. B. auf dem Bau-, dem Schulgebiet, wo längere Inspektionsreisen vorgenommen werden. Aber auch da bleibt die Beschränkung auf das engere Ressort bestehen. Nun ändern sich in unserer schnelllebigen Zeit die Verhältnisse sehr schnell, und diesen Veränderungen bleibt der Dezernent fern, muß ihnen fern bleiben, weil er keine Gelegenheit hat, sie an Ort und Stelle praktisch, und weil ihm wegen Geschäftsüberhäufung die Zeit fehlt, sie theoretisch zu studieren. Wenn nicht ganz besonders günstige Umstände zu einer Ausnahme von der Regel führen, so beurteilt er die Verhältnisse so, wie sie lagen, als er noch praktisch thätig war, nur schwer kann er den Veränderungen folgen, die sich seitdem vollzogen haben, dazu aber, für die zukünftige Entwickelung einen Blick zu haben und ihr vorzuarbeiten, wird er kaum im stande sein. In Preußen sind die Ministerialdezernenten unabsetzbar, der ins Amt tretende Minister muß mit dem Personalmaterial arbeiten, das ihm sein Vorgänger hinterläßt, höchstens kann er die Dezernate wechseln und bei eintretenden Vakanzen neue Kräfte nach seiner Wahl heranziehen. Solche Vakanzen treten aber selten ein, der Dezernent überlebt zumeist die Amtsthätigkeit vieler Minister, und je mehr er überlebt, desto gesicherter ist seine Herrschaft.

Nun gilt aber was Bismarck von den einzelnen Ministern sagt, vielfach auch von den einzelnen Dezernenten, die Verbindung zwischen ihnen ist eine sehr lockere. Verschiedene Ministerialabteilungen stehen sich mitunter kaum näher wie Cis- und Transleithanien, und wo eine sachliche Berührung nicht stattfindet, kann auch innerhalb derselben Abteilung jeder Dezernent seinen eigenen Strang ziehen und sein Departement zu einem Staat im Staate machen. Deshalb fehlt unserer Verwaltung so vielfach die Einheitlichkeit und das konzentrische Vorgehen gegen die Schäden der Zeit. Preußen, der führende deutsche Staat, Reich und Staat an den Centralstellen durch tausend Fäden verbunden, die Minister de jure unabhängig, die Staatssekretäre der Reichsämter de facto selbständig, in den einzelnen Ministerien die Auseinzelung in Specialdezernate, das Ganze, einheitlich gedacht, ein ungeheurer, nach den allerverschiedensten Systemen gebauter Schiffskoloß mit so und so viel Maschinen und Schrauben, unlenkbar, außer stande, den Hafen zu verlassen und das Meer zu befahren: das ist das Bild unserer Centralverwaltung.

Ähnlich ist das Bild der Bezirksbehörden. In Preußen wird die Verwaltung von den Regierungen geführt. Der Oberpräsident ist in den meisten Fällen nicht Zwischen- sondern nur Durchgangsinstanz, die Regierung berichtet an den Minister, und dieser reskribiert an sie; nur werden die Schriftstücke hin und zurück unter der äußeren Adresse des Oberpräsidenten befördert.

Ich bitte den Leser um Entschuldigung, wenn ich ihm zumute, einmal dem Geschäftsgange zu folgen, den jede, auch die einfachste Sache bei einer Regierung nehmen muß. Er wird es vielleicht nicht bereuen, denn er ersieht daraus, warum er oft so lange auf einen Bescheid warten muß. Also:

1. Der Bote holt die Briefe von der Post und trägt sie zum Präsidialbureau. 2. Im Präsidialbureau werden sie, wenn sie nicht den Vermerk Eigenhändig oder sekretiert tragen, geöffnet und mit dem Präsentatstempel: „Eingegangen den" u. s. w. (Datum) versehen, sodann vom Präsidialsekretär nach Abteilungen sortiert und in besondere Mappen gelegt. 3. Der Bote trägt die Mappen zum Präsidenten. 4. Der Präsident sieht die Post durch und macht auf diejenigen Eingänge, von deren weiterer Erledigung er Kenntnis nehmen will, ein †. 5. Der Bote trägt die einzelnen Mappen zu den betreffenden Oberregierungsräten. 6. Der Oberregierungsrat verteilt die Sache, d. h. er bestimmt den Dezernenten, der sie bearbeiten soll, unter Umständen auch einen Kodezernenten. Diese Bestimmung erfolgt nach der vom Regierungspräsidenten allgemein vorgeschriebenen Geschäftsverteilung. 7. Der Bote trägt die Mappe zum Journal. 8. Der Journalführer trägt die Sache „ein", d. h. er notiert den Tag des Eingangs, das Datum des Schreibens, den Namen des Absenders und eine kurze Angabe des Inhalts. Dann vermerkt er die Nummer, welche die Sache im Journal erhalten hat, auf dem Schreiben, und übergiebt letzteres dem Registrator. 9. Der Registrator legt die auf die Sache bezüglichen Akten bei oder macht, wenn keine Akten vorhanden sind, auf dem Stück die Notiz „Keine Vorgänge". Ferner berichtigt er seine Listen, z. B. notiert er für den Fall, daß das Schreiben eine Antwort auf eine Anfrage enthält, deren Eingang. 10. Der Bote trägt die Sache mit den Akten zum Dezernenten. 11. Der Dezernent entwirft die Verfügung. 12. Der Bote trägt die Sache zum Oberregierungsrat. 13. Der Oberregierungsrat revidiert die Verfügung und signiert sie, d. h. er setzt seine Namenschiffre darunter. 14. Der Bote trägt die Sache zum Journal. 15. Der Journalführer trägt sie „durch", d. h. er notiert das Datum der Verfügung, ihren Inhalt und den Adressaten. 16. Der Registrator entnimmt die Akten und legt sie wieder fort. 17. Der Bote trägt das Konzept zum Kanzleiinspektor. 18. Der Kanzleiinspektor trägt das Konzept in seine Liste ein und übergiebt es dem Kanzlisten, der die Reinschrift

machen soll. 19. Der Kanzlist fertigt die Reinschrift. 20. Der Kanzleiinspektor notiert die Anfertigung der Reinschrift und die Points, d. h.
die Arbeitsleistung des Kanzlisten. 21. Der Bote bringt die Reinschrift
zum collationierenden Bureaubeamten. 22. Dieser vergleicht die Reinschrift mit dem Konzept und berichtigt sie soweit erforderlich. 23. Der
Bote bringt die collationierte Reinschrift zum Oberregierungsrat. 24. Dieser
vollzieht die Unterschrift. 25. Der Bote bringt die Sache zur Boten-
meisterei. 26. Dort wird sie mit den etwaigen Anlagen in das Kouvert
gelegt und letzteres adressiert. 27. Der Bote trägt den Brief zur Post.
28. Ein zweiter Bote trägt das Konzept zum Journal. 29. Der
Journalführer trägt die Sache „aus", d. h. er notiert das Datum
des Abgangs im Journal und auf dem Konzept. 30. Der Registrator
berichtigt seine Liste, d. h. er notiert, wenn eine Antwort gefordert ist,
den Termin für dieselbe in seinem Kalender. Dann bringt er das
Konzept zu den Akten.

Das ist der allereinfachste Geschäftsgang. Es kann aber auch ein
Kodecernent mitwirken, der Decernent kann die Sache seinem Sekretär
übergeben, der Präsident kann sie gekreuzt haben, dann ist der Gang
des Verfahrens noch weitläufiger und zeitraubender. Dabei ist dieser
Gang unvermeidlich, wenn strikte Ordnung gehandhabt werden soll.
Er findet sich bei allen Behörden und in allen Ländern wieder. Aber
weil er unvermeidlich ist, müßte und sollte eben jedes Mittel, das zu
seiner Beschleunigung dienen kann angewandt werden.

Wenn hundert und mehr Stücke, die an einem Tage für eine
einzelne Abteilung einlaufen, in dieser Weise behandelt werden, so hat
auch jeder einzelne Beamte, der mitwirkt, mit einer ganzen Zahl von
Nummern gleichzeitig zu thun. Dabei treten Stockungen durch Sitzungen,
Konferenzen, eilige Arbeiten, Dienstreisen ein, die fortlaufende Kette
wird unterbrochen, die einzelnen Stadien des Geschäftsganges wickeln
sich nicht glatt hintereinander ab, und so braucht jede einzelne, auch
die einfachste Sache, bei jeder einzelnen Behörde zu ihrer Erledigung
eine ganz unverhältnismäßige Zeit.

Auf dem Landratsamt ist der Geschäftsgang einfacher, Journalführer und Registrator sind eine Person, der Landrat ist selbst Chef
und Decernent. Aber er muß wegen Überhäufung mit Geschäften
unendlich viel seinem sehr mangelhaft organisierten Bureau überlassen
und kommt der Aktenarbeit wegen viel zu wenig dazu, die Verhältnisse an Ort und Stelle zu prüfen. Auch er berichtet meist aus den
Akten, und aus den Akten wird weiter berichtet und entschieden bis
zur Ministerialinstanz hinauf.

In diesem Aktenwesen und dem damit verbundenen Mangel an
Kenntnis des Landes und seiner Verhältnisse liegt der Hauptschaden.
Unsere gesamte Civilverwaltung beruht auf Friedrich Wilhelm I. und

Friedrich II. Ihr System hatte die allergenaueste Kenntnis des Landes zur Voraussetzung. Da diese Kenntnis abhanden gekommen ist und nicht erneuert wird, ist das System ein falsches, oder vielmehr, weil die Voraussetzung fehlt, führt die an und für sich sehr richtige Methode zu falschen Konsequenzen.

Es ist schon oben gesagt, daß seit 1848 der König das Land und die Behörden nicht mehr inspiziert. Infolgedessen ist, da bei uns jeder Impuls vom König ausgeht, die Inspektion überhaupt eingeschlafen. Ab und zu aber verhältnismäßig sehr selten macht ein Minister eine Reise durch das Land. Meist muß eine besondere Veranlassung vorliegen: das Jubiläum eines hohen Beamten oder einer Korporation, eines Vereins, die Enthüllung eines Denkmals, Fertigstellung und Übergabe eines Gebäudes, einer Betriebsanlage. Der Regel nach erfolgt Hin- und Rück-reise auf direktem Wege, und die Anwesenheit wird durch den Festakt und die sich unvermeidlich anschließende Festmahlzeit fast ganz ausgefüllt.

Die Oberpräsidenten haben eine ganz vorzügliche Instruktion. Sie datiert vom 31. Dezember 1825 und bedarf weniger der Abänderung als der Nachachtung und Befolgung. Die letztere ist in Bezug auf die allerwesentlichsten Bestimmungen einfach eingeschlafen. Es heißt in der Instruktion:

„Bei der ihnen übertragenen Oberaufsicht auf die Verwaltung dieser Behörden" (Regierungen u. s. w.) „ist es aber nicht die Absicht, sie an der Detailverwaltung teilnehmen zu lassen; ihre Bestimmung geht vielmehr dahin, die Administration im ganzen zu beobachten, deren Gang vorzüglich durch öftere Gegenwart und durch Beiwohnung der Sitzungen kennen zu lernen und auf diesem Wege besonders für die Übereinstimmung der Verwaltungsgrundsätze und die Konsequenz der Ausführungsmaß-regeln zu wirken" u. s. w.

„Vorzüglich durch öftere Gegenwart und durch Beiwohnung der Sitzungen." Ich bin acht Jahre bei einer Regierung angestellt gewesen unter zwei Oberpräsidenten: von einer öfteren Gegenwart derselben habe ich nie etwas gespürt, und einer Sitzung hat kein Oberpräsident ebensowenig wie ein Minister beigewohnt. Die Vorschrift ist einfach in desuetudinem gekommen. Der Oberpräsident macht wohl ab und zu eine Reise ähnlich wie die Minister, wenn eine besondere Veranlassung vorliegt, auch besichtigt er eine projektierte Eisenbahnlinie, ja er fährt zuweilen auch ohne solche besondere Veranlassung durch einzelne Teile seiner Provinz. Aber von einer gründlichen Revision einer Gemeinde, einer Stadt, eines Landratsamtes, einer Regierung, von einem genauen Eingehen in den Dienstbetrieb habe ich niemals etwas gehört.

Die vorzügliche Regierungsinstruktion vom 23. Oktober 1817 bestimmt, daß jeder Rat alljährlich einen Teil seines Departements bereisen und über diese Reisen ein Tagebuch führen, dessen Inhalt nach seiner Rückkehr vom Korreferenten zum Vortrag gebracht werden und sodann nach Verfügung des Erforderlichen dem Material für den all= gemeinen Verwaltungsbericht einverleibt werden soll. Auf den Reisen sollen die Kreis= und Ortsbehörden revidiert und soll an Ort und Stelle das Erforderliche zur Abstellung von Mängeln verfügt werden. Mängel, deren Rüge außer seinem Geschäftskreise liegt, soll der Departementsrat nicht unbeachtet lassen, sondern dem Präsidium bei eigener Vertretung anzeigen. Die Reisen der Departementsräte und die dabei von ihnen zu erledigenden Geschäfte sollen von dem Direktor ihrer Abteilung, nach Rücksprache mit dem Präsidenten, bestimmt werden.

Ferner soll nach dieser Instruktion jedes Mitglied des Präsidiums (Präsident und Abteilungsdirektoren) „jährlich einen Teil des Regierungs= bezirks bereisen, nicht nur um sich Orts= und Personenkenntnis zu er= werben, sondern auch um die Dienstführung der Unterbehörden und Departementsräte an Ort und Stelle zu prüfen. Die Reisebemerkungen und Nachrichten von den vorläufig getroffenen Verfügungen müssen dem Kollegium mitgeteilt und im Plenum desselben zum Vortrag gebracht, auch muß dem Oberpräsidenten Abschrift davon, nebst Anzeige von dem, was verfügt worden ist, eingereicht werden."

Der Präsident endlich soll nach Rücksprache mit den Direktoren die Gegenden des Regierungsbezirks, welche von ihnen jährlich zu be= reisen sind, bestimmen und selbst einen Teil des Bezirks bereisen.

Im weiteren schreibt die Regierungsinstruktion vor, „daß jedes Mitglied der Regierung über den Zustand und die Geschäftslage seines Departements, von dem, was während dem Laufe des Jahres von Erheblichkeit geschehen und noch zu thun übrig bleibt, einen allgemeinen und übersichtlichen Bericht abzustatten hat, welcher in dem Kollegium zum Vortrag kommt und, nachdem darauf das Nötige verfügt ist, zum Hauptverwaltungsbericht benutzt wird, den die Regierung nach Ablauf eines jeden Jahres über den Zustand der Verwaltung ihres Bezirks im ganzen und über die darin in dem verflossenen Jahre gemachten Fort= schritte zu erstatten und welchem sie die einzelnen Berichte der Departe= mentsräte jedesmal beizufügen hat".

Eine Reihe vorzüglicher Bestimmungen, ein ganzes System, das mit geringen Modifikationen noch heute passen würde. Aber wie steht es heute? Gereist wird genug: aber nur zur Erledigung von Special= fällen und Specialterminen, nicht zu allgemeinen Zwecken, nicht um von den Verhältnissen im ganzen Kenntnis zu nehmen. Reisenotizen allge= meinen Inhalts werden nicht gemacht, geschweige dem vom Korreferenten im Kollegio vorgetragen, die Ortsbehörden werden nicht inspiziert und revidiert, einen allgemeinen Verwaltungsbericht erstattet der Departements= rat nicht mehr und ebensowenig die Regierung einen Hauptjahresbericht, dem die Einzelberichte der Departementsräte beigelegt werden. Dagegen erstattet der Präsident für seine Person quartaliter einen Immediatbericht über die wichtigsten Ereignisse, der Zeitungsbericht genannt wird und meist nicht tiefer in die einzelnen Zweige der Verwaltung eindringt.

Warum ist dem nun aber also, warum wird nicht mehr so verfahren wie früher? Einmal weil das Inspizieren, da niemand darauf hält, wie schon bemerkt, allmählich eingeschlafen ist. Inspektionsreisen zu unternehmen, die wirklich solche sind, genau revidieren, über das Gesehene und Geschehene Aufzeichnungen zu machen, die nachher dem kritischen Auge des Kollegiums unterbreitet werden, ist sehr mühsam. Auch fehlt die Zeit! Die meisten Beamten sind mit Arbeit überlastet, und zwar deshalb, weil sie über jedes Detail nach oben berichten müssen. Mehr oder minder jeder Decernent in jedem Ministerium fordert im Specialfalle Berichte und schreibt außerdem für alle möglichen Detailfragen periodische Berichterstattung vor. Diese Berichte absorbieren Zeit und Kraft.

Man könnte einwenden, und es geschieht das vielfach: heutzutage seien Reisen und Inspizierungen nicht mehr notwendig. Früher hätten Dörfer und auch kleine Städte ein behagliches Stillleben geführt, abgeschlossen von aller Welt, und es sei kaum eine Nachricht von ihnen zu den Behörden gelangt. Heute liege die Sache ganz anders, es finde ein beständiger Verkehr statt, und im übrigen werde jedes wichtige Vorkommnis durch die Presse veröffentlicht.

Zugegeben; aber dafür sind die Verhältnisse auch ganz außerordentlich kompliziert geworden. Es wirken auf das Wohl und Wehe der Bevölkerung Faktoren ein, welche früher gar nicht in Betracht kamen. Diese Einwirkung ist durchaus nicht immer leicht zu erkennen; vielmehr gehört ein sehr gründliches Studium dazu. Was aber die Presse betrifft, so kommt in solchen Orten doch nur die kleine Lokalpresse in Betracht, und diese kann in den allerseltensten Ausnahmefällen für die Fragen, um die es sich handelt, Verständnis haben.

Es ist ein viel verbreiteter Irrtum, daß Inspektionen und Revisionen stattzufinden haben, um nachzusehen, ob alles in Ordnung, und daß sie somit unterbleiben können, wenn man weiß, daß dem so sei. Auf das Revidieren und Inspizieren kommt es viel weniger an, als darauf, daß der Inspizierende die Verhältnisse und auch die Beamten kennen und beurteilen lernt. Warum inspizieren denn Bataillons-, Regiments-, Brigade-, Divisionskommandeur, kommandierender General hintereinander dieselbe unglückliche Truppe und noch dazu oft so, daß der Divisionskommandeur später als der Kommandierende kommt oder der Brigade- hinter dem Divisionskommandeur? Wäre es für die Truppe nicht genügend, wenn der eine Vorgesetzte und noch dazu der höhere bei seiner Inspektion alles in schönster Ordnung gefunden hätte? Es kommt eben die Truppe weniger in Betracht als die Information, die der Inspizierende gewinnt, er soll lebendige Fühlung mit der Truppe, mit ihrem Ausbildungsgange in jedem Stadium behalten, er soll nicht zum schematischen Theoretiker werden, sondern Praktiker bleiben. Warum besichtigt der oberste Kriegsherr alljährlich die Rekruten des ersten Garderegiments vor der Einstellung in die Kompagnie? Damit auch Er von dem ganzen Gange der Ausbildung vom Anfange bis zum Abschluß genaue Kenntnis behält und von jedem Reglement, das Er erlassen und genehmigt hat, die praktische Anwendung beurteilen kann.

Die Folge davon, daß in der Civilverwaltung Inspektionen nicht mehr stattfinden, machen sich in sehr nachteiliger Weise geltend. Man kennt den Geschäftsbetrieb der Behörden nicht mehr, und weil man ihn nicht kennt, reformiert man ihn nicht. Wenn auf dem gewerbetechnischen Gebiet eine Erfindung gemacht wird, welche ein beschleunigtes Betriebsverfahren ermöglicht, so nimmt die ganze Welt daran Anteil, wird eine Verbesserung an einer Maschine erfunden, welche ein schnelleres Arbeiten ermöglicht, so führen sie so und so viele Fabriken sofort ein und Summa summarum werden Millionen dafür ausgegeben. Über eine Verbesserung der allergrößten, der Staatsmaschine, denkt niemand nach, und doch: was würde ein schnelleres Arbeiten derselben für Tausende und Abertausende von Interessen bedeuten! Es wäre in Geld gar nicht abzuschätzen und würde dabei verhältnismäßig sehr wenig kosten. Aber wie soll es hier zu einer Reform kommen, wenn Jahrzehnte über Jahrzehnte niemand, absolut niemand von dem technischen Formalbetriebe der Behörden Kenntnis nimmt und mangels dieser Kenntnis auch niemand sich dafür interessiert und nur selten jemand etwas davon versteht? Um letzteres zu können, muß man im Bureau- und Registraturwesen gründlich, sehr gründlich gearbeitet und gelernt, die verschiedensten Methoden praktisch erprobt haben. Der Gegenstand ist dabei äußerst kompliziert. Es ist deshalb außerordentlich selten, daß ihn höhere Beamte zum Gegenstand ihres Studiums gemacht haben. Nun ressortiert die Geschäftsleitung bei den Regierungen direkt vom Präsidenten, der Inspizierende müßte daher schon ein sehr hoher im Range über dem Präsidenten stehender Beamter sein. Unter der desfallsigen Kategorie sind aber sehr wenige Bureautechniker zu finden, und wo sollen dieselben die Zeit hernehmen? Die bureautechnische Revision einer preußischen Regierung ist nicht so schnell abgemacht, außer den generellen kommen eine Menge von Spezialverhältnissen dabei in Betracht! Kein Wunder, daß derartige Revisionen überhaupt nicht stattfinden.

Auch hier wieder wie anders in der Armee. Wie langwierig und wie unendlich langweilig die Musterung, die sogenannte Lumpenparade, und doch kommt kaum ein preußischer General darüber hinweg, sie abzuhalten, doch muß er zu diesem Zweck als Brigadekommandeur die allerkleinsten Garnisonen bis zur detachierten Eskadron besuchen und

Stück für Stück durch seine Hand gehen lassen, auch wenn er Prinz von Geblüt ist, auch wenn er Abteilungschef im Generalstabe war und dort die geistvollsten Projekte ausgearbeitet hat. Ja, so eine militärische Inspizierung! Morgens auf dem Exerzierplatz, dann nachmittags die Kaserne und zwar jeden einzelnen Raum, auch jeden Wirtschaftsraum bis auf die Latrine, das Lazarett, die Bureaus, alles und alles bis ins kleinste Detail besichtigt, Besuche bei den Damen des inspizierten Regiments und dadurch Einblick in die häuslichen Verhältnisse der Offiziere, zuletzt ein gemeinsames Mahl, ein geselliges, kameradschaftliches Zusammensein und dadurch erneute Gelegenheit, die Personalkenntnis zu vermehren. In der Civilverwaltung nichts von alledem. Der hohe Beamte kommt, wie gesagt, zu besonderer Veranlassung, diese nimmt ihn meist ganz in Anspruch. Er steigt vielleicht bei dem Chef der unterstellten Behörde ab, selten aber, daß er deren Bureaus und Arbeitsräume überhaupt betritt auf wenige Minuten. Ein großes Fabriketablissement besichtigt er viel genauer. Und dabei in der Armee alljährlich immer wieder dieselbe genaue Inspizierung, in der Civilverwaltung Jahrzehnte hindurch gar keine. Und doch wie nötig eine solche. Was nützt die fleißigste Arbeit, wenn der schleppende, unpraktische Geschäftsgang jede Aktion lähmt. Auch die tapferste Truppe leistet nichts, wenn sie nicht im stande ist, vorwärts zu marschieren.

Meine Vorschläge für eine Verwaltungsreform sind die folgenden:

1. Entlastung des Gemeindevorstehers, imgleichen des Amtsvorstehers von den Bureauarbeiten (Steuerlisten, statistische Aufnahmen, Standesamtsgeschäfte) für den Staat, Einsetzung von Bezirkssekretären für mehrere Ortschaften, analog den Bezirksfeldwebeln, welche diese Arbeiten verrichten und jeden, der sich an eine Staatsbehörde wenden will, protokollarisch anzuhören und das Protokoll an die richtige Stelle zu befördern verpflichtet sind. Der Gemeindevorsteher bleibt Ortsobrigkeit, hat aber im übrigen nur die Gemeindeangelegenheiten zu verwalten.

Motive: Der Staat lastet dem Gemeinde= wie auch dem Amtsvorsteher unerträgliche Arbeiten auf, die vielfach schlecht besorgt werden und sie veranlassen, ihr Amt, sobald sie können, niederzulegen. Dadurch fehlt es immer mehr an zuverlässigen Organen. Das Publikum aber kann sich unter den Behörden nicht mehr zurecht finden und wird von einer zur anderen geschickt.

2. Ausstattung des Landratsamtes mit den erforderlichen Arbeitskräften, mindestens einem Assessor, einem zweiten Sekretär, einem Registrator und einem Kanzlisten mit der gleichzeitigen Tendenz, die Stellen für Civilversorgungsberechtigte (um etwa zweitausend, mit den Bezirkssekretären ad 1 noch um weitere dreitausend) zu vermehren.

Motive: Die Landräte sind durch die neuere Gesetzgebung so überlastet, daß sie mit Privatbeamten ihre Bureaugeschäfte nicht mehr ordnungsmäßig erledigen können. Auch kommt der Landrat nicht oft genug in den Kreis hinaus. Der Staat zwingt den Kommunen Militäranwärter für den Bureaudienst auf, er selbst aber dispensiert sich von dieser Verpflichtung, obwohl er die allerdringensten Gründe hat (Siehe S. 91) die Zahl der Stellen für Civilversorgungsberechtigte zu vermehren.

3. Neubau der meisten Regierungsgebäude den praktischen Bedürfnissen entsprechend in der Weise, daß der einzelne Decernent sein Sekretariat, seine Registratur und auch einen Kanzlisten in unmittelbarer Nähe seines Arbeitszimmers zur Hand hat. Ausstattung der Regierungsgebäude mit den modernen Verkehrseinrichtungen, wie sie die großen Geschäftshäuser besitzen, telephonische Verbindung der einzelnen Geschäftsräume miteinander sowie der Regierung mit den einzelnen Unterbehörden und dieser untereinander. Regelung aller derjenigen Arbeiten, welche sich nur auf Weiterbeförderung der einzelnen Stücke im Geschäftsgange beziehen, nach Grundsätzen und Mustern des kaufmännischen und Postbetriebes. Beschränkung des Bureaudienstes auf kalkulatorische und Registraturarbeiten, dagegen Zuordnung von Stenographen an die höheren Beamten.

Motive: Ein großer Teil der Bureauarbeit (Journal, Registratur, Botendienst) ist nichts anderes als Postbetrieb. Die Langsamkeit des Geschäftsganges wird häufig noch durch lokale Schwierigkeiten erhöht. Decernent und Sekretär arbeiten weit voneinander, die Registratur ist von beiden noch weiter entfernt, die Kanzlei befindet sich in einem anderen Gebäude, die großen Registraturen für ganze Abteilungen sind nicht mehr zu übersehen und außerdem auf Böden und in unzureichenden, schlecht beleuchteten Räumen untergebracht. Die Kommunikation der Beamten untereinander erfordert unendliche Lauferei und entsprechende Zeitverschwendung, unter welcher der Wohlstand des Landes leidet. Die Erfindungen der Neuzeit, welche sich die kaufmännische Geschäftsverkehr und sogar der Privatmann zu nutze macht, welche die Armee überall anwendet, sind für den Betrieb der Civilstaats-Verwaltung bisher vielfach unbeachtet geblieben.

Der oben S. 181 geschilderte Geschäftsgang ist kein anderer wie in einem großen kaufmännischen Bureau. Der Chef und der Präsident, drei Prokuristen die je einer Geschäftsabteilung vorstehen und die drei Oberregierungsräte, Korrespondenten und Decernenten, die vorangegangene Korrespondenz und die Akten, Brief- und Geschäftsjournal entsprechen sich ganz genau, eine große, große Zahl von Aktenverfügungen erfordern durchaus nicht mehr Scharfsinn, sind nicht umfangreicher als die kaufmännische Korrespondenz, dagegen sind auch im kaufmännischen Bureau Besprechungen und Beratungen zwischen dem Chef und dem Prokuristen, zwischen diesem und den Korrespondenten, desgleichen Geschäftsreisen, welche eine zeitweilige Abwesenheit eines Funktionärs be

dingen und eine Vertretung erfordern, notwendig, ohne daß eine Ge-
schäftsstockung eintreten darf; nicht minder bedürfen Projekte und Kon-
struktionen einer genauen und längeren Ausarbeitung und Berechnung
durch Techniker, ohne daß Wochen darüber vergehen dürfen, endlich ist
das Personal in manchem Geschäftshause, in den Bureaus großindustrieller
Etablissements reichlich so zahlreich wie bei einer Regierung. Und nun
ziehe man einmal den Vergleich und frage: Warum braucht der eine
so viel Stunden wie der andere Tage, so viel Tage wie Wochen,
so viel Wochen wie Monate? Ist das notwendig, ist das gerechtfertigt?
Ich bin überzeugt, wenn ein Direktor von Krupp und ein Disponent
von Rudolf Herzog einmal beauftragt würden, gemeinsam den Geschäftsbetrieb bei einer Regierung zu organisieren, mit der Ermächtigung, ihn
nach ihren Usancen zu gestalten, Telephon, Schreibmaschine, Stenographie
einzuführen, einen praktischen Bauplan zu entwerfen, die Arbeitszeiten zu
regeln, das Personal zu verteilen, sie würden in verhältnismäßig kurzer
Zeit dem Geschäftsgange ein zehnmal schnelleres Tempo geben, ohne
daß die Gründlichkeit der Bearbeitung auch nur irgendwie darunter litte.
Wenn das alles auch Kosten erfordert, so bringen sie sich reichlich ein,
denn der schleppende Geschäftsgang bei den Behörden lastet wie ein Alp
auf dem Lande und kostet demselben Hunderttausende und Abertausende.

Endlich wird viel zu viel durch Subalternbeamte von dem erledigt,
was den höheren Beamten obliegt. Hier müßte die Stenographie, wie
in den kaufmännischen Bureaus, zur Anwendung kommen.

4. Vereinfachung des Geschäftsstils, insonderheit durch Weglassung
aller Kuralien im Verkehr der Behörden untereinander.

Motive. Beispiel: Wenn ein Regierungspräsident an den Minister
berichtet und es steht links oben am Rande:

Regierungspräsident zu X.

Bericht, betreffend Verleihung des Kronenordens vierter Klasse an
den Domänenpächter N. in Z.

Zum Erlaß vom . . .ten u. s. w.

Journal-Nr. u. s. w.

und der Decernent, welcher den Bericht entwirft, schreibt:

„Ew. Excellenz beehre ich mich, in Erledigung des neben-
bezeichneten hohen Erlasses ganz gehorsamst zu berichten, daß
ich gegen die Verleihung des Kronenordens vierter Klasse an
den Domänenpächter N. in Z. keine Bedenken geltend zu
machen habe, indem" u. s. w.

und er schriebe statt dessen:

„Bedenken gegen die in Aussicht genommene Ordensverleihung
habe ich nicht geltend zu machen, indem" u. s. w.

so würde die letztere Fassung vollständig ausreichen, denn alles der
ersten Fassung gegenüber Weggelassene steht links am Rande, die erstere

zählt aber 37, die letztere 14 Worte. Die Differenz von 23 Worten schreibt der Decernent, liest der Oberregierungsrat, der Präsident, schreibt der Kanzlist, liest der kollationierende Beamte, der Sekretär beim Ober-präsidium, der Oberpräsident, der Journalist beim Hauptjournal im Ministerium, der Minister, der Unterstaatssekretär, der Ministerialdecernent, das sind 11 Personen, macht zu lesen respektive zu schreiben und dabei doch auch zu lesen $23 \times 11 = 253$ Worte. Nun zähle man einmal im Geist alle die Berichte der Behörden zusammen und berechne, wie viel Arbeitszeit und Geld das unnütze Schreibwesen dem Lande kostet.

5. Decentralisierung der gesamten Verwaltung durch Erweiterung der Kompetenz der Lokal- und Bezirksbehörden.

Motive. Beispiel aus der Praxis: Der pensionierte Beamte, welcher als Revisor der Steuerkasse in der kleinen Stadt X. fungiert, ist gestorben, ein geeigneter Nachfolger im Orte nicht vorhanden. Der Kreissekretär der benachbarten Kreisstadt soll die Funktionen nebenamtlich übernehmen. Es wird ein Abkommen mit ihm getroffen, daß er nicht die vollen Sätze für Diäten und Reisekosten liquidiert, sondern sich mit einem Pausch-quantum begnügt. Der Landrat, der die Verhandlung geführt hat, be richtet an die Regierung, diese an den Finanzminister, der das Ab-kommen genehmigt. Der Beamte bedarf aber als Kreissekretär zur Übernahme der nebenamtlichen Funktion der Genehmigung des Ministers des Innern. Die Finanzabteilung der Regierung bittet den Präsidenten, die Genehmigung zu erwirken, der Präsident berichtet, der Minister ge-nehmigt, die Finanzabteilung erhält Bescheid. Die beiden Berichte und die beiden Ministerialentscheidungen passieren das Oberpräsidium. Auf der Regierung und im Ministerium machen sie den S. 181 beschriebenen Geschäftsgang durch. Frage: Genügt es nicht, wenn der Regierungs-präsident das Abkommen genehmigt und die Erlaubnis erteilt? Falls ersteres zu hoch ist, wird die Oberrechnungskammer schon ihr Monitum ziehen, und darüber ob der Kreissekretär Zeit hat das Nebenamt zu verwalten, kann der Präsident jedenfalls besser urteilen als der Ministerialdecernent.

Zweites Beispiel: Der Gemeindevorsteher A. hat sein Amt nieder-gelegt, der Beigeordnete B. ist sein Nachfolger geworden, A. war Standesbeamter des zusammengesetzten Standesbezirkes X., B. bisher sein Stellvertreter. B. soll nun Standesbeamter, der neue Beigeordnete C. Stellvertreter werden, dazu muß die Ernennung des A. zum Standes-beamten, die des B. zum Stellvertreter widerrufen und je eine neue Ernennungsurkunde für B. zum Standesbeamten und für C. zum Stell-vertreter ausgefertigt werden. Der Landrat hat B. und C., die von der Gemeinde zum Vorsteher und Beigeordneten gewählt sind, bestätigt, er kann aber nicht die Ernennung für die Civilstandsämter vollziehen, sondern muß durch Vermittelung des Regierungspräsidenten an den Oberpräsidenten berichten, der vier Formulare zu unterschreiben hat und sie ihm auf demselben Wege zusendet. Weder der Ober- noch der Regierungspräsident kennen die Herren B. und C., die Ämter, für welche sie der Landrat selbständig bestätigen konnte, sind auch viel wichtiger als diejenigen, für welche sie der Oberpräsident ernennt. Trotzdem schreibt das Gesetz diese Formalität vor, welche im ganzen Staat eine kolossale Masse Schreibwerk erfordert, die ganz natürlich bei allen beteiligten Behörden durch Sekretäre besorgt wird, dennoch aber die unterschriftliche Mitwirkung einer Reihe hoher Beamten erfordert. Rechnet man alles zusammen, was in dieser Weise unnütz geschrieben wird, so kommen unendliche Massen heraus. Gerade aber diese Massen minimalen Schreibwerks, das gänzlich nutzlos an die oberen Instanzen geht und wieder zurück, machen es den Behörden unmöglich, die wichtigen Sachen gründlich zu bearbeiten und ins Land hinaus zu kommen, auch tragen sie dazu bei, den Geschäftsgang so schleppend zu machen wie er ist.

Auch hier kann nur eine Reform im großen Stile helfen. Es muß einmal die Kompetenzfrage für alle Behörden aller Ressorts geprüft werden mit der Tendenz, da, wo die untere Behörde gut und gern entscheiden kann, die Berichterstattung nach oben abzuschaffen. Dabei müßte als Grundsatz gelten, daß letzteres der Regel nach überall da zu geschehen hätte, wo die Entscheidung thatsächlich nicht bei dem Chef der oberen Behörde, sondern bei seinen Unterarbeitern liegt. Entscheidet der Präsident auf den Bericht des Landrats, der Minister auf den Bericht des Präsidenten, so mag berichtet werden; wenn aber der junge Assessor bei der Regierung auf den Bericht des alten Landrats, der zum Ministerialdecernenten avancierte junge Landrat auf den Bericht des Präsidenten thatsächlich entscheidet, so ist die Berichterstattung von Übel. Gewiß, der Staat muß nach einheitlichen Grundsätzen regiert werden, aber diese Grundsätze brauchen nicht in Hunderten von Specialfällen ausgesprochen werden. Das kann durch Direktiven, welche allgemein gegeben werden, geschehen, und die Befolgung dieser Direktiven, die Notwendigkeit, sie zu erlassen, muß aus Revisionen und Inspektionen, welche an Ort und Stelle erfolgen, sich ergeben. Solche Revisionen und Inspektionen müssen sich durch alle Instanzen hindurch bis zur untersten herab erstrecken, nicht um an Ort und Stelle hineinzuregieren, sondern zunächst und in erster Linie zur Information der oberen, auch der obersten Instanzen. Wenn eine Revision einer kleinen Landgemeinde ergiebt, daß sie sich am besten befindet, wenn man sie möglichst zufrieden läßt und mit jedem Hineinregieren verschont, so ist diese Lehre, die man aus der Revision zieht, vielleicht von großer Wichtigkeit und zwar von um so größerer, je höher der Beamte steht, welcher die Revision vornimmt.

Die Beamten aber bedürfen, und zwar alle ohne Ausnahme, der Revision, diejenigen, welche gut arbeiten, um einmal zeigen zu können, daß ſie das thun, und um Freude und Mut bei der Arbeit zu behalten, die untüchtigen, damit Remedur eintritt und ihr Bezirk nicht Jahrzehnte unter ihrer Untüchtigkeit leidet, alle miteinander, damit ſie nicht aus ihrer Aktenthätigkeit und ihren Berichten, ſondern aus ihrer geſamten Amtswirkſamkeit heraus beurteilt werden.

6. Aufhebung der geltenden Einrichtung, daß das Amt dem Civil-beamten den Rang giebt, Verleihung des perſönlichen Ranges unab-hängig von der Dienſtſtelle, welche die Beamten bekleiden, in gleicher Weiſe wie in der Armee und einheitlich von Allerhöchſter Stelle aus.

Motive: Unſere Verwaltung krankt daran, daß die Beamten durch Rang und Gehalt an beſtimmte Stellen gefeſſelt ſind, daß kein Wechſel und Austauſch zwiſchen Lokal-, Bezirks- und Centralinſtanzen ſtattfindet, wie in der Armee, wo ein Hauptmann im Kriegsminiſterium arbeiten kann, ebenſo wie ein Stabsoffizier und General, wo ein Major wie ein Oberſt Kommandeur eines Kavallerieregiments, ein Oberſtlieutenant Chef des Generalſtabes bei einem Armeekorps ſein kann wie ein General. Ich meine, ein Oberpräſidialrat, ein Oberregierungsrat, die ihre zu Abgeordneten gewählten Chefs monatelang vertreten, haben ein reichlich ebenſo wichtiges Amt, wie ein Miniſterialdecernent, und wenn ſie zeitweiſe mit dieſem tauſchen könnten, ſo würde das dem Dienſt nur zum Vorteil gereichen. Warum könnte man nicht z. B. folgende Skala einführen: Hilfsamtmann (bisher Referendar) gleich Sekondelieutenant, Amtmann (bisher Aſſeſſor) gleich Premierlieutenant, Amtshauptmann (bisher älterer Regierungsaſſeſſor, jüngerer Landrat, jüngerer Amts-richter, Oberförſter) gleich Hauptmann, Oberamtmann (Rat vierter Klaſſe) gleich Major, Amtsrat (Rat dritter Klaſſe) gleich Oberſtlieutenant, Oberamtsrat (Rat zweiter Klaſſe) gleich Oberſt, Staatsrat (Rat erſter Klaſſe) gleich Generalmajor, Oberſtaatsrat (wirklich Geheimer Rat) gleich Generallieutenant, Kronrat (Staatsminiſter) gleich General, Ober-kronrat gleich Generaloberſt?

Warum könnte der Beamte denn nicht den Titel führen „Ober-amtmann und Landrat des Kreiſes X.", oder „Amtsrat und Präſident des Landgerichts in Y.", ganz ebenſo wie „Oberſtlieutenant und etats-mäßiger Stabsoffizier im Regiment Z." Wollte man ſo vorgehen, ſo könnten die Subalternbeamten den Titel Hilfsſekretär, Amtsſekretär, Ober-amtsſekretär, Sekretariatsrat, Oberſekretariatsrat führen, die Unter-beamten Hilfsvogt, Untervogt, Amtsvogt, Oberamtsvogt benamt werden. Wenn jeder Beamte, gleichgiltig welchem Reſſort er angehörte, den-ſelben perſönlichen Titel in der betreffenden Rangſtufe erhielte und das ſeinem Range entſprechende Gehalt bezöge, ohne Rückſicht darauf, ob er bei einer Lokal-, Bezirks- oder Centralbehörde in Thätigkeit wäre, ſo würde ein zeitweiſer Austauſch unter den betreffenden Beamtenkategorieen möglich werden und dadurch wieder Leben in den Civilſtaat kommen.

Die Armee hat solchen Austausch und fährt gut dabei, sie könnte ihn gar nicht entbehren.

7. Schaffung eines dem Generalstabe der Armee analogen Institutes für die Civilstaatsverwaltung.

Motive: Trotz aller Centralisierung fehlt uns die centrale Arbeit. Wollte man das System unserer Verwaltung mit drei Worten bezeichnen, so müßte man sagen: Specialiter centralisierter Specialismus. Wir centralisieren alles, aber jedes Speciale hat sein eigenes Centrum. Fast so viel Centren als Specialdecernate in den Ministerien, und wenn man den Einfluß der Decernenten bestreitet, doch jedenfalls so viel Centren als Ministerien. Das ist unbestreitbar, dafür sind der Alt- und der General-Reichskanzler in ihren S. 178 angeführten Aussprüchen über die Stellung der preußischen Ministerpräsidenten die klassischen, unwiderlegbaren Zeugen. Das Staatsministerium als Kollegium kann das Centrum nicht ersetzen, ganz abgesehen davon, daß es weder Instanz über den einzelnen Ministern, noch kompetent ist, in die selbständige Verwaltung ihrer Ressorts einzugreifen. Das eigentliche Centrum aber, in dem vordem unsere Verwaltungsorganisation gipfelte und de jure*) noch heute gipfelt, der König hat, wie S. 176 ausgeführt ist, seit Emanation der Verfassung sich eines Teiles seiner centralen Mitwirkung de facto begeben. Es fehlt deshalb an einem Organ, welches die Staatsverwaltung in allen ihren Ressorts als ein einheitliches Ganzes zum Gegenstand seiner Arbeit macht, an einer Behörde, welche unabhängig von der Tagesströmung des politischen und wirtschaftlichen Lebens, unabhängig von dem Personenwechsel in den leitenden Stellen, auch unbelastet von dem Massengewicht der laufenden Tages- und Jahresarbeit die Gesamtverhältnisse des Landes einer Prüfung unterzieht aus der Vergangenheit her in die Gegenwart hinein und in die Zukunft hinaus. Dazu sind die Minister, weil sie zu häufig wechseln, nicht im stande und ihre Räte, weil sie de jure nur ihre Hilfsorgane sind, nicht legitimiert, vor allem fehlt den Einen wie den Anderen, weil die Fülle der laufenden Geschäfte ihnen die Muße nicht gönnt, die materielle Zeit dazu. Hätten sie dieselbe aber auch, so käme doch immer nur Specialarbeit heraus, da jeder Minister nur auf sein Ressort einwirken kann.

Der Verwaltungsgeneralstab, dem man vielleicht den Namen Verwaltungsstab oder Oberverwaltungsrat beilegen könnte, müßte zunächst unser gesamtes Staatswesen im ganzen wie in seinen einzelnen Zweigen und Teilen einer wissenschaftlichen Bearbeitung unterziehen von der Gegenwart aus rückwärts. Hieran müßte sich eine Bearbeitung der entsprechenden Einrichtungen anderer Länder schließen. Es giebt selbstverständlich auf diesem Gebiet eine große Zahl wissenschaftlicher Einzel-

*) Nach dem Recht.

werke, aber sie sind nicht systematisiert und können die Arbeit einer
von Amtswegen mit solchem Studium beauftragten Behörde ebensowenig
ersetzen wie die Militärlitteratur die kriegswissenschaftliche Abteilung des
Generalstabes der Armee. Was aber die Einrichtungen in anderen
Ländern betrifft, so kennen wir die Gesetze meist knapp, sehr knapp und
die Reglements, Instruktionen, Methoden u. s. w. vielfach überhaupt nicht;
von einer centralen Durcharbeitung des vorhandenen Materials, von einer
vergleichenden Prüfung an der Hand unserer eigenen Einrichtungen ist
absolut nicht die Rede, einfach deshalb nicht, weil wir keine Organe
haben. Die Ministerialdecernenten, denen das Material zu Gebote steht,
haben keine Zeit, und den Männern der Wissenschaft u. s. w., welche
Zeit hätten, fehlt das Material. Im übrigen muß eine so schwierige
und mühsame Arbeit von bestimmten einheitlichen Gesichtspunkten ausgehen und ebenso einem bestimmten Endziel zustreben, endlich müssen die
Einzelresultate zusammengefaßt und im ganzen einheitlich verarbeitet werden.

Dazu müssen Arbeitskräfte vorhanden sein, die mit den laufenden
Geschäften nichts zu thun haben, und diese Arbeitskräfte müssen einer
Behörde zugehören, die einzig und allein dieser Aufgabe obliegt und
von jedwedem Ressortverhältnis unabhängig ist.

Ich denke mir den Verwaltungsstab ebenso wie die Oberrechnungskammer unmittelbar Se. Majestät unterstellt, mit einem Chef im Range
eines Staatsministers, mit Abteilungschefs im Range der Unterstaats-
sekretäre und Direktoren, die Abteilungen besetzt mit älteren und jüngeren
Räten und Hilfsarbeitern aus allen auch den technischen Ressorts, Räte
und Hilfsarbeiter aber wie S. 192 als allgemeiner Wunsch ausgesprochen, nicht samt und sonders ständig bei dem Verwaltungsstab ver-
bleibend, sondern von Zeit zu Zeit wieder zu den Central-, Bezirks- und
Lokalbehörden zurücktretend. Der Verwaltungsstab befugt, bei jeder
Behörde die Akten durch Kommissare einsehen zu lassen und sich zu in-
formieren, namentlich auch über den formellen Geschäftsgang (Strategie
und Taktik in der Staatsverwaltung), zu diesem Zwecke die Kommissare
auch befugt, an den Plenar- und Abteilungssitzungen der Bezirks- und Lokalbehörden als Zuhörer teilzunehmen, dagegen weder der Verwaltungsstab
noch seine Kommissare befugt, Anordnungen zu treffen oder in irgend
welcher Weise in die laufende Verwaltung einzugreifen, vielmehr nur
berechtigt, gemachte Wahrnehmungen, sei es dem betreffenden Ressort-
chef, sei es dem Staatsministerium mitzuteilen, sei es zum Gegenstande
eines Immediatspecialberichtes zu machen, sei es sie in den alljährlich
Se. Majestät zu erstattenden Generalbericht aufzunehmen.

Im Zusammenhange mit dem Verwaltungsstab und unter seiner
Oberleitung müßte eine Verwaltungsakademie stehen, ähnlich der Kriegs-
akademie für die Armee, um den Beamten aller Ressorts, welche nach
absolviertem letzten Staatsexamen zwei bis drei Jahre ein Decernat

bearbeitet haben, Gelegenheit zu höherer, namentlich genereller Ausbildung zu geben.

Ich möchte gern noch eine ganze Reihe von Vorschlägen hinzufügen, aber ich muß mich beschränken. Hier liegt noch ein ganz unbe-
ackertes Feld vor, und daß wir trotz aller Mängel, die unserer Verwaltung
anhaften, so wenig Litteratur über diese Materie haben, ist kein gutes
Zeichen. Kaum ein Gegenstand ist wichtiger in unserer Zeit. Wir
gehen vielleicht schweren inneren Kämpfen entgegen, und wenn sie
kommen, bedürfen wir gegen die Revolution einer energischen Kontre-
aktion, allein kann die Armee den Kampf nicht ausfechten, mit Gewehren und Kanonen und überall Belagerungszustand ist die Sache
nicht abgemacht. Erstens haben wir nicht überall Truppen, und sodann
werden wir diejenigen, die wir haben, konzentrieren und deshalb viele
Garnisonsorte ohne Truppen lassen müssen. Da wird es darauf an-
kommen, den Widerstand gegen den Aufstand aus den Elementen der
Ordnung zu organisieren und dabei schnell und energisch zu handeln.
Dazu müssen wir Behörden haben, die einer solchen Aktion fähig sind,
und denen die entsprechenden Hilfsmittel zu Gebote stehen. Sonst
können wir nicht nur ein inneres Jena erleben, sondern auch die Zustände nach Jena, die schlimmer waren als Jena selbst. Ich habe in
dem ganzen Buche die Worte „Videant consules" nicht gebraucht, hier
brauche ich sie und erinnere an meine Ausführungen S. 15 ff.

Wollen wir uns aber nicht einzig und allein auf die Bajonette
verlassen sondern die Umsturzparteien mit geistigen Waffen bekämpfen,
durch Reformen, wie sie in diesem Buche angedeutet sind, oder auf
ähnlichen Wegen, so müssen wir erst recht eine andere Methode anwenden als die bisherige. Mit der letzteren wären die Reformmaß-
regeln totgeborene Kinder. Als Beamter empfinde ich stets ein Gefühl
der Scham, wenn ich das Wort Enquete lese oder höre. Stellt die
Armee Enqueten an? Praktische Versuche macht sie mit neuen Methoden,
aber wie es im Heere thatsächlich zugeht, was sich von dem, was
bisher galt, bewährt und nicht bewährt hat, darüber weiß sie genau
Bescheid. Wozu sind denn die Beamten da, wenn sie nicht das Land
kennen, wenn sie nicht wissen, wie der Gang der Dinge ist und welche
Reformen notwendig sind? Sie können nicht stets Reformvorschläge
machen, aber wenn man sie von ihnen fordert, müssen sie bereit, sie
müssen da sein, ehe sie gefordert werden. Immer und immer wieder
habe ich, dem Leser vielleicht zum Überdruß, in den vorangegangenen
Kapiteln den Vorwurf des laissez faire, laissez aller erhoben. Wie
unsere Verhältnisse liegen, ist eine andere Methode gar nicht möglich.
Es fehlten uns bisher die Mittel und Kräfte, um den Schäden, die sich
geltend machen, entgegenzuarbeiten.

Ich schließe mit der Wiederholung dessen, was ich im Eingang

dieses Kapitels und im ersten Kapitel gesagt habe; daß es mir gänzlich
fern liegt, mit meinen Ausführungen einen Vorwurf oder einen Angriff
irgend welcher Art zu verbinden, und daß die Zustände, wie wir
sie vor uns haben, der derzeitigen Generation nicht zur Last fallen.
Unsere Beamtenschaft in allen Ressorts arbeitet treu und fleißig, bei
vielfacher Überlastung mit großer Aufopferung, und daran, daß sie
nach veralteter Methode und deshalb nicht schneller und nicht besser
arbeiten kann, trägt sie nicht die Schuld. Und auch der oberen Staats-
leitung wird niemand, der gerecht und mit Verständnis urteilt, einen
Vorwurf machen können. Unter Kaiser Wilhelm I. Regierung ist geschehen, was geschehen konnte. Abgesehen von dem Erlaß und der
Durchführung der zahlreichen Reichsgesetze, der Organisation des Reiches
und allem, was dazu gehört, hat Preußen eine Verwaltungsgesetzgebung
und Verwaltungsorganisation erhalten, wie sie besser kein anderes Land
aufzuweisen vermag. Kreis-, Bezirks-, Provinzialausschüsse, Provinzialrat,
Oberverwaltungsgericht mit allem was dazu gehört, sind Schöpfungen
und vortreffliche Schöpfungen dieser Regierungsperiode. Zählt man
alle die Aufgaben zusammen, die ihr oblagen, und zieht man das
Gesamtfazit ihrer Leistung, so kann man, zumal wenn man die Schwierigkeiten, die in den Zeitumständen lagen, in Betracht zieht, nur voll
Lobes und Dankes auf sie zurückblicken. Alles zu leisten, ist noch keine
Zeit im stande gewesen, und eine jede muß so manches der ihr folgenden
Periode überlassen. Um ein Bild zu gebrauchen: Unter Kaiser Wilhelm I. ist im gewissen Sinne das Hauptgebäude im Rohbau fertig
gestellt, uns liegt es ob, für seine innere Ausstattung zu sorgen und
die Nebengebäude zu errichten. Die Organisation der Behörden braucht
nicht wesentlich geändert zu werden, aber die Methode, das Tempo
ihrer Geschäftsverwaltung bedarf der Reform, der Beschleunigung.
Preußen muß auch auf diesem Gebiet wieder der thatsächlich führende
Staat werden. Das ist aber nicht nur wünschenswert, es ist notwendig,
dringend notwendig, den Gefahren gegenüber, die uns von innen heraus
drohen, es ist die Voraussetzung für die Anwendung jeglichen Mittels,
es sei welches es wolle, um diesen Gefahren zu begegnen. Ein an
sich mangelhaftes aber gut ausgeführtes Gesetz wirkt in den meisten
Fällen besser als ein mangelhaft ausgeführtes gutes. Auf die Aus-
führungsorgane kommt es an, und die unsrigen bedürfen dringend
einer Reform. Auch diese Reform bedarf, um ins Leben zu treten, um
ihre Wirksamkeit zur Geltung zu bringen, der Zeit, einer geraumen
Zeit! Wieviel Zeit haben wir noch? Darum noch einmal: Videant
consules!

Achtes Kapitel

Die ökonomische Lage des Beamtenstandes.

Durch das Forstrevier Dwarischken im Kreise Insterburg führt eine Straße, welche „der Landratsweg" heißt, weil sie im Anfange des Jahrhunderts der damalige Landrat benutzte, um von seinem Gute nach der Kreisstadt zu fahren. Das geschah regelmäßig des Freitags. Traf er dann am späten Nachmittag im „Deutschen Hause" zu Insterburg ein, so erwarteten ihn einige gute Freunde zur Partie l'hombre, welche, so erzählt man, bis in die Nacht hinein dauerte. Am Sonnabend Vormittag nahm er auf dem Landratsamt die Anliegen der Kreiseingesessenen entgegen, welche an diesem, dem Wochenmarktstage, zahlreich zur Stadt kamen. Gegen Mittag traf dann auch der „Postreiter" aus Königsberg ein, der einmal wöchentlich die Briefpost brachte. Sie war nicht sehr umfangreich, der Landrat hatte nach ihrer Erledigung noch Zeit, im Deutschen Hause zu Mittag zu speisen und wiederum mit seinen Freunden l'hombre zu spielen, worauf er in seiner Fensterchaise gemächlich heimfuhr — um bis zum nächsten Freitag ungestört auf seinem Gute zu leben und Landwirtschaft zu treiben.

Bei dem Verfasser dieses Buches, der 50 Jahre später denselben Kreis verwaltete, liefen etwa 20000 Briefsachen im Jahre ein, und er mußte, obwohl tagaus tagein im Dienste thätig, mitunter, wenn er zur Bereisung des Kreises abwesend gewesen war oder größere Arbeiten zu erledigen hatte, sich abends um 10 Uhr von seiner Wohnung nach dem Landratsamt begeben, um morgens um 8 Uhr heimzukehren. Er pflegte dann seinen Schreibern zu diktieren und nur um 1 Uhr, wenn der erste den zweiten, und um 4 Uhr, wenn der zweite den dritten zu wecken ging, eine kurze Ruhepause zu machen. Dieser erwähnte Vorgänger, der ein halbes Jahrhundert früher amtierte, und der Verfasser erhielten,

so weit letzterer dies hat feststellen können, annähernd dasselbe Gehalt,
der Verfasser mußte aber in der Stadt wohnen und Miete zahlen, und
außerdem reichten die „Dienstaufwandsgelder", die er erhielt, nicht einmal für das Bureau aus, so daß die Kosten für Pferde und Wagen
aus dem Gehalt bestritten werden mußten, während jenem Vorgänger,
der Gutsbesitzer war, sein Fuhrwerk, das ihn einmal in der Woche zur
Stadt brachte, fast nichts kostete.

Es steht somit wohl unzweifelhaft fest, daß die Dienstbezüge des
damaligen Landrats sehr viel höher waren, seine Geschäfte aber weit
geringer. Bringt man den Wert des Geldes, die gänzlich veränderten
Lebens- und die ganz bedeutend vermehrten Arbeitsverhältnisse in Anschlag, so ist es keine Frage, daß die Beamten in unseren Tagen sehr
viel schlechter bezahlt sind als früher.

Man hat, namentlich während der sogenannten Konfliktsperiode,
also vor 1866, im übrigen Deutschland spottweise von den preußischen
„Hungerleidern" gesprochen, und es ist nicht unrichtig wenn man sagt,
daß Preußen durch seine Beamten und Offiziere groß gehungert sei.
Die altpreußischen Beamten aller Kategorieen ertrugen diese Entbehrungen ohne Murren, sie dienten ihrem Könige und dem Vaterlande; der König war sparsam, und das Vaterland ein aufstrebender
Staat, der Beamte „strebte" weniger als heute, er blieb zumeist, wo
er war und zwar gern; aber ein Streben ging durch den ganzen
Staat, der eine Mission zu erfüllen hatte. Die deutsche Frage mußte
und sie konnte nur dadurch gelöst werden, daß Preußen an die Spitze
Deutschlands trat. Dazu war ein allezeit schlagfertiges Heer erforderlich,
und, um dasselbe zu erhalten, die äußerste Sparsamkeit geboten. Unter
dieser Sparsamkeit durfte aber „der Dienst Se. Majestät des Königs"
in keinem Zweige der Verwaltung leiden, und die Beschränktheit der
Mittel mußte durch den Eifer und die Opferfreudigkeit der Beamten
ausgeglichen werden. Dieses Gefühl beseelte den preußischen Beamtenstand; gleichzeitig wurde er aber von der Hoffnung getragen, daß, wenn
einst das Ziel erreicht sein, auch die Notlage, in der er sich befand, ein
Ende finden würde.

Es kam aber sehr anders. Ein Königreich, ein Kurfürstentum,
5 Herzogtümer und noch andere Gebietsteile wurden 1866 dem Staat
einverleibt, von da ab die preußische Heeresorganisation im Bereich
des Norddeutschen Bundes, von 1870 ab im ganzen Deutschen Reiche
eingeführt, somit die Last, welche Preußen fast allein getragen hatte,
auf die Schultern der gesamten Nation gelegt; die Kosten der siegreichen Kriege erstattete der Feind, die Schulden der neuerworbenen,
reichen Provinzen waren geringe. Hätte man das Mißverhältnis
zwischen den neuen und den alten Landesteilen ausgeglichen, die
ersteren an den Opfern, welche Preußen bisher gebracht hatte, be-

teiligen, die letzteren für diese Opfer wenigstens einigermaßen entschädigen wollen, so wäre damit nicht nur ein Recht des Siegers dem Besiegten gegenüber ausgeübt sondern auch ein Akt der Gerechtigkeit vollzogen worden. Man zog es aber vor, andere Wege einzuschlagen, man wandte den neuen Provinzen zu, was man ihnen zuwenden konnte, und behandelte die alten geradezu stiefmütterlich. Insonderheit litt darunter der altpreußische Beamtenstand. Man besserte nicht nur seine Gehalts= verhältnisse nicht auf, nein man setzte ihn auch zurück, indem man eine ständig wachsende Zahl von Beamten aus den neuerworbenen Gebieten in die Centralstellen berief. Es lag ja in der Natur der Sache, daß man dort Männer haben wollte, welche mit den einschlägigen Verhält= nissen, die man selbst nicht kannte, mit den gesetzlichen Vorschriften, die man schonend fortbestehen ließ, vertraut waren; aber es hatte zur Folge, daß die zuerst Berufenen immer mehr Landsleute nachzogen. Es wird überall mit Wasser gekocht, und auch in Preußen spielten „Konnexionen" von jeher ihre Rolle. Aber die Verhältnisse lagen doch anders als in den kleinen Staaten, in denen jeder den andern kannte, die „Empfehlung" als selbstverständliches Zubehör zur Qualifikation für die Beförderung galt, und man für dieselbe eine große Routine erlangt hatte. So wurden immer mehr Beamte aus den neuen Provinzen auf den ver= schiedensten Wegen z. B. auch durch einflußreiche Abgeordnete nach Berlin „empfohlen". Es waren nun aber nicht grade die steifnackigsten — diese Kategorie grollte zumeist der Wendung der Dinge und blieb, wenn sie überhaupt in den preußischen Dienst übertrat, in der alten Heimat, — Leute, welche nach Berlin drängten, und abgesehen hiervon: Bei der strafferen Centralisation in den kleinen Staaten war Widerspruch auf Grund eigener Meinung überhaupt nicht üblich. Ich habe des öfteren Berichte gelesen, welche 10 Gründe pro und ebensoviele contra in ausgezeichneter Weise theoretisch wie auf Grund der praktischen Ver= hältnisse entwickelten, des Votums von Seiten des Berichterstatters aber entbehrten und mit der Äußerung schlossen:

„daß er die Entscheidung dem höheren Ermessen ehrerbietigst anheimstelle".

Zu dieser dienstlichen Konnivenz hinzu kamen gefällige Formen, die ritterliche Vornehmheit der Hannoveraner, die leichte Verkehrsart der an Süddeutschland angrenzenden neuen Landsleute, es arbeitete sich viel angenehmer mit diesen Herren, wie mit dem mehr oder minder scharfen und straffen, jetzt ja längst ausgestorbenen altpreußischen Decernenten, der auch Seiner Excellenz gegenüber seine üble Laune nicht immer ver= barg, wenn dieselben sich erlaubten, anderer Ansicht zu sein, wie er. Ein sehr energischer früherer Minister sagte mir einmal, als wir lange Jahre nach seinem Austritt aus dem Ministerium von 2 Räten sprachen, die bald, nachdem er Minister geworden war, ihren Abschied genommen hatten: „Es war weniger die Verschiedenheit der Meinungen, welche es veranlaßte, daß ich mich von ihnen trennte, als der Umstand, daß es für mein Ressort thatsächlich 3 Chefs gab: den Geh. Rat X., den Geh. Rat Y., und für diejenigen Dinge, die sie so freundlich waren, ihm übrig zu lassen, den Minister."

Nach alledem war es kein Wunder, daß es Zeiten gab, in denen fast in jedem Ministerium der Unterstaatssekretär oder der Ministerialdirektor ein Neupreuße, der Regel nach ein Hannoveraner, sein mußte, ja daß der Kandidat für ein Ministerialdecernat gewissermaßen von vorn herein mit einer nota levis maculae behaftet war, wenn seine Wiege links der Elbe oder gar der Oder gestanden hatte.

So hatten die Beamten aus den alten Provinzen nicht nur das schmerzliche Gefühl, daß ihnen die Kollegen aus den neuen vorgezogen wurden, sie mußten auch noch hören, daß man dieselben nach allen Tonarten derart rühmte, als wenn die altpreußische Beamten der neuen Kollegenschaft in jeder Hinsicht nachstände. Vielleicht war das bezüglich der theoretischen Gruppierung und der gefälligen Stylisierung der Reskripte, insonderheit auch der Fähigkeit, sie massenhaft zu fabrizieren nicht unrichtig, vielleicht — natürlich kann man ja den Vergleich nur im Ganzen ziehen, und es muß selbstverständlich von den Einzelpersönlichkeiten dort und hier, auf die er nicht paßt und die reichlich vorhanden sind, abgesehen werden — vielleicht besitzt aber auf der anderen Seite der altpreußische Beamte einen schärferen Blick für den Kern der Sache und besonders für ihren Zusammenhang mit dem Ganzen, denkt er staatsrechtlicher und staatspolitischer, ist er weniger der Routine und Schablone unterthan, sind diese seine Eigenschaften doch nicht so ganz ohne Wert für Preußen gewesen. Jedenfalls war es wunderbar, daß man gleich nach 1866 einen Teil der Männer, welche mitgeholfen hatten, ihre Vaterländer in eine großartige Niederlage und in den Untergang als selbständiger Staat hineinzulavieren, die nur mit Widerstreben Preußen geworden waren, die wohl für Deutschland und seine Größe ein Herz hatten, eines speziellen preußischpatriotischen Gefühles aber, wie das ja nicht anders sein konnte, gänzlich entbehrten, die die preußischen Verhältnisse und namentlich diejenigen des preußischen Ostens nicht kannten, denen preußische Beamtentradition fremd war, daß man diese Männer unweit des preußischen Steuerruders in leitenden Stellungen placierte. Ob das auch gut war, darüber kann möglicherweise ein unparteiischer Historiograph, der späterhin die „Geschichte der inneren Verwaltung Preußens seit 1866" schreibt, ein ganz besonderes Urteil fällen.

In den neuerworbenen Landesteilen waren die Beamten zumeist weit besser besoldet als in den alten. Anstatt nun aber dem altpreußischen Beamtentum, welches solange gedarbt hatte, den Lohn seines Ausharrens wenigstens insoweit zu Teil werden zu lassen, daß man seine Dienstbezüge entsprechend erhöhte, strebte man in altbeengter Sparsamkeit sofort danach, die Emolumente in den neuen Landesteilen allmählich herabzumindern. Man konnte freilich den Beamten, die man in den neuen Provinzen vorfand, ihre Bezüge nicht gleich nehmen; aber diejenigen aus den alten Provinzen, die man in die neuen schickte, besoldete man nach den ihnen in ersteren zustehenden geringeren Sätzen, und so kam es mitunter vor, namentlich in Schleswig-Holstein, wo das Sportelwesen noch bestand, daß der Untergebene höhere Dienstbezüge hatte, als sein preußischer neu ins Land gekommener Vorgesetzter. Allmählich, besonsonders bei vorkommendem Stellenwechsel und durch Verwaltungsreformen knappste man dann die höhere Einnahme ab und erreichte schließlich das erstrebte Ziel, daß alle im ganzen Staat gleich schlecht standen.

Zwar hat man später die Gehälter etwas aufgebessert; aber man hat selbst anerkannt, daß es in ungenügender Weise geschehen ist, ingleichen daß eine weitere Aufbesserung zu den „dringendsten Bedürfnissen" gehört; aber „die Finanzlage" gestattet es nicht, mit dieser Aufbesserung energisch vorzugehen und — wird es wohl auf absehbare Zeit hinaus nicht gestatten.

So sind im ganzen Land die Dienstbezüge der allermeisten Beamten viel zu niedrig bemessen, und das hat nicht nur für sie, sondern auch für den Staat die allernachteiligsten Folgen. Stellt man für die einzelnen Kategorieen einen Haushaltsplan in der wirklichen Bedeutung dieses Begriffes auf, setzt man die einzelnen Positionen für Wohnung, Kleidung, Feuerung, Ernährung, für Schulunterricht, für Arzt und Medizin auch noch so niedrig an, faßt man den Begriff von dem, was anständig d. h. dem Stande angemessen und auskömmlich heißt, auch noch so eng, so kommt den gesamten Dienstbezügen gegenüber kaum das nackte Leben heraus; von irgend einem Saldo zu Gunsten der auch nur bescheidensten Freuden des Lebens, der berechtigtsten Erholung kann nicht die Rede sein.

Was folgt daraus? Entweder der Beamte lebt so kümmerlich, daß er der Freudigkeit für sein Amt entbehren muß, daß die Sorge um die Balancierung seines Budgets sein ganzes Sinnen beeinflußt, daß dieses kleinliche Rechnen und Grübeln schließlich auch seinem dienstlichen Wirken und Schaffen — diese Erfahrung macht man leider nur zu oft — den Stempel aufdrückt, daß die Unabhängigkeit des Denkens und des Charakters darunter leidet. Oder aber der Beamte kann wirtschaftlich nur bestehen, wenn er ein und zwar ein ziemlich bedeutendes Privatvermögen besitzt. Dann wird die Beamtenlaufbahn zur Domäne der reichen Leute. Das darf nicht sein; der Staatsdienst darf nicht Privilegium einer Kaste sein, er muß allen Klassen, auch den weniger bemittelten, offen stehen. Mag der Staat auch zu dem, der Beamter werden will, sagen „das Anlagekapital mußt du hergeben und dir mit demselben die Rente, welche dein Gehalt darstellt, erkaufen, somit hast du die Kosten deiner Ausbildung zu tragen und mußt deinen Lebensunterhalt, bis du angestellt bist, aus eigenen Mitteln bestreiten," das darf er sagen, aber soweit darf er nicht gehen, daß er auch nach der Anstellung einen Zuschuß aus solchen Mitteln für die ganze Dauer der Amtszeit fordert, das ist schon deshalb ausgeschlossen, weil dann die wirtschaftliche Existenz des Beamten, sobald er, und das kann doch gerade in unserer Zeit nur zu leicht geschehen, sein Privatvermögen verlöre, vernichtet und sein Verbleiben im Amt unmöglich würde.

Das regelrechte und richtige ist, daß der Beamtenstand sich durchschnittlich in einer sorgenfreien Lage befindet, die ihm gestattet edle Freuden, wie sie Kunst und Wissenschaft darbieten, in bescheidener Weise zu genießen, die es ihm aber nicht erlaubt, Aufwand zu treiben und Luxusausgaben zu machen. Wer regiert soll nicht nur der technische Leiter, sondern auch der geistige Führer des Volkes, daher darf er durch die Beschränktheit seiner Mittel nicht gezwungen sein, sich vom öffentlichen und geselligen Leben gänzlich zurückzuziehen. Wer aber überhaupt Gehalt bezieht, der soll ausnahmslos, ganz gleich ob er reich ist oder nicht, sein Leben in edler Einfachheit halten. Warum? Weil er Geld vom Steuerzahler nimmt.

Sowohl die Armut wie der Reichtum sind zumeist materiell, jene, weil für sie die Sorge um das materielle Dasein im Vordergrunde steht, dieser, weil die materiellen Genüsse, an die er sich gewöhnt hat, nur zu leicht den idealen Sinn erschlaffen ja ertöten. Weder derjenige, der darbt, noch derjenige, der schwelgt, taugt zum Beamten.

Die Verhältnisse in unserm Beamtenstande können schon seit längerer Zeit nicht mehr als gesunde bezeichnet werden. Großer Reichtum und bittere Armut wohnen dicht beieinander, und der Reichtum zwingt der Armut seine Gesetze auf. Eine edle Kollegialität hält sich von selbst auf dem Niveau des Minderbemittelten und mutet ihm nicht zu, entweder auf den geselligen Verkehr zu verzichten oder die wenigen Stunden seiner Dauer durch wochenlanges Darben zu erkaufen. Die gegen früher relativ große Zahl reicher Beamten thut in unsern Tagen zumeist das Gegenteil. Sie treibt in Gemeinschaft mit der Industrie und ihren hochbezahlten Angestellten einen derartigen Luxus, daß es den Kollegen, die kein Privatvermögen haben, unmöglich ist, mit ihnen zu verkehren, und denjenigen, welche etwas bemittelt sind, den Verkehr zum schweren Opfer macht. Selbst unter äußerster Einschränkung ist es vielen Beamten schlechterdings unmöglich, die Geselligkeit in den Formen, die sie gegenwärtig angenommen hat, mitzumachen. Eine Scheidung zwischen wohlhabenden und nicht wohlhabenden Kollegen zu machen, mit den ersteren nicht, und mit den letzteren prunklos zu verkehren, geht in den meisten Fällen nicht gut an. Bei fünf oder sechs die Einladung annehmen und erwidern, bei den übrigen nicht oder umgekehrt, würde verletzen und auf das dienstliche Zusammenwirken nicht ohne nachteiligen Einfluß bleiben. So muß sich der Vermögenslose unter irgend einem Vorwande gänzlich zurückziehen. Das ist aber nicht gut, es verbittert, es macht einseitig, die wohlthätig abschleifenden Wirkungen des Verkehrs fallen fort, der Mann wird leicht zum Sonderling, und die Frau, welche noch mehr als er der Auffrischung bedarf, verkümmert unter den wirtschaftlichen Sorgen. Was Wunder, wenn bei einem solchen Leben auch der Blick im Amt und vom Amtstisch aus immer beschränkter wird. Man klagt und zwar mit Recht über den engen Gesichtskreis unserer Bureaukratie, über die Kleinlichkeit ihrer Auffassung, aber man vergißt oder vielmehr man ahnt überhaupt nicht, unter welchen Verhältnissen die Mehrzahl der Menschen, aus denen sich diese Bureaukratie zusammensetzt, leben muß. Von dem, der in die enge und dunkle Kammer der Sorge und der Not gebannt ist, einen freien Blick zu verlangen, ist einfach ungerecht.

Aber wenn auch das Budget so balanciert, daß keine Schulden drücken, dann entbehrt es doch meist sehr wesentlicher Positionen. Wer noch etwas übrig hat, gönnt sich und den Seinen eine bescheidene Erholung, die zu allermeist vom Arzt dringend gewünscht wird, während der Urlaubszeit, zu Kunstgenüssen ja auch nur zur Beschaffung guter Bücher, zum Abonnement auf mehrere Zeitungen oder gar Zeitschriften fehlen die Mittel gänzlich, und Lesezimmer, in denen eine auch nur kleine Zahl von Revuen ausliegt, Bibliotheken, welche gute und vor allem neue Bücher enthalten, sind in den allerwenigsten Städten vorhanden. In dieser Beziehung, namentlich was öffentliche Bibliotheken betrifft, verhält sich Deutschland zu andern Ländern, z. B. zu den Vereinigten Staaten von Amerika, wie eine russische Steppe zum Park von Sans-Souci. Ja es steht noch weit schlimmer, die Arbeiterbildungs- und die socialdemokratischen Arbeitervereine machen größere Aufwendungen für ihre geistige Nahrung wie die sogenannte gebildete Gesellschaft. Lesezirkel und großstädtische Leihinstitute gewähren ja Ersatz; aber der Kreis der Bücher in den erstern ist doch ein sehr beschränkter, und das Abonnement bei den letzteren zuzüglich des Portos recht teuer.

Verdorrt und verkümmert der vermögenslose, so vergißt der reiche Beamte nicht selten, daß er Staatsdiener ist. Die beschränkte Lage seiner Kollegen erscheint ihm als Fehler, er fühlt sich in der seinigen hoch über sie erhaben und kommt leicht dahin, von seinem Standpunkt aus, nicht nur auf seine Mitarbeiter, sondern auch auf die Arbeit selbst herabzublicken. Dadurch wird ihm diese Arbeit mit der Zeit gleichgültig. Er verliert das Interesse für den Dienst, Pflichtgefühl und Gewissen schlafen ein. Wir haben das Beispiel hierfür an manchen Abgeordneten, welche den größten Teil des Jahres fern von ihrem Amtssitz in der Residenz verbringen, dabei aber auf ihrem Platz im Parlament selten genug zu finden sind. Sie beziehen ihren Gehalt und die Diäten als Abgeordnete aus den Taschen der Steuerzahler und was thun sie dafür? Ein solches Verhältnis verstößt durchaus gegen deutsches Pflichtgefühl und preußische Tradition und muß nachteilig auf den Geist der Beamtenschaft einwirken, insonderheit auf den Untergebenen eines solchen Vorgesetzten.

Manche Dienststellen sind überhaupt nur noch reichen Leuten zugänglich. Wie soll z. B. ein Landrat existieren, wenn er kein Vermögen hat? Mit 3600—4800 Mk. ist das in der socialen Stellung dieser Beamten auch bei der allergrößten Einschränkung rein unmöglich. Wohl oder übel kann man daher, da „die Finanzlage" eine Aufbesserung nicht gestattet, nur sehr wohlhabende Leute in diese Stellung berufen, und das Sprichwort sagt bereits, „man muß, um Landrat zu werden, einen Kommerzienrat zum Vater oder Schwiegervater haben"; daß ein derartiger junger Herr sein Amt nur als Trittleiter betrachtet und möglichst bald aus der Kleinstadt in angenehme Verhältnisse gelangen will, ist erklärlich, sogar verzeihlich; dem Lande nützlich ist es aber nicht.

Es ließe sich über diese Materie noch viel sagen, aber die Hauptsache ist doch, daß wir uns fragen, wie den Übelständen abgeholfen werden kann.

An die Bewilligung größerer Mittel von Seiten des Staates ist absolut nicht zu denken, und wenn sie erfolgen sollte, so müßten naturgemäß zunächst die unteren und mittleren Beamten, die Lehrer u. s. w. an die Reihe kommen. Unsere Finanzlage wird sich in den nächsten Jahrzehnten nicht bessern, im Gegenteil, da das Erwerbsleben immer mehr zurückgeht, wird sie immer schlechter werden. Es fragt sich aber, ob man mit den vorhandenen Mitteln bei richtiger Einteilung derselben nicht manche Schäden beseitigen könnte.

Ich schicke dabei eins voraus: Wir haben uns in manche Gedanken und Grundsätze fest eingelebt, die für die Zeiten paßten, von denen ich im Eingang dieses Abschnittes sprach. Mein alter Vorgänger, der nur einmal in der Woche dienstlich thätig war, bekam für seine Leistungen ein sehr hohes Gehalt und ein um so höheres, da er es eigentlich gar nicht brauchte, sondern als wohlhabender Gutsbesitzer auch ohne dasselbe bestehen konnte. Zahlt der Staat seinen Dienern so hohes Entgelt für ihre Leistungen, so können für die Abstufungen ganz andere Grundsätze maßgebend sein als dann, wenn wie in unsern Tagen, das Diensteinkommen, welches der Beamte bezieht, dazu bestimmt ist, die allernotwendigsten Lebensbedürfnisse zu bestreiten. Liegt die Sache so, dann darf einzig und allein der Gesichtspunkt entscheidend sein, ob das, was der Beamte erhält, für die Bestreitung dieser Bedürfnisse ausreicht. Ist das nicht der Fall, und anderen Beamten wurden Emolumente über dieses Maß hinaus zu Teil, so verlangt die Gerechtigkeit einen Ausgleich.

Zunächst plädiere ich für den Wegfall aller Tantièmen, Remunerationen, Gratifikationen sowie aller Bezüge aus nebenamtlichen Funktionen. Ein Beamter soll seine ganze Kraft dem Dienste widmen. Zeichnet er sich aus, so mag man ihn befördern oder dekorieren, aber auf eine Entschädigung in Geld hat er keinen Anspruch. Nimmt er noch andere Funktionen neben seinem Hauptamt wahr, so hat er entweder in dem letzteren nicht genug zu thun, dann gebe man ihm mehr Arbeit, oder er überanstrengt sich, dann fällt er zu früh dem Pensionsfond zur Last. Gestattet der Staat, daß Stiftungen und ähnliche Institute sich seiner Beamten für ihre Verwaltung bedienen, so lasse er hierfür die Gebühren zur Staatskasse fließen und verwende sie zu Gunsten des gesamten Beamtenstandes.

Sodann bringe ich eine Verminderung der Entschädigung für Dienstreisen in Vorschlag. Wenn beispielsweise ein Beamter, der von Berlin nach Cöln und wieder zurückreist, für die Rückfahrtkarte II. Klasse 52 Mark 30 Pf. bezahlt aber für 2 × 589 = 1178 Kilometer à 15 Pf. 155 Mark 14 Pf. also 100 Mark 84 Pf. mehr liquidieren darf, als er bezahlt hat, so hat das absolut keinen Sinn. Dürfte jeder Beamter nur das liquidieren, was er thatsächlich verbraucht, so würden sich sehr bedeutende Ersparnisse ergeben, welche ebenfalls zur Aufbesserung der Gehälter im Ganzen verwandt werden könnten.

Drittens wäre zu erwägen, ob nicht der Unterschied zwischen den höheren und geringeren Gehältern herabzumindern und die Dienstalterszulagen aufzuheben wären.

Gewisse Unterschiede wie diejenigen zwischen höheren, mittleren und unteren Beamten muß man als richtig anerkennen, ob aber innerhalb derselben Kategorie der im Dienstrang oder im Dienstalter höher stehende auch ein höheres Einkommen beziehen muß, ist fraglich, wenn die Gehälter überhaupt nur so bemessen sind, daß sie die Notdurft decken sollen. Bekleiden muß sich der Eine wie der Andere, er muß ingleichen sich satt essen und eine warme seinen Bildungsverhältnissen angemessene Wohnung haben; hat somit was diese Ausgaben betrifft derjenige, der bei einer höheren Behörde oder schon seit längeren Jahren arbeitet, andere Bedürfnisse als die übrigen? Im Gegenteil, man sollte meinen, der jüngere Mann, bei dem der Kreislauf des Blutes noch ein schnellerer ist, der sich noch fortbilden, die Welt studieren, das Leben genießen will, hätte eher noch mehr Bedürfnisse als der ältere, der Ruhe und stille Beschaulichkeit vorzieht. Gewiß der höhere Rang verlangt unter Umständen auch höhere Aufwendungen aber durchaus nicht immer. Der Provinzialbeamte, der zu den „Spitzen" der Behörden gehört, hat mitunter viel größere sogenannte Repräsentationsausgaben als das im Range

über ihm stehende Mitglied einer Centralbehörde. Wo solche Aufwendungen erforderlich sind, kann man dem, der sie machen muß, einen
Zuschuß geben; legt ihm seine Stellung solche Aufwendungen nicht
auf, so bedarf er auch des höheren Gehaltes nicht. Wenn man jede
der 3 Kategorieen, höhere, mittlere, untere Beamte, für sich an Gehalt
gleichstellen und nur denjenigen, welchen ihr Amt Nebenausgaben auferlegt, Zulagen geben wollte, so wäre man in der Lage, die schlecht
dotierten Stellen bedeutend aufzubessern. Bekommen alle Beamte ein
gleiches aber auskömmliches und zwar ein so auskömmliches Gehalt,
daß sie, wenn sie sich einschränken, noch ein wenig zurücklegen können,
so ist es jedem in die Hand gegeben, ob er sich durch Sparsamkeit
etwas erübrigen und dadurch seine Lage im Alter verbessern will, eine
Dienstalterszulage ist dann unnötig. Dagegen müßte derjenige, der eine
starke Familie hat, seine Kinder ernähren und erziehen muß, eine Zulage erhalten, aber eben auch nur er. Deshalb, weil andere Leute
Kinder großziehen müssen, demjenigen, der keine hat, oder gar dem
Junggesellen ein höheres Gehalt zu geben, dazu liegt doch absolut kein
Grund vor. Gerade die Alterszulagen wirken oft ganz falsch. In der
Zeit, wo die Kinder die größten Ausgaben verursachen, bezieht sie der
Beamte zumeist noch nicht. Dann, also in der Mitte des Lebens und
geistigen Schaffens, muß er auf das alleräußerste sparen, sich jede auch
die kleinste Freude versagen, während er später, wenn die Kinder ver-
sorgt sind, die Zulage weit eher entbehren kann. Mit wie bitteren
Gefühlen muß es ihn erfüllen, wenn der wenige Dienstjahre ältere
unverheiratete Kollege, der bei gleichem Gehalt ein recht behagliches
Dasein führt, die Zulage erhält, etwas mehr für die Cigarre anlegt,
öfter ins Theater geht und während des Urlaubs statt wie bisher in
den Harz in die Schweiz reist. Ach wie gern hätte er bereits in diesem
Jahre die Zulage gehabt, um seiner abgearbeiteten, kränklichen Frau
die vom Arzte so dringend empfohlene Badekur gewähren zu können!
Aber die Kinder wachsen heran, das Schulgeld steigt, in jeder neuen
Klasse müssen wieder Unsummen für Schulbücher ausgegeben werden,
die Kosten für die Bekleidung werden immer größer, da geht es absolut nicht.

Ähnlich liegt das Verhältnis in bezug auf die Nebeneinnahmen und
Reisegelder. Da bekommt der eine Beamte ein Kommissorium, welches
mit einer sehr guten Einnahme verbunden ist, der zweite hat häufige
Dienstreisen zu machen, bei denen er sehr viel erübrigt, und der dritte,
Bedürftigste, geht leer aus, weil weder Kommissorien noch Dienstreisen
in den Bereich seines Decernates fallen. Daß wir die Decernate nicht
nach der Qualifikation der Beamten sondern nach ihren pekuniären Verhältnissen verteilen, so weit — ich möchte sagen herunter — gekommen
sind wir noch nicht.

Statt Alters- also Kinderzulage, aber nur soweit, als die Zinsen aus dem eigenen Vermögen der Beamten nicht an die Kinderzulage heranreichen. Der Staat muß sich, wie die Finanzverhältnisse liegen, auf den Standpunkt stellen, daß er seinen Beamten sagt: „Die Lebensbedürfnisse sind gestiegen, die bisherigen Gehaltssätze reichen nicht mehr aus, ich möchte sie gern erhöhen, aber ich habe kein Geld. Ich gebe dir so viel, als du zum Leben brauchst, und, wenn du unvermögend bist und Kinder hast, eine Zulage. Hast du Vermögen, so bedarfst du der Zulage nicht."

Das klingt unglaublich pover, aber wir dürfen eben mit der Poverté, in der wir uns befinden, nicht auf Kosten unserer darbenden Beamten Blindekuh spielen.

Was ich fordere, soll dem Beamten nicht als Gratifikation, nicht als Unterstützung gewährt werden, die von Gunst und Gnade abhängt und deshalb demütigend ist, sondern es soll ihm kraft des Gesetzes zustehen. Ist er vermögenslos, worüber die Einkommensteuer-Veranlagungskommission entscheidet, und hat er ein Kind in einem bestimmten Alter, so hat er auf Grund des Gesetzes für dieses Kind in diesem Alter die Zulage zu fordern. Das ist ganz etwas anderes.

Bei Abmessung der Kinderzulage muß der Grundsatz gelten, daß der Beamte in die Lage versetzt werden soll, seinen Sohn für seinen Beruf zu erziehen oder für einen diesem gleichstehenden. Es ist sehr gut, wenn in die einzelnen Ressorts des Staatsdienstes immer wieder frisches Blut hineinkommt, aber es ist ganz unbedingt notwendig, daß sich jedes Ressort zu einem Teile aus dem eigenen Nachwuchs ergänzt, und das gilt noch mehr von der Gesamtbeamtenschaft als von dem einzelnen Ressort.

Dazu, daß der Geist in der Beamtenschaft der richtige ist, gehört vor allem eine Tradition, die sich fortpflanzt von Geschlecht zu Geschlecht. Die Examina machen es wahrhaftig nicht allein. Wenn man den Staatskalender mit seinen Vorgängern vor 40 oder 50 Jahren vergleicht: wo sind die Namen aus den altpreußischen Beamtenfamilien geblieben? Der Sohn eines vermögenslosen höheren Staatsbeamten kann heutzutage den väterlichen oder einen adäquaten Beruf kaum noch ergreifen, das Gehalt des Vaters ist zu niedrig, und die Kosten der Berufsvorbildung sind zu hoch. Sollte es nicht eine Folge davon sein, daß der Beamtenstand sich nicht mehr aus sich selbst rekrutiert, wenn das „Streben" immer nur nach dem Gehalt geht und selten nach einem Wirkungskreis fragt, für den man paßt, in dem man etwas leisten kann? Soll in Zeiten der Gefahr die Beamtenschaft ihren Platz ausfüllen, so muß sie von dem richtigen Geist beseelt sein. Dieser Geist läßt sich nicht einimpfen, er muß sich vererben.

Wo bleiben die Söhne der Beamten und woher kommt der Nach-

wuchs? Die Söhne treten, soweit sie dienstbrauchbar sind, in die
Armee ein. Vom Abiturientenexamen bis zum Empfang der ersten
Diäten als Assessor kann man mindestens 11 Jahre rechnen, bei
2400 Mark jährlich muß ein Referendar recht bescheiden leben und ein
Student kann mit 1800 Mark, Kollegiengelder, Bücher u. s. w. mit ein-
gerechnet, kaum bestehen. Dagegen sind viele Regimenter mit 600 Mark
Jahreszulage durchaus zufrieden, und die Erziehung im Kadettenkorps
ist auch ohne Freistelle die billigste.

Wer nun aber nicht dienstbrauchbar ist? Ja der zieht zumeist als
Kaufmann über's Meer. Denn dem Sohne eines höheren Beamten
sind aus Standesrücksichten die niederen Berufe verschlossen, und für die
höheren hat er keine Mittel.

Und der Nachwuchs für den Beamtenstand? Ja der kommt zunächst aus den reichen Finanzkreisen, die Söhne der hochbezahlten In-
dustriebeamten mit eingeschlossen. Es sind das Leute, für welche das
Gehalt sich nur als eine Zulage darstellt, die sie gern — denn sie
sind nicht gleichgültig gegen das Geld — mitnehmen, bei der es ihnen
aber auf ein paar hundert Mark mehr oder weniger nicht ankommt.
Manchen unter ihnen hat der väterliche Rentenerzeuger zwar viel Geld
aber keinen Namen hinterlassen, der Zugang zu den oberen Gesellschafts-
kreisen ist ihnen verschlossen, und diesen Fehler hebt der Eintritt in die
höhere Beamtenlaufbahn am leichtesten auf. Dazu kommen die Be-
amtensöhne, deren Väter durch glückliche Umstände z. B. Dank einer
reichen Heirat vermögend sind, und endlich diejenigen, die sich aus
unteren Ständen emporquälen und darben.

Diesen allen wünschte ich die Beamtenlaufbahn in keiner Weise zu
verschließen, aber den Kern des Nachwuchses für den Beamtenstand wie
für die Armee müssen junge Männer bilden, die, und zwar aus einfachen Verhältnissen heraus, dem Berufsstande selbst entstammen und in
den Traditionen desselben groß geworden sind.

Daß es ein Nonsens ist, wenn der Staat das Diensteinkommen
seiner Beamten besteuert, darauf hat schon Bismarck hingewiesen, und
was die Kommunal-, Kirchen- und Schulsteuern betrifft, so müßte der
Staat einerseits das Privilegium für die Beamten aufheben, andererseits die Zahlung aus seiner Tasche an die Kommunen 2c. leisten, wie
er das bezüglich der Kirchensteuer nach der Militärkirchenordnung zum
Teil für die Offiziere thut. Das wird uns aber unsere Finanzlage noch
lange nicht erlauben.

Bekommt der Beamte nur so viel, als er zum Leben braucht und
nur für besondere Aufwendungen für die Erziehung der Kinder Zulagen, so muß auch die Abstufung der Pensionen fortfallen. Wird der
Beamte in Ehren dienstunfähig, so dürfen ihm nicht Entbehrungen auferlegt werden, er muß sein Gehalt weiter beziehen; aber derjenige, der

einen höheren Posten bekleidet, braucht, wenn er aus dem Dienst tritt, für die Notdurft des Lebens nicht mehr zu erhalten, als eben diese Notdurft erfordert, also das Grundgehalt ohne Zulage. Dagegen müßte die Kinderzulage, so lange sie überhaupt gezahlt wird, auch dem Beamten a. D. und den Nachkommen des verstorbenen Beamten verbleiben.

Endlich müßte die Verschiedenheit des Gehaltes in den einzelnen Ressorts beseitigt werden, d. h. die Beamten aller staatlichen Ressorts müßten dasselbe Grundgehalt und außerdem Ersatz für besondere Aufwendungen nur erhalten, soweit sie der einzelne zu machen hat. Wie schon oben bemerkt: die Ausgaben für die notwendigsten Lebensbedürfnisse sind die gleichen; wer höherer, mittlerer oder unterer Beamter ist, muß je nachdem er einer dieser Kategorieen angehört, entsprechend leben, die Zugehörigkeit zu dem einen oder dem andern Ressort macht aber an sich keinen Unterschied aus. Ob ich der Justiz-, der Innern-, der Kirchen-, der Schul-, der Eisenbahn-, der Bau-, der Forst-, der Steuer-Verwaltung angehöre, ist gleich. Und ebenso müßte dann auch die Verschiedenheit bezüglich des Einrückens in die Besoldung aufhören. Warum macht man sie von der Stelle und nicht von dem Dienstalter abhängig? Warum soll nicht, wenn ein Forstrat stirbt, ein unbesoldeter Baumeister Gehalt bekommen können und umgekehrt, wenn ein Baurat stirbt, ein Forstassessor? Das Geld kommt doch am letzten Ende aus einer nämlich aus der Staatskasse. Dem, daß sich ein Ressort zu stark mit Anwärtern füllt, kann durch Beschränkung der Annahme vorgebeugt werden. Wer nicht angenommen ist, kann ausgebildet werden, muß sich dann aber im Privat- oder Kommunaldienst sein Brot suchen.

Gerade die Verschiedenheit des Eintritts in die Besoldung führt große Mißstände herbei. So mancher junge Beamte hat sein kleines Privatkapital aufgezehrt, bevor er angestellt wird. Er konnte seine Anstellung schon früher erwarten, aber sie verzögert sich. Er tritt also mit Schulden ins Amt, und anstatt für Notfälle zurückzulegen, muß er abzahlen. Dadurch entstehen mitunter Mißstände, die auf das ganze fernere Leben einwirken.

Was ich vorgeschlagen habe ist durch die Not geboten. Ich halte unsere derzeitigen Einrichtungen im allgemeinen für besser als den Zustand der Dinge, den die Ausführung der Reformen, die ich vorgeschlagen habe, zur Folge haben würde. Aber wenn die finanzielle Lage des Beamtenstandes noch lange so bleibt wie sie ist, und nach menschlichem Ermessen wird weder die gegenwärtig amtierende noch die nächste ihr folgende Generation eine wirklich ausreichende Gehaltsaufbesserung erleben, so geht er zu Grunde und damit einer der Grundpfeiler, auf denen das Staatsgebäude auferbaut ist.

Schon längst haben wir das Gefühl, daß es in unserem inneren Staatsleben rückwärts geht statt vorwärts. Ist, wenn die Verhältnisse im Beamtenstande ungesunde sind, das anders möglich? Wenn wir den Vergleich zwischen unseren Zuständen und denjenigen anderer Nationen ziehen, so können wir auf nichts so stolz sein, wie auf die Integrität, die Pflichttreue, die Vaterlandsliebe und Anspruchslosigkeit der deutschen Beamtenschaft. Und wenn sie nun Gefahr läuft, von der Höhe, auf der sie steht, herabzusinken, ist der damit verknüpfte Schaden nicht ein so großer, daß seine Verhütung die schwersten Opfer rechtfertigen müßte? Wollen oder können wir solche aber nicht bringen, so können wir uns doch wenigstens die kostenlose Mühe machen, darüber nachzudenken, ob wir nicht auch ohne Vermehrung der Staatsausgaben dem Schaden abzuhelfen vermögen.

Eine solche Abhilfe darf aber nicht nur vom Staat, sie muß auch von der Beamtenschaft selbst ausgehen, die in erster Linie mit dem falschen Luxus brechen muß, den sie sich durch einzelne reiche Glieder ihres Standes und noch mehr durch die Plutokratie, die ihr nicht angehört aber den Verkehr mit ihr sucht, hat aufzwingen lassen. Der zur Regel gewordene gesellige Aufwand steht im schneidenden Widerspruch zum täglichen Leben. Die allermeisten Beamten müssen ihre Mittagsmahlzeit auf ein einfaches Gericht mit sehr knapp bemessener Fleischportion beschränken, die allerwenigsten sind in der Lage, sich dazu auch nur den billigsten Tischwein zu gönnen: warum muß denn nun jedes Gastmahl 9—10 Gerichte mit ebensoviel Weinen zählen, warum der Schwerpunkt fast einzig und allein im Essen und Trinken liegen? Wenn ich an die Verhältnisse in Berlin vor 40 Jahren zurückdenke, so kann ich versichern, daß in Ministerhäusern, in den Kreisen der Diplomatie u. s. w. auch bei festlichen Gelegenheiten der Aufwand ein viel geringerer war, als wenn heutzutage ein Rat 4. Klasse seine Kollegen und deren Familien bewirtet. Macht uns dieser Luxus glücklich, ist er uns in gesundheitlicher Beziehung zuträglich, können wir behaupten, daß er in geistiger von vorteilhaftem Einfluß auf uns ist? Wirkt die über das Maß ausgedehnte Länge der Gastmähler nicht ermüdend, zumal wenn dieselben sich schnell aufeinanderfolgen, ist es unserer, die wir die geistigen Führer der Nation sein sollen, würdig, daß wir uns gegenseitig nichts zu bieten wissen als eine Reihe von Speisen und Weinen? Unsere mit allem möglichen Gezier überladenen Tafeln, welche kaum gestatten, daß man das Antlitz des Gegenüber sieht, die so breit sind, daß man sich ihm nur durch Schreien verständlich machen kann, schließen jede allgemeine Unterhaltung aus, man ist auf die beiden Nachbarn oder Nachbarinnen angewiesen, die man sich nicht wählen darf sondern durch die Tischordnung zugewiesen erhält, wobei nicht die Gemeinsamkeit der Interessen sondern Rang und Stand den Ausschlag zu geben pflegen. Sprechen zufällig Beide mit ihren Nachbarn zur anderen Seite, so darf man sich seinen eigenen Gedanken hingeben, und auch wenn das nicht der Fall, wenn auch die Konverſation eine lebhafte iſt, ſo pflegt ſie nach Verlauf von $1\frac{1}{2}$ Stunden zu erlahmen, um gegen das Ende des Mahles durch die Hoffnung wieder aufzuleben, daß dies Ende ſich naht. Bei ihrem Sympoſion lagen die Alten bequem ausge= ſtreckt, das konnten ſie ſchon aushalten, wir werden auf einen Rohrſtuhl mit grader Lehne im buchſtäblichen Sinne des Wortes geklemmt, denn die Gaſtgeber haben ſo viele Verpflichtungen zu erfüllen, daß ſie den Raum an der Tafel auf das Allerknappſte bemeſſen müſſen, ſo knapp, daß der Gaſt oft nur mit Schwierigkeit eſſen, im übrigen aber ſich während der Dauer der Mahlzeit nicht rühren kann. Ziehen ſich der= artige Tafelfreuden in die Länge, ſo entſteht durch dieſe „Zwangslage" eine gewiſſe Nervoſität; wird man endlich aus ihr befreit, ſo macht man den Damen ein flüchtiges Kompliment und ſtürzt in das Zimmer des Hausherrn, wo man bequem ſitzen, den durch die Reihe erhitzender Weine, durch die überſpannte Atmoſphäre erzeugten Durſt am Bier ſtillen und der geiſtigen Depreſſion durch Mokka und Importierte ent= gegenwirken kann. Dann empfiehlt man ſich dankend und holt draußen, wenn man in friſche Luft kommt, tief Atem. Mit den Gaſtgebern hat man beim Kommen und Gehen einen Händedruck ausgetauſcht; während der Mahlzeit ſah und hörte man nichts von ihnen, weil die räumliche Entfernung eine zu große war, vor und nachher waren ſie mit der Sorge für ihre Gäſte ſo beſchäftigt, daß ſie bei der großen Zahl derſelben ſich dem Einzelnen wenig oder gar nicht widmen konnten, einige beſonders vornehme Perſönlichkeiten vielleicht ausgenommen. Aber auch das Glück, das dieſen blühte, an der Seite oder in der unmittel= baren Nähe der Gaſtgeber zu tafeln, war ein zweifelhaftes, denn die Sorge um die programm= und menümäßige Abwickelung des ganzen Feſtes nahm ſie zu ſehr in Anſpruch, und das, was ſie ihren Gäſten geiſtig boten, ſtand hinter den kulinariſchen Genüſſen weit zurück. Von vielen Menſchen, die, wenn ſie ſelbſt Gäſte ſind, zu den liebenswürdigeren und geiſtvolleren gehören, hat man am allerwenigſten, wenn man zu ihren großen Diners geladen iſt, ſie ſind in einem ähnlichen Zuſtande, als ob ſie an chroniſchem Eiſenbahnfieber litten. Namentlich gilt das von manchen Hausfrauen, die erſt wieder menſchlich werden, wenn das Diner ſich ſeinem Ende naht und alles glatt verlaufen iſt.

Iſt das Ganze nun wirklich alle Mühe und Koſten wert, würden wir bei geringerem Aufwand nicht eben ſo zufrieden unſere Feſte feiern, ja vielleicht viel zufriedener, weil dann das geiſtige Moment mehr in den Vordergrund treten könnte? Haben wir uns nicht ſelbſt in Bande ge= ſchlagen, deren Druck wir empfinden, von denen wir uns aber nicht befreien können? Gegen derartige Sitten mit Erfolg anzukämpfen, iſt dem Einzelnen unmöglich, ihre Macht iſt zu groß. Nein, wenn wir reformieren wollen, ſo müſſen wir Mäßigkeitsvereine für höhere Stände bilden mit festen Regeln, deren Überschreitung unter hohe an eine bestimmte Kasse zu zahlende Konventionalstrafen gestellt würde, und der Antrieb zur Bildung solcher Vereine muß von den obersten Stellen ausgehen. Wir dürften es uns aber auch überlegen, ob wir nicht mit der Sitte, daß jeder, der mit einem andern verkehren will, gezwungen ist ihn einzuladen, brechen und uns zu gemeinsamen, einfachen Festen am dritten Ort vereinigen wollen. Bei unsern teuren Mietspreisen wohnen wir alle mehr oder minder beschränkt; daneben fehlt es an großen Wohnungen, so daß es selbst dem Reichen, wenn er sich nicht ein eigenes Haus baut, schwer wird, eine Wohnung zu finden, deren Räume der Zahl seiner Gäste entsprechen. Deshalb kann jeder nur mit einem kleinen Kreise auf dem „Einladungsfuße" stehen, und da man zunächst die Verpflichtungen gegen die Berufsgenossen zu erfüllen hat, so erhält der gesellschaftliche Verkehr einen „fachgenossenschaftlichen" und daher einseitigen Charakter. Könnte man mit einander verkehren, ohne daß man sich gegenseitig einzuladen brauchte, so wäre die Vermischung der Berufsstände sehr viel eher zu erzielen; dann könnten sich auch die geselligen Talente, die sich jetzt in jedem der kleinen Kreise nur vereinzelt vorfinden, zusammenschließen und gemeinsam für die geistige Belebung etwas thun. Zu einem Quartett gehören bekanntlich vier Stimmen, in jedem Berufskreise ist aber vielleicht nur eine vorhanden; verkehren die Berufskreise mit einander, so finden sich auch die Stimmen zusammen, das gilt entsprechend angewandt von vielen anderen Dingen.

Verfolgt man diesen Gedanken weiter, so wäre zu erwägen, ob es denn unbedingt notwendig ist, daß man immer und immer nur zum Essen und Trinken zusammenkommt, ob nicht auch eine Geselligkeit ohne materielle Genüsse denkbar ist? Das liegt sehr weit von uns ab; aber schon der Zwang, an Stelle des Materiellen das Geistige zu setzen, wäre sehr heilsam. Warum kann man nicht ein jeder für sich vorher zu Hause speisen und danach sich vereinigen zu geselligen Freuden geistigen Inhalts, zu Musik, zur Anhörung eines Vortrages über ein Thema aus dem Gebiet der Kunst oder Litteratur mit anschließender Diskussion, zu Aufführungen, zu Deklamationen, zu geselligen Spielen, ja auch zu einem Tanzvergnügen? Warum soll man sich, wenn solche Zusammenkünfte länger dauern, nicht auch sättigen und den Durst stillen können, aber an Butterbrot und Bier? Bei den allermeisten ist die tägliche Abendtafel nicht reichlicher besetzt; denn die Reichen sind satt, weil sie spät diniert, und die Nichtvermögenden begnügen sich damit, weil sie dazu gezwungen sind. Gelegenheiten, bei denen man opulent tafeln könnte blieben ja noch genug wie: Hochzeiten, Kindtaufen, Geburtstage, Jubiläen, Stiftungsfeste u. s. w. Mit den Einladungen zu solchen Spezialfesten könnte es aber der Einzelne halten wie er wollte, der Zwang fiele fort, der jetzt jedem, bei dem man „Besuch machen" oder dessen Besuch man erwidern muß, gegenüber besteht, und der den Verkehr mit so manchem angenehmen und anregenden Menschen, der nicht zu dem engeren Kreise, auf den man angewiesen ist, gehört, vollständig ausschließt.

Ich könnte noch von der Mode u. s. w. reden, aber ich schreibe hier kein Feuilleton sondern über Reform oder Revolution. Das Beispiel, welches wir durch unseren Luxus geben, ist von verderblicher Wirkung, es stellt den Gegensatz zwischen reich und arm in ein zu grelles Licht, es weckt den Neid, die bösen Begierden, es entfremdet uns die unteren Schichten. Daß Schwelgerei und Schlemmerei mit ihren entnervenden Wirkungen, mit dem Ertöten des Gefühls für die Not des Nächsten stets den Revolutionen vorangingen, liest sich ganz nett in der Geschichte; aber man ist weit davon entfernt, die Nutzanwendung auf die Gegenwart und vor allem auf sich selbst zu machen. Auch die Reform auf diesem Gebiet stellt einen wesentlichen Teil der Gesamtreform dar, welche unsere Gegenwart verlangt. Hier bedarf es keines Eingreifens der Regierung, keiner Verstaatlichung sondern nur eines energischen Handelns vernünftiger Männer und Frauen und namentlich des Beamtenstandes, der Gehaltsaufbesserungen zu verlangen nur berechtigt ist, wenn er sich entschließt, seine Luxusausgaben einzuschränken und der Nation ein Leben geistigen Inhalts auch in einfachen Freuden vorzuleben. Noch sind wir was wir waren, aber wir müssen suchen, es zu bleiben. Wir sind kraft des Ansehens, das unser Amt uns verleiht, die Führer der Nation, und wir sollen uns dieses Vorzuges nicht nur als eines Rechtes sondern noch viel mehr als einer Pflicht bewußt sein. Zeichnet sich ein Privatmann, ein Gelehrter, ein Kaufmann, ein Gewerbetreibender irgend welcher Art aus, so erhält er, ohne daß er ein Amt bekleidet, einen Amtstitel als Anerkennung. Das ehrt nicht ihn allein sondern auch uns, und nicht er allein hat die Pflicht, sondern auch uns liegt sie ob, der Ehrenstellung, die das Amt verleiht, zu entsprechen. Es genügt nicht, wenn wir unsere Amtspflichten gewissenhaft erfüllen; in aller und jeder Beziehung auch durch das Leben, welches wir ihm vorleben, sollen wir Führer unseres Volkes sein. Die Forderung nach einer socialen Reform erstreckt sich auf alle Gebiete. Unsere Sache ist es, voranzugehen und mit der Reform bei uns selbst zu beginnen. Die Nation wird es uns danken.

Unter dem glänzenden Firnis des gesellschaftlichen Gepränges ist nur zu oft die bittere Not verborgen, und grell, schrecklich grell, tritt sie mitunter zu Tage. Da wird Einer der Unseren zu Grabe getragen, und wir folgen seinem Sarge, der mit den kostbarsten Kränzen bedeckt ist. Wir haben diese Steuer geleistet, die uns die Sitte auferlegt und für die wir, wenn wir unser Budget gewissenhaft aufstellen, einen recht bedeutenden Posten notieren müssen. Wie manche Familie wäre sehr glücklich, wenn sie mit dem Gelde, welches unsere Kränze und Blumen-

Kreuze gekostet haben, die dringendsten Ausgaben, die unbeglichenen
Rechnungen decken könnte. Morgen sind die Kränze, welche oft einen
Wert von mehreren Hundert Mark darstellen, verwelkt, und mit dem
Glanz der Blumen ist auch der Glanz des Hauses verblichen. Kummer-
und sorgenvoll ist das Los der Hinterbliebenen. Ich habe oben den
Vorschlag gemacht, die Alters- in eine Kinderzulage umzuwandeln und
letztere so zu bemessen, daß der Beamte seinen Sohn für den eigenen
oder einen adäquaten Beruf großziehen kann, daß die Zulage so lange
fortdauert, bis der Sohn, wenn er den Stand des Vaters ergreift also
Beamter wird, eine ausreichende Besoldung erhält, und daß auch dem
hinterbliebenen Sohn eines heimgegangenen Beamten diese Begünstigung
nicht entzogen wird. Aber wie steht es mit den Töchtern, wo soll da
die Grenze eintreten? Sie sind, wie Frau Gnauck-Kühne in Erfurt
sagte*), meist nur erzogen, um auf den Mann zu warten, der nicht kommt.
Wir können doch nicht verlangen, daß sie der Staat auf ein Wartegeld
ad dies vitae setzt. Nirgends unter allen unseren schreckhaften socialen
Nöten giebt es ein solches Elend wie unter den verwaisten, mittellosen Mädchen aus den gebildeten Ständen, und zu dieser Zahl stellen
wir Beamten das größte Kontingent.

Man pflegt, wenn Einer der Unseren seine Familie mittellos hinterläßt, ein sehr hartes Urteil über ihn zu fällen. Aber trifft ihn wirklich
immer eine so schwere Schuld? Sind unsere Gehaltsverhältnisse so bemessen, daß wir auch bei den bescheidensten Anforderungen stets in der
Lage sind, für unsere Hinterbleibenden Ersparnisse zu machen, können
nicht Verhältnisse eintreten wie mit kostspieligen Kuren verbundene
Krankheiten, Unterstützung notleidender naher Verwandter u. s. w., die
uns zwingen, unser Privatkapital anzugreifen und aufzubrauchen, legt
die Erziehung der Söhne z. B. bei ausgesprochenem Talent für den
medizinischen oder für einen künstlerischen Beruf nicht kolossale Opfer
auf, können nicht Verhältnisse, an denen wir schuldlos sind, den Verlust
unseres Vermögens, unserer Ersparnisse herbeiführen? Es ist leicht zu
verdammen, aber schwer, recht zu richten. Jedenfalls ist die Aufgabe,
die wir dem vermögenslosen Beamten stellen, so viel zu ersparen, daß
seine Töchter ohne selbst etwas hinzuzuwerdienen, bis an ihr Lebensende
durch die Rente, die er ihnen hinterläßt, versorgt werden, eine sehr
schwer zu lösende. Dazu gehört nicht nur guter Wille und Charakter
sondern auch Geschick und zwar von seiten des Mannes sowohl wie
der Frau. Und wenn diese Aufgabe nicht oder nur unvollkommen ge-

*) Der treffliche Vortrag, der über die Frauenfrage viel Neues bot und dessen
Lektüre angelegentlich empfohlen werden kann, ist unter dem Titel: Die sociale
Lage der Frau, Vortrag gehalten auf dem 6. Evangel.-soc. Kongreß zu Erfurt am
6. Juni 1895, soeben in gleichem Verlage (Otto Liebmann, Berlin) zum Preise
von 50 Pfg. erschienen.

löst wird, wenn der Vater kein oder kein ausreichendes Kapital hinter=
lassen hat, was dann? Selbst wenn ihn eine Schuld treffen sollte, ist
es gerecht, daß sie die Kinder büßen, denen vielleicht ihres zarten Alters
wegen absolut keine Mitschuld zufällt? Die Möglichkeit, sich den eigenen
Unterhalt oder zu demselben das Fehlende hinzuzuverdienen, ist für unsere
Töchter eine ungemein beschränkte. Für Handarbeiten, Mal=, Musik=,
wissenschaftliche, Sprach=, Elementarunterrichtsstunden giebt es Hunger=
löhne und =Honorare, das Los der Erzieherin, der Gesellschafterin, der
Stütze der Hausfrau besteht aus einer Kette von Zurücksetzungen und
Demütigungen. Ersparnisse können in den seltensten Fällen erübrigt
werden, zur Pflege der Gesundheit reichen die Mittel nicht aus, mit
den zunehmenden Jahren nimmt die Leistungsfähigkeit, die Aussicht auf
Verdienst ab, und zu den Sorgen des Lebens gesellt sich die Furcht vor
der Not des Alters. Es ist ein häßlicher Vergleich, aber das Los der
mittellosen Töchter unseres Standes ähnelt dem des stolzen Rosses, das
in der Jugend gehätschelt und bewundert, im Alter vernachlässigt und
mißhandelt wird.

Wie ist dem abzuhelfen? Welche Wege können und sollen wir dabei
gehen? Um zur Beantwortung dieser schwierigen Frage ein Scherflein bei=
zutragen möchte ich dem Leser und vor allem auch der Leserin — denn
ich habe aus Veranlassung der ersten Auflage dieses Buches viele Zu=
schriften auch von Frauen erhalten und gewissermaßen als Dank dafür
der zweiten Auflage dies Kapitel hinzugefügt — einen Gedanken unter=
breiten mit der Bitte, ihn weiter auszudenken.

Die weiblichen Berufe sind ebenso wie die männlichen überfüllt,
mit der einzigen Ausnahme des Diakonissenberufes. Ich bin ein warmer
Freund desselben, gehöre dem Kuratorium eines Mutterhauses an und
hege den lebhaften Wunsch, daß wir 10mal so viel „Schwestern" hätten,
als wir heute haben. Aber nicht jedes Mädchen ist für die Kranken=
pflege geeignet, und nur wenigen darf man die Entsagung zumuten,
die mit derselben untrennbar verbunden ist; vor allem aber steht nicht
jedes Mädchen auf dem tiefen und ernsten Glaubensgrunde, welcher
die Voraussetzung des Diakonissenberufes sein soll und muß. Daher
darf man den letzteren nicht zu den regelmäßigen rechnen; es fragt sich
aber, ob man nicht etwas ähnliches für andere Zweige der weiblichen
Thätigkeit schaffen könnte? Es giebt ungezählte Fälle in dem Leben
eines Hauses, in denen ähnlich wie für die Krankenpflege, die ja doch
auch keine dauernde ist, die vorübergehende Hilfeleistung einer ge=
bildeten Frau dringend erwünscht ja notwendig ist, ohne daß zu einem
dauernden Engagement Veranlassung vorliegt. Da muß die Hausfrau
zur verheirateten Tochter reisen, welche Gott mit Mutterhoffnungen ge=
segnet hat, oder sie muß eine Kur in der Stadt gebrauchen, oder der
Tochter ist eine Badereise verordnet und die Mutter kann sie nicht be=

gleiten, oder die Eltern möchten sich gerne einmal in der Schweiz oder
in Italien erholen; oder es ist infolge eines Augenleidens jemand nötig,
dem man Briefe diktieren, der die Rechnungen führen, der vorlesen
kann. Oder die Erzieherin, die Gesellschafterin, die Repräsentantin der
Hausfrau, die Stütze müssen wegen Krankheit oder sonstiger Verhältnisse Urlaub erhalten, oder es steht eine Hochzeit im Hause bevor oder
eine große Einquartierung. Wie gern hätte man in solchen Fällen eine
Aushilfe zur Stelle, aber eben nur für die benötigte Zeit, nicht für
mehrere Monate oder gar für ein Jahr. Ebenso würde man die
Töchter gern einen Repetitionskursus in der Musik, in der fremdsprach-
lichen Konversation, einen Unterrichtskursus im Schneidern und in feinen
weiblichen Handarbeiten auf einige Wochen durchmachen lassen, und
speciell, wenn man auf dem Lande lebt, in der stillen Winters-, aber
eben nur für kürzere Zeit. Nun läßt sich eine solche Hilfskraft nur
schwer beschaffen, wenn man nicht gerade aus verwandten oder be-
freundeten Familien Töchter, die Zeit und Lust haben, zur Hand hat.
Das ist nicht immer der Fall, und wenn ja, so entbehren derartige freiwillige Hilfskräfte nur zu oft der benötigten Kenntnisse und Fähigkeiten.
Die unbemittelten auf den eigenen Erwerb des Lebensunterhaltes an-
gewiesenen Frauen und Mädchen aus gebildeten Ständen können aber
der großen Regel nach eine solche vorübergehende Stellung nicht annehmen. Denn während ihrer Abwesenheit verlieren sie ihre Unterrichtsstunden, die Arbeit in dem Geschäfte, für welches sie thätig sind, u. s. w.
Wäre es nun nicht angänglich, besondere Anstalten für solche Hilfskräfte einzurichten? Nennen wir einmal ein derartiges Haus den
„Bienenkorb" oder „Bienenstock" und seine Bewohnerinnen „die Bienen",
die im Stock fleißig sind, aber auch ausfliegen um draußen thätig zu
sein. In der Anstalt — dem Stock — müßte eine ständige Arbeit betrieben werden, welche die Einsassen einigermaßen nähren könnte; außerdem flögen aber die Bienen, wenn sie gerufen würden, nach allen
Richtungen aus, um für einige Zeit in einer Familie auszuhelfen und
dann wieder in den Stock zurückzukehren.

    Natürlich würde die Voraussetzung für ein solches Institut eine
gründliche Vor- und Ausbildung der Biene sein. Bei einer Hilfeleistung
für wenige Wochen darf von einem „Einarbeiten" und „Gewöhnen"
nicht die Rede sein. Wie die Diakonissin, wenn sie in einem fremden
Hause eine Pflege übernimmt, sofort erkennt, was sie zu thun hat, so
daß der Kranke und das ganze Haus in wenig Stunden das Gefühl
haben, als sei „die Schwester" schon seit Wochen bei ihnen, so muß,
wer die Hausfrau, die Erzieherin, die Gesellschafterin, die Stütze u. s. w.
auf kurze Zeit vertreten soll, sich schnell über die wahrzunehmenden
Obliegenheiten, über die Art und Weise des betreffenden Hauses und
seiner Bewohner orientieren können. Erst dann seine Sache gut zu

machen, wenn die kurze Zeit der Vertretung vorüber ist, das geht nicht an.

Darum müßten die „Bienen" bei dem Eintritt in den Stock eine gründliche Schule durchmachen sowohl im allgemeinen wie für den Zweig der Thätigkeit, dem sie sich im besonderen widmen wollen, und außerdem müßte die Vorsteherin mit der Gabe ausgerüstet sein, für die betreffende Familie und ihre Verhältnisse aus der Zahl der Bienen die richtige Auswahl zu treffen.

Wenn nun die Biene ausfliegt, so kostet sie dem Stocke nichts, im Gegenteil sie trägt ihm Erwerb zu. Die Familie, welche eine Hilfskraft erbäte, müßte selbstverständlich nicht nur das Reisegeld sondern auch eine entsprechende Remuneration zahlen. Aber nicht an die betreffende Dame sondern an die Anstalt. Aus diesen Mitteln würde die letztere ihren Unterhalt, insonderheit auch die Kosten für die Ausbildung der Novizen bestreiten, ja vielleicht auch einen Fond für alte und kranke Bienen ansammeln. Unter solchen Verhältnissen hätten die betreffenden hilfeleistenden Damen nicht das Gefühl, zu den Familien, in denen sie thätig wären, in einem Abhängigkeitsverhältnis zu stehen, sie dienten nicht ihnen, sondern wie die Diakonissen ihrem Hause, von dem sie Kleidung und sonstigen Unterhalt sowie ein Taschengeld erhielten, in dem sie ihr Heim und damit einen ständigen Zufluchtsort hätten, zu dem sie immer wieder zurückkehren könnten. Sie wären nicht Einzelpersonen sondern Glieder einer Korporation, unter deren Schutz sie ständen.

Sollte nun nicht der Richter-, der Anwaltsstand, sollten nicht die Geistlichen, die Ärzte, die Lehrer an den höhern Schulen, die Verwaltungsbeamten oder was noch schöner wäre alle mit und für einander in der Lage sein, ein solches Heim für die verwaisten Töchter des eigenen Berufes zu gründen? Sollte das wirklich nicht möglich sein?

Sicherlich wäre es bei gutem Willen möglich, aber wir haben mehr oder minder alle das Standesgefühl, den Sinn für Zusammengehörigkeit verloren und damit auch das Gefühl für die Pflichten gegen unsern Stand. Wir sind auf alle und jede Weise wohlthätig, wir sind Mitglieder ungezählter Vereine, wir, das gilt insonderheit von vielen wohlthätigen Damen unseres Standes die der eigenen Geschlechtsgenossinnen vergessen, veranstalten Aufführungen, Konzerte, Bazare, wir sammeln und vertreiben Lose für alle möglichen Zwecke, und die Töchter des eigenen Standes setzen wir, wenn sie den Ernährer verloren haben, dem Hunger, dem Elend und, wenn sie sich ihr Brot verdienen müssen, ungezählten Kränkungen und Demütigungen aus. Wenn wir von dem Begräbnis, zu dem wir, wie ich oben erwähnte, unsern Kranz gespendet haben, heimgekehrt sind, so machen wir nach einigen Tagen unsern Kondolenzbesuch und dann — ist es gut. Ist die Familie in ärmliche

Verhältnisse geraten, muß sie sich vom geselligen Leben zurückziehen, so ziehen wir uns ebenfalls von ihr zurück und überlassen sie ihrem Schicksal. Und nun gar ein Interesse für hinterlassene arme Töchter von Kollegen, die wir nicht gekannt haben, die an einem anderen Ort wohnten, mit denen der Dienst oder das Leben uns niemals zusammen= geführt hat, das liegt uns gänzlich fern. Ja wenn es sich um Leute handelt, die durch ein Erdbeben in Italien oder irgendwo durch Feuers= brunst oder Überschwemmung Schaden erlitten haben, da sind wir von Mitleid erfüllt, da ziehen wir den Beutel; für Kleinkinderschulen, Knaben= und Mädchenhorte, Ferienkolonieen, Rettungshäuser, Bewahrungsanstalten für Dienstmädchen, Magdalenenhäuser und Asyle für entlassene Straf= gefangene u. s. w. u. s. w., da sind wir thätig, warum denn nicht auch einmal für die armen Töchter des eigenen Standes? Und wenn wir Beamten den anderen Ständen sagen wollten: Für jeden guten Zweck, für jede Art der Wohlthätigkeit haben wir mitgeholfen, in allen Komitees und Vorständen sind wir als Vorsitzende, Schrift= und Rech= nungsführer thätig gewesen, überall haben wir mit beigesteuert: jetzt helft auch uns einmal, jetzt thut auch etwas für uns: würden wir ver= geblich bitten? Gerade weil dem so ist, weil uns die Mittel reichlich zufließen würden, weil wir selbst für andere Zwecke der Fürsorge und Wohlthätigkeit so viel hergeben, so viel Kraft und Mittel aufwenden, ge= rade deshalb ist es ein so schreiendes Unrecht, daß wir uns um die Not im eigenen Stande nicht kümmern, daß wir die Töchter, die ihm ent= stammen, dem äußersten Elend oder einer Art von Sklaverei preisgeben. Warum müssen sie in fremden Häusern dienen, in denen man sie oft genug es als eine Art von Schmach empfinden läßt, daß sie Beamten= töchter sind und sich dennoch ihr Brot erwerben müssen, warum gehen sie deshalb scharenweise ins Ausland, anstatt daß wir sie in unsere eigenen Häuser nehmen, sobald wir einer weiblichen Hilfskraft irgend welcher Art aus gebildetem Stande bedürfen? Würden sie uns nicht ebenso treu dienen wie jene, würden sie für unsere Interessen, für unsere Kinder nicht das rechte Verständnis haben, sie, die unter gleichen Ver= hältnissen groß geworden sind? Und wäre es nicht eine schöne und edle Aufgabe für uns Männer, ihre Berater und Beschützer zu sein, für unsere Frauen, Mutterstelle an den Verwaisten zu vertreten?

Wir haben Warenhäuser für Beamten= und Offiziervereine, warum können wir derartige Institute nicht, um den Ausdruck zu gebrauchen, „ins Weibliche übersetzen", Fabriken einrichten, Geschäftshäuser und dergleichen, in denen nur mittellose Mädchen und Frauen aus gebildeten Ständen als Gehilfinnen und Arbeiterinnen thätig sind, Etablissements, an denen wir wie an jenen Warenhäusern alle mitbeteiligt, mit denen Kost= und Logierhäuser für die in denselben Bediensteten verbunden wären, in denen sie somit neben der Beschäftigung gleichzeitig ein Heim hätten? Den Absatz und damit den Gewinnst könnten wir dadurch sichern, daß wir vorzugsweise dort kauften. Es giebt viele arme gebildete Mädchen, welche, wenn sie unter ihresgleichen bleiben könnten, gern jede einfache mechanische Arbeit verrichten würden, wenn sie sich damit nur ihren Unterhalt verdienten.

Ja wird man sagen, dadurch würdet ihr so und so vielen anderen unbemittelten Mädchen aus den unteren Schichten Konkurrenz machen, ihnen das Brot nehmen. Das mag richtig, aber das Hemd muß uns näher sein als der Rock. Giebt der Staat mit Rücksicht auf die „Finanzlage" der Beamtenschaft nicht so viel, daß jedes Mitglied derselben die Seinigen versorgen kann, nun dann bleibt uns eben nichts anderes übrig, als daß wir als Stand für sie sorgen und zwar derart, daß wir sie nicht gleichzeitig zur Unthätigkeit verdammen. Diesen Einwand lasse ich deshalb nicht gelten, hier handelt es sich im eigentlichsten Sinn des Wortes um einen Akt der Notwehr. Der Raum gestattet mir nur, von den höheren Beamten zu reden; ich fasse den Begriff Beamter aber im weitesten Sinne. Wir haben Organisationen aller Art: Pfarrvereine, Ärzte- und Anwaltskammern, Juristen- und andere ungezählte „Tage", auf denen auch über „Standesinteressen" verhandelt wird. Warum soll nicht auch einmal das Thema: Wie helfen wir den unversorgten Töchtern unseres Standes? auf die Tagesordnung gesetzt, warum kann nicht neben so vielen andern Vereinen in jeder preußischen Provinz, in jedem kleineren deutschen Staat auch ein Verein zur Ausbildung und Versorgung mittelloser Beamtentöchter begründet werden? Wollten die Chefs unserer Provinzial- und Landesbehörden, die Vorsitzenden unserer Ärzte- und Anwaltskammern u. s. w. in Gemeinschaft mit ihren Gattinnen an die Spitze eines solchen Vereins treten, so würde sich so leicht kein Mitglied des Beamtenstandes ausschließen. Und die Mittel? Nun die würden sich, wie schon erwähnt, bald finden. Würden sie aber knapp sein: nun dann erst recht fort mit dem übertriebenen gesellschaftlichen Luxus aller Art! Können wir nicht so viel auftreiben, um der Not im eigenen Stande abzuhelfen, dann haben wir wahrhaftig kein Recht, uns Genüssen hinzugeben, die zu dieser Not im krassen Widerspruch stehen.

Schon von Damen der einzelnen Berufsstände geleitete Bureaus zur Unterbringung unversorgter Töchter in Stellen bei Familien des betreffenden Standes würden einen großen Fortschritt bedeuten und vieler Not abhelfen. Aber sie würden nicht ausreichen, weil es ein unbedingtes Erfordernis für viele gebildete verwaiste Mädchen ist, daß sie, bevor sie eine Stelle annehmen, zunächst die Lücken in ihrer Ausbildung ergänzen. Dazu fehlen ihnen zumeist die Mittel. Wir müssen deshalb Heimstätten haben, die gleichzeitig Pflanzschulen und Stellen-Vermittelungsbureaus sind. Man kann ja ganz bescheiden beginnen. Viele, ja die allermeisten unserer großen Wohlthätigkeitsinstitute sind aus kleinen Anfängen entstanden. Wichern zog mit drei verwahrlosten Knaben in eine Strohhütte, und heute ist nicht nur das „rauhe Haus" in Hamburg eine der größten Anstalten, sondern es sind auch viele andere nach seinem Muster entstanden. Es braucht ja nicht gleich ein Haus gekauft, es kann eine Wohnung gemietet werden, man braucht ja nicht gleich Lehrerinnen für die Anstalt anzustellen, sondern man kann die Ausbildung der ersten vielleicht drei oder vier Novizen im Anschluß an ein Seminar, an eine Haushaltungs-, eine Kochschule, ein Atelier (zur Erlernung der Schneiderei) bewirken, wenn dann die ersten ausgebildet und untergebracht sind, andere aufnehmen und so das Werk aus kleinen Anfängen heraus= wachsen lassen. Manches ist ja geschehen; ich erinnere nur an die „Freundinnen junger Mädchen", aber der Not gegenüber bei weitem nicht genug. Welchen schönen Beruf könnten sich viele reiche, allein= stehende Frauen und ältere Mädchen, deren Leben ein inhaltsleeres ist, schaffen, wenn sie einigen ihrer armen Standes= und Geschlechtsgenossinnen eine Zufluchtsstätte, ein Heim bereiten, ihre Thränen trocknen, ihnen zu einer Thätigkeit verhelfen wollten!

Und gerade auch das, die Beschaffung einer Thätigkeit, ist von so großer Wichtigkeit. Neben der materiellen Not her geht die Berufs= losigkeit, das arbeits= und damit zweck= und freudlose Dasein, unter welchem die gebildete Frauenwelt leidet, wenn sie ehelos geblieben ist. Es ist sehr unrecht, wenn viele unter uns für die Bestrebungen, diese Verhältnisse zu ändern, nur Hohn und Spott haben. Sind es falsche Wege, welche vorgeschlagen worden, nun, dann gebe man andere und richtige an, aber man verschließe nicht die Augen gegenüber den that= sächlich vorhandenen Schäden, man erschließe den Frauen ein ihrer Eigenart, ihrer Bestimmung entsprechendes Arbeitsfeld.

Die „Frauenfrage" geht uns, die Beamten, in erster Linie an, denn wir stellen zu den „gebildeten" Frauen das größte Kontingent. Hier heißt es deshalb für den Beamtenstand: Tua res agitur, und keine Aufgabe sollte uns mehr reizen als die Fürsorge, die materielle nicht nur, sondern auch die geistige und ethische für unsere eigenen, für die Töchter unseres Standes.

In den Bestrebungen, den gebildeten Frauen ein anderes Los zu bereiten, ist unbedingt neben vielem Falschen auch viel Berechtigtes ent= halten, und darin liegt die Sicherheit des Erfolges, denn eine gerechte Sache gewinnt schließlich immer den Sieg. Aber bei aller Anerkennung dessen, bei voller und ganzer Sympathie darf man sich doch gewichtiger Bedenken nicht verschließen. Die „gebildeten", bisher den Männern reservierten, Berufe sind ausnahmslos überfüllt. Soll die Konkurrenz der Frauen noch hinzutreten, so ist es unausbleiblich, daß das gebildete Proletariat, das schon jetzt ein bedenkliches Symptom unserer Zeit ist, auch noch mit weiblichen Elementen durchsetzt wird, die sich vielleicht, wenn sie für einen Beruf vorgebildet sind in demselben aber keine Verwendung finden, noch unbefriedigter fühlen, als ihre in der weiblichen Sphäre verbliebenen Schwestern.

Darin liegt eine große Gefahr. Es ist mehr als wahrscheinlich — ich weise nur auf die russischen Nihilistinnen hin, zu denen gerade die höheren Beamtentöchter ein zahlreiches Kontingent gestellt haben —, daß ein Teil dieser Elemente sich denjenigen des Radikalismus und des Umsturzes anschließen würde.

Bei den Revolutionen, so lehrt uns die Geschichte, haben Frauen stets eine bedeutsame Rolle gespielt, sie sind energisch vorgegangen, sie wußten besser als die Männer die Gemüter zu entflammen, sie waren von einem Fanatismus beseelt, der keine Opfer scheute, aber auch keine Schonung kannte. Davon sind wir Gott sei Dank in Deutschland noch weit ab. Aber die Zeit schreitet immer schneller und schneller, und auch die Frauenfrage trägt deshalb Keime einer socialen Gefahr in sich, auch sie dürfen wir nicht außer Acht lassen, wenn wir mit dem Blick in die Zukunft hinaus das Thema: Reform oder Revolution behandeln.

Wir müssen deshalb dahin streben, den gebildeten Frauen oder vielmehr Mädchen, denn die gebildete deutsche Frau findet Gott sei Dank in ihrem Beruf als Gattin und Mutter noch immer volle Befriedigung, die Wege zu einer nicht nur lohnenden, sondern auch das Leben ausfüllenden Thätigkeit zu bahnen. Geschieht das auf den Gebieten, welche den Frauen zugehören, in einer Weise, welche den Stachel der Entbehrung und Demütigung fortnimmt und lindert, erziehen wir unsere Töchter für solche Thätigkeit und nicht nur für gesellige Talente, so wird die Zahl der Unbefriedigten, der in die Sphäre der Männer Übergreifenden immer mehr abnehmen. Hier liegt ein großes weites Feld socialer Arbeit auf eigenstem Gebiet vor uns, einer Arbeit, in der vor allem auch unsere Frauen mit thätig sein können und müssen. Jede Zeit stellt ihre eigenen Forderungen auf, und wer in seiner Zeit ein nützliches Glied am Körper der Menschheit sein will, muß diesen Forderungen in rechter Weise gerecht werden.

Neuntes Kapitel

Empor!

Die große ernste Frage, die ich mir vorbehalten habe, um sie an den Schluß dieses Buches zu stellen, ist die: Haben wir noch die innere Kraft zu Reformen, sind wir noch im stande, mit geistigen Waffen den Kampf zu führen gegen die Mächte des Umsturzes? Auch die besten Reformen, auch die vorzüglichsten Verwaltungsorgane können uns nichts nützen, wenn uns das Leben fehlt, mit dem wir die Gebilde, die wir schaffen wollen, auszufüllen vermögen, der lebendige Odem, den wir ihnen einflößen sollen.

Der Feind, den wir in erster Linie zu bekämpfen haben, ist der Materialismus in unserer eigenen Mitte. Die Socialdemokratie ist rein materialistisch, sie leugnet Gott und Ewigkeit. Aber von wem hat sie diese Lehre? Ist sie nicht von oben nach unten hindurch gedrungen? Der übergroße Teil der Gebildeten unserer Zeit hat sich vom Glauben der Väter abgewandt, steht ihm negativ, wenn nicht feindlich gegenüber. Aber schlimmer als das, er schafft keinen Ersatz, er giebt nichts für das was er nimmt, er reißt nieder, aber er baut nicht auf. Die Reformation riß einen Teil des dogmatischen Gebäudes der katholischen Kirche ein, aber sie setzte einen anderen Bau an seine Stelle, darum war sie eben Reformation nicht Revolution. Die sogen. kirchliche Bewegung der Gegenwart ist keins von beiden, denn sie ist nicht einmal Bewegung, sie macht so und so viel Löcher in den Schlauch, der Inhalt strömt aus, und die Leinwand, die ihn umspannte, fällt zusammen.

Ein Teil der gebildeten Welt ist positiv atheistisch. Aber diesem Atheismus fehlt die Konsequenz. Entweder er ist ideal gerichtet, dann müßte er social sein. Wenn es keinen Gott, kein Jenseits, keine Ewigkeit giebt, wenn mit dem Tode auch die Existenz der Seele aufhört, dann ist alle Not, alles Elend, alles Darben des einen Teils der Menschheit, während die andere im Überfluß schwelgt, doppelt, drei, hundertfach so ungerecht. Womit ist es zu begründen, daß neun Zehntel des Volkes die schwere Last durch das Leben tragen, und das letzte Zehntel den Rücken frei hat? Lautet die Antwort: „Sonst müßten sie alle tragen und noch schwerer", so widerspricht das sowohl den Natur= gesetzen wie der Gerechtigkeit. Denn wenn neunzig eine Last tragen, und es kommen zehn dazu, um tragen zu helfen, so muß sie leichter werden, und selbst, wenn das nicht der Fall wäre, so hätten dann die neunzig doch das Gefühl, daß keiner verschont bliebe. Etwas schwerer tragen ist leichter, als stets jemand, der nicht trägt, nebenhergehen sehen.

Social sein ist nicht dasselbe wie an die wirtschaftlichen Utopien der Socialdemokratie glauben. Daß sich auch unter Aufrechterhaltung unserer bestehenden Ordnungen viel Elend lindern läßt, wird niemand bestreiten. Wo sind denn die Atheisten, welche die Werke der Barm= herzigkeit thun, die Hungrigen und Durstigen speisen und tränken, Nackende kleiden, die Kranken pflegen, die Gefangenen besuchen, die Toten begraben? Gewiß, es wird einzelne unter ihnen geben, aber man sollte meinen, man müßte dem einen oder dem anderen doch begegnen an den Stätten des Elends und der Not? Wenn man die ungeheuren Scharen unter den Gebildeten in Anschlag bringt, welche sich von Kirche und Religion abgewandt haben, und das kleine Häuflein der gläubigen Christen damit vergleicht und weiter auf die Seite der letzteren alles stellt, was christliche Liebesthätigkeit ins Leben gerufen hat und pflegt, und auf der anderen Seite fast nur Öde und Leere sieht, wo die Arbeit der Barmherzigkeit thätig sein sollte, dann strahlt vorläufig das Licht nicht von der religionslosen Moral aus. Denn wenn diese Moral nicht einmal Nächstenliebe zur Frucht hat, dann ist sie wirklich nur ein leerer Schall!

Ich sagte, der Atheismus müsse, wenn er konsequent sein will, entweder social, oder, so füge ich hinzu, er muß antiliberal sein. Habe ich kein Herz für meine Mitmenschen in der Brust, gehe ich von dem Grundsatz aus, jeder müsse während der kurzen irdischen Existenz nach der es aus sei, zusehen, daß er unbekümmert um die anderen sich so viel Genuß als möglich verschaffe, und zu diesem Zwecke mit allen durch das Strafgesetz nicht verbotenen Mitteln die Güter dieser Welt erwerbe und das Erworbene festhalte, so ist es doch einzig und allein richtig, die Konkurrenz so viel als nur irgend möglich zu beschränken. Wozu dann die Fähigkeiten des unteren Volkes ausbilden, zumal sie ihr Elend nur um so tiefer empfinden, je mehr Bildung sie erlangt haben? Wie im ersten Kapitel ausgeführt, erziehen wir uns durch die vermehrte Bildung die Socialdemokratie, und mit der Socialdemokratie wächst die Aussicht auf die sociale Revolution. Also durch Aufklärung, durch Frei= heiten aller Art ziehen wir diejenigen groß, welche die begehrlichen Hände nach unserem Besitz ausstrecken. Das ist doch eine glanzvolle

Thorheit! Entweder ich ziehe das Volk empor zum Licht, ich schenke ihm ein volles Maß politischer Freiheit, dann muß ich auch bereit sein, ihm den wirtschaftlichen Anteil zu geben an den Gütern des Lebens, oder ich schließe mich den Anhängern der modernen „Herrenmoral" an, ich lasse es im Dunkeln, damit es mir dient und seine Last geduldig trägt. Eins oder das andere, aber nicht beides durcheinander! Der gedankenlose Materialismus ist nicht nur thöricht, er ist auch im höchsten Grade gefährlich, jedenfalls ist er die Inkonsequenz in ihrer höchsten Potenz.

Die Erkenntnis dieser Inkonsequenz bricht sich allmählich Bahn, die Zahl derer ist durchaus nicht gering, denen es sehr erwünscht käme, wenn die Socialdemokratie baldmöglichst losschlüge, wenn Kugeln und Kartätschen ihre Reihen niedermähten, und wenn nach Besiegung des Aufstandes die gesamten Socialgesetze aufgehoben und so scharfe Maßregeln ergriffen würden, daß den Arbeitern die Lust, zu revolutionieren, für lange Zeit verginge. Für die Arbeiter ist nach ihrer Meinung mehr wie genug geschehen; sind sie noch nicht zufrieden, so bleibt eben nichts anderes übrig, als sie mit Gewalt zur Vernunft zu bringen. Kommt man den Vertretern dieser Ansicht mit dem liberalen Prinzip, so erwidern sie, alles habe seine Grenzen, ein Überspannen der Arbeiterforderungen sei gleichbedeutend mit dem Ruin der Nation, schließlich bleibe nichts anderes übrig, als das Gebot der Selbsterhaltung, und dem müsse jede andere Rücksicht weichen.

Noch wagt sich diese Ansicht nicht recht heraus, man will nicht gern zu den Reaktionären gerechnet werden, man kann sich mit den alten Schlagwörtern der Vergangenheit, Volk, Menschheit, Freiheit, die man früher im Munde geführt hat, vor der Öffentlichkeit nicht recht abfinden. Aber im stillen Herzen denkt man so und nicht anders, und ohne die eigentliche Meinung zu verlautbaren, handelt man ihr entsprechend.

Ein sicheres Kennzeichen dieser Gesinnung ist der Widerstand gegen alles was Reform heißt; wagt man nicht offene Opposition zu machen, so bringt man Gegengründe aller Art ins Treffen, und geht es damit nicht, so ist man Meister in der Kunst des Vertagens und Verschleppens, wobei die parlamentarische Schablone, derzufolge, wenn eine Session zu Ende geht, alle Vorarbeiten der Kommissionen u. s. w. einfach in den Brunnen fallen, ein prächtiges Hilfsmittel ist. Vertagen und Verschleppen wird dadurch einfach zum Begraben (lex Heintze).

Gegen diesen nackten Materialismus zu kämpfen, ist eine schwere, sehr schwere Aufgabe, denn er gebietet über tausend Mittel und Wege und verteidigt seine Position mit großer Zähigkeit. Eine große Zahl derer, die ihn bekämpfen sollten, ist mit ihm eng liiert; nicht daß unsere Plutokratie vielfach Besitz ohne Bildung ist, nicht daß sie große Kapitalien ihr eigen nennt, und mit denselben am Mark des Landes saugt, nicht das ist das Schlimmste, sondern darin liegt der Hauptschaden, daß ihr thatsächlich die Stellung und der Einfluß einer Aristokratie eingeräumt ist, und zwar einer Aristokratie, vor der man sich äußerlich beugt, die man aber im Herzen mißachtet. Der Geldprotz, der mit seinem Reichtum prahlt, ist noch zu entschuldigen, denn er weiß es nicht besser; nicht zu entschuldigen aber sind diejenigen, welche um eines guten Diners willen, mit entsprechenden Weinen und Afterdinner-Cigarre dem Gastgeber den Hof — und sich nachher gemeinsam über ihn lustig machen. Esau verkaufte ein einziges Mal seine Erstgeburt für ein Linsengericht, als er sehr hungrig war, ein Teil der modernen Gesellschaft geht übersättigt von einer Festmahlzeit zur anderen, um ihre Menschenwürde feilzubieten. Mag der Schwächling vor dem Machthaber der Vorzeit gezittert haben, der ihm Leben oder Freiheit rauben konnte, das war verzeihlich, die Anbetung des Portemonnaies, dessen Besitzer man verachtet, ist die allerniedrigste und verächtlichste Stufe der Kultur.

Daneben macht man sich nicht klar, welche Opfer die Plutokratie dem arbeitenden Volke auferlegt. Nur ein einziges Beispiel: Wo sind, so fragt der alte Berliner, der die Tiergartenstraße entlang wandert, Kemperhof, Moritzhof, das Odeon, der Hofjäger geblieben, wo kann das Volk noch frische Luft schöpfen und sich erholen? Nicht nur daß es in der Woche in Kellern und auf Böden, in dunklen Hinterhäusern vegetieren muß; auch am Sonntag fehlt ihm Luft und Licht. Auf der Eisenbahn fährt man nicht umsonst, und für das Arbeiterbudget stellt ein Ausflug mit Familie auch bei größter Einschränkung einen bedeutenden Posten dar, abgesehen davon, daß er bei unseren Verkehrsverhältnissen ein gewagtes Unternehmen und ein zweifelhaftes Vergnügen ist. Man weiß nicht, wann man heimkehrt, ob man bei der Heimfahrt zusammenbleiben kann oder ob man sich nicht verliert. Kleine Kinder mitzunehmen, ist positiv gefährlich, und müssen sie zu Hause bleiben, so trifft das gleiche Los die Mutter. Werden aber diese Schwierigkeiten überwunden, kommt der Arbeiter wirklich hinaus, so findet er an den schönsten Punkten eine Villenkolonie und darf an den Parkgittern und Mauern hintenherum spazieren gehen und an den Thoren die Inschriften „Verbotener Eingang" bewundern. Gewiß, es giebt dort Restaurationen, aber das Glas Bier kostet dreißig Pfennige, die Tasse Kaffee fünfundzwanzig Pfennige, Preise, die für eine Arbeiterfamilie unerschwinglich sind. Kleinere Wirtschaften werden nicht geduldet, wie denn überhaupt diese Kolonieen darauf halten, daß ihre Bewohner nur aus „Herrschaften" und deren Gesinde bestehen. Man schließt sich hermetisch ab gegen das Volk und das Elend; man will ihm nicht helfen, man will es auch nicht sehen. Was ist aber die Folge? Bleibt das Volk daheim, so sucht es die Versammlungen der Socialdemokratie auf und gerät immer tiefer in deren Bann.

Gewiß, die reichsten Leute geben auch reiche Beiträge zu Armen- u. s. w. Zwecken. Aber mit dem Geldgeben ist es eben nicht gethan. Wenn ich einer armen Familie alle Schulden bezahle, sie mit Kleidern und dem erforderlichen Hausrat versehe und ihr noch hundert Mark dazu schenke, ein Vermögen, das sie niemals besessen hat, mich aber weiter nicht um sie kümmere und nach einem Jahre wieder zuschaue, so werde ich in den allermeisten Fällen ganz dasselbe Elend finden wie damals, als ich zuerst helfend eingriff. Daß ein Millionär-Rentier für die socialen Fragen Interesse hat, daß er selbstthätig mitarbeitet, gehört zu den seltenen Ausnahmen. Wäre dem nicht so, stände die heute herrschende Klasse, die Geldaristokratie, inmitten der Bestrebungen für das Volkswohl, oder wohin sie eigentlich gehört, an ihrer Spitze, es sähe anders aus in der Welt, und hätte ihr schmeichelndes Höflingsgesinde das Herz auf dem rechten Fleck, verlangte es von dem Besitzer des großen Portemonnaies Menschentum, Menschenwürde, Bildung und Herz und machte von der Erfüllung dieser Forderung seine Gesellschaftsfähigkeit abhängig, so lebten wir in einer anderen Zeit.

In einer Stadt im Rheinland, die sich durch Wohlfahrtseinrichtungen ihrer reichen Industriellen für die Arbeiter auszeichnet, traf ich kürzlich eine Abteilung des vaterländischen Frauenvereins mit der Herrichtung von Wäsche beschäftigt, welche arme Frauen zum Nähen gegen einen angemessenen, ihnen ihr Auskommen gewährenden Lohn erhalten sollten. Die fertige Wäsche wird sodann durch Vermittelung des Vereins verkauft. Wie ich in Erfahrung brachte, waren unter den Damen, die dort persönlich für ihre armen Arbeiterinnen Hemden zuschnitten, die Gattinnen der reichsten Industriellen der Stadt. Das ist die wahre Lösung der socialen Frage. Für diese Damen wäre es ja eine Kleinigkeit, das, was sie mit ihrer Hände Arbeit schaffen, durch bezahlte Kräfte ausführen zu lassen: aber das Wesentliche ist eben das Selbstmitarbeiten, Selbstmitwirken. Dadurch bekommt man den Einblick in die Not des Volkes. Wollte der Reichtum überall selbst mitarbeiten, so würden wir zum Ziele kommen, und so mancher der in diesem Buche gemachten Vorschläge wäre gegenstandslos. Es kommt, wie schon wiederholt bemerkt, viel weniger auf Geld, wie auf aktive und namentlich auf intelligente Mithilfe an. Wäre der Reichtum bereit, seine Intelligenz, die ihm zum Reichtum verholfen hat, und nicht minder seinen Einfluß in den Dienst der Arbeit zu stellen, man könnte auf manche seiner baren Beiträge gern verzichten.

Wer an das Elend im Volk nicht glaubt, der lese nur einmal: „Die Not des vierten Standes von einem Arzt", Leipzig, Grunow. Oder wenn er in Berlin wohnt, so sei ihm ein Besuch an einem Sonntag Morgen acht Uhr im Vereinshause am Weddingplatz empfohlen, wo Obdach- und Arbeitslosen Kaffee und Brot unentgeltlich verabfolgt

und nachher ein Gottesdienst für sie gehalten wird. Dahin kommen die
armen Menschen, welche im Asyl für Obdachlose schon so oft gewesen
sind, daß sie das nächste Mal der Polizei vorgeführt werden, die deshalb die Straßen der Stadt die ganze Nacht durchwandert oder wer
weiß wo genächtigt haben. Da kommen sie in hellen Haufen. Warum?
Zum Gottesdienst? Das wäre wohl eine Illusion. Nein, um eine
Tasse Kaffee und zwei Schrippen zu erhalten (im Volksmund wird diese
Veranstaltung Schrippenkirche genannt). Der Verein arbeitet nur im
Winter, und zu dieser geringen Liebesgabe haben sich im vorigen Jahre
fast 15000, mit Buchstaben f ü n f z e h n t a u s e n d Menschen gedrängt.
Und wer thut die Arbeit für sie, wer bedient sie, wer richtet Tische und
Bänke her u. s. w.? Es sind meist Handwerker, die diesen Liebesdienst
verrichten, darunter auch solche, die einst selbst arm und elend in die
Schrippenkirche gekommen sind. Fast zehn Jahre lang hat der fast nur
aus „kleinen Leuten" bestehende Verein sein barmherziges Werk ge-
trieben, erst im vorigen Jahre hat er ein Kuratorium instituiert, dem
eine Anzahl Männer aus den oberen Schichten angehört. Seine finanzielle Lage ist dadurch aber keine bessere geworden, und es thäte
dringend not, daß ihm mehr geholfen würde wie bisher. Hier kann man
an einer einzigen Stelle sehen, was wirkliche Not heißt, wie furchtbar sie
ist. Wenn doch einmal eine Anzahl reicher Leute in Berlin sich vornehmen
wollte, an einem Sonntag Morgen gemeinsam nach der Schrippenkirche
zu fahren, dort selbst Studien zu machen mit eigenen Augen und dann
in Erwägung zu nehmen, ob dieser Not, diesem grenzenlosen Elend
nicht abgeholfen werden kann. Ein paar Baracken eingerichtet auf
irgend einem leeren Baustellenterrain, so einfach und billig wie möglich,
ein Holzplatz daneben, Holz angekauft und ein bestimmtes Quantum
kleingemacht, eine Suppe und ein Stück trockenes Brot am Abend und
eine Tasse Kaffee und zwei Schrippen am Morgen, das kleingemachte
Holz hernach verkauft, bei dem billigen Arbeitslohn zu billigen Preisen,
das kann doch nicht so viel kosten, und damit hat man doch an anderen
Orten gute Erfahrungen gemacht, ein Arbeitsnachweisebureau damit
verbunden und demjenigen, der eine ihm angebotene Stelle nicht annehmen will, der fernere Zutritt zu dem Asyl versagt! Die Gewährung
einer Wohlthat gegen Arbeit ist stets das beste Mittel, um zu erkennen,
ob wirklich Not vorhanden ist oder nicht. Da kann man Spreu vom
Weizen sondern.

Ich habe hier ein einziges praktisches Moment herausgegriffen,
um nicht immer Theorie zu reden und um die wirksamste Medizin gegen
den Materialismus zu empfehlen, der Not ins Auge zu schauen. Und
ich frage wieder, warum sind es denn die ernst-christlichen Leute, welche
dieses Werk treiben, warum finden sich denn nicht andere dazu? Um
des Gottesdienstes willen kommen doch, wie bemerkt, wohl nur sehr

wenige von den armen Obdachlosen in die Schrippenkirche, den meisten von ihnen ist die Schrippe die Hauptsache, und wenn es nur Kaffee und Schrippe ohne Gottesdienst gäbe, kämen sie gewiß ebenso reichlich. Nun, wenn es Tausende und Abertausende von Menschen in Berlin giebt, die vom Gottesdienst nichts halten, aber vielleicht recht viel vom Essen und Trinken, warum treffen sie nicht eine Veranstaltung für Kaffee und Schrippe ohne Gottesdienst zu Gunsten der Ärmsten der Armen? Wollen sie aber mehr thun, so wäre hier die beste Gelegenheit, einmal die praktische Probe auf das Exempel zu machen und zu erforschen, wie weit man mit der Moralpredigt ohne Religion kommt, ob sie wirklich im stande ist, dem Elend Trost zu spenden.

Ich frage aber auch, wo bleibt der Staat, wo bleibt die Stadt? Heinrich IV. von Frankreich wollte nicht ruhen, bis auch der ärmste Mann Sonntags sein Huhn im Topfe hätte. Mit unseren Wirtschafts-theorieen haben wir nicht einmal die Mittel, um allen, die da kommen, eine Schrippe zu geben. Das neue Obdach für die Volksvertreter in der Reichshauptstadt hat Millionen gekostet, aber Tausende unter dem Volke haben gar kein, auch nicht das ärmlichste Obdach. Wollen wir das wirklich so fortgehen lassen, immer weiter und weiter?

Neben denen, welche Gott und Ewigkeit leugnen, giebt es eine noch größere Zahl, welche zwar den Glauben der Kirche nicht teilen, den Vorwurf des Atheismus aber energisch von sich abwehren. Sie sind nur mit der derzeitigen Richtung der Kirche nicht einverstanden. Ja, was heißt denn Kirche? Ich schließe mich an meinem Wohnort mit denen, die derselben Glaubensmeinung sind wie ich, zu einer Ge-meinschaft zusammen; wechsele ich den Wohnort so muß ich mir wieder die Gemeinschaft suchen. Diese Notwendigkeit und die fernere, daß für die Ausbildung, Anstellung u. s. w. derer, welche in der religiösen Gemeinschaft Religion lehren und die Zusammenkünfte leiten, bestimmte Regeln gelten, und daß auch noch andere Einrichtungen allgemeinen Inhaltes getroffen werden müssen, führen zum Zusammenschluß verschiedener Ortsgemein-schaften zu einer Gesamtgemeinschaft und damit zur „Kirche", die nach evangelischen Begriffen aus der Einzelgemeinde herauswächst. Wir haben vollständige Religionsfreiheit. Wer aus der Kirche, der er bisher angehörte, austritt, wird jedweder Verpflichtung gegen dieselbe ledig. Zum Austritt gehört eine einfache Erklärung. Was hindert diejenigen, welche mit der Richtung der Kirche, der sie angehören, nicht einver-standen sind, eine eigene Gemeinschaft zu bilden? Auf dem Lande mag das schwer sein, in den Großstädten, wo viele Tausende wohnen, die ausgesprochen dem Bekenntnis der Kirche fern stehen, liegt kein Hindernis vor. Glaube ich wirklich an Gott und Ewigkeit, so darf ich die Be-thätigung dieses Glaubens nicht davon abhängig machen, daß unsere Zeit, die zu nichts weniger Talent hat, als zu Einigkeit, die sich auf jedwedem Gebiet in Fraktionen, Afterfraktionen und Fraktiönchen spaltet, die Einigkeit auf dem schwierigsten aller Gebiete, dem religiösen, finden soll, auf dem sie besser beanlagte Jahrhunderte vergeblich gesucht haben. Das ist doch kaum anzunehmen, das kann man logisch denkenden Menschen überhaupt nicht zutrauen.

Ich meine der Grund liegt tiefer. Der Materialismus der Gegenwart hat eine erschreckende Gleichgiltigkeit gegen alle religiösen Fragen hervorgerufen. Es ist nicht die Kirche sondern die Religion, gegen die man gleichgiltig ist.

Religion ist nicht möglich ohne Religionsübung, und zur Religionsübung muß ich Werkzeuge haben. Kann ich an die Bibel alten und neuen Testaments nicht mehr glauben, und ebenso wenig an das, was der Katechismus lehrt, entspricht der Inhalt der Lieder im Gesangbuch und derjenige der alten Erbauungsbücher meiner Glaubensüberzeugung nicht mehr, so muß ich mir andere Hilfsmittel schaffen. Aus mir selbst heraus kann ich mir meine Religion nicht immer nehmen, und, wenn ich in den Straßen der Großstadt wohne, auch nicht aus der Natur. Ich brauche, wenn ich an Gott und Ewigkeit glaube, eine Lehre von Gott, einen Hinweis auf die Ewigkeit. Im Menschen, das kann niemand bestreiten, kämpfen zwei Naturen, gute und böse Triebe um die Herrschaft; die bösen nicht die Herrschaft über die guten gewinnen zu lassen, der Kampf mit dem eigenen Ich ist die Aufgabe des gesamten Daseins vom Erwachen des Bewußtseins an bis zum Grabe. Dafür, daß die guten nicht über die bösen Triebe gesiegt haben, strafen wir das Kind wie den Verbrecher. Zu diesem Kampfe bedarf der Mensch der Waffen; legt er die alten von den Vätern überkommenen beiseite, so braucht er neue; ohne Waffen kann er den Kampf nicht führen, ist er wehrlos.

Das liegt so klar zu Tage, daß sich die Frage von selbst aufdrängt: Wo sind die Waffen derer, welche an Gott und die Ewigkeit glauben, aber der Bibel nicht mehr? Wo ist ihre Bibel?

Nicht daß sie der alten nicht glauben erscheint mir bedenklich, sondern daß sie keine neue haben. Genügt ihrem religiösen Bedürfnis die Zeitung am Morgen und Abend? Das werden sie nicht, und ihre eigene Zeitung wird nicht behaupten, erbaulichen Inhalts zu sein. Es müßten doch Bücher in Menge erscheinen und längst in ungezählten Auflagen erschienen sein, welche die Bibel ersetzten. Ich will nicht bestreiten, daß man sich auch aus anderen Büchern erbauen kann, aber ich bestreite entschieden, daß die Mehrzahl der Menschen im stande ist, die benötigte Auswahl aus dem Inhalt dieser Bücher zu treffen, und daß die allermeisten eine entsprechende Anzahl solcher Bücher besitzen. Wenn ich die Bibel nicht mehr anerkenne, woher nehme ich meine Lehre von Gott? Ich gebe wiederum gern zu, daß uns die Natur

auf einen Schöpfer hinweist, daß ein gewisses Etwas in der Menschenbrust uns sagt, es kann nicht aus sein mit dem Tode. Aber nun
weiter? Eine Gotteslehre ist in diesem Hinweis an und für sich nicht
enthalten. Sie muß doch zusammengefaßt werden in irgend welcher
Form. Negation der Bibel ist doch nicht Gotteslehre. Und was bedeutet der Name Christ, die Zugehörigkeit zur christlichen Kirche?
Wer an die Erzählungen im neuen Testament, sei es von Weihnachten,
sei es von Ostern, sei es von Pfingsten, nicht glaubt, und auch an alles
das nicht, was in der Apostelgeschichte und den Episteln ausgeführt ist,
so weit es auf diesen Erzählungen basiert oder mit ihnen übereinstimmt,
für den müßte doch ein Auszug aus dem neuen Testament, welcher alles
diesem Nichtglauben widersprechende fortließe, ein schreiendes Bedürfnis
sein! Denn ein Lehr- und Erbauungsbuch, das dem Leser auf jeder
Seite etwas bringt, dem er widerspricht, kann kein solches sein. Darum
glaube ich mich nicht zu irren, wenn ich das Nichtvorhandensein eines
Ersatzes für die Lehr-, Erbauungs- und Kampfesmittel der Kirche in
der religiösen Gleichgiltigkeit sehe. In ihr wurzelt der Materialismus,
der seinerseits wiederum zur Reform unfähig macht und die Revolution
befördert. Der Mensch bedarf der Kampfesmittel, die er aus seiner
Religion schöpft, um durch Selbstzucht die Selbstsucht, die ihm innewohnt,
zu überwinden; wie den Körper, so muß er auch tagtäglich die Seele
reinigen vom Staube. Der geistige Kampf für Religion, Sitte und
Ordnung gegen die Parteien des Umsturzes fordert echte und rechte
Kämpfer, er steckt uns Ziele, denen nur derjenige mit Erfolg nachstreben
kann, der den Blick nach oben richtet. Mag der Einzelne eine Religion
haben, welche er wolle, er mache mit ihr Ernst, denn wir leben in
einer ernsten Zeit!

Und auch hier drängt sich wieder die Frage auf, wo ist die Be-
thätigung der Nächstenliebe, das thatkräftige Mitleid mit dem socialen
Elend? Unter der großen Zahl der Gottes- aber nicht Bibelgläubigen
wie wenige, welche die Hand an den Pflug legen! Mag man alles
Übernatürliche und alle Wunderthaten, welche die Evangelien von ihm
berichten, glauben oder bestreiten, als Freund der Armen ist Christus
doch allen, die sich nach ihm nennen, derselbe. Warum läßt man es
sich denn gefallen, daß die Liebesthätigkeit in erster Linie von den
sogenannten Orthodoxen gethan wird, warum ist man nicht bestrebt,
sie auszustechen, zu zeigen, daß man auch ohne Wunderglauben Werke
der Liebe wirken kann? Ich bestreite nicht, daß es geschieht, aber es geschieht viel zu wenig und namentlich in Deutschland. Alle unsere Anstalten sind überfüllt, überall fehlen die Kräfte, es ist Gelegenheit zur
Arbeit in Menge da, warum regen sich so viele Hände nicht, warum
schließen sie sich so selten zusammen?

Die religiöse Gleichgiltigkeit befördert die Revolution! Das Volk ist konsequent, entschieden in seiner Ansicht, es hält sich immer zu den extremen Parteien, schwarz oder rot, Kriegerverein oder Socialdemokrat, orthodox oder Atheist. Die Bibel ist ihm entweder Gotteswort oder ein Lügenbuch. An religiösen Streitfragen nimmt es, wie die Geschichte der Reformation und anderer religiöser Bewegungen zeigt, lebendigen Anteil, aber in seiner entschiedenen Weise. Mit einer halben Negation begnügt es sich nicht. Moral ohne Religion, Religion ohne Dogma paßt nicht für das Volk, nicht für sein Verständnis, vor allem nicht für sein Herz. Auch wer nicht an die Erbsünde glaubt, kann nicht leugnen, daß gewisse böse Triebe uns allen eigen sind und daß wir lernen müssen, sie zu unterdrücken. Schon das Kind hat eine Freude am Zerstören und Vernichten, es zerbricht, zerpflückt was ihm in die Hände kommt. Dieser Zerstörungstrieb ist uns tief eingewurzelt. Es giebt (auch in den oberen Schichten) Leute, die im gewöhnlichen Leben ganz harmlos sind, im Zustande der Trunkenheit aber zertrümmern was in ihren Bereich gerät. Ebenso ist es ein fast natürliches Gefühl, in besonders freudiger Erregung irgend etwas zu zerstören. Mag die Psychologie das erklären, wie sie will, das Faktum ist nicht abzustreiten. Wenn aber der Mensch haßt, wenn der Haß zum Ausbruch kommt, wenn er sich zur Wut steigert, dann wird der Zerstörungstrieb in ihm zur Macht, dann beherrscht er ihn ganz, und was vom einzelnen gilt, gilt erst recht von der Masse. Nun berücksichtige man den jahrelang von der Socialdemokratie geschürten Haß, man erwäge, welche furchtbaren Zerstörungsmittel die Chemie der Menschheit in die Hände geliefert hat, und dann male man sich einmal aus, welche Verwüstungen angerichtet werden können, wenn die zur Wut angestachelten Massen auch nur für kurze Zeit in einer Stadt, in einem Distrikt die Oberhand erlangen. Was sie vom äußersten zurückhält wird nie und nimmermehr die Moral sondern immer nur die Religion sein, die anerzogene Furcht vor dem lebendigen Gott. Ich will hier in diesem Buch durchaus nicht mit denen streiten, welche den Bibelglauben durch einen anderen ersetzen wollen, aber ich rufe ihnen zu: Wollt ihr das, so bringt dem Volk etwas Positives, eine durchgearbeitete Religionslehre, gebt ihm statt Bibel, Katechismus, Gesangbuch andere Rüstzeuge in die Hand oder Bibel, Katechismus, Gesangbuch in abgeänderter Form.*) Sammelt

---

*) Wegen dieser Aufforderung bin ich von positiv Gesinnten scharf angegriffen worden. Man glaubt, mir läge nichts daran, ob man Bibel, Gesangbuch und Katechismus abänderte. Auf derartige Angriffe kann ich wirklich nichts erwidern. Wer die Bibel „Gottes Wort" nennt und meint, Menschen könnten sie nachmachen, der bekennt mit den Lippen, aber im Herzen glaubt er nicht. Es wird nie und nimmer gelingen, an Stelle des göttlichen Wortes Menschenreden zu setzen, jeder solcher Versuch muß scheitern. Gerade aber solche vergebliche Versuche werden die Gegner am besten überzeugen. Dasselbe gilt auch vom kleinen Katechis-

euch selbst aus eurer Mitte eine Gemeinde und lebt dem Volke eure
Lehre praktisch vor, vor allem in der Bethätigung der Nächstenliebe.
Seid ihr aber noch nicht so weit vorbereitet, so ist es besser, ihr haltet
euch ruhig und arbeitet im stillen. Unser gesamtes Leben, auch das
religiöse, spielt sich heutzutage in der Öffentlichkeit ab. Die Streitfragen,
die wir in den oberen Schichten behandeln, dringen durch die Kanäle
der socialdemokratischen Presse, welche alles, was wir treiben, auf das
genaueste verfolgt, in das Volk hinein aber im Sinne der Socialdemokratie verarbeitet. Was wir noch als Frage der Forschung hin-
stellen, wird dort als Resultat verkündet. So Zweifel an dem Offen-
barungsinhalt einzelner Teile der Bibel als Verwerfung der gesamten
heiligen Schrift und schließlich Lossagung vom Gottesbegriff selbst, so
Bestreiten der Wunder Christi, seiner leiblichen Auferstehung als vollständige Absage an das Christentum. Bei dem furchtbaren Ernst
unserer Zeit ist es viel wichtiger, den positiven Inhalt unseres Glaubens
klarzustellen, als immer mit Negation zu arbeiten. Zweifel über Zweifel
an dem zu verkünden, was die Jahrhunderte geglaubt haben, was dem
Volke in der Schule und im Konfirmandenunterricht als Wahrheit verkündet worden ist, das ist schon an und für sich ein gefährlich Ding;
aber den Zweifel verkünden und dabei nicht immer wieder sagen: „das
glaube ich trotzdem, daran halte ich fest, darauf lebe und sterbe
ich", das bedeutet in unseren Tagen nichts anderes als ein Feuer
anzünden, das nicht nur denen, die es angezündet haben, sondern uns
allen die Gefahr in der höchsten Potenz bringen kann. „Die einzige
Stütze für den Monarchen bildet das Heer", hat unser Kaiser bei der
Fahnenweihe am 18. Oktober 1894 gesagt. Wankt der Glaube an Gott
im Volk, so achtet es auch nicht mehr die Heiligkeit des Eides, so gilt
ihm auch der Fahneneid nichts mehr. „Alles mit Gott für König und
Vaterland", so schloß unser Kaiser seine Ansprache. Weiß der Soldat
nichts mehr von Gott und seinem Gott geleisteten Eide, so sind König
und Vaterland verloren!

Zwei große Irrtümer verwirren unsere Zeit, der eine, daß eine
Kirche ohne Dogma bestehen, der andere, daß man die Gegenwart
durch Predigt des Dogmas religiös machen könne. Der eine wirkt
so schädlich wie der andere. Glaube ist eben Glaube. Ich glaube

muß. Ich bin der festen Überzeugung, daß ihn Luther unter dem Beistand des
heiligen Geistes verfaßt hat. Endlich: Nie und nimmermehr wird es dem kirchlichen Liberalismus gelingen, unsere schönen Kernlieder durch andere seinem Standpunkt entsprechende zu ersetzen. Wer das nicht felsenfest glaubt, dem kann ich nur
raten, zu den Liberalen überzugehen, aber: So mir Gott ferner Gnade giebt, ich
gehe nicht mit ihm. Mein Standpunkt hindert mich aber nicht, mit jedem über-
zeugungstreuen Liberalen auf neutralem Gebiet gemeinsam gegen den Materialismus zu kämpfen.

etwas, d. h. ich habe eine „gewisse Zuversicht davon", wie der Apostel Paulus sagt, oder ich habe diese Zuversicht nicht, ich zweifele daran, dann glaube ich eben nicht. Das ist ein innerer Vorgang, an dem sich nichts ändern läßt. Auf politischem Gebiet und sonst überall kann ich Konzessionen machen, meine Einsicht einer besseren unterordnen, da spielt eben der Verstand, die Vernunft mit, auf dem Glaubensgebiet fallen Verstand und Vernunft fort. Nicht daß ich etwas, was mir unvernünftig erscheint, glaube, das thue ich als vernünftiger Mensch von selbst nicht. Wohl kann ich etwas für vernünftig halten, was anderen gegen die Vernunft streitet, dann ist es aber für mich nichts Unvernünftiges. Wenn mir der Verstand das Gegenteil von dem, was ich glaube, zu beweisen vermag, so glaube ich nicht mehr; bleibe ich aber bei meinem Glauben, so hat mich der Beweis nicht überzeugt, so war er für mich kein Beweis. Die Unterordnung der eigenen Vernunft und des eigenen Verstandes unter eine fremde Vernunft und einen fremden Verstand kennen wir in der evangelischen Kirche nicht. Glauben kann ich nur auf Gebieten, auf denen mir Verstand und Vernunft weder Beweis noch Gegenbeweis führen können. Sobald mir etwas bewiesen ist, glaube ich nicht mehr, dann weiß ich. Glaube ist Zuversicht aber nicht Überzeugung.

Meine Glaubenszuversicht kann ich mir nicht geben und nicht nehmen. Beweist mir der Mediziner haarscharf, daß das, was ich Seele oder Geist nenne, nur korporelle Funktionen sind, die mit dem Körper erlöschen, und das gewisse Etwas in der Brust, von dem wir oben sprachen, sagt mir: „Er irrt sich, es ist doch nicht aus, der Geist stirbt nicht", so kann ich diesem Etwas nicht gebieten. Und wenn mir der orthodoxe Theologe die Richtigkeit des Dogmas noch so überzeugend darlegt, und mein Herz bleibt kalt dabei, widerstreitet der Lehre, so kann ich dem Herzen nicht gebieten. Gewiß, mein Glaube kann sich ändern, ich kann die Zuversicht, die ich hatte, verlieren, eine andere gewinnen, aber ich habe sie entweder oder ich habe sie nicht, und ob ein anderer sie hat oder nicht hat, ändert an dieser Thatsache nichts.

Was heißt nun Gemeinde im kirchlichen Sinne, was heißt Kirche? Doch Gemeinschaft mit denen, welche denselben Glauben, dieselbe Zuversicht haben wie ich. Um Steuern zu zahlen, um zu wählen, schließe ich mich der Kirche nicht an, auch nicht um Nächstenliebe zu üben. Dazu ist außerhalb der Kirche Gelegenheit genug. Meine Zugehörigkeit zur Kirche ist einzig und allein bedingt durch das Bedürfnis nach Erbauung, die ich in der Gemeinschaft finde. Dies Bedürfnis nach Gemeinschaft führt mich in die Kirche, wie es mich in die politische Partei, in jede Vereinsversammlung führt. Nur mit dem Unterschied, daß es sich in der Kirche um die höchsten Güter, um Gott und Ewigkeit handelt, um die Nahrung für meine unsterbliche Seele.

Was ist denn aber nun das Kennzeichen, der Inhalt der Gemeinschaft, worauf beruht sie? Doch auf dem gemeinsamen Glauben, auf derselben Zuversicht, nicht auf der Negation. Daß diejenigen, welche mit mir die Gemeinschaft bilden sollen, keine Heiden, keine Juden, keine Katholiken, oder wenn ich katholisch bin, keine Protestanten sind, stellt die Gemeinschaft noch nicht her, und ebensowenig innerhalb der evangelischen Kirche der gemeinsame Zweifel an bestimmten Fragen; nein, Gemeinschaft kann einzig und allein nach der positiven Richtung hin bestehen. Nicht dadurch, daß ich zu jemand sage: „Das glaube ich nicht", und er antwortet mir „das glaube ich auch nicht", sondern dadurch wird sie begründet, daß ich ihm sage: „Das ist meine Zuversicht" und er antwortet mir, „das ist auch die meinige"; der Gesamtinhalt aber dessen, was uns Zuversicht ist, das ist eben das, was wir Dogma nennen.

Nun wird es kaum zwei denkende und forschende evangelische Christen geben, die, wenn sie sich genau prüfen, in allen, auch den kleinsten Einzelheiten ihres Glaubens, voll und ganz einig sind: aber ebenso wird es immer Hauptstücke des Glaubens geben, denen eine große Zahl gemeinsam anhängt. Welche Stücke als solche Hauptstücke gelten sollen, darüber haben die geordneten Organe der Kirche zu bestimmen, und von dieser Bestimmung hat der einzelne seine Zugehörigkeit zur Kirche abhängig zu machen. Nun kann die letztere diese Bestimmung enger oder weiter fassen, aber ganz auf sie zu verzichten, das geht nicht an, das ist unmöglich. Eine Kirche ohne Dogma hört auf, Kirche zu sein. Ohne Dogma ist sie nichts als ein Verein von Leuten, die sich mit religiösen Fragen beschäftigen wollen, aber keine Kirche, keine Gemeinschaft derer, die denselben Glauben, dieselbe Zuversicht haben.

Aus dem Gesagten folgt nicht, daß das Dogma und seine Formulierung unverändert dieselben bleiben müssen. Wenn der Apostel Paulus im dreizehnten Kapitel des ersten Korintherbriefes sagt: „Wir sehen jetzt durch einen Spiegel in einem dunklen Wort" und „Jetzt erkenne ich es stückweise", so liegt darin das Zugeständnis, daß unsere Erkenntnis keine vollkommene ist, daß sie fortschreitet und sich berichtigen muß. Wie der Einzelne, so soll auch die Kirche beständig forschen und die Resultate ihrer Forschung verwerten, wie die Kirche der Reformation auf Grund ihrer Bibelforschung nach unseren evangelischen Anschauungen nicht nur berechtigt war, sondern die heilige Pflicht hatte, mit einer Reihe von Lehren der katholischen Kirche, die nach ihrer Überzeugung Irrtümer waren, zu brechen, so stände der Kirche der Jetztzeit dasselbe Recht zu und läge ihr der Kirche der Reformation gegenüber die gleiche Pflicht ob, sobald ihr Glaube zu einem anderen geworden wäre. Aber an Stelle des Dogmas der Reformatoren müßte sie dann ein anderes setzen, auf ein Dogma verzichten könnte sie nicht.

Welche Stellung der Einzelne zum Dogma nehmen will, ist seine Sache. Verbleibt er in der Kirche, trotzdem er sich mit dem Dogma im Widerspruch befindet, so weist sie ihn nicht hinaus. Aber von denen, die ein Amt irgend welcher Art in der Kirche bekleiden, muß letztere Übereinstimmung mit dem Dogma fordern. Damit sie das kann, darf sie das Dogma nicht zu eng formulieren.

Die Forderung solcher Übereinstimmung involviert keinen Gewissens-zwang; es wird ja keiner gezwungen, ein kirchliches Amt zu über-nehmen, und es muß jedem gestattet sein, es niederzulegen, wenn er will. Dagegen wer ins Amt tritt, muß vorher diese Übereinstimmung bekunden, das liegt eben in dem Begriff der Kirche: Gemeinschaft des Glaubens. Wer aber im Amte ist, und seine Übereinstimmung mit dem Dogma kommt ins Wanken, von dem soll die Kirche zunächst nur ver-langen, daß er innerhalb seiner direkten Amtswirksamkeit den Zweifel nicht zur Geltung bringt und zwar in erster Linie um der Gemeinde willen. Denn jedes der Kirche auf Grund ihres Dogmas angeschlossene Glied der Gemeinde hat ein Recht darauf, daß ihm auf Grund dieses Dogmas gepredigt werde. Aus dem Dogma können die allerverschie-densten Konsequenzen gezogen, aber seine Grundlage darf nicht ange-tastet werden. Vor allem können aber die Glieder einer Kirche ver-langen, daß ihre Kinder im Konfirmandenunterricht dem Dogma ge-mäß unterrichtet werden; denn über das Dogma hat nicht der Sub-jektivismus des Pfarrers zu entscheiden, sondern die Entscheidung steht den Organen der Kirche, in erster Linie ihrer Vertretung zu. Der katholische Laie muß glauben was der Pfarrer, der Pfarrer was der Bischof, der Bischof was der Papst lehrt, der evangelische Christ steht frei da. Stellt die Kirche ein Dogma auf, mit dem er nicht überein-stimmt, oder lehnt sie seine Forderung auf Abänderung des bestehenden ab, so hat er über seine fernere Zugehörigkeit zu ihr Entscheidung zu treffen: das ist sein gutes evangelisches Recht, des Pfarrers Recht ist es aber nicht, zu lehren was er will, gleichgiltig ob das, was er lehrt, dem Dogma konform ist oder nicht. Er ist ebensowenig Herr über das Dogma wie über die Gemeinde.

Der Freiheit theologischer Forschung geschieht dadurch kein Eintrag. Führen den Geistlichen seine Studien dahin, daß ihm eine Abänderung des Dogmas geboten erscheint, so muß es ihm unbenommen sein, in theologischen Zeitschriften, in Eingaben an das Kirchenregiment und die Synode seinen Standpunkt darzulegen; aber bis die Kirche entschie-den hat, darf er nicht gegen das Dogma predigen, eben deshalb nicht, weil die Glieder seiner Gemeinde durch ihre Zugehörigkeit zur Kirche ihre Zustimmung zum Dogma stillschweigend oder bei der Konfirma-

tion ausdrücklich erklärt haben. Gerät er aber in einen dauernden un-
lösbaren Widerspruch gegen das Dogma, nun dann bleibt ihm nichts
anderes übrig, als sein Amt aufzugeben. Er mußte, als er in dasselbe eintrat, wissen, ob seine Übereinstimmung mit dem Dogma fest
genug gewurzelt war. Auch den politischen Beamten trifft, wenn er
in flagranten Widerspruch mit den Tendenzen der Regierung gerät, das
gleiche Los.

Dabei ist es aber nicht nötig, daß jeder Geistliche, sobald ihn irgend
ein Zweifel befällt, sein Amt niederlegt. Verliest er das Bekenntnis im
Gottesdienst, so verliest er zunächst das Bekenntnis der Kirche, nicht
das seinige. Als Liturg ist er der Vorbeter der Gemeinde und zwar
spricht er ihr aus der Agende die Gebete vor, welche die Kirche for-
muliert hat und die sie so formulieren muß, daß sie der Einzelüberzeugung
Spielraum lassen und die Gewissen nicht beschweren. Eine solche Be-
schwerung würde sehr viel leichter eintreten, wenn man die liturgische
Fassung der subjektiven Willkür des Geistlichen überließe. Bei der Liturgie
ist nicht in erster Linie der Geistliche sondern die Gemeinde aktiv, er leitet
nur ihre Aktion, während die seinige in der Predigt in den Vordergrund
tritt. Wer in der Schrift mit Eifer und Fleiß forscht und der Wahrheit
die Ehre giebt, der weiß, daß es für jeden ernsten Christen und somit auch
für jeden ernsten Pastor Zeiten giebt, in denen er mit Zweifeln über einzelne Momente dessen, was wir Heilswahrheit nennen, zu kämpfen hat,
ja daß jedes Christenleben ein unausgesetzter Kampf dieser Art ist.
Solche Zweifel an den einzelnen Sätzen des Dogmas sind verschieden
in den verschiedenen Zeiten des Lebens und der Entwickelung. In
dieser Entwickelung löst sich durch Gottes Gnade Zweifel auf Zweifel;
aber gerade die fortschreitende Erkenntnis, das immer tiefere Forschen
weckt neue Zweifel, deren Überwindung neue Kämpfe kostet. Das ist
vollkommen übereinstimmend mit der heiligen Schrift. Sie verlangt, wie
aus den S. 234 citierten Worten des Apostels hervorgeht und aus den
ferneren „Nicht daß ich es schon ergriffen hätte, ich jage ihm aber
nach", sie verlangt von uns nicht einen vollkommenen Glauben, sondern
nur daß wir ihm nachstreben. Darum darf sich der Geistliche bescheiden
und sagen: „Ich stehe im Kampf und Zweifel, meine Entwickelung ist
noch nicht abgeschlossen, aber meine Gemeinde soll und kann nicht alle
Zweifelskämpfe ihres jeweiligen Pastors in seinen jeweiligen Entwicke-
lungsperioden mit durchmachen, das zu verlangen, habe ich kein Recht.
Wir haben vor uns ein Bekenntnis, mag es von den Aposteln selbst,
mag es von ihren Schülern, mag es aus einer späteren Periode her-
rühren, jedenfalls: wir haben ein formuliertes Bekenntnis aus sehr
alter Zeit, das den Glauben derer darstellt, die in ihrer Entwickelung
sich durchgerungen hatten. Diese Bekenntnisformel hat die Reformation
bestätigt, an ihr hat die Kirche, in deren Dienst ich stehe, bisher fest-

gehalten, dieser Kirche gehört meine Gemeinde an. Als Organ dieser Kirche und dieser Gemeinde, nicht vom subjektiven Standpunkt aus, spreche ich die Formel nach der Ordnung des Gottesdienstes vor."*)

Wenn der Geistliche von diesen Gedanken ausgeht, so darf ihm niemand einen Vorwurf machen; die Ordnung des Gottesdienstes aber anders zu gestalten nach seinem subjektiven Ermessen, nur deshalb, weil er sich in einer Zweifelsperiode befindet, und wieder anders, wenn er diese Zweifelsperiode überwunden hat, dieses Recht kann ihm nicht eingeräumt werden, denn das würde ihn, allen protestantischen Grundsätzen entgegen, zum Herrn der Gemeinde machen.

Ohne Dogma keine Kirche! Wer der Kirche das Dogma nehmen will, nimmt ihr die Voraussetzung ihrer Existenz; aber nicht minder, so sagten wir oben, irrt der, welcher meint, durch die Predigt des Dogmas die Menschheit der Gegenwart religiös machen zu wollen. Gewiß innerhalb einer Heidenwelt, welche die christliche Lehre nicht kennt, niemals von ihr gehört hat, muß die Predigt mit dem Dogma beginnen. Aber was hat es für einen Zweck, inmitten unserer deutschen Christenheit Menschen, die unsere Schulen mit ihrem Religionsunterricht durchgemacht haben, Konfirmanden gewesen sind, Dogma und wieder Dogma und noch einmal Dogma zu predigen? Sie kennen das Dogma ja ganz genau, sie haben die Botschaft längst gehört, aber es fehlt ihnen eben der Glaube, und Glaube läßt sich nicht deduzieren und nicht demonstrieren, einfach deshalb nicht, weil er Glaube ist, weil Beweis des Glaubens ein Widerspruch in sich selbst ist.

Allerdings muß die Predigt auch apologetisch sein, sie muß den Angriffen anderer Religionen, anderer Richtungen, der Wissenschaft u. s. w. gegenüber die Verteidigung führen, aber sie darf nicht das erste Dogma durch das zweite verteidigen wollen. In heutiger Zeit handelt es sich weniger um die Auslegung der Bibel als um diese selbst, der Nachweis, daß die Lehre mit der Bibel übereinstimmt, genügt nicht, um ihre Richtigkeit darzuthun; der Kampf der Gegenwart verlangt andere Mittel. Wir müssen dem, der die biblische Lehre angreift, sagen: „Du bestreitest sie, wir halten an ihr fest. Aber nun sage uns, was du glaubst. Stelle deine Lehre zusammen, bringe sie in ein System. Zunächst nenne uns aber die Quellen deiner Lehre. Du greifst die unserigen an, welche sind die deinigen? Ist dein Gott nur das Produkt deiner Gedanken, legst du ihm Wesen und Eigenschaften bei, die du dir konstruierst, so

---

*) Auch wegen dieser Sätze bin ich scharf angegriffen worden. Ich präcisiere noch einmal meinen Standpunkt dahin: Ich verlange 1. daß derjenige, der ins Amt tritt, sich, ehe dies geschieht, voll und ganz zum Dogma bekennt, 2. daß derjenige, der, nachdem er ins Amt getreten ist, dauernd in Widerspruch mit dem Dogma gerät, sein Amt niederlegt. Es muß aber jedem gestattet sein, ehe er das thut, mit Ernst gegen den Zweifel anzukämpfen.

erlaube uns, daß auch wir unsere Gedanken haben, gestehe uns dasselbe Recht zu, das du für dich in Anspruch nimmst."

„Vor allem aber bezeuge uns die Wirksamkeit deiner Lehre. Hast du diejenigen, die ihr anhängen, um dich gesammelt, habt ihr größere Erfolge erzielt, ist euer Glaube lebendiger, bethätigt er sich in größerer Hingabe an die Pflichten, welche die Religion uns auferlegt, ist die Liebe zum Nächsten brennender, der Kampf mit der Selbstsucht im eigenen Herzen, mit allen bösen Lüsten, mit der Trägheit und Indolenz erfolgreicher, seitdem ihr den alten Glauben aufgegeben habt, dann wollen wir weiter miteinander reden. Erst aber zeige uns die Früchte des neuen Glaubens!"

Und dem, der uns nicht direkt angreift, der uns nur zweifelnd, apathisch gegenübersteht, müssen wir sagen: „Du glaubst nicht mehr der Lehre, die du als Kind bekannt hast, dann nenne uns deine neue Lehre. Ohne bestimmte Gedanken über Gott und Ewigkeit kannst du doch nicht bleiben, oder du hörst auf, Mensch zu sein und unterscheidest dich nicht mehr vom Tier. Vor allem aber: magst du dir als Religion wählen was du willst, mit der gewählten mußt du es ernstlich meinen, sie ins Leben übersetzen. An der Vervollkommnung deines inneren Menschen mußt du arbeiten, den Kampf mit den bösen Lüsten und Trieben in dir selbst darfst du nicht aufgeben, auch die Pflicht der Nächstenliebe verbleibt dir. In diesem Kampfe, in dieser Bethätigung mache die praktische Probe auf deine Religion. Wir wollen es abwarten, wie sie ausfällt. Je ernster du kämpfst, je mehr du dich bestrebst, nicht für dich und die deinen allein zu wirken und zu schaffen, sondern allen deinen Mitmenschen, vor allem den Armen, den Verlorenen, Verirrten, die der Hilfe am meisten bedürfen, zu dienen, um so größer ist unsere Zuversicht, um so froher unsere Hoffnung, daß du zurückkehren wirst zu dem, der die Quelle aller Liebe, aller Barmherzigkeit ist, und ohne den der Kampf mit dem eigenen Ich ein vergeblicher bleibt. So lange du mit dir selbst zufrieden nur deinen eigenen Neigungen und Bedürfnissen nachlebst, liegt uns an deiner Zugehörigkeit zu uns sehr wenig. Darauf, daß du mit den Lippen dasselbe bekennst wie wir, kommt es uns nicht an, wir brauchen Mitarbeiter, Mitstreiter."

Und das letztgesagte müssen wir vor allem den Unseren, unseren eigenen Gliedern ans Herz legen, der Gemeinde der Gläubigen wie der großen Zahl derer, welche der alten Lehre noch anhangen, sich aber wenig um die Kirche kümmern. Auch ihnen und vor allem ihnen gilt es in unseren Tagen nicht Dogma zu predigen sondern die Anwendung des Glaubens auf das Leben. Mit der Praxis des Christentums muß Ernst gemacht werden, denn die Zeit eignet sich nicht zum Dogmenstreit. Im Christentum ist allein noch Rettung, aber die Kirche unserer Tage muß noch weit mehr wie bisher von der Kanzel herabsteigen in das Leben, in das Volk hinein, und die ganze noch gläubige Gemeinde muß ihr folgen. Der Geistliche muß in unserer Zeit social sein, er kann und darf nicht anders; für das behäbige Verweilen auf der Studierstube, für das Ausspinnen theologischer Fragen ist die Gegenwart nicht angethan. Der Geistliche ist der von Gott und der Kirche bestellte Anwalt des Volkes und zwar des armen Volkes, er ist vor allem dazu berufen, für dieses Volk seine Stimme zu erheben, er darf sie nicht eher sinken lassen, bis der Not des Volkes, der geistigen wie der materiellen, abgeholfen ist. Wäre die Arbeiterbewegung unserer Tage eine christliche, ließe sie die Politik beiseite, forderte sie auf Grund des Christentums und der Gesetze des modernen Kulturlebens ihr Menschenrecht, ein großer Teil ihrer Forderungen hätte ihr längst gewährt werden müssen. Aber es fehlte ihr an den rechten Führern. Christus hat sich, während er auf Erden ein Pilger war, nicht zu den Hohen und Großen dieser Welt sondern zu den Armen und Elenden gehalten. Wäre die Kirche aller Orten ihrer Anwaltschaft sich bewußt gewesen, hätte sie rechtzeitig ihre Stimme erhoben zu Gunsten der Arbeiterschaft, viele Schäden der Gegenwart hätten nicht so einreißen können, und vor allem die Arbeiterschaft hätte sich nicht in dem weiten Umfange, wie sie gethan, von der Kirche ab- und der Socialdemokratie zugewandt.

Es genügt nicht, an den Arbeitern Seelsorge zu treiben, man muß auch für sie eintreten. Es genügt nicht, innere Mission zu treiben und das Elend zu lindern wo man kann, Kirche und innere Mission müssen den Quellen der Schäden energisch zu Leibe gehen. Gewiß, Genußsucht, Trägheit, Unbotmäßigkeit, Unsittlichkeit im Arbeiterstande sind ein Teil dieser Quellen, aber sie sind es nicht allein, viele Quellen liegen nicht im Thale sondern höher; die einen allein zu berücksichtigen und an den anderen schen vorüberzugehen, führt nicht zum Ziele, und vor allem entfremdet es die Herzen des Volkes.

Auch hier bin ich weit davon entfernt, der gegenwärtig lebenden Generation einen Vorwurf zu machen. Der Fehler liegt hauptsächlich darin, daß die Ausbildung unserer Theologen eine gänzlich einseitige ist. Während der Offizier jahrelang im praktischen Dienste steht, bis er als Kompagniechef wirkliche Selbständigkeit erlangt, während der Jurist, wenn er die Universität verlassen hat, eine vierjährige praktische Vorbereitung durchmachen muß, und es in den übrigen Berufen ähnlich gehalten wird, begnügen wir uns für den Theologen der großen Regel nach mit dem Universitätsstudium. Aus diesem lernt er im wesentlichen nur Dogma und kann nur lehren, was er gelernt hat. So tritt er ins Amt. Was er weiter lernt, lernt er als Autodidakt, es fehlt ihm die Anleitung, der Superintendent wohnt meilenweit entfernt, ist selbst Pfarrer, Schulinspektor u. s. w. Wie soll der junge Geistliche seines Amtes recht walten? Was wir brauchen ist zunächst praktische

Vorbildung für unsere Geistlichkeit, ein Jahr Volksschullehrer an einer mehrklassigen Schule unter einem tüchtigen Rektor, je ein Jahr Vikar bei einem Land- und bei einem Stadtpfarrer, der gleichzeitig Superintendent ist, das vierte Jahr in einer oder mehreren Anstalten der inneren Mission, die drei letzten dieser Jahre ordiniert.

Ich muß mich auf das Gesagte beschränken, den Leser, den mein Standpunkt zu dieser Frage interessiert, darf ich auf meine kleine Schrift „Die Gottheit Christi" (Gütersloh 1893, Bertelsmann) verweisen. Worauf es mir in diesem Abschnitt vor allem ankam, war eine kurze Kennzeichnung der beiden großen Irrtümer unserer Tage: Kirche ohne Dogma konstituieren und Religion durch das Dogma verbreiten wollen. Weil hier aber beiderseits Irrtümer vorliegen, deshalb wäre auch eine Einigung leichter möglich wie auf anderen Gebieten. Warum sollen wir nicht die Losung ausgeben können: Jeder mache Ernst mit seiner Religion, und keiner störe und beeinträchtige den anderen. Die Zahl der Gleichgiltigen und Apathischen auf religiösem Gebiet ist so unendlich groß, daß wir in dem gemeinsamen Feldzug gegen den Materialismus Platz genug zum Manövrieren und Schlagen haben, ohne Gefahr zu laufen, daß wir uns gegenseitig hindern und stören. Mögen wir katholisch, evangelisch, kirchlich rechts-, mittel-, linksparteilich oder protestantenvereinlich sein, wir sollten die Streitart des Dogmenkampfes begraben und ein jeder sein Schwert ziehen gegen Materialismus und Egoismus. Ob die einen mit dem konfessionellen Christentum, die anderen mit der ethischen Kultur arbeiten, jeder thue seine Arbeit, wie er sie versteht und für recht hält, und lasse den anderen die seinige thun. Wer den Kampf der Selbstzucht gegen die Selbstsucht ernstlich kämpft, wer ein Herz für die arme Menschheit hat und es bethätigt, der sei unser aller Freund, der Egoismus, der gefühllos an der Not und dem Elend vorüber geht, unser gemeinsamer Feind.*)

Ist diese Forderung eine so ungeheuerliche? Haben wir's in Preußen 1866, in Deutschland 1870 auf politischem Gebiet nicht ebenso gemacht? Und liegen die Verhältnisse heute nicht ähnlich wie damals, nur daß es sich um den inneren Feind handelt? Nicht darin, daß der Arbeiter darnach strebt, sein Los zu verbessern, nicht darin, daß er sich in Massen dazu vereinigt, liegt die Gefahr sondern darin, daß er dem krassen Materialismus huldigt, daß er mit Gott und Ewigkeit gebrochen hat, daß er nicht nur das Eigentum aufheben sondern auch

---

*) Mit diesen Sätzen will ich nicht Kartellpolitik befürworten. Ich bin ein entschiedener Gegner derselben. Ich sage: jeder kämpfe auf seinem Felde in seiner Art mit seinen Waffen, aber anstatt gegen einander um das Dogma laßt uns alle gegen Materialismus und Egoismus streiten. Dieser Kampf ist am letzten Ende nichts anderes als der Kampf gegen die Sünde, und auf diesen kommt es an.

die Kirche zerstören, die Ehe, die Familie auflösen will, daß seinen Bestrebungen jedwedes ethische Moment fehlt, vom religiösen zu schweigen. Rettung vor dieser Gefahr ist nur darin zu finden, daß alles, was noch christlich, noch religiös, noch ethisch, noch menschlich fühlt, sich aufrafft zu gemeinsamer Aktion. Diese Aktion darf sich aber nicht nur gegen die Socialdemokratie, ebenso und in erster Linie muß sie sich wenden gegen den Materialismus, die Reformfeindlichkeit in den oberen Schichten, und das kann nicht im Wege der Deduktion, der Dialektik geschehen sondern einzig und allein dadurch, daß man diese Schichten daran erinnert, wie es noch etwas Höheres giebt als die Materie, daß man den Blick von den wirtschaftlichen Kämpfen, den materiellen Interessen ab- und emporlenkt höheren Zielen entgegen, daß man den Einzelnen antreibt und stählt, das Gute und Edle in der eigenen Brust zu suchen, zu finden, zu stärken, mit allem was unrein und gemein in der eigenen Natur zu brechen, daß man der Menschheit an Stelle des Genusses und der Lust, den Fortschritt auf sittlichem Gebiet, das Streben nach höheren Idealen, die Reinigung des gesellschaftlichen und wirtschaftlichen Lebens von den Schlacken und Beulen, die ihm anhaften, zur Aufgabe stellt und als Lösung aus den Gefahren der Gegenwart das Gesetz der Liebe, die sich nicht beschränkt auf die Glieder der gleichen socialen Schicht sondern in jedem Volksgenossen, im Armen und Bedrängten, im Verirrten und Verkommenen den Nächsten sieht. An solcher Aktion sollte sich alles beteiligen, was noch zu Religion, Sitte und Ordnung, zu Thron und Altar, zu deutschem Sinn und Wesen, zu Kirche, Staat, Haus und Familie steht, hierzu sollte die Kunst, die Presse, die Litteratur mithelfen, und keiner, keiner sollte müßig bleiben.

Wollen wir uns aber zu solchen Zielen vereinigen, so seien wir vor allem tolerant gegeneinander. Der Gegner sind viele, der Mitstreiter wenige; denn zu der großen Schar der Gegner gesellt sich die noch viel größere derer, die entweder indolent oder apathisch oder bereits dem Pessimismus derartig verfallen sind, daß sie an den Erfolg irgend welcher Aktion von vornherein verzweifeln. Seien wir tolerant und lassen wir jeden seinen Weg gehen, mit seinen Waffen kämpfen, wenn das Ziel seines Weges nur dasselbe ist, wie das unsere, wenn nur die Waffen gegen den gemeinsamen Feind geführt werden. Seien wir vom christlichen Standpunkt aus tolerant gegen diejenigen, die sich mit uns Christen nennen wollen, aber ihr Christentum sich anders denken wie wir das unsere, tolerant gegen diejenigen, die vom Christentum nichts mehr wissen, aber gleich wie wir gegen Unsittlichkeit, Materialismus, Egoismus kämpfen, den Armen, Elenden und Bedrängten Hilfe bringen, ihnen ein besseres Los bereiten wollen. Je aufrichtiger ihr Wollen, je ernster ihr Kampf, desto eher und sicherer werden sie dahin kommen, die Hilfe mit uns da zu suchen, wo sie allein zu finden ist. Haben wir nicht diese feste und sichere Zuversicht, so ist unser ganzer Glaube eitel.

Toleranz müssen wir aber auch von ihnen erbitten und fordern, Toleranz für uns, die wir am alten Glauben festhalten, an dem Glauben an den dreieinigen Gott, an den Sohn Gottes, der von Ewigkeit her war, der die Herrlichkeit des Vaters verlassen hat und Mensch geworden ist gleich wie wir, um uns zu erlösen, um für unsere Sünden den Kreuzestod zu sterben. Auch für uns verlangen wir Glaubensfreiheit, d. h. daß man unseren Glauben achtet, daß man ihn nicht fortwährend mit Spott und Hohn überschüttet, der Lächerlichkeit preisgiebt. Nicht nur innerhalb der Socialdemokratie und des Anarchismus, nicht nur in den Reihen derer, die in den oberen Schichten dem Materialismus ergeben, nicht nur unter denen, die im übrigen indolent und apathisch sind, sondern auch bei vielen, welche die Schäden und Wunden der Zeit zu bekämpfen und zu heilen suchen, ist das Gefühl der Abneigung, wenn nicht des Hasses gegen alles, was gläubiges Christentum heißt, vorherrschend und lebendig. Wir wollen an dieser Stelle die Gründe, aus denen man diesem Christentum die, ich möchte sagen, ethische Existenzberechtigung abspricht, weder untersuchen noch bekämpfen, aber wir fragen: Ist es recht, ist es ratsam, in unserer Zeit die Mitkämpferschaft der altgläubigen Christen abzulehnen? Man denke an alles, was sie auf socialem Gebiet geleistet haben, seit jenem Geburtstage der inneren Mission auf dem Kirchentage in Wittenberg 1848, man frage sich, in welchen Reihen man auch noch heute die meisten Streiter im Kampfe gegen Armut, Elend und Verwahrlosung findet? Wohin wären wir mit den socialen Schäden unseres modernen Lebens gelangt, wenn hier nicht wenigstens etwas gethan wäre, um die Wunden zu verbinden und zu heilen? Und von diesen Mitstreitern will man nichts wissen?

Seien wir alle tolerant gegeneinander. Nicht so, daß wir die eigene Meinung aufgeben, daß wir auf dem Glaubensgebiet irgendwelche Konzessionen machen, die unserer Überzeugung widerstreiten, sondern so, daß wir am Ende des neunzehnten Jahrhunderts uns endlich dazu aufschwingen, einen Mitmenschen nicht deshalb zu hassen, weil er anderer Glaubensmeinung ist als wir. Die Aufgabe der Menschheit, Gott zu erkennen, sein Wesen zu erforschen, nimmt kein Ende, aber der Haß der Forscher gegeneinander darf und soll ein Ende haben. Gott ist mit diesem Haß nicht gedient und der Menschheit ebensowenig. Die Lösung alles religiösen Streites ist die Anwendung der Religion auf das Leben. Zunächst der ernste, unablässige Kampf mit dem Dämon in der eigenen Brust. Wer diesen Kampf ehrlich und ernstlich kämpft, der hat wahrlich mit sich selbst genug zu thun; darum halte jeder fest an seinem Glauben und achte den des anderen, über dem Dogma vergesse er aber nicht, daß wenn das vornehmste Gebot die Liebe zu Gott ist, das andere Gebot ihm gleichkommt, und daß dieses Gebot lautet: Liebe deinen Nächsten wie dich selbst. Hier liegt das Moment der Versöhnung, hier kommen alle Dogmen zusammen. Thue das, so wirst du selig, lautet die Verheißung. Hier können wir uns alle vereinen, hier ist das Heilmittel für unsere kranke Zeit, hiermit bekämpfen wir am sichersten alle Gefahren der Zukunft, denn hier ist Gott mit uns, hier finden wir ihn alle, denn hier läßt er sich schließlich auch von dem finden, der ihn leugnet und nicht sucht. Am Ende des neunzehnten Jahrhunderts ist ein großer Teil der Menschheit dahin gelangt, im Irdischen, in der Materie, alles Glück, alles Heil zu suchen. Das widerspricht der Bestimmung des Menschen; aufrecht ist er geschaffen, damit er das Auge richte nach oben, aber nicht das leibliche Auge allein sondern auch das geistige. Suchen wir alles Heil in der Materie, so läßt uns die Materie ihre Gewalt fühlen, so zertrümmert am letzten Ende die rohe Kraft was der Geist geschaffen. Ist unsere Kultur nicht mehr ein Produkt des Geistes, so verliert sie die ethische Berechtigung ihrer Existenz. Alles, was der Verstand erfindet und in technisch höchster Vollendung der Menschheit zu Diensten stellt, kann, wenn die Materie die Herrschaft über den Geist erlangt, zuletzt dahin führen, der Vernichtung und Zerstörung die Mittel zu bereiten und damit der Kultur zu helfen, sich ihr eigenes Grab zu graben. Unser Erdball ist so civilisiert, daß wir Barbaren, die über die Grenzen einströmen, nicht mehr zu fürchten haben, wir können uns aber die Barbaren in der eigenen Mitte, von denen einst Rodbertus sprach, großziehen und haben es bereits gethan. Nicht daß er die Kultur nicht kennt, ist das Kennzeichen des Barbaren sondern daß er sie vernichten, zerstören will; auch braucht sich diese seine Absicht nicht auf die materiellen Güter zu richten, ihr Besitz kann ihn im Gegenteil zum Erwerbe reizen. Was er vernichten will, sind die geistigen Güter der Kultur: Religion, Sitte, Ordnung, Recht — gegen sie führt er den Kampf! Und warum? weil er sie nicht achtet, weil sie ihm nicht heilig sind.

Wie der Herr, so der Diener, sagt ein altes Sprichwort. Wenn wir in den oberen Schichten die Materie zum Gott machen, thun die unteren desgleichen, und wenn sie, wie in unseren Tagen, zum Denken erzogen und in den Waffen geübt sind, so wollen sie nicht die unteren bleiben, sondern den oberen gleich sein. Ist das wirtschaftliche Leben ein Kampf aller gegen alle um die Materie, warum sollen diejenigen, die keinen Anteil am Besitze haben, nicht mit eintreten in diesen Kampf und ihn auf ihre Weise führen dürfen mit den Mitteln der rohen Kraft? Mit Gründen der Vernunft und Logik werden wir sie nicht davon abhalten, ihre Kraft zu gebrauchen oder doch wenigstens den Versuch dazu zu machen, denn sie können nichts verlieren, und im schlimmsten Falle gewinnen sie nichts. „Wenn Voraussetzung für die wirtschaftliche Existenz der Menschheit eine Verteilung der Güter dieser Erde dahin sein soll, daß die einen reich und die anderen arm sind, warum", so geht ihre Schlußfolgerung weiter, „soll nicht einmal ein Wechsel eintreten, der die Reichen arm und uns reich macht, warum sollen die Rollen nicht einmal vertauscht werden?"

Helfen uns, wie gesagt, zur Bekämpfung dieser Argumente Vernunft und Logik nichts, so werden wir auch mit der Gewalt auf die Dauer den Umsturzparteien nicht imponieren. Der Deutsche fürchtet Gott und sonst niemand auf der Welt. Es sind Deutsche. Gott fürchten sie nicht mehr, warum sollten sie vor uns Furcht haben?

Unsere Vorfahren führten Religionskriege, unsere Väter standen im politischen Kampf, heute sind die politischen von den wirtschaftlichen Differenzen abgelöst. Einst um die höchsten Fragen des Daseins, in den politischen Kämpfen noch ideale Ziele, heute das Mein und Dein, der Streit um die Vorteile des materiellen Besitzes. Zeigt nicht schon das den geistigen Niedergang? Wir sind herabgestiegen, wir müssen wieder emporsteigen. Wir sehen das Verderben uns drohen und auch wenn wir siegen Blut, Kummer und Vernichtung vor uns. Wollen wir dieser Zukunft entgehen, so muß der Geist wieder zur Herrschaft gelangen über die Materie. Dazu müssen wir uns aber zuerst selbst frei machen von den Banden, in die uns der Materialismus geschlagen hat. Wir brauchen uns nicht selbst aufzugeben, die Grundlage jedweden gesunden Volkslebens, die geordnete Ehe und Familie, ist bei uns noch vorhanden. Auf diesem Fundament können wir wieder aufbauen. Aber der Materialismus in uns lähmt unsere Kraft. Die oberste Aufgabe, die uns die Gegenwart stellt, ist der Kampf mit uns selbst. Brechen wir die Sklavenketten, die wir uns angelegt haben, die uns den Nacken herabbeugen auf die Erde, so daß wir den Himmel nicht mehr schauen können, richten wir den Blick wieder nach oben, so werden wir auch die Kraft wiederfinden, deren wir bedürfen, die Kraft des Geistes, welcher unüberwindlich ist. Nach tapferer Gegenwehr im Kampfe zu unterliegen, kann ruhmvoll sein, aber kraftlos im Schlamme zu ersticken, ist ein unwürdiger Tod. Vorwärts oder rückwärts gilt auch dem Tiere, von dem Menschen heißt es aufwärts oder abwärts. Daß die Socialdemokratie aufwärts strebt und wir ein solches Streben verlernt haben, darin wurzeln ihre Erfolge, darin liegt der Grund, weshalb es uns an solchen fehlt. Der Materialismus hat uns abwärts geführt, vom Abgrund trennt uns nur noch eine kurze Strecke Weges. Noch können wir umkehren. Haben wir nicht mehr Mut und Kraft dazu, weil der Weg wieder hinauf zu steil und beschwerlich ist? Sind wir in den fünfundzwanzig Jahren seit 1870 so erschlafft und entnervt? Als 1870 Kaiser Wilhelm einen Buß- und Bettag anordnete, strömte das ganze Volk in die Kirchen. Gott half uns über Bitten und Verstehen; aber viele, die ihn damals anriefen, haben ihm den Rücken gekehrt. Das sicherste Zeichen einer niedergehenden Kultur ist Religionslosigkeit. Streben wir nach oben, so streben wir auch zu Gott empor, und ernstlichem Streben hat er seine Hilfe niemals versagt. Reform oder Revolution! Nur durch eine Reform auf allen Gebieten können wir die sociale Revolution verhindern. Aber die Reform an sich genügt nicht. Soll sie zum Ziele führen, so muß sie das rechte Panier haben, das Panier, auf dem die eine und einzige Losung steht:

Empor!

In Vorbereitung befindet sich und wird im Laufe des Herbstes erscheinen:

Freiheit und Pflicht

in ihrem Verhältnis zur sozialen Frage.

Von

Adolph Prins,

Generalinspektor im Königl. Belgischen Justizministerium
und Professor an der Universität Brüssel.

Einzige, autorisierte deutsche Ausgabe, mit Anmerkungen versehen

von

C. von Massow,

Geheimer Regierungsrat.

——————— Preis etwa Mark 2.50. ———————

Der Verfasser, einer der hervorragendsten Rechtsphilosophen der Gegenwart, Vorsitzender der Internationalen Kriminalistischen Vereinigung, Mitglied der Königl. Belgischen Akademie und des hohen Staatsrates für Arbeiter-Fragen, der zu den unermüdlichen Vorkämpfern auf kriminal-soziologischem Gebiete gehört und dessen frühere Schriften auch in Deutschland lebhaften Beifall gefunden haben, hat in obigem Buche die Gegensätze, welche unsere Zeit bewegen, durch eine Verbindung zwischen Freiheit und Pflicht zu lösen gesucht. Nicht dem schrankenlos umhertappenden Individualismus, sondern dem konzentrischen, zielbewußten Vorgehen derer, welche gemeinsame Ziele verfolgen, kann es nach des Verfassers Ansicht gelingen, uns eine bessere Zukunft zu bereiten. Er verwirft deshalb nicht minder die Utopien der Sozialdemokratie wie die soziale Apathie der besitzenden Klassen und beweist, daß Freiheit und soziale Pflichterfüllung in ein organisches Verhältnis zu einander gebracht werden müßten.

Von dem Buche, das bereits in Belgien und Frankreich großes Aufsehen gemacht hat, erscheint von Herrn Geheimen Regierungsrat von Massow, dem Verfasser von „Reform oder Revolution!" die einzige autorisierte deutsche Ausgabe. Das Buch, das gewissermaßen den ersten, einleitenden Teil zu den oben genannten darstellt, kann somit als eine Ergänzung zu demselben bezeichnet werden. Da zudem der Herr Bearbeiter behufs besseren Verständnisses für den deutschen Leser zahlreiche erläuternde Anmerkungen angefügt hat, so dürfte das Werk, das dazu beitragen wird, die Meinungen auf sozialem Gebiete zu klären, mit gleichem Interesse aufgenommen werden, wie „Reform oder Revolution!", zumal die allenthalben so sehr gerühmten Vorzüge dieser Schrift auch die neue auszeichnen.

———————

Bestellungen werden bereits jetzt in allen Buchhandlungen, sowie direkt vom Verlage entgegengenommen.

Die Behandlung
der
verwahrlosten und verbrecherischen Jugend
und
Vorschläge zur Reform.
Von
Dr. P. F. Aschrott,
Landrichter in Berlin.

Der Reinertrag ist zum Besten der Holtzendorff-Stiftung bestimmt.

1892. Preis Mark 1.—.

„. . . der Inhalt setzt jeden in den Stand, alle für die Entscheidung der Frage in Betracht
kommenden Punkte vollständig kennen zu lernen."
(Geh. Rat Dr. Wirth, Plötzensee.)

Hilfsbuch
für
Strafvollzugs-, Rechtshilfe-
und
Auslieferungs-Angelegenheiten.

Enthaltend die Vorschriften über Strafregisterführung, Zählkartenstatistik,
Mitteilungen und Ersuchen in Strafsachen,
nebst sämtlichen
Auslieferungsverträgen,

ergänzt durch Gesetze, Verordnungen, ministerielle Erlasse, den Verzeichnissen der Gerichtsbehörden
Österreich-Ungarns, Rußlands und der Schweiz, der Konsulate 2c.

Mit Anmerkungen versehen von
C. Kurtz,
Amtsgerichtsrat.

1893. 283 Seiten. Preis kart. Mark 4.50.

„Verfasser bietet den Staatsanwälten und den mit der Handhabung der Strafjustiz betrauten
Richtern eine willkommene Gabe. Er hat ein sehr praktisches Handbuch geliefert, das das mühevolle
Aufsuchen bez. Bestimmungen erspart und sich in der Praxis bald zahlreiche Freunde erwerben wird."
(Oberstaatsanwalt Teske-Stettin im Jurist. Litteraturblatt.)

Invaliditäts- und Altersversicherungsgesetz
vom 22. Juni 1889
mit dem Abänderungsgesetz vom 8. Juni 1891.

Nebst einem Anhange, enthaltend alle wichtigeren bezüglichen Verordnungen,
Vorschriften und Bekanntmachungen.
Von
Dr. jur. Georg Eger,
Regierungsrat.

Zweite, vermehrte Auflage. 1893. Preis kartonniert Mark 3.50.

Otto Liebmann, Verlagsbuchhandlung, Berlin W. 35.

Kommentare zu den strafrechtlichen Nebengesetzen.

Im Herbst 1895 wird komplett vorliegen:

I. Band:

Die strafrechtlichen Nebengesetze
des Deutschen Reiches.

Erläutert von

Stenglein, — Appelius, — Kleinfeller,
Reichsgerichtsrat, Staatsanwalt, Professor.

Zweite, vermehrte und wesentlich veränderte Auflage

bearbeitet von

Dr. M. Stenglein,
Reichsgerichtsrat.

In etwa 5 Lieferungen.

Subskriptionspreis Mark 20.— bis höchstens Mark 24.—.

Im Winter 1894/95 wurde komplett:

II. Band:

Die Preußischen Strafgesetze.

Erläutert von

A. Groschuff,
Senatspräsidenten beim Kammergericht,

G. Eichhorn, und Dr. H. Delius,
Kammergerichtsrat, Amtsrichter in Hamm.

Broschiert Mark 17.—; in elegantem Halbfranzband Mark 19.—.

Die Werke, von welchen der erste Band — 1½ Jahre nach Vollendung der ersten Auflage — in wesentlich veränderter Gestalt und zu **bedeutend vermindertem Preis** erscheint, umfassen sämtliche Strafgesetze außer dem Reichsstrafgesetzbuch und bilden eine notwendige Ergänzung zu diesem. Sie verfolgen den Zweck, die zahlreichen noch in Kraft befindlichen, zum größten Teil noch gar nicht erläuterten strafrechtlichen Nebengesetze in ausführlicher Kommentierung, gleichmäßiger Bearbeitung und Ausstattung zu vereinigen und somit dem Bedürfnisse der Juristen, Verwaltungs- und Polizeibeamten nach praktischen Hand- und Nachschlagebüchern entgegenzukommen. Die Werke zerfallen in mehrere Abteilungen. Band I wird insgesamt 84 Gesetze umfassen, Band II enthält 107 Gesetze.

Jeder Band bildet ein für sich abgeschlossenes Ganzes und ist apart käuflich.

Ausführliche Prospekte gratis und franko.